2021

第 2 辑 · 总 第 10 辑

# 师大法学

ECNU LAW REVIEW

华东师范大学法学院　组编

张志铭　主编

樊传明　吴洪淇　执行主编

法律出版社
LAW PRESS · CHINA
北京

图书在版编目(CIP)数据

师大法学. 第10辑. 2021年 : 第2辑 / 华东师范大学法学院组编 ; 张志铭主编. -- 北京 : 法律出版社, 2023

ISBN 978-7-5197-8318-1

Ⅰ. ①师… Ⅱ. ①华… ②张… Ⅲ. ①法学-文集 Ⅳ. ①D90-53

中国国家版本馆CIP数据核字(2023)第174398号

师大法学(2021年第2辑·总第10辑)
SHIDA FAXUE (2021 NIAN DI-2 JI · ZONG DI-10 JI)

华东师范大学法学院 组编
张志铭 主编

策划编辑 蒋 橙
责任编辑 蒋 橙
装帧设计 鲍龙卉

出版发行 法律出版社
编辑统筹 法律应用出版分社
责任校对 朱海波
责任印制 刘晓伟
经 销 新华书店

开本 710毫米×1000毫米 1/16
印张 26.75 字数 406千
版本 2023年11月第1版
印次 2023年11月第1次印刷
印刷 唐山玺诚印务有限公司

地址:北京市丰台区莲花池西里7号(100073)
网址:www.lawpress.com.cn
投稿邮箱:info@lawpress.com.cn
举报盗版邮箱:jbwq@lawpress.com.cn

销售电话:010-83938349
客服电话:010-83938350
咨询电话:010-63939796

书号:ISBN 978-7-5197-8318-1 定价:98.00元
凡购买本社图书,如有印装错误,我社负责退换。电话:010-83938349

# 卷首语

《师大法学》第 10 辑以“司法证据和证明的基本理论”为主题，自 2022 年 4 月征稿以来，得到了法学界和司法实务界人士的大力支持。至 2022 年 12 月，编辑部对所收稿件经认真遴选和编校，形成了五个栏目。依序介绍如下。

“笔谈”专栏围绕着“证据法的知识传统与话语体系”这一话题，汇集了一组文章。中国证据法学在学科知识体系、概念体系、理论基础和法系传统等方面尚存在较多学理争议。鉴于此，本刊曾组织过一次学术沙龙，邀请易延友教授、魏晓娜教授、孙远教授、杨波教授、李训虎教授、吴洪淇教授、侣化强教授等，结合自己的研究旨趣就该主题发表高论。期望以此辨别争议，凝聚共识，助推证据法基础理论研究。会后，在发言稿的基础上，经各位作者改定，形成了这组专栏文章。我们希望通过将作者们的观点付诸文字，既呈现又延展会上的讨论。

“译文”栏目包含 5 篇证据法学的论文，分别为：Orin S. Kerr 教授著、郭至立译《数字证据和新刑事诉讼程序》；R. G. Bloemberg 博士著、范智凯译《英国与法国、德国、荷兰的“现代”刑事证据法发展：1750 ~ 1900 年》；Keith A. Findley 博士著、刘金松译《不可靠证据的司法审查：无辜者时代的正当程序与证据规则》；Brandon Garrett 教授著、丁铁珍译《法庭科学证据的宪法规制》；罗纳德 · J. 艾伦教授和迈克尔 · 帕尔多博士著、张嘉源译《法律与事实二分的迷思》。这组论文或者聚焦于证据规则和程序规则如何回应新时代问题，或者探讨了证据法学中一些常论常新的宏观问题或基础问题；但它们都折射出不同法系和国别的证据法学传统，可以相互映照。本专栏还包括两篇法理学的论文。

Hans Kelsen 教授著、张书友副教授译《法律为何应被遵守》一文论述了“法律之效力根据何在”这一经典问题；Hans Petter Graver 教授著、刘玥译《挪威的法律方法教育》一文介绍了在挪威的法学院中如何向学生教授法律方法。

“论文”栏目包含4篇文章。王晓华博士和姚思捷所写的《民事诉讼电子数据交换模式初探》一文，针对电子数据给传统民事诉讼证据交换模式带来的挑战，提出应探索和构建专属于该类证据的交换模式。文中论述了海量电子数据的交换范围和交换形式的确定应遵循的各项原则。王璨璨所写的《从资格到适格：民事诉讼中证据能力定义的本土化调适》一文，在溯源对比大陆法系证据能力概念、英美法系证据可采性概念以及我国法中“作为认定案件事实的根据”之制度差异的基础上，区分了证据资格与证据适格性，认为我国民事诉讼语境下的证据能力等同于证据的适格性；具有证据能力的民事证据既要符合法律明确规定的抽象资格，又与具案中的法官裁量有关。刘睿博士所写的《“优化营商环境”命题的内在逻辑——基于企业守法可预期性的视角》一文提出，保障企业在营商过程中的“可预期性”是“优化营商环境”命题之内在逻辑的重要方面，它主要指守法预期的确定性。文中对此进行了详细阐述。宋晨翔博士、葛茹双和王亚男所写的《家庭暴力认定难的实证研究——以 Y 市家暴型离婚案件为样本》一文，以某地家暴型离婚案件为样本进行了实证研究，论述了家暴认定难的诸多原因。

“书评”栏目包含两篇文章。满运龙教授在《打通史学研究与司法证明的底层逻辑》一文中，对张保生教授的著作《证据法的理念》和阿兰 · 梅吉尔教授的著作《历史知识与历史谬误：当代史学实践导论》进行了交互辉映式的评论。文中认为：从探究、确认既往事实的角度，历史研究和司法审判都是“求真认识论”的社会实践。在从人类认识论角度审视、分析自己各自领域理论与实践主要问题方面，两本著作分别代表证据法研究和历史学研究的前沿。它们以不尽相同的论证方式为各自领域指出了遵循共同认识论原则的发展路径，殊途同归。官正艳博士在《法律论证和事实认定的基础——评苏珊 · 哈克的〈证据原理〉》一文中，对苏珊 · 哈克教授著、刘静坤教授译《证据原理》一书进行了评论。文中认为：苏珊 · 哈克的证据法思想是基于认识论的判断而不是法律规则，既不同于威格摩尔的叙事法和图示法，亦不认同当下流行的通过概率、贝叶斯主义建构证据法数学模型的构想。苏珊·哈克强调人本主义的认识论，认为纯形式逻辑不能解决证据论证的各种问题。文中还阐述了《证据原理》一书可能给中国证据法学研究和司法实务带来的改变。

“案例分析与诉讼实务”栏目包含两篇切近司法实践的文章。田桂瑶与王梦涵法官所写《反向抵押涉及“最后遗嘱”条款时继承主体的认定——对李某、沈某遗嘱继承案的评析》一文，以案例评述的方式分析了“最后遗嘱”条款能否视为投保人放弃“撤回遗嘱权”，“最后遗嘱”条款是否涉及法定无效情形、法院裁判能否直接认定“最后遗嘱”条款无效等问题。孔令南检察官与孔萍所写《生态环境损害赔偿数额的证明》一文，针对生态环境损害赔偿诉讼中赔偿数额认定的难题，论述了法官在证明责任语境下的技术性处理方案。

编辑部对上述各位作者、译者表示诚挚谢意。感谢对本辑主题怀有期待的读者朋友。尤为感谢北京大学法学院吴洪淇教授，他欣然接受邀约，作为本辑的客座执行主编，推动完成了组稿、编校和出版工作。

# 目录

Contents

## 笔谈：证据法的知识传统与话语体系



## 译文

## 论文



## 书评

## 案例分析与诉讼实务

# 笔谈：证据法的知识传统与话语体系

# 证据法的知识传统与话语重建

易延友*

## 一、大陆法系证据法的知识传统

关于证据法的知识传统与话语体系，我将谈论五个方面的内容。第一个方面，是从知识传统角度，简要归纳大陆法系法定证据制度的特点。其特点包括：第一，等级化的证明力规则；第二，层次化的证明标准；第三，类型化的证明方式；第四，严格僵化的证明要求；第五，口供为证据之王。这些是大陆法系在完成法律体系的现代化转型之前，其证据制度所具有的特点。

大陆法系完成法律现代化转型之后，又把法定证据制度全部废除了，转而实行自由心证证据制度。尽管英美证据法的传统也可以称作自由心证，但英美证据法属于不完全的自由心证，因为它对进入法庭的信息做了一个筛选。大陆法系的大多数国家在完成了法律现代化转型以后，对进入法庭的信息实际上是不做筛选的，所以大陆法系的证据法属于完全自由心证模式。近些年，德国、葡萄牙等国家的刑事诉讼法，在很大程度上移植了英美法系的证据规则，实际也会导致进入法庭的信息受到筛选，这就使得事实裁判者的心证不再完全自由了。无论如何，如果讲到大陆法系的证据法，在中世纪以及中世纪以前，从古罗马开始，会有一个法定证据主义的知识传统。大陆法系证据法正是以法定证据主义为标签的。

---

* 清华大学法学院教授，法学博士。

## 二、英美法系证据法的知识传统

第二个方面,是简要地介绍一下英美法系证据法的知识传统。英美法系在13 世纪以后确立了陪审团审判,陪审团审判逐渐催生了证据规则。但是,陪审团审判本身并没有能够自动地产生出证据规则,因为从 13 世纪到 15 世纪甚至一直到 17 世纪,陪审员们自身就是证人。如果陪审团是一个自带信息的审判组织,它其实是不需要证据规则的;在这样的司法体系之下,证据规则是没有土壤的。

到了 15 世纪,陪审团审判制度开始转型:陪审团从一个自带信息的审判组织转变为一个不再自带信息的审判组织。司法体制的转变,为证据规则的产生提供了可能。塞耶在其他 12 章的《证据法》著作里,专门用了 4 章也就是 1/3 的篇幅来阐述陪审团审判制度的转变,即从一个自带信息的审判组织转变为一个依赖外部信息、依赖法庭上双方当事人提供的证据来对案件事实做出裁判的审判组织。这种转变为证据法的产生提供了一种可能。再加上在 17 ~ 18 世纪律师的介入,律师和法官"合谋"制造了证据规则。制造证据规则最初的动机和目的,是用来控制陪审团。所以在英美法系的证据法学中有一个理论,叫作"不信任陪审团"理论,其含义为:陪审员作为法律的外行,对于认定事实而言在能力上是有一定欠缺的,他们容易受到非理性情感等因素的左右,因此,创造出一套证据规则的主要目的就是约束陪审团的内心确信,使其往正确的方向发展。

在这样的体系下,英美法系的证据规则逐步发展起来。从最初的非常简单的证据规则,发展为 18 世纪、19 世纪以后越来越复杂的证据规则体系。英美证据法中的规则数量并不多。其关于言词证据的规则,包括关联性法则、证人作证资格的规则、品格证据规则、意见证据规则、专家证言规则、传闻法则、特免权规则等。这些证据规则是用来约束言词证据的。关于实物证据,有验真规则和最佳证据规则。当然,这样概括也不一定准确。因为关联性法则其实既约束言词证据,也约束实物证据;另外,不一定只是实物证据才需要验真,言词证据也是需要验真的。我们可以看到,英美法系的证据规则是在自由心证证据制度的传统之下,试图对事实认定者的心证寻求一种约束机制。这种约束机制我们现在称作证据资格规则,也叫可采性规则。证据资格规则发端于英美法系,是和陪审团审判制度有关的,其目的是用来约束裁判者的心证。英美的证据法知识传统主要就是关于证据可采性的。

## 三、中国证据法知识传统的几个特点

第三个方面,是关于中国证据法的知识传统的几个特点。首先,不像英美法系那样,中国没有统一的证据法典。有关证据的规定,散见于《刑事诉讼法》、《民事诉讼法》和《行政诉讼法》这些法律文件中。不同的法律对于证据的规定有所不同,但是基本上没有关于证据可采性的规则。不过几乎每一个诉讼法典都会对证据的种类作出规定,包括物证、书证、证人证言、当事人陈述、鉴定意见、勘验和检查笔录等各种笔录、视听资料、电子数据等。电子数据是目前学界研究比较多的一个证据种类。

对于这些证据种类,《刑事诉讼法》和《民事诉讼法》的规定不太一样。比如,对于当事人陈述这种证据,《刑事诉讼法》把它进一步区分为犯罪嫌疑人或被告人的供述与辩解、被害人陈述这两种,而在《民事诉讼法》里只是简单地规定为当事人陈述,包括原、被告双方向法庭所做的陈述。不同的诉讼法对证据种类顺序的规定也是不大一样的。这样的规定究竟是出于何种考虑?为什么要对证据的不同种类作出明确的列举式规定?对此是不太明确的。由于法典采用了这种明示列举的方式,在不同阶段立法的时候,如果出现了新的证据种类,就会增加列举。

在英美法系的证据法里,不会对证据的种类做明确列举。我国有学者探讨过证据种类问题,讨论各个种类之间是否有必要做明确界分,区分证据种类的意义何在等。我不赞成在法典里对证据种类做一个明确的列举。既然已经列举了,我们在解释学上其实没有必要去把一个证据一定要说成属于某一个种类。一个证据并不是要么属于物证,要么属于书证——它就不能既是书证又是物证吗?从法典的规定来看,有一点法定证据主义的遗迹和残骸在里边。但是,我们在证明力的审查判断方面,遵循的仍然是自由心证主义。我们对自由心证的约束跟英美法系的规定和制度比起来,是缺乏明确约束的。

其次,关于中国证据法的知识传统,有不同代际的证据法学教科书。第一代证据法学教材的代表作是陈一云教授主编、严端和王新清教授副主编的《证据学》。这本教材的特点是很明显的,主要是讲证据制度的历史沿革,然后是证据制度的基本原则,再到不同证据种类的审查判断。第二代证据法学教材中的一部代表作是樊崇义教授主编的《证据法学》。这本教材有很多中青年法学家参与撰写,而且一直在更新。第三代教材中的一部代表作是何家弘教授和刘品新教授一起撰写的《证据法学》,是一本在编写方面独具匠心的教材。这些教材是我经常研读和学习的对象。有些教材沿袭了很多年,有些教材则在体系上和知识上不断更新。

最后,在中国证据法的知识更新方面,除了呈现为论文、教科书的更新以外,这些年学界翻译了很多证据法学的专著、论文和国外法典。比如斯特龙教授的《麦考密克论证据》、达马斯卡教授的《漂移的证据法》、惠特曼教授的《合理怀疑的起源》等。这些翻译工作对于我们借鉴世界上法治发达国家的证据法规则和理论,是非常有贡献的,我本人也从中受益良多。所以我认为中国证据法在借助外国证据法的知识方面,过去几十年来做得非常到位。当然,还有一些经典著作翻译起来是非常困难的。比如威格摩尔教授的十卷本证据法著作,若翻译成中文将是一个非常庞大的工程。最近美国学界又出版了一套叫作《新威格摩尔》(*The New Wigmore*)的证据法学著作,由许多学者参与撰写,效仿威格摩尔的专著。这套著作也值得参考和借鉴。

## 四、证据法的知识转型

第四个方面,我想简要地讲一下我认为证据法应当实现的一种知识转型。证据法怎么样去实现一种知识转型?首先它应该成为一门独立的学科。我在2005 年的时候就证据法学领域研究的一些问题专门写过一篇论文。[1] 我认为

---

〔1〕 参见易延友:《证据学是一门法学吗?——以研究对象为中心的省察》,载《政法论坛》2005 年第 3 期。

这个领域存在的问题之一是证据法学研究的异化，即异化为自然科学，去研究一些自然科学研究的问题，比如尸体怎么解剖、指纹如何固定、DNA 如何提取等。这些问题纯粹是自然科学要解决的问题，不是法学的学科要探讨的问题。

问题之二是我们的证据法学研究存在依附性——它依附于刑事诉讼法、民事诉讼法和行政诉讼法。为什么会这样说？因为它研究的那些问题，其实刑事诉讼法、民事诉讼法和行政诉讼法也在研究。比如，证据的收集、提取和固定，证据的运用和审查判断等，这些问题实际上在三大诉讼法里面都会有不同程度的涉及。如果证据法学就是要研究这些问题，就会导致大家难以说清楚：证据法有什么理由成为一门独立的学科？另外，还有人认为证据法应当主要去研究举证责任的分配。甚至有民法学者认为，证据法其实应当是附属于民法的。如果一个学科没有独立的研究对象的话，它就很容易被其他学科吸收。它自己没有独立的价值，也没有独立的理由。如果我们想让证据法学成为一门独立的学科，它就应当有自己独特的研究对象。关于这个研究对象，我们要向英美法系学习。英美法系是怎么做的？简言之，证据法只研究证据的可采性问题，也就是证据资格问题。

## 五、证据法的话语重建

第五个方面，简单地说一下证据法的话语重建。如果我们要把证据法学建设成一门独立的学科，重点要做哪些工作？第一个当然是界定研究对象。如前所述，我们应当确定研究证据的可采性。这是我的第一个观点。

第二个观点，是在确定研究对象的前提下明确基本概念。很多证据法学者对于有些概念的理解是不统一的。例如，有的学者会使用“证据效力”这个概念。我认为，不应当使用这个概念，因为它的意思是含混不清的——到底是说某个证据有没有证明利益，还是说它有没有证据资格？这个概念的边界不确定，容易与其他一些概念混淆，所以不建议使用。另外，有一些概念，我们需要做进一步的界定，而且需要通过不断地使用去达成共识。比如“证据”这个概念，我不赞成把“证据”概念界定得过于狭窄。何家弘教授曾撰文讨论证据的概念问题,我认为其观点非常正确。不需要把“证据”概念界定得过窄,然后又去区分“证据”和“证明材料”——这样做根本没有必要。“证据资格”和“关联性”这两个概念,在中国学界应该没有太大争议,但是在英美法系是有争议的。关联性包括“法律关联性”和“逻辑关联性”,因此要明确所谓的关联性到底是哪个意义上的。另外,对于英美证据法学中“privilege”一词,国内学界曾译作“特权”。后来张保生教授在译著中翻译为“(作证)特免权”。我认为这是一个更值得提倡的用法。对于“authentication”这个术语,我国大陆地区的学者通常译作“鉴真”,而我国台湾地区学界通常翻译成“验真”。我赞同“验真”这一译法,因为“鉴真”会让人跟“鉴定”等词联想起来,容易产生混淆、误解。对于一些舶来品证据法学术语,我们采用什么译法,需要大家在不停地使用过程中达成共识,然后统一这些概念的内涵和边界。

第三个观点,我希望大家能够对一些基本的问题达成共识。比如,证据法学不应当研究证据的审查判断问题。为什么要过多地研究证据审查判断问题?有的证据法学教材,用60%以上的篇幅讨论各类证据应当如何审查判断。证据法学者不是研究自然科学的,对于如何审查判断电子证据等,并无专业上的特长,还不如电子专业的师生。我认为证据法学也不应当研究证据的运用问题。兵无常法,运用之妙存乎一心。法庭上如何去应用证据,如何去“排兵布阵”,不是我们证据法学需要过多琢磨的地方。我也不主张证据法学去研究非法证据排除规则。我在很多场合说过这一观点,但是可能会有一些对我观点的误解。我不是说刑事诉讼法学者,或者说一个证据法学者在研究刑事诉讼法的时候,不要去研究非法证据排除规则,而是说,当我们在研究证据法的时候,不要去研究非法证据排除规则。因为,非法证据排除规则是放在刑事诉讼法学这门学科里边来研究的。在美国法的语境下,讲非法证据排除规则,就要讲美国宪法第四修正案、第五修正案、第六修正案、第十修正案等内容。从学科的角度来说,非法证据排除规则属于刑事诉讼法,它的目的是保障人权,对发现真实没有很强烈的要求。我们要研究那些以可采性为核心内容的证据规则,它们的目的更侧重发现真实。一些规则与证据法的原理、所追求的核心价值目标是不一样的,我们不应把分散注意力的东西纳入证据法的研究体系中。

第四个观点,是关于基本理论的阐释。我们需要在大家的共同努力下对证据法形成一个基本的认识。证据法就是为了促进真实的发现而设立的规则，是为了防止事实裁判者形成错误的确信而形成、发展出来的规则。证据规则体现的是理性主义的传统，而且在很大程度上是经验主义的理性主义。我们需要在对英美证据规则有一个通盘的、透彻的了解的前提下，来建构自己本土的关于证据法学的基本理论，形成基本的命题。在这样的前提下，让证据法学繁荣起来、发展起来，让它成为一门成熟的学问。

## 六、提问与回应〔1〕

首先，关于证据法具有独立性还是依附性的问题。可能会有学者认为，证据法就应当是有依附性的。因为非法证据排除规则就是放在刑事诉讼法里讨论的；举证责任的分配，更多取决于民法典的规定，民法的学者对此应该是更加精通；证据的收集、取得和固定，在民事诉讼法和刑事诉讼法里也是有相应规定的。由此看证据法就是依附在这些不同的部门法里边。对于这种认知，我完全能够理解，因为我们当年接受的法学训练就是这样的。但这种认知是残缺的、不完整的。由于我们没有证据法典，很多人误以为只要是和证据有关的规则都属于证据法。于是收集证据的规则、非法证据排除规则、举证责任分配规则都被归入证据法。如果我们这样理解证据法，它就不可能形成像英美法系的那种传统，证据法学不可能形成一个独立的学科。我们在法学院里也没有必要开设证据法课程，只在刑事诉讼法课程和民事诉讼法课程里讲证据规则即可。证据法学就会依附在不同的学科里边。

如果我们还要继续这样做，证据法学是不会有进步的。证据法学有其独立

〔1〕“提问与回应”部分的内容，是针对“刑事证据法的知识传统与话语体系”学术沙龙上魏晓娜教授提出的问题，易延友教授所作的回应。问题一：根据易延友教授对证据法的理解，证据法要作为一个独立的学科，就不应把非法证据排除规则纳入其中。对此，能否反过来解释，即以此否定证据法能够作为一个独立学科的结论？比如，非法证据排除规则过于依赖刑事诉讼法，在美国法中还过于依赖宪法修正案的内容；类似地，证明责任规则非常强烈地依赖于实体法律规则，尤其是在民事法领域。是否可以理解为，这恰恰说明证据法具有高度的依附性？它还能不能成为一个独立的学科？问题二：易延友教授认为，没有必要将价值论作为证据法的理论基础。如果证据法不谈价值论，还能称其为法律吗？很难想象一个法律部门没有价值论基础。例如，保障人权这个目标就属于价值论范畴。

性以后,我们才可能把这个学科壮大。怎么实现学科的独立性呢?应当向英美法系学习,要有独特的研究对象。研究对象是什么?是证据资格,即证据的可采性。只有把证据法这个学科的研究对象定位为证据可采性,我们才会发现它是独立的。因为《民法典》中不会有这类规则,刑事诉讼法和民事诉讼法里边一般也不会有这些规则。我们再去看英美法系那些研究证据法的学者,他们往往不精通刑事诉讼法和民事诉讼法,也不精通刑法和民法。反而是很多研究刑事诉讼法、民事诉讼法的学者可能要去研究证据法。实际上,证据法的学者和其他学科的学者也有可能"老死不相往来"。为什么?因为各自研究的内容是不一样的。所以,我觉得确实要回答一个前提性的问题:证据法到底是什么?如果把它界定为包括非法证据排除规则,或者说包括其他一些证据收集、审查、判断和运用的规则,那么证据法确实就无法独立了。我们许多研究者和高校同人,不知道证据法这门学科该讲什么,这是一个需要改变的局面。

关于是否将价值论作为证据法的理论基础问题。对于将认识论和价值论都作为证据法的理论基础这一观点,我是不同意的。我认为,证据法的理论基础就是认识论;它和价值论没有关系。魏晓娜教授和陈光中先生等在论文中主张,将客观真实理论作为证据法的基础理论。客观真实理论正是属于认识论。这个问题同样也涉及"证据法到底是什么"的问题。如果我们把证据法理解为关于可采性的规则,那么,规范可采性问题的各类排除规则,是怎么发展起来的?它们的目的是什么?当然是为了用来约束法官心证,使其正确地形成——这些规则没有别的目的。既然是为了约束法官心证正确地形成,它们当然是为了促进真实的发现。怎么才能促进真实的发现?符合人类的理性和经验。而理性的认识论、经验论都属于认识论范畴,它们和价值论没有关系。当然,这样说的前提是:证据法学只应当研究(或者说其核心内容限定于)证据的可采性问题,或者叫证据资格问题。要是把其他的规则也拉进证据法里来,那么其理论基础可以有很多。例如,如果把举证责任分配规则拉进来,那么形式逻辑也是它的理论基础;如果把非法证据排除规则拉进来,那么保障人权就是其目的。所以,说到理论基础,先要说清楚证据法到底是干什么的——我们需要对此达成共识。

# 证据法的理论基础与研究面向

魏晓娜*

## 一、证据法的理论基础

在“证据法的知识传统与话语体系”这个主题之下，我将讨论以下几个问题。第一个是关于证据法的理论基础问题。传统上，证据法的理论支柱应该包括两个方面：一是认识论，认识论是以认识案件事实真相为指向的；二是价值论，考量的是正当性问题。很早之前就有研究者提出，证据法的两大基础或者说两大价值，分别是真实性和正当性。我认同这种判断。

在过去的很长时期，尤其是20世纪以及之前，我们刑事证据法的研究过于强调认识论，甚至把认识论当成唯一的理论基础，不承认程序本身的价值。这样的认知是存在问题的。我们在刑事司法理论和改革中确实会发现，认识论在很多时候有越位的一面，这个时候其实不应该由它来支配我们的理论与改革。比如，我们近年来推行的“以审判为中心”的改革，是以反对冤假错案作为驱动力的，本质上是强调追求案件事实真相。但是随着研究的深入，我们发现“以审判为中心”从内涵上来说（或者其主要要求），是面向程序正义的。这就造成了一个尴尬的局面，我们在司法实践中倡导“以审判为中心”这么多年，大张旗鼓地推行了一些试点，学界也发表了很多相关文章，但实际改革成效并不显著。其中有一个原因，就是在“以审判为中心”这个问题上，认识论不应该作为主导性规则或者主要目的——认识论越位了。

关于证据法的理论基础，从后续的理论发展来看，很多学者为了纠偏提出

* 中国人民大学法学院教授，法学博士。

了一些不同的观点。在证据法近年来的研究中,有一个趋势就是把认识论从证据法的基础理论中抽离。

## 二、认识论在证据法基础理论中的位置

接下来我要讨论的第二个问题是,在证据法的基础理论中,认识论到底处于什么样的位置?我曾与陈光中、陈海光先生合写过《刑事证据制度与认识论——兼与误区论、法律真实论、相对真实论商榷》一文,[1]文中倡导客观真实学说。随后,在证据法基础理论的研究中,出现了许多批判这篇文章的声音,实际上就是对客观真实学说和证据法的认识论基础的批判。鉴于客观真实学说在过去司法实践中所造成的一些问题,学术研究中开始出现了一种理论转向。简言之,是一种摆脱认识论的趋势,想把认识论驱逐出证据法的领域或者其基础理论领域。

这种做法有不同的表现形式。有的学者主张抛弃认识论,完全转向价值论。近些年比较年轻的学者中,有些人主张实现一种语言哲学转向。这跟哈贝马斯的交往行动理论有关。还有更隐晦的提法,主张以确证理论来代替认识理论或者真理理论。杨波教授在《刑事诉讼事实形成机理探究》一文中提出的程序共识论,[2]也是一个代表性的理论。在那些没有抛弃认识论的论文中,作者们也不太愿意使用"认识论"这个术语,好像"认识论"一词太陈旧;他们转而使用其他术语,比如"认知论""认知科学""知识论"等。其实这些术语在英文语境中对应同一个词。这表明,在证据法基础理论中,确实存在将认识论从证据法的基础理论中抽离或者模糊化的趋势。

针对这种情况,我提出两个疑问。第一个疑问是:证据法是否可以摆脱认识论?换句话说,客观真实的存在对于法律程序是否有意义?有些学者认为,客观真实就是一个自在之物,处于我们认识的彼岸,所以它对法律程序是没有意义的。当然,我们必须要承认,在诉讼中所认识的事实并不是自然界的一种

---

〔1〕 参见陈光中、陈海光、魏晓娜:《刑事证据制度与认识论——兼与误区论、法律真实论、相对真实论商榷》,载《中国法学》2001 年第 1 期。

〔2〕 参见杨波:《刑事诉讼事实形成机理探究》,载《中国法学》2022 年第 2 期。

纯客观的事实。一个典型的例子就是,某个事件在某年某月某日发生,这个“某年某月某日”本身,在日历上就是一个人为构建出来的事实。然而证明对象是人为建构的事实,只是降低了证明的客观性,并不能完全取消证明的客观性。某个事件在某年某月某日“发生”,就是一个客观的事实,不能取消它的客观性。很多学者指出,诉讼主体或者说诉讼中的认识主体,有其特定的司法组织结构特征,以及特定的认知方式特征。那么诉讼主体在结构、行为等方面的特征,是不是可以改变证据法认识客观事实这一目标呢？我认为是不可以改变的。因为一个客观事实的存在,虽然具有纯粹客观的属性,但它锚定了我们证据法的目标;由此,我们的证明活动才是有价值、有意义的。我们必须要承认,在诉讼之外存在一个客观事实;这个事实虽然是自在之物,但是对于法律程序仍有其意义。

我在美国纽约大学参加洗冤项目(Innocent Project)期间了解到,在20世纪90年代之前,美国学界有一种很通行的理论,认为不存在所谓的法律事实之外的事实。他们认为诉讼程序已经如此完美,完全符合正义的要求,得出的结论是不存在问题的。在程序中得到的永远是法律事实。在20世纪90年代以后,随着美国DNA技术的发展,这种乐观的看法受到了质疑。此前,美国学界对其诉讼程序极为信任,认为所产生的法律事实就是正确的事实。这其实就是罗尔斯所说的第三种“纯粹的程序正义”观点。但是在很多案件中,DNA证据的出现证实并非如此。即便是通过一个完美的程序,认定的事实仍然可能是错误的。罗尔斯所提到的刑事诉讼中的事实,实际上不是一个纯粹的程序正义的例子,而是属于他说的第二种“不完善的程序正义”。程序再接近完美,也依然有一种可能性,即我们没有获知事实。这个可能性的存在,正是我们刑事诉讼中诸多救济制度(如上诉制度、再审制度等)存在的前提。如果没有一个处于我们程序之外的事实,如何解释再审制度存在的必要性呢？

因此,我得出来的结论是:证据法的基本任务仍然是发现事实真相,证据法不可能摆脱认识论,证据制度的构建必须要遵守认识的规律,客观事实的存在对于法律程序仍然是有意义的。当然,客观事实学说可能有缺陷、有一些问题。我们应承认这一点。但是我觉得迄今为止,很多文章对于客观真实学说的批判,并没有批判到点子上。例如,有一个批判的理由是:客观真实是达不到的,是违反常识的。客观真实为什么达不到？我们人类科学发展到今天,我们的世界发生了日新月异的变化,怎么能否定我们人类认识客观真理的能力?在一定时空条件之下,真理或事实就是绝对的。比如,在特定的时空之下,牛顿万有引力定律就是绝对的;但换一个时空,可能就不是这样了。在特定的时空范围内,不能否定我们获知客观真实的能力。

第二个疑问是,有的学者批评客观真实理论,认为客观真实理论忽视了程序价值;我觉得这种批评意见往往没有搞清楚,问题到底是出在司法体制和诉讼程序上,还是出在客观真实理论本身。客观真实是一种实体上的价值追求,至于它和什么样的程序相结合,则是另外一回事。它可以和一个非常公正的程序相结合,也可以和一个非常压制性的程序相结合。所以强调客观真实,并不必然意味着忽略程序的价值。

人们在批评客观真实理论的时候,往往忽略了客观真实背后的价值基础。客观真实的价值基础恰恰是保障无辜者的权利,恰恰是在践行康德的"任何一个人不能够被当作工具"理论,以最大限度地保护人的尊严。很多学者忽略了这一点,总觉得客观真实是一个非常过时的术语。因此,觉得目前对于客观真实学说的批评并不是很到位。

## 三、证据法研究的面向

我想讨论的第三个问题是证据法研究的面向问题。证据法的研究在不同的时期有不同的侧重点。20 世纪末,我们比较重视关于证明标准的争论,以及法律真实学说和客观真实学说的争论。再往后,学界对于证据规则的研究比较多。最近几年又有了一个转向,涌现出许多关于证明推理模式的文章。许多研究者引入了国外的概率论、故事模式理论、最佳解释推理理论等。一个非常有意思的现象是,当许多学者批评完印证模式之后,似乎都不约而同地走向了最佳解释推理理论。

我认为这个转向是很值得商榷的。因为概率论(包括估值模式)、故事模式理论和最佳解释推理理论(有时称作似真理论)实际上都是美国法语境下的产物。我们对于英美法系的证据法律制度和理论,有的东西是可以借鉴的,比如立法中对排除合理怀疑规则的借鉴;有的东西则借鉴过来未必合适,比如最佳解释推理。该理论有它自己的使用语境,特别适合陪审团审判下的对抗制环境。通常,对抗双方会给陪审团裁决提供两个不同的事实版本,哪个版本最佳则陪审团选择用哪个。然而,在中国的司法实践中,法官的推理到底适不适用这样一种模式?对此我们没有充分的实证研究。除了这种语境的差别之外,我认为最佳解释推理确实还有其他一些问题。比如,在两个对事实的解释版本中,选择一个最佳的使用,这种选择本身就忽略了证明责任和证明标准规则。我们知道,按照证明责任分配规则的要求,刑事诉讼中辩方没有必要提出自己的故事版本。法官只需要看控方的版本有没有越过证明标准,或者说要吹毛求疵似的检验控方版本。此时只有一个故事版本,不存在适用"最佳"解释推理的问题。所以在证据法研究过程中,我们还是要面向中国的司法实践,去研究中国的问题,要了解我们司法实践中法官的推理到底是怎么进行的。在实证层面我们缺少这样的研究。

最后,需要总结和强调的一点是,证据法研究要面向实践。提出一个新的理论,要看它能不能解释现有现象,能不能为现有制度提供有价值的改革思路——这是非常重要的。证据法学一方面可以有非常高的理论抽象程度,另一方面还是一个实践性很强的学科。我们不可否认后一点。在这种情况下,我们的证据法学研究要从实践出发,解决实践问题,尤其要解决中国的实践问题。在证据法学研究中不应总是预设和呼吁"要改革"和"要改变实务人员的思维方式",而是要尊重实务人员判断证据所依循的经验和直觉,进而从制度层面提供有价值的建议。

# 证据法的三个学科传统

孙 远*

我们在研习中国刑事证据法问题的时候,常常会感受到不同话语体系的碰撞和交错。这使得我们在研究很多具体问题时,不容易保持一个清晰的逻辑。经过这些年的研究,国内学界对于英美法系证据法和大陆法系各国证据法之间的差异,都已耳熟能详。但是,通过聚焦于具体问题可以发现,英美法系和大陆法系之间的这种差异,即使是那些在我们看来非常大的证据法差异,其差异程度也远小于它们和中国刑事证据法之间的差异。因为在实现了法律制度现代化之后,英美法系和大陆法系之间在证据规则上的区别,很大程度上在技术层面。如果用它们来跟中国的证据法相比较,会发现所存在的差异不再仅仅是技术层面的,更多是我们今天所讨论的知识传统与话语体系层面的差异。就此,我准备讨论三个问题。

## 一、证据法的调整对象

首先是证据法作为一门法律在调整对象上的差异,我把它归属为学科传统上的差异。美国的证据法和德国的证据规则,尽管表现为不同的样态,但它们都是作为一种行为规范而存在的。也就是说,它们的调整对象是各个诉讼主体所实施的一系列和证据有关的行为,包括证据的取得、证据的调查、举证和质证等一系列行为。而在中国的证据法传统当中,很多证据规则和证据理论将证据法的调整对象误认为是证据本身。这实际上混淆了事实问题和规范问题。无

---

* 中国社会科学院大学法学院教授,法学博士。

论是把证据定义为“事实”“材料”还是“依据”，它都是客观存在的、没有意志的东西，不需要行为规范；只有人们取得证据、调查证据、使用证据的行为才需要规范，即只有与证据有关的这些行为才需要规范。“证据”本身是没有办法用行为规范去规范的。

威格摩尔在一百多年前就已经做出明确区分，他认为作为科学的证据学和作为法学的证据法是两个不同的领域。中国学界现在已经意识到这两者之间的区别，但当讨论到一些具体的证据法问题时，这个区别又常常被遗忘。换言之，在我们现在的立法，甚至很多理论研究中，还存在混淆事实和规范这两个领域的现象。

一个例子就是法定证据种类。法定证据种类在我国传统证据法学当中被认为是一个特别重要的概念，很多权威的教科书将其界定为“按照证据的性质和特点划分出的基本门类”。法定证据种类在我国传统理论和司法实务当中有非常重要的影响，代表性的观点认为：证据种类决定了证据资格；不能归入法定种类的证据，不具有证据资格。一系列法庭调查的程序规则，也是按照不同的证据种类来划分的，甚至非法证据排除规则的设计也沿用了传统证据种类的区分，但非法证据排除规则的主旨在于证据的取得是否侵犯了当事人的基本权利，至于这个证据属于哪一种类其实不重要。

概言之，中国传统的证据法学依赖法定证据种类这一概念，赋予法定证据种类许多或明确或不明确的效力。中国证据法对证据种类的规定有两个特点：第一，它是对证据本身进行的分类，不是对各种关于证据的行为进行的分类；第二，证据种类的分类根据是证据在客观上具有的性质和特点，而不是证据的规范属性。这种分类在我们传统的证据法学以及证据立法和实务当中产生了神奇的效力，这其实是值得我们去反思的。我曾写过一篇文章，阐述了这种对证据种类的区分在法学上的功效非常小，基本上没有规范层面的效力。[1]

与我们同属职权主义传统的德国刑事诉讼法学中有一个很重要的概念，叫作“证据方法”。很多国内学者把这个概念约等于我们的法定证据种类。实际上它们是不一样的。德国并没有从证据本身所具有的特点来区分证据种类的

---

〔1〕 参见孙远：《论法定证据种类概念之无价值》，载《当代法学》2014 年第 2 期。

传统。德国刑事诉讼法把证据方法分为人证、鉴定、勘验、文书和被告。这种称呼容易让我们产生误解,好像它们看起来与中国的各个法定证据种类相似,但实际上差别特别大。所谓的证据方法,其实指的是对证据进行调查的方法。比如,把“人证”叫做一种证据方法的时候,所表达的意思是:如何把人证所包含的证据信息展示出来?如何开展调查?答案就是通过询问的方式。所以,人证这种证据方法指向的是询问这种调查方法。类似地,“鉴定”指的是对专门性事实问题所进行的鉴定方法;“文书”更准确的叫法是宣读,因为一般来讲在法庭上,文书是以宣读的方式调查;“被告”则指通过审讯或者讯问的方式开展调查的方法。为避免误解,国内在介绍德国的法定证据方法制度的时候,需要变更一下称呼。对各种证据方法的更准确叫法应该是询问、鉴定、勘验、宣读和讯问。所以,它们是调查证据的方法,是对证据行为的分类,而不是直接去规定证据本身,给证据做分类。

虽然英美法系的证据法没有专门界定证据种类的条款,但是根据英美证据法中的很多规则,我们其实也可以对证据进行分类。比如,根据相关性规则,我们可以判断哪些证据是有相关性的证据,哪些是没有相关性的证据。对于有相关性的证据,有的不需要排除,有的则被排除规则所排除。那些有了相关性同时又没有被排除的证据,就是具有可采性的证据。对于那些要排除的证据,即不具有可采性的证据,我们又可以做出明确的区分,区分的依据就是所适用的具体排除规则。所以,如果我们要在英美证据法中增添一章“证据种类”的话,可以这样去区分。但这种分类是根据证据的规范属性,而不是根据证据客观上具有的性质和特点。通过这种规范属性进行区分,就会对诉讼主体的取证、举证、证据调查等所有证据行为起到规范作用。而中国的法定证据种类规则没有办法去规范人的行为。同时,直接赋予根据证据性质和特点做出的种类划分以相应规范效力,实际上混淆了威格摩尔在一百多年以前就已经提出的明确区分,即作为科学的证据学和作为法学的证据法之间的区别。

还有一个例子是证据概念。我曾写过文章讨论这个问题。[1] 长期以来,

---

〔1〕 参见孙远:《证据概念否定论——从证据概念到证据法基本概念体系》,载《中国刑事法杂志》2016 年第 2 期。

国内很多学者花了大量的精力，试图给证据归纳出一个概念。但通过研习两大法系的证据规范，我得出一个结论：证据概念在证据法的规范层面价值不大。英美证据法在早期发展的时候，也有很多学者试图界定证据的概念。但后来学界就不再关注证据概念问题，转而去研究跟证据有关的、能够对行为起到规范作用的那些概念，比如说相关性、可采性和证据排除规则等。这些都是能够对诉讼主体的行为起到规范作用的概念。证据概念在规范上没有我们想象的那么重要。我们以前重视对证据做出概念界定，是想去认识证据；但恰恰证据法不是为了认识证据的本质属性，而是为了去规范使用证据的那些行为。在不同的意义上讲证据，它的含义是不一样的。一个事件发生之后留下的蛛丝马迹，是证据；当事人提交给法庭作为证明依据的东西，是证据；被法官写在判决书里的那些东西，也是证据。因此，在不同的环节，证据有不同的含义。即使不对证据的概念做界定，各诉讼主体在不同的诉讼阶段当讨论证据的时候，也一般不会出现歧义。如果要给不同意义上的这些证据界定一个统一的概念，可能会形成一个过分抽象的表述。这在法学方法论上被称作"过度抽象化"，即把所描述的对象的特征舍弃过多的现象。由此得到的一个过度抽象的概念，在法学上可能基本上没有价值。

概言之，我们此前将太多精力花费在证据概念上，如今应当从证据本身的概念转向证据法的基本概念体系，也就是说要研究那些有关证据的、能够真正起到规范作用的概念。当然，不是说证据概念本身没有研究价值，只是说在规范层面，它不是一个特别重要的概念。这是我讲的第一个学科传统，即作为规范的证据法还没有完全独立出来，还跟研究事实的科学纠缠在一起。

## 二、证据法的制度传统

我想讨论的第二点是证据法的制度传统。通过研究一系列具体的证据规则，我们可以发现一个现象。证据法是在诉讼程序当中适用的，所以在不同的审判模式之下，证据法的样态存在很大差异。由于审判模式已经形成了不同的传统，所以审判模式作为证据法的基础，也就构成了证据法的制度传统。我们在研习证据法的时候，必须考虑它所适用的具体程序空间，如果脱离了程序空间,证据规则就失去了家园。

这里我提出一个“证据法时刻”的概念。在不同的审判模式下,属于证据法的时刻是不一样的。在英美的陪审团审判模式当中,存在很多证据法时刻。比如,控辩双方试图把某一个证据提交给陪审团,陪审团即将接触证据的那一刻,是一个非常重要的证据法时刻。我们应当在这个时刻理解可采性规则的作用。因为,在陪审团审判模式下,一旦证据越过了这个时刻后,这个证据有没有发生效力,就很难判断了。一个不具有可采性的证据越过这个时刻后,陪审团就接触到了一个本不该接触的信息。在这套审判模式下,只能等法官给陪审团发布一个指示,告诉陪审团忽略该证据,当其不存在,不要作为判断依据。但陪审团是不需要提供判决理由的,只需要给一个判决结论,所以难以确保法官的指示发挥作用。因此,在英美法系的陪审团审判模式下,证据信息马上要让陪审团接触的那一刻,是一个特别重要的证据法时刻。

但在法官主审的职权主义诉讼模式中,这个时刻就不是特别重要。因为法官在职权主义诉讼中要全面调查证据,没有像英美法系那么复杂的可采性规则。而且让法官接触到不可采的证据,通常不是一个难以接受的结果。因为法官跟陪审员不一样,法官的专业素质应当能区分开哪些信息是应该考虑的,哪些信息是不应该考虑的,比如需要排除的非法证据。在职权主义诉讼中,法官的判决是附带论证理由的。所以,在职权主义模式中,法官论证判决是一个特别重要的证据法时刻。证据可采性等有关证据能力的规则,可能是在那一时刻发挥某种作用。

我们在研究证据法的时候,要看在整套程序模式当中,哪些时刻是属于证据法时刻。举一个例子。英美证据法上,证明领域中有一类推定规则叫作“允许性推定”(permissible assumption),即有了一定的基础事实,就可以推定相应的要件事实成立。也就是说,可以这样推定,也可以不这样推定。前些年国内学界也有人在研究这种允许性推定。中国刑法领域的司法解释中,有许多类似于这种允许性推定的规则,比如为了认定明知或主观目的,司法解释中列出了一些可以推定的情况。很多学者就把它们解释为允许性推定。但允许性推定恰恰是在英美法系的审判模式下适用的规则。其实,在英美证据法中,允许性推定指的是:法官可以在指示环节告诉陪审团,你可以这样认定,至于陪审团是不是这样认定了,法官也不知道。所以,允许性推定是法官在指示环节适用的一个规则——这是它的证据法时刻。但是在中国法官主审的模式下,并没有这种指示环节。在中国是不是有一个作为规范的允许性推定,还是说它仅仅是一种根据经验法则的认定,这实际上是个问题。英美的二元式法庭模式可以容纳作为规范的允许性推定,但在中国一元式的法庭中就没有这种意义上的允许性推定。

再举一例。在国内前些年引起热烈讨论的瑕疵证据理论,也有其相应的制度基础。瑕疵证据这个概念本身就很难理解,因为一般讲"瑕疵",指的是某个诉讼行为有瑕疵;有瑕疵之后,通过一定的方式可以弥补或治愈这个瑕疵。所谓的瑕疵证据理论,跟中国特有的审判模式有很大关系。无论是英美法系还是大陆法系,都是在直接审理的状态下才有证据规则的真正适用空间。而在中国的审判模式下,所使用的很多是证据的替代品;对于那些替代品再分三六九等,看有没有瑕疵。所以,在讨论任何一个证据规则的时候,可能都需要去反思它的制度传统。

## 三、证据法的哲学传统

我想跟大家交流的第三点是证据法的哲学传统。英国学者特文宁认为,英美证据法有一个很深厚的传统,叫作"理性主义传统"。实际上,在步入现代化以后,理性主义已经成为两大法系的共识,不限于英美证据法。所谓理性主义,联系证据法问题来讲,就是说每个人根据经验法则,对于证据的真和假都可以作出自己独立的判断,不需要借助权威。所以在诉讼过程中要充分运用各个诉讼主体的理性得出恰当的结论,这是理性主义的核心精神。一开始强调理性主义传统,是因为原来的诉讼不理性,比如说存在神明裁判或掌权者裁判的模式。我们现在强调理性主义,不是反对早已消失的神判,而是反对被神化了的权力。

但是通过研习中国的刑事证据制度,我们会发现很多理论还体现出对权力的过分崇拜。比如,取证主体的专属性理论。取证主体专属性理论认为,只有有权取证的主体获得的证据,才有证据资格;不是法律规定的有权主体,取得的证据是没有证据资格的。无论是大陆法系的证据法还是英美法系的证据法,在判断证据资格上并没有实质性差别,无非就是先判断相关性,有相关性的话,再看有没有触犯相应的排除规则;没有触犯相应排除规则的话,再经过直接审理调查,给被告充分的质证权;最终如果经受得起检验的话,证据就是有证据资格的。至于说这个证据是从哪来的,是谁取得的,只要没有涉嫌违法取得,就不影响证据资格。如果给有权取证主体赋予这种效力,在我看来带有不理性的遗迹。它实际上赋予了权力主体定义什么是证据,甚至什么是真假的权力。如果权力具有了这样的属性,它会认为自己不仅可以规范人的行为,还可以规范证据,对证据下命令,甚至可以定义什么是真实。这样一来就与理性主义渐行渐远。这种不理性的力量必然会忽视程序,而理性的结论本应是从程序当中来的。这就是理性主义传统给我们的启示。

# 基于程序与事实互动关系的证据法学理论建构

杨　波*

在我的理解中，证据法学的知识传统意在总结、诠释证据法学的元理论。证据法学的话语体系则旨在提炼和创新，直面中国特色的证据法学话语体系的建构。这两方面的问题同时又是密不可分的，因为话语体系的背后一定会凝结着某种理论和思想，证据法的知识传统总会直接或者间接地渗入证据法话语体系的建构当中，而且影响整个证据制度规范体系的建构。所以，这个话题实际上涵盖了证据法学理论体系的整体建构问题，是一个非常复杂和庞大的工程。我尝试着以事实问题为主线讨论三个方面的问题。

## 一、以事实问题为核心，重谈证据法的理论基础问题

第一个方面是以事实问题为核心，重谈证据法的理论基础。证据法的理论建构需要遵循一定的哲学理论，这是毋庸置疑的。因为证据法的原点问题就是事实问题，而事实如何获得，是一个典型的认识论问题。当然，证据法不仅包含认识论问题，还包括价值选择的问题。关于证据法的理论基础问题，刑事诉讼法学界过去曾展开激烈而持久的争论。为什么今天，时隔将近20年的时间，要重谈证据法的理论基础呢？我觉得是因为我们依旧需要为国家的证据制度和证据规则立法提供理论解释和理论支持。

首先，当初的理论之争虽然经历了很长一段时间，争鸣也非常激烈，但并没有产生一种替代性的理论代替主流理论，并在立法和实践当中发挥主要作用。

* 吉林大学法学院教授，法学博士。

时至今日,我们的立法和实践中的思想和原理主要还是传统的,也因此经常会出现紧张和矛盾。当然,不能否认法律真实论对于立法和实践的引导,但总体来讲,这个理论的内核并没有发生实质性的改变。在证明标准的问题上是一个很典型的体现。

其次,将近 20 年间,我们国家整体的刑事法治化水平已经有了很大提升。刑事诉讼程序的完备性也得到了很大提高,证据规则初具规模。相应地,人们关于刑事司法的观念也悄然地发生了较大改变。因此,探究证据法的理论基础就有了更加明确的实践指向和理论契机。随着现在立法和实践的发展,我们对于诉讼活动的本质规律的认识更加清晰明确,进而能够在更大限度上革新旧的观念并构建新制度。

以我们当下正在进行的"以审判为中心"的诉讼制度改革和认罪认罚从宽程序改革为例。以审判为中心的诉讼制度改革强调事实形成于庭上,改变了原来以侦查为中心的诉讼模式之下的事实形成机制。我们曾经所倡导的,一种建立在主客体之间认识基础之上的事实认知活动,已经不能够为如今以审判为中心的诉讼制度改革提供理论解释。现在强调法庭上主体间的交往互动促成事实的最终形成。这样的事实形成机理促使我们去反思,或者得出结论:尽管真实很重要,但刑事司法过程的事实探究并非一种单纯的求真活动,而是重在主体之间就事实达成共识的这个过程。

这样的结论显然对传统理论形成了比较大的冲击。冲击主要体现在两个方面:第一,它弱化了对真实的执着追求,强化了法庭之上主体之间共识的达成。当然,追求共识并不排斥求真的目标,因为控辩双方要想使自己的主张被法庭所接受,能够达成共识,就需要通过自己直接感知的案件事实活动来证成自己的主张。在这个意义上,真实是求得共识的手段。在以审判为中心的诉讼制度改革之下,更加强化侦查取证、审查起诉和证据的质量,否则证据很难通过庭审的检验。第二,证成裁判结论的理论内核发生了改变。以主体间的共识为核心,以程序为保障,刑事司法所追求的是一种弱意义上的正当性理论,强化程序之内、主体间共识的效力。换一个角度来说,它重建了刑事司法的客观性。在刑事司法过程中,当探究真实很困难的时候,运用弱意义上的正当性理论进行证成是更为恰当的选择,也会具有更大的理论解释力。魏晓娜教授谈到了认识论和价值论的关系,强调了求真的重要性。我认为,认识论肯定是证据法的理论基础。但是遵循一种什么样的认识论?诉讼认识活动的特殊性是什么?如何从诉讼活动本身的性质和规律出发去探究证据法的理论基础?这些是值得思考的。单纯以求真为指向的认识论可能是刑事司法不堪承受之重。

接下来,我们再看认罪认罚从宽制度。在认罪程序之内形成的合议性事实,是控辩双方通过协商达成的对于事实结论的一致认同,最后经过法院审查确认。这种合议性事实的正当性,取决于被追诉人认罪的自愿性、控辩协商的平等性和真实性等。总之,通过对这两种诉讼制度改革当中事实形成机理的分析,我们可以看出:当下的程序改革需要具有解释力的新理论,传统的以辩证唯物主义认识论为基础的事实发现理论,其解释力已经严重不足。我觉得,需要结合当下的立法和实践加以进一步的探究,凝练出一种新的替代性理论。这对于指引当下程序改革来说是非常重要和必要的。我也特别认同,证据法学要跨越学科话语界限,在哲学和法学之间往返,但这容易陷入一种机械的理论嫁接和套用,这又是我们需要注意和极力避免的问题。

## 二、以事实为中心和研究对象,完成证据法学话语体系的建构

我要讲的第二个方面是以事实为中心和研究对象,完成证据法学话语体系的建构。证据法学的话语体系建构是一项非常复杂和庞大的理论工作。因为话语的内核是思想,话语体系不是语词的简单拼接,而一定是思想的凝结。证据法学话语体系能否建成,关键在于能不能产出具有说服力的证据法学思想或理论基础。关于证据法学话语体系的建构,我从两个角度来谈。

第一,要把事实问题作为证据法学研究对象和中心主题来建构证据规则,完善证明制度,凸显证据法的品格。以事实问题为核心,提炼基本范畴,并将其内化为一系列的证据规则和证明制度,最终将事实问题和证据规则有机联系在一起。

第二,要处理好域外的概念体系和中国既有的概念范畴之间的关系,凝练出具有中国特色的证据法学话语体系。我们目前关于话语体系的建构面临很

多实际的困难。一方面,我们的诉讼制度改革还在进行当中,符合诉讼本质规律的现代化转型还没有实现;另一方面,在我们的理论和实践当中,还存在很多基本的概念、范畴需要整合归纳,以形成一套既能反映事实认定规律,又能符合中国特色实践需求的自主性概念体系。从证据法本身的性质和特点出发,刑事司法过程当中的证据和证明机理具有很强的普适性。所以说,借鉴西方证据法学研究的一般原理进行概括和总结是必要的。但不能仅仅做这些概念体系和基本范畴的搬运工,而应该在提炼证据法基本原理的基础之上,凝练出适合我国理论研究和立法实践的话语体系。我们既要吸收借鉴,同时也不能完全抛弃既有的概念。

## 三、以事实与程序的互动关系为前提,建构证明理论体系

第三个方面是关于如何以事实与程序的互动关系为前提,建构证明理论体系。在考虑程序的元素之后,我们会发现,传统的证据理论中对事实问题的探究往往和诉讼程序是脱节的。这主要体现在两个方面。一是我们只关注普通程序当中的事实问题,而对多元化诉讼程序改革背景中,不同诉讼程序之内的证明机理没有给予充分关注。二是基于实质真实主义的传统,在过去很长一段时间之内,我们习惯于脱离程序本身去追求对事实真相的发现。我认为,法律真实观对事实与程序之关系的关照还不够。我们需要在现有基础上,进一步深入程序的内部,真正从程序的维度来关照事实问题。具体来说,应该从以下三个方面入手。

第一,在宏观方面,要摒弃结果性事实观的束缚,确立程序性事实观。要将目光投向司法过程本身,重新审视程序之内事实形成的机理,并强化通过程序塑造事实这个过程的独立性,最终使得事实能够和程序的改革融为一体,促进刑事诉讼程序由封闭走向开放,由以围绕真相而设定的程序转向能够促进主体之间达成共识的开放性程序的建构。事实观的问题是根本性的问题,决定了我们证据制度规则的基本面向。它也是证据制度设计最难跨越的障碍。若不突破传统事实观的束缚,不打破那些根深蒂固的观念,证据制度和程序规则很难取得实质性进展。在程序与事实之间的关系上,如果不在程序的维度内审视事

实问题,就可能陷入以真实的发现为中心,容忍公权力越界,使得整个程序更加封闭的困境。

第二,从微观角度,我们需要在不同的程序内明确差异化的证明机制,健全诉讼证明的理论体系。比如,在不认罪案件的程序当中,由于它承载的是完整的证明形式,需要落实庭审证明实质化,达到严格的证明标准;在认罪认罚案件的庭审程序当中,证明活动被大大简化,对作为认定事实基础的证据要求也会相对较低。事实证明与诉讼程序的互动关系,在普通程序和特别程序、定罪程序和量刑程序的区分中也有相应的体现。我们在刑事诉讼程序的未来改革中也应该明确这样的指向和目标,因为诉讼程序的配置必然会影响到证据的收集和证明活动的展开。庭审证明的实质化对诉讼程序和诉讼构造都提出了特别的要求。以审判为中心的诉讼制度改革也需要朝向这个目标,根据事实证明的需要去完善程序。它不是单纯的程序改革,而是承载了证明问题和证据问题。

第三,未来证据法学的理论研究要继续在现有基础之上,探索交叉学科的方法,并深化关于证明问题的研究。证明是一个动态的过程,我们没有办法确立一套规范去规制它,但可以通过引入交叉学科的方法,探究动态证明过程本身的机理。目前证据法学和其他交叉学科的融合可能还不够,比如证据法学和心理学、证据法学和概率论等。这样的学科交叉研究还需要进一步展开。

我认为,讨论“证据法的知识传统与话语体系”这个话题是非常具有意义的。因为在我们国家,传统理论对于证据法原理的探究是比较弱化的,缺乏反映证据法理论品格的原理、概念范畴和体系。这就迫切需要我们与时俱进,创新发展,实现理论的转型升级。在当下的法学研究当中理解和反思实践当中的问题,在发现和解决问题的过程当中提出新的概念、新的命题,形成新的理论,让理论跟进实践——我想,这是证据法学研究的基本使命,也是学者的基本担当。我们要为了这个目标而努力。

## 四、提问与回应[1]

程序性共识理论在提出来之后,当然要接受质疑、批评和检验,需要在大家的讨论当中进一步完善。共识的达成是在几方主体之间进行的?在说明这个问题之前,我需要先阐明这样一个立场:共识论实际上并不排斥对于真实的追求。控辩双方要想使他们的主张能够被法官所认可,一定会尽可能全面地收集证据,然后去证成自己的主张。在侦查阶段,警察针对案件事实采取调查和取证行为;在取得了充分的证据之后,提交给检察院审查起诉;到了法庭上,控辩双方把自己对案件事实的感知,借助证据的形式展示给法庭,再通过法庭上的质证、辩论等活动进行互动,使得控辩双方差异性的事实主张发生"融合";最终,法官在裁判书中写明作出裁判所根据的事实,既不是控辩某一方的一面之词,也不是裁判者个人的一己之见,而是在整个庭审程序当中完成的、控辩审三方对于事实问题的证明结论。正是基于这样一个过程,我们在对抗式的诉讼程序当中达成了形式上的共识——实质上的共识是很难达成的,因为对抗制诉讼通常以一方败诉而告终。

因此在事实的背后,只是一种形式上的共识,最终它需要司法裁判者运用司法权做出一种强制的确认。正是基于这样的一个共识的特点,事实的正当性一定是源于正当程序的规范和保障,也就是说适用正当程序或者说程序正义的逻辑。当然,也正因如此,这个事实是可以被推翻的,也允许给予各方救济的机会,即通过上诉、抗诉等程序对有争议的案件进行重新审理。与这种共识相对应的,在某些程序之中,例如在认罪认罚程序等合意式诉讼程序之中,各方可以

---

[1] "提问与回应"部分的内容,是针对"刑事证据法的知识传统与话语体系"学术沙龙上魏晓娜教授提出的问题,杨波教授所作的回应。问题为:针对杨波教授所倡导的程序共识论,仍有一些可以商榷的地方。首先,所谓共识是谁的共识?是控审之间的共识还是控辩之间的共识?如果是控审之间,若没有达成共识,法官能不能裁判?如果是控辩之间,共识论主要适用于当事人主义诉讼模式,未必能适用于中国的职权主义语境。在中国的司法实践中,出现过这样的案例:被告人认罪认罚后,检察官向法院提出了量刑建议,律师也只做罪轻辩护,随后法官给出了定罪判决。结果在审判监督程序中发现,被告人是冒名顶替。对于此类案例,如何用程序共识论来解释?如果真理可以用共识来达成,那当被告人在上诉审中翻供后,我们如何让判决跟得上被告人口供的变化呢?

达成一种纯粹的、实质意义上的共识。因为被告人认罪和认罚了,控辩双方经过协商达成了共识,法院基于这种共识作出了处理,但对认罪认罚案件中被告人的上诉和检察机关的抗诉,要进行一定的程序上的限制。

# 中国刑事证据法的知识传统

李训虎*

我将讨论以下三个方面的内容:第一,试着回答什么是中国刑事证据法的知识传统,或者说,去界定我是在哪个意义上使用“知识传统”这个语汇的。第二,中国刑事证据法的知识传统包括哪些?并通过相关的例证来做阐释。第三,如何看待中国刑事证据法的知识传统。简单来说,即三个部分的内容:刑事证据法的知识传统是什么?包括什么?如何看待?

## 一、什么是中国刑事证据法的知识传统

最初看到“证据法的知识传统与话语体系”这个主题时,我感觉自己似乎略知一二。但当展开深入思考后,发现自己原先对于知识传统的认知并不清晰;相反,有些模糊。我试图去找一个权威的解释,于是去查《现代汉语词典》,并搜索中文的百度百科、知乎和英文的维基百科等网络资源,但没有找到专门的词条。只是在维基百科的“学派—思想流派”这个词条中看到,维基百科将“知识传统”与“学派—思想流派”等同。我继续用百度搜索和中国知网检索“知识传统”一词,结果显示两者对于“知识传统”的使用存在明显差异。用百度去搜“知识传统”的时候,搜索出来的基本上都是“传统知识”的意思。在中国知网上能够搜索到以“知识传统”为题的文章。

之所以出现这样一个明显的差异,我猜测,可能有两个方面的原因:第一,它是一个并不为大众所熟悉的语汇,是一个学术词汇;第二,它是一个翻译过来

* 中国政法大学证据科学研究院教授,法学博士。

的词汇，很难跟中国的概念体系进行对位。我提出“知识传统”是一个翻译的词汇，是一个猜测；但并非毫无根据的猜测。我从中国知网用全文进行搜索的时候，搜索到最初在 20 世纪 70 年代有 5 篇文章使用了这个词，其中 4 篇是译文。最早也是译文中出现了“知识传统”。那么，基于这样一种考量，为了理解知识传统这一概念，似乎应当回到英语世界中界定。如果是这样，我们用维基百科对于知识传统的定义来审视中国刑事证据法的知识传统，则会发现问题很大：很难说我们的刑事证据法已经形成了很成型的、公认的思想流派或者学派。

需要指出的是，根据我个人的观察，知识传统尽管是一个翻译词汇，其在当下中国的语境和知识体系中已经与英语世界的界定不一样了。所以，尽管我们在用“知识传统”一词，但是我们的用意与它最初的来源已经不同。当然，意思不一样，并不代表我们中国法学界对于“知识传统”的判断就乐观了。相反，有可能是更具毁灭性的否定。我这个说法也不是危言耸听。有学者甚至认为，中国的法学并不存在自己的知识传统。例如，梁治平先生在其著作《观与思：我的学术旨趣与经历》一书中指出，法学没有一套关于中国问题的独特而系统的思考，也没有形成自己的知识传统。如果这一判断成立，我们就可以将其延伸——既然整个法学没有自己的知识传统，作为法学的组成部分的刑事证据法，更不会存在自己的知识传统。对于梁治平先生的论断，我的理解是他更多的是在讲法学的落脚点在于自己的、独立的、自主的知识传统。这其实是在批评我们的法学界中通行的是一种依附性的、附庸式的知识传统。

我通过研读当下中文世界对于“知识传统”的使用，发现我们在讲“知识传统”时，其实更多的是在讲“知识的渊源”。比如讲中国法学的知识传统，更多的是在讲中国法学的概念体系、话语体系源自哪里。是我们自发生成、源自本土的，还是源自域外或者说是移植过来的？是在中国现代产生的，还是源自中国古代？我们讲的“知识传统”很大程度上是在说谱系，是从发生学意义上来使用的。这已经与前面我引用的维基百科中对知识传统的定义有所不同。根据这样一种界定，今天我们探讨中国刑事证据法的知识传统，就转换成中国的刑事证据法包括哪些知识渊源的问题。这是我对于今天这个主题的理解。

## 二、中国刑事证据法的知识传统包括什么

基于前述理解,我认为中国的刑事证据法,包括三大知识传统:第一,源于革命根据地时期,在中华人民共和国成立以后逐渐形成的政法传统;第二,在中国数千年历史上逐渐形成并绵延至今的古代礼法传统;第三,西方的法律传统,特别是改革开放以来引入的英美法系或欧洲大陆法系的证据法知识。

或许有人会认为,我们应该再加上苏俄的法律传统。确实,中华人民共和国成立初期,我们的法律制度受苏联的影响很大,学界翻译了一系列苏联的刑事诉讼法和证据法教材。我查阅了苏联学者维辛斯基所著《苏维埃法律上的诉讼证据理论》,〔1〕中华人民共和国成立之后国内最早出版的《证据学》教材,〔2〕以及张子培和陈光中先生等在 20 世纪 80 年代出版的《刑事证据理论》。〔3〕 通过查阅这些著作,我形成以下判断:我们的刑事证据法已经实现了去苏俄化。退一步讲,即便是苏俄的刑事证据制度对我们产生了影响,也已经转化为我们自己的政法传统的一部分。

我在撰写论文的时候将政法传统、西方传统和礼法传统都称为"法律传统",其实这三者也都是知识传统,即中国刑事证据法的知识来源。当然,这一描述不限于刑事证据法;它们同时也是刑事程序法的知识来源。上述三种知识,或直接或间接,或显性或隐性地塑造了中国刑事证据法的生态。可以说,我们当下的刑事证据法,就是在上述三大知识传统的塑造和影响下形成的。下面我对上述三种知识传统分别展开阐释,以《刑事诉讼法》第 55 条为分析示例——这个条文集中体现了三大知识传统。

第一,源于革命根据地时期,中华人民共和国成立以来逐渐形成的政法传统。《刑事诉讼法》第 55 条第 1 款中规定:"对一切案件的判处都要重证据,重调查研究,不轻信口供。"其实这源于毛泽东主席在 1940 年《论政策》中提出的:对任何犯人,应坚决废止肉刑,重证据而不轻信口供。毛泽东主席的这些论述

〔1〕 参见[苏]维辛斯基:《苏维埃法律上的诉讼证据理论》,王之相译,人民出版社 1954 年版。

〔2〕 参见巫宇甦主编:《证据学》,群众出版社 1988 年版。

〔3〕 参见张子培、陈光中等:《刑事证据理论》,群众出版社 1982 年版。

被写入《陕甘宁边区施政纲领》。从此,“重证据,不轻信口供”开始在中国共产党领导的刑事诉讼立法和刑事司法中发挥重要作用,并被沿用至今。至于中华人民共和国成立以来的政法传统就更多了,特别是辩证唯物主义认识论对于客观真实的强调。当然这些在刑事诉讼法中,特别是在证据部分当中有很多的体现,比如《刑事诉讼法》第 53 条对于“事实真相”的强调,以及第 55 条对于“证据确实、充分”的规定。

第二,古代的礼法传统。从当下刑事证据法中寻找古代刑事证据法的印迹比较困难,毕竟我们的法条中很难找到一条与古代某一规定特别对位的制度设计。在我看来,古代的礼法传统对当下的刑事证据法的影响更多体现在其作为一种制度文化的影响上。这是一种刻在我们骨子里的文化基因。比如,礼法传统中的“慎刑观”和“恤刑观”,在我们司法实践当中,对重罪案件的处理有直接的影响。礼法传统中的这些要求对我们的刑事证据制度提出了更高的标准。比如,证明力反向补强规则。《刑事诉讼法》中规定的是对口供的补强规则,即只有口供不能对被告人定罪和处以刑罚。但在司法实践当中,一些重要的案件,特别是死刑案件中,如果没有被告人的口供,即使其他证据已确实、充分,法院一般也不会判处死刑立即执行,而是会判处死缓。这当然是一种审慎的处理方式。通过这一现象,我们看到口供不仅是被补强的证据,而且是在判处死刑立即执行的案件中所必需的用于补强的证据。再如,关于重罪案件特别是死刑案件要求办成铁案的要求。其实这正是少杀、慎杀传统之“恤刑观”的一种体现。还有一个例子是对口供证据的依赖。相较于前面的例子,这个例子的消极意义更多一点。我曾经对口供治理问题做过专门研究,试图阐释当下司法实践中口供依赖背后的多元、复杂因素。[1] 不得不承认的是,口供依赖问题在我们的刑事诉讼中一直存在,这在一定程度上与我们的传统,即古代礼法传统中“无供不录案”的口供文化紧密相关。这里我就不再做进一步展开了。

第三,西方的法律传统。谈到西方的法律传统,我们首先想到的是《刑事诉讼法》第 55 条第 2 款中关于“排除合理怀疑”的规定,这是一个最为典型的代表。其实不仅英美法系的“排除合理怀疑”规则,源自欧洲大陆法系的“内心确

〔1〕 参见李训虎:《口供治理与中国刑事司法裁判》,载《中国社会科学》2015 年第 1 期。

信”标准也在深刻影响着我们的刑事证据法。尽管“内心确信”并没有出现在《刑事诉讼法》的文本中,但如果去搜索中国裁判文书网,会发现司法实践当中有很多裁判文书引入了“内心确信”这一表述。“排除合理怀疑”与“内心确信”都是移植西方法律传统的样本。除此之外,《刑事诉讼法》中关于非法证据排除规则的相关制度设计,也跟西方有很深的渊源。当然,无论是从实践层面来看还是从立法层面来看,我们的刑事证据法为了适用中国的刑事司法实践,已经对所引进的西方法律传统进行了重新阐释和改造。

我认为《刑事诉讼法》第 55 条第 2 款是充分体现了我们刑事证据法三大知识传统碰撞的一个最佳观察样本。我曾经专门研究过“排除合理怀疑”这一西方法律知识传统中的概念是怎么进入中国《刑事诉讼法》,成为第 55 条一个组成部分的,研究是什么力量和因素在推动“排除合理怀疑”进入《刑事诉讼法》。〔1〕 观察“排除合理怀疑”的上升过程,我发现在刑事证明标准问题上其实形成了一种很复杂的景观。礼法传统中的“慎刑观”、政法传统中的“证据确实、充分”,以及西方法律传统中的“排除合理怀疑”,叠加在刑事证明标准的问题上。三种法律传统博弈拉锯,最终形成了第 55 条第 2 款的表述。我将这样一种表述称为“中体西用的立法模式”,即政法传统下的“证据确实、充分”为体,西方的“排除合理怀疑”为用的立法模式。回顾这样一个过程,不难发现,当我们的政法传统占据绝对地位时,奉行辩证唯物主义认识论的“事实清楚,证据确实、充分”规则,根本不会容许“排除合理怀疑”规则对它的地位产生实质性挑战。时至今日,当政法传统依然占据主导地位时,即便它的意识形态色彩已经淡化,也不会容忍以往被我们视为体现资产阶级自由化的“排除合理怀疑”这一异质的西方法律传统与之并列。当然,在已经出现了弊端,面临某些适用的困境时,政法传统也会进行主动或者被动的自我变革。多重因素之下,“排除合理怀疑”就进入了《刑事诉讼法》第 55 条。

当然,刚才讲的是中西法律传统之间,主要是我们的政法传统和从西方移植的法律传统之间的角力。除此之外,古代的礼法传统也在《刑事诉讼法》第

---

〔1〕 参见李训虎:《“排除合理怀疑”的中国叙事》,载《法学家》2012 年第 5 期;李训虎:《刑事证明标准“中体西用”立法模式审思》,载《政法论坛》2018 年第 3 期。

55条中发挥着作用。甚至可以说,礼法传统中的“慎刑观”直接催生了作为刑事证明标准改革先导的死刑案件证明标准改革。中国刑事证明标准的改革最初主要体现在《关于办理死刑案件审查判断证据若干问题的规定》中。在起草《关于办理死刑案件审查判断证据若干问题的规定》时,就有这样一些改革的声音,即通过引入“排除合理怀疑”来弥补“证据确实、充分”在主观确定性方面的不足。通过完善死刑案件证明标准来控制死刑,无疑契合了古代“慎刑”的礼法传统。并且,“排除合理怀疑”并非为古代礼法传统所排斥;相反,礼法传统对于证明标准的规定也有类似于“排除合理怀疑”的证明标准。我们查阅《宋刑统》和一些相关的古代典籍,能够找到如“理不可疑”等类似表述。古代的礼法传统一直在发挥潜移默化的作用,作为一种文化基因对我们证明标准的演化和变迁发挥影响。甚至可以说,古代礼法传统与政法传统、西方法律传统之间的暗合,成为推动“排除合理怀疑”进入立法的深层文化背景。

基于上述论证,我们可以得出这样一个初步的结论:当代的中国刑事证据法,在复杂的历史变迁过程中,在上述三种知识传统的塑造下,形成了耦合的、杂糅的知识体系。

## 三、如何看待中国刑事证据法的知识传统

接下来的问题是:如何看待中国刑事证据法的三大知识传统?前面我提到,梁治平先生批评中国的法学没有自己的知识传统。这些年,很多人在提出和构建中国法学的知识体系。国家层面也在讲要构建学科体系、学术体系和话语体系。在中国式现代化特别是中国式法治现代化背景下,我们应当如何去对待中国刑事证据法的知识传统,这个问题比以往任何时期都更重要、更迫切。进一步讲,就是我们应当如何去看待中国的政法传统、西方的法律传统、古代的礼法传统以及它们三者之间的关系?我先分别讨论,最后再做一个总体的判断。

首先,如何对待政法传统。政法知识传统是主导和主流,因此如何对待政法知识传统,就是首要问题。我们过去一直强调或者鼓励多进行批评和自我批评,多做一些检讨。但是现在我们发现,批评和检讨的声音相较以往大幅减少。

比如,对于过去一段时期内推出的刑事司法改革、刑事证据制度改革,我们就缺乏系统、全面和客观的评估。对待我们的政法传统,要多进行一些自我检讨。因为无论是在刑事诉讼程序还是刑事证据制度中,引起争论的很多问题正是我们自认为按照政法传统有创新的一些制度设计,比如,监察证据与刑事诉讼证据的衔接问题,配合与制约原则下的证据流转问题等。我们应当接受一些普适的、在刑事诉讼中不可放弃的基本原则,不能以政法传统来拒斥它们。

其次,如何对待西方的法律传统。尽管我也批评中国的刑事证据法学研究存在依附性太强的问题,即在过去相当一段时间之内形成了一种西方中心主义观,甚至在研究过程中失去了对我们自己实践问题的关照和把握,缺乏相应的议题设置能力。毫无疑问,这些问题值得警惕,需要认真反思。但今天我想表达的是,我们需要克服既往证据法学研究中的西方中心主义倾向,同时我们也需要捍卫现代学者研究的自主性。

再次,如何对待礼法传统。过去我们对此都是批判的态度,其实以往的一些批判未必站得住脚,很多都是泛泛而论。现在很多人在讲实现对传统的创造性转化,或者说创新性发展。曾系统地提出要实现中国传统的创造性转化的林毓生先生不久前逝世。林先生所阐释的观点是:创造性转化就是把文化传统中的符号与价值加以改造,使经过改造的符号与价值转变为有利于变迁的种子。同时,在变迁中继续保持文化认同。根据林先生所阐释的观点,我们可以看到要实现创造性转化和创新性发展,还有很多的工作要做。我们对于古代证据制度的了解和研究确实太少。不是我们古代的证明制度乏善可陈,而是我们的研究非常匮乏。所以要实现对传统的创造性转化、创新性发展,还有很长的路要走。

最后,简单总结一下,我的基本观点是:我们要认真对待刑事证据法知识体系的自主化。现有的刑事证据制度是在三种知识传统交织和相互作用下的结果,或者说是两种文明即中西文明互鉴的结果。重要的是我们要立基中国的刑事司法实践,从真实世界中的刑事证据问题出发,以问题为导向,利用所有可以利用的知识去解决问题。唯有如此,我们才会实现礼法传统、政法传统以及西方法律传统这三种知识传统的融会贯通。

2022 年足球世界杯激战期间,我看到一篇名为《卡塔尔看的不仅是世界杯,还有世界观》的文章,其中有这样一段话:“自信者从来不靠否定他人而成就自己,更不靠自吹自擂树立威严。只会心平气和地平视着这个世界;平视这个世界,需要充足的文化底蕴;从而克服自卑的仰视和倨傲的傲视。”我想,大道至简,这段话能够在相当程度上为我们廓清刑事证据法三大知识传统的关系提供参考。

# 证据法制度话语的多元性及其整合

吴洪淇*

## 一、为什么要回到知识传统问题

我曾在一篇文章中使用过“知识传统”这一术语,[1]文中讨论边沁和威格摩尔的理论以及英美法系证据法的知识传统。我们今天再来讨论这个话题,更多是站在中国的视角去反思,中国证据法的知识传统到底是什么样子。这个问题看似很抽象,但它实际上对我们理解中国的刑事证据法体系来说是至关重要的。

首先,我想做一个判断,中国现在的刑事证据法,跟十几年以前相比是一种完全不同的状态。我们今天讨论中国证据法的知识传统,有一个非常基本的前提,或者说背景,就是中国的刑事证据规范体系在过去的十几年中有了一个极大的发展。比如,过去我们刑事证据规范条目非常少。2010年以前在刑事证据立法中可能只有10多个条文是跟证据直接相关的。但是今天再去翻阅立法文件,可以看到中国的刑事证据法已经形成了非常庞大的体系。各种立法、司法解释和规范性文件中至少包含了上百条刑事证据规范。

在这样一个新的背景下,我们为什么还要回到“知识传统”这个问题呢?因为刑事证据法总体上虽然已经在蓬勃发展,但它事实上仍处于一种体系混乱的状态。体系混乱的第一个表现是,在同一时间节点上,现行的规范存在冲突。

---

* 北京大学法学院研究员,法学博士。

[1] 参见吴洪淇:《边沁、威格摩尔与英美证据法的知识传统——以证据与证明的一般理论进路为核心的一个叙述》,载《比较法研究》2009年第5期。

比如从纵向来看,中央层面的司法解释和地方出台的证据规范性文件内容经常会冲突;从横向来看,最高人民法院、最高人民检察院、公安部出台的司法解释和部门规章以及其他规范性文件,也经常发生冲突。

规范体系混乱的第二个表现是,在不同时间节点上我们就同一个证据问题出台了很多的规范性文件,内容前后不一致,变动频繁。比如,针对排除非法证据的问题。我们在2010年出台了《关于办理刑事案件排除非法证据若干问题的规定》,2017年出台了《关于办理刑事案件严格排除非法证据若干问题的规定》和《人民法院办理刑事案件排除非法证据规程(试行)》。2021年出台的《关于适用〈中华人民共和国刑事诉讼法〉的解释》中又吸收了相关的规范。非法证据排除规则实际上是我们过去十几年里在刑事证据领域用力最多的一个规范,我们用了很大的力气去解决排除非法证据的问题。仔细梳理和分析这些文件会发现,在不同的时间点、不同效力层次的规范之间经常有冲突。

证据规范体系混乱的问题导致一般的法律人可能搞不清楚证据法规范(比如说关于排除非法证据的规则)的确切范围。当然,对某些概念和规范,可能现在会有一个比较权威的解释,但这些权威解释实际上还是隐含着边界模糊不清的问题。所以,我们在这样的背景下讨论证据法的知识传统与话语体系这一话题,跟十几年前单纯地讨论证据法在比较法上的知识传统,是很不一样的。我们现在实际上处于一个"后规范"时代,或者说"规范整合"的时代。在过去很长一段时间,国内证据法学的研究更多的是讨论如何吸收大陆法系或英美法系的一些规则,体现出一种西方中心主义的风格。因为那个时候我们自己的证据法规范很少。但是现在进入"后规范"或者"规范整合"时期,我们面临的问题是:一方面已经有了很多的证据法规范,另一方面这些规范又没有形成一个非常体系化的状态。这是我们讨论证据法的知识传统与话语体系议题的一个很重要的背景。

## 二、证据法话语体系的多元性

我想讲的第二点是,在我们的证据法学当中,无论是学科话语还是理论话语,其来源都是非常多元化的。而且多元的话语彼此之间非常杂糅。

我们可以非常清晰地看到,在证据法研究当中有一套来自苏联的学术话语,比如孙远老师讨论到的证据种类制度。证据种类制度最早就是来自苏联的法律制度,然后在我们的证据法当中扎下根来,对整个证据法体系产生了很大影响。我们也可以在证据法研究中看到来自大陆法系的学术话语体系,比如关于证据能力、证明力、主观证明责任、客观证明责任、内心确信标准等概念和理论。这样一套话语体系是我们在研究当中经常使用的。最近十几年,我们也大量地移植了英美法系的证据法学话语,比如关联性、可采性、证据分量、举证责任和说服责任、排除合理怀疑等。这些是在我们的证据法学科中共同存在的学术话语体系。这种多元性就导致了一个很大的问题:当我们在谈论一个问题的时候,你会发现讨论了半天,实际上彼此之间讲的不是同一个问题。比如说你讲了很多关于证明责任、证据能力的问题,结果发现对方实际上在讨论跟证据可采性有关的问题。尽管某些观点是相同的,但是彼此之间实际上又有很大的分歧。这种情况会给我们的学术交流带来很大的问题。

不仅是对学术交流产生影响,这些理论话语经过流变之后,会进入到我们的规范体系当中。在我们本土实践中产生的一些话语,比如我们经常说的印证、证据链等,也会进入到规范话语当中。2021 年最高人民法院修改《关于适用〈中华人民共和国刑事诉讼法〉的解释》,就把关于证据链的表述直接放到条文中了。概言之,我们证据法学中的概念来源是很多元的;有些来自司法实践,有些来自对西方理论和规则的翻译,然后经过国内理论上的介绍进入到司法解释或立法当中。通过这样一种逐渐流变的过程,最后汇总到我们的规范体系中。因此,我们刑事证据法的规范体系就变得非常杂糅。这样的体系存在一个很大的问题,即内部各部分之间会有冲突。这种冲突可能是概念或话语上的冲突,甚至可能是基本制度架构和不同话语体系之间的冲突。

以证据种类为例。我们现在是以证据种类为基本架构来组织整个刑事证据法规范的。如果我们去研究《最高人民法院关于适用〈中华人民共和国刑事诉讼法〉的解释》,就会发现证据种类不仅发挥着传统的准入规则的作用,还变成了把证据规范组织起来的架构。但是我们从英美法系引进的很多规范,比如说非法证据排除规则,本身并不是以这种证据种类为基础的。孙远老师也讲到,非法证据排除规则是以取证手段是否侵害被告人的基本权利为判断标准的。只要侵害了被告人的基本权利,取得的证据无论是物证、书证,还是证人证言、被告人供述,抑或电子数据等,都属于非法证据排除规则所要排除的范围。所以,这个规则实际上跨越了不同的证据种类。因此当我们用证据种类去统合证据法规范的时候,就会发现出现这种拧巴的状态。

多元的制度话语还会带来一个很重要的问题,即司法实践当中的话语和学术研究中的话语之间往往充满冲突,甚至是脱节。实践中所应用的一些话语,比如说刚才说到的印证和证据链,往往跟理论层面的话语没有办法兼容。一个例子就是,对于产生于中国司法实践的印证规则,我们的学术理论总体上采取了批判的态度。因为话语来源是不一样的。我们整个证据法学知识体系总体来说具有明显的比较法移植风格,因此与来自司法实践当中的话语存在相互冲突的问题。我们基本的分析工具(概念和话语)整体上是相互冲突的,这种冲突导致整个证据法规范到目前为止没有形成一个整合完好的体系,我们也没有一个高度共识性的证据法学理论体系。

尽管很多学校都开设了证据法学这门课,但是各个学校讲授证据法的方式以及各种教科书的编排方式,是千差万别的。有学者统计了,在现有的72部证据法教材当中,至少有20种证据法学理论体系。对于证据法学到底应该怎么展开,按照证据种类来展开还是按照其他方式(如对证据能力和证明力的区分)来展开,观点是不同的。这就导致我们很难称其为一个成熟的学科体系。当然,我们也要理解证据法学多元话语的现状,这反映了我们整个刑事证据法发展的脉络或者说轨迹。这种状况与我们作为后发型国家,在证据法上更多还是处于吸收和借鉴阶段的情况有很大关系。

## 三、证据法的规范整合与话语整合

为了使刑事证据法在未来取得进一步的发展,我们在规范整合和话语整合这方面还需要做一些工作。我认为,至少可以在以下几个方向上进行努力。

第一个可以做的工作就是溯源,回到话语生成的原点来理解它原生性的功能。比如佀化强教授等翻译的《合理怀疑的起源——刑事审判的神学根基》一书,[1]很大程度上就是溯源的工作。这本著作是在西方证据法学科背景下,回溯到中世纪甚至中世纪之前,去探讨排除合理怀疑规则到底是怎么生成的,它当时承担的是一种什么样的功能。当排除合理怀疑规则被引入中国之后,我们需要去研究:它是怎么被引入的?哪些制度背景促使其进入到中国的规范体系之中?李训虎教授有一本专著做了这方面的工作。[2]

当一个话语或者说一个话语体系进入到我们的规范体系当中,我们可以做的第二个工作就是定位和阐述。什么叫定位和阐述呢?我最近发表的一篇关于排除非法证据的庭审调查程序(本文以下简称排非程序)的文章,[3]旨在做这种定位和阐述工作。我们经常讲的一个原则是"程序优于实体",这个原则在排非程序中体现得非常明显。但是排非程序在 2010 年引入中国之后遭到了很大的抗拒,有五六个规范条文对排非程序到底应该怎么构建提出了不同看法。在这样一个过程里,它嵌入中国的刑事司法系统中,在中国的刑事司法大环境中慢慢形成了一种非常独特的形态。所以我认为,当外来的——可能来自历史也可能来自域外——一种话语进入到我们现有的规范体系之后,变成了什么样的定位,需要我们对它进行重新阐述。定位与阐述不仅针对立法,还针对司法的过程,即某个话语在法官作出的判例中是怎么被使用。法官对它的用法可能跟立法当中的用法又有所不同,对此也需要去做定位和阐述的工作。

第三个可以做的工作就是进行一种功能性的整合,即通过对概念的解释和建构来整合不同的话语。比如,排除合理怀疑规则被引入中国之后,可能生成了独特的功能,它跟既有制度环境之间经过反应之后可能生成新的内涵,那么新的功能和内涵是什么样的?我觉得应该进行理论上的提升。再如,我们证据法中的"作为定案根据"条款,跟传统大陆法系的证据能力、英美法系的证据可采性之间,是什么样的关系?应当进行讨论和总结。关于印证这个概念,它在我们的话语体系当中是一个什么样的关系?印证的内涵到底是什么样的?它

---

〔1〕 参见[美]詹姆士·Q. 惠特曼:《合理怀疑的起源——刑事审判的神学根基》,佀化强、李伟译,中国政法大学出版社 2012 年版。

〔2〕 参见李训虎:《排除合理怀疑的中国叙事》,法律出版社 2018 年版。

〔3〕 参见吴洪淇:《被嵌入的程序空间:庭审排非程序十二年观察与反思》,载《中国法律评论》2022 年第 6 期。

是不是可以被解构？这些工作都是我们现在可以去做的，实际上也已经有很多学者在做。许多话语尽管表现出来的是一个一个的概念，但它们背后承载的实际上是知识的传统或者实践的传统。所以要对它进行整合，肯定不是单纯地做一个定义，更多的是作为观察者或者阐述者，考究这样一些问题：这个概念进入我们的规范体系后是什么样的？发挥了什么样的功能？有没有发挥我们预想当中的功能？如果没有，是为什么？我们作为学术研究者，首先可以做的工作就是应用自己的知识，去阐述它在整个规范体系和话语体系当中的内在功能，最后才是做一个整合者。

以上就是我认为我们作为学者可以做出的努力。通过这种一点一滴的努力，建构出属于中国的刑事证据法的话语体系和规范体系。

# 发现与识别

侣化强 *

证据法是需要一个转型的,我主要以其中的一个点来分享我的一些观点。前天我刚刚完成了一个关于物证排除的研究,主要是区分技术与价值,以实现重其重者,轻其轻者。研究分为两部分。第一,关于法学研究的创新。在法学上创造是很难的,我们有的只是在历史经验中发现。我倾向使用一个词,discovery,东西原本就存在,只是你是否发现和知道而已。我们的刑事诉讼法从清末到现在的构建过程中,有很多时候是在借鉴西方。我同意前面几位老师说的,它既有中国的传统,也有西方的框架,但其潜规则是中国的思维和中国的逻辑,把现有的法条给架空了,这个时候是需要我们激活现有的法条的。

第二,从技术走向合宪,区分根本性违法与技术性违法。我拿最近这两年发生的一些案例来举例,第一个就是一个高空抛子案,警方在搜查扣押嫌疑人的手机之前,发现其与现女友的微信聊天记录均已全部删除,觉得不符合常理,以怀疑来启动搜查程序。第二个就是我搜集了最近这两年的裁判文书,发现都存在因"形迹可疑"而启动搜查的情况,比如发现一个骑摩托车的男子形迹可疑,于是对他携带的密码箱进行搜查,发现了毒品。坐在网约车后排的乘客形迹可疑,检查他的双肩包,发现了毒品。还有在公路上巡逻的时候,发现了两名男子形迹可疑,对其中一个人搜身,在他的内衣里边发现了毒品,尾随另外一个男子进入了他的房间,搜出了一个袋子,袋子里边发现了毒品。还有一个案例,发现一个人形迹可疑,把他带到公安机关进行调查,在他的内衣里面发现了毒品,后来,又让这个人到医院做 X 光拍摄,通过仪器发现体内异常,然后扣着他

* 华东师范大学法学院教授。

不让走，使其从体内排出了毒品。

其实这涉及刑事诉讼法当中很重要的一个原则，即“因果对价”，禁止半价购入，非法证据排除规则就是“无因之果或残因之果不可采”。《刑事诉讼法》第 136 条对可能隐藏犯罪证据的地点的搜查规定就体现了这一原则。我也注意到孙远教授很敏锐地把握了这个标准，他批判了一种认为中国没有设定这种标准的观点。禁止半价购入没有在刑事诉讼法中体现，而是规定于《公安机关办理刑事案件的程序规定》，严禁仅凭怀疑采取强制措施和侦查措施，其中就包括搜查。怀疑是一种残因，是一种半价，可能事由是一种全价。强制措施和强制侦查是从来不允许打折的，就像证明标准是不允许降低的一样。这种以残因之果进行搜查而搜查到的犯罪证据是绝对排除的。非法证据排除就是建立在无因之果或残因之果不可采这样一个公式上的。

其实什么叫作怀疑呢？从概率上，如果说怀疑的概率是 30%，那么可能事由就是 40% 到 45%。例如，认为在同一个宿舍的两个人必然有一个是犯罪嫌疑人，或他身上必然有犯罪证据，那么，这种情况下就是可能事由，完全可以对这两个人同时进行搜查。但如果是三个人，这就是怀疑标准而不是可能标准。这就是所谓的概率层面。还有一个层面，就是明确性、具体性的层面。可能事由必须达到具体、明确的程度，即人与事、地点与物必须同时具体，如果有一项是模糊的，就不构成可能事由，只能是怀疑。以搜查为例。搜查的地点和搜查的目标物，这两个必须同时具备明确性，缺一不可。在前面提到的案件当中，警方的怀疑是不足以启动搜查的，因为在没有查看嫌疑人的手机之前，警方不知道里边有什么东西。搜查地点是具体的，但搜查的目标是未知的，在内容指向上可以说是空白。排查也是如此，一个村子里发生了盗窃案，在这个村子里挨家挨户地排查，事具体，但人不具体。如果村子里只有两户，那么这么做是可以的，超过三户就是怀疑了，就达不到 probable cause 这样一个可能的事由。

“因果对价”原则源于西方中世纪的传统，最早适用于言词证据。后来当 16、17 世纪物证成为证据的时候，这个公式便同样适用于物证的排除。它不是今天才有的，这中间的变化比较复杂。我以科克的作品为例，他在生前完成、去世以后才出版的 institutes 第四卷中阐述了搜查的正当程序。首先，不能凭猜测或怀疑，而是要达到 probable cause。其次，禁止倒因为果，不能够以搜查的结果来倒证搜查的正当性。我简化这个公式的演变过程,在美国联邦最高法院的一个很重要的判决中,布伦南大法官就指出将含混不清的怀疑兑换成合理根据,是一种实质之恶!也就是说将一美元兑换成一港元,这是不行的,同时,他还反对另外一种实质之恶,就是搜查之果倒证搜查之因。基于怀疑拘捕犯罪嫌疑人,他的有罪供述要被排除,搜获的毒品也要被排除,这就是无因之果或残因之果不可采。

美国各州也是如此。我查了最新的判例,2022 年艾奥瓦州最高法院判定:"谣言、举报、怀疑,甚至有强烈理由猜测一个人涉嫌犯罪,都不足以构成 probable cause。凭直觉与有根据的怀疑而进行的搜查,搜查到的有罪证据必须排除。"因为你是半价购入的,对不起,刑事诉讼中的强制侦查是不打折的。我在上课的时候有位同学提出过一个方案,他说挨家挨户搜查,如果发现犯罪证据,我们就指控他,如果没有就给他道歉,甚至给予国家赔偿。这是"唯果论",很中国的传统逻辑,也是很朴素自然的一种逻辑观。但是,如果接受这种唯果论的话,把我们每个人的家、每个人的手机都拿出来搜查,世界上没有几个人是安全的。法治逻辑是"唯因论"。

第二个问题,就是要区分根本性违法和技术性违法。对这一组概念,我们其他老师都有介绍,也有文章发表。但是什么样是根本性违法?我们可能认知还不清楚。其实它就是无因之果不可采,无因搜查、无因拒捕、残因搜查、残因拘捕就是根本性违法,在根本性违法类型中,所排除的证据全部都是真实的。我看易延友教授在他出版的新书上也提到根本性违法,美国的宪法判例排除的全部都是真实性的证据。什么叫作技术性违法呢?就是我们所说的证据链条、证据保管制度。它对应的是《美国联邦刑事诉讼法》第 41 条。在美国的案例中,警方没有把扣押清单交给被搜查人,而是拖了 45 天以后才告知他,这属于技术性违法,或者说执行性违法,证据无须排除。还有签名出现错误,日期不对,这些都没有对被告人"造成伤害",都属于技术性违法,不需要排除。这就是美国的瑕疵证据。

我国搜查的条款包括"两类不同性质"的规则,孙远教授很敏锐地指出了,一类是确保"证据的真实可靠性",另一类旨在"保障公民基本权"。前者如《刑事诉讼法》第 140 条要求相关人员在搜查笔录上"签名或者盖章"等,后者包括随附性搜查,搜查之前是否有启动的合理根据,是否达到"可能"概率,搜查是否超出了搜查证的授权范围。但是我们的非法证据排除的司法解释基本照搬美国的技术性违法及其裁量排除模式,注重证据的来源、保管链和证据的真实性,而对根本性的违法搜查及其自动排除模式却并未涉及。孙远教授称之为"重心旁落",而易延友教授想通过自己独有的解释来补建针对根本性违法搜查的自动排除模式。

最后,当前十分强调构建我们自己的话语体系。首先作为学术研究,我们每一次实质的进步都是对西方的深刻认识。中国的传统是求真的,是唯果论而不是唯因论。要区分证据法和证据,证据法的价值是保障人权的,是遮蔽真相的,而证据是呈现真相的。要区分诉讼法和诉讼行为,诉讼行为中,无论是警察还是检察官、法官抑或人民陪审员,都是在发现真相,但在涉及价值判断和人权保障的时候,诉讼法恰恰是把这些真相排除掉的。这才是证据法或者是诉讼法所要做的东西,而并非证据的审查判断。其次,挖掘现有资源,从清末到现在,从 1949 年到目前,基本框架搭建起来了,在这里要感谢 49 年之前的法学大家们,也感谢陈光中先生、樊崇义先生以及在座的各位学术前辈。我们要做的是激活他们所构建的这些框架,而像《刑事诉讼法》第 50 条规定的证据的种类以及第 54 条以证据的种类作为区分证据资格的标准,这些是价值不大的。我们要回到证据的获取是否侵犯了人权这一立场上来,重其重者,轻其轻者。

# 译文

# 数字证据和新刑事诉讼程序*

Orin S. Kerr** 著
郭至立*** 译

**内容摘要：**近年来，计算机的广泛使用在刑事案件中催生了一种新型证据，即由电子的0和1组成的数字证据。在本文中，科尔教授考察了传统的刑事诉讼规则能否有效规制有关数字证据的侦查。他得出结论，收集数字证据的新方法引发了对新的法律标准的需求。现行法律是为收集实物证据（physical evidence）和目击证人证言（eyewitness testimony）而量身定制的。若将这一法律应用于数字证据的收集，将会产生许多意料之外的后果。因此，科尔教授认为有必要制定新的规则，并就制定什么样的规则以及应由哪些机构制定这些规则提出了初步构想。

## 一、引　　言

本文探讨了刑事诉讼法应如何改变以应对数量不断攀升的高度依赖数字证据的刑事案件。〔1〕本文认为，计算机在犯罪活动中的使用使得一种新的证据形式即数字证据变得普遍，并反映出了数字证据的收集与传统侦查技术的区

---

* 原文信息为：Orin S. Kerr, *Digital Evidence and the New Criminal Procedure*, in Columbia Law Review, 105(2005), p. 279 – 318。译者十分感谢本文作者科尔教授的慷慨授权与吴洪淇教授对本文的大力引荐。吴洪淇教授和师兄卫晨曙同学对译稿所提出的修改意见使得本译文避免了许多谬误。

** 美国加州大学伯克利分校法学院法学教授。

*** 北京大学法学院硕士研究生。

〔1〕 刑事诉讼程序一般被定义为警察和检察官在侦查和起诉犯罪活动时必须遵守的规则和程序。See Russell Weaver et al., *Criminal Procedure: Cases and Materials*, 2nd ed., 2001.

别所在。新的数字证据收集方法应当也必须引起刑事诉讼法的改革,从而规制数字证据的收集。

数字证据应带来新的刑事诉讼规则,因为与计算机相关的犯罪所具有的新事实吁求新的法律。刑事诉讼法已经对实物证据和目击证人证言的收集等物理犯罪(physical crime)侦查机制进行了规制。现行法律自然是针对执法需要及其附随的隐私威胁而量身定制。较实物证据和目击证人证言而言,数字证据的收集方式大为不同。这些新型证据收集方式是如此不同,以至于为传统侦查制定的规则在新型侦查上往往难以发挥作用。这些规则运用于物理犯罪侦查时可以很好地平衡隐私和公共安全,而运用于数字证据侦查时却常常会产生意想不到的结果。它们允许极具扩张性的政府权力在某些情况下不受监管,但也允许莫须有的隐私威胁在其他情况下将合法侦查拒之门外。

本文认为,新形势表明了专门设计程序规则以规制数字证据收集的必要性。这些规则应对警察行为施加一些新限制,并根据我们使用和滥用计算机的新现实和新社会实践,废除其他限制。此外,我们应在司法机构和美国宪法第四修正案(以下简称第四修正案)之外制定这些新规则。虽然部分变革可以且很可能由法院产生,但更多的变革可以来自立法机构和行政机构,后者能够提供不直接与我们的宪法传统相关联的新颖且具有创造性的路径。

变革已然开始。许多来自国会和法院的新规则开始涌现。在过去的 5 年里,部分法院开始在计算机犯罪案件中对第四修正案做出不同的解释。他们默然拒绝了传统规则,并以新规则取而代之。在立法层面,国会制定了专门针对计算机的法规,以回应对隐私造成的其他新威胁。迄今为止,这些变革都是温和的。然而,总体而言,新的宪法规则和法律规则可被视作一个新的刑事诉讼分支的开端,而该分支正是规制数字证据的收集。

本文将分为三个部分进行论述。第一部分比较了物理犯罪与计算机犯罪的基本构造,还解释了从物理犯罪到计算机犯罪的转换如何带来了从实物证据和目击证人证言到数字证据的转换,以及侦查人员如何对这两种类型的证据使用不同的收集方法。第二部分从事实转向适用法律,聚焦第四修正案对不合理搜查和扣押的禁止。现行第四修正案的原则自然是为物理犯罪事实量身定制的,但当该原则适用于计算机犯罪侦查时,就出现了若干困难。第三部分主张制定新的规则以规制数字证据的收集,并就制定什么样的规则以及应由哪些机构制定这些规则提供了初步构想。此外,法院和国会也已经开始通过一系列与计算机相关的特定规则,来应对数字证据的问题。

## 二、实物证据与数字证据

刑事诉讼规则是一种以其所规制的侦查现实为基础的有机规则。变化的现实则会对现行法律原则施加变革的压力。要了解数字证据何以给新的刑事诉讼规则带来压力,我们需要从比较物理犯罪与涉及数字证据的犯罪侦查的实际情况入手。本部分将通过对比两个案例来探究其差异。第一个案例是传统的银行抢劫案;第二个案例与计算机犯罪大致类似,犯罪嫌疑人通过侵入银行的计算机系统窃取资金。通过比较这两种犯罪,我们可以看到计算机犯罪和物理犯罪的基本构造往往不同。不同的构造导致了不同的证据和侦查步骤,并最终导向对不同法律规则的需要。

### (一)物理犯罪和物理犯罪侦查

假设弗雷德决定抢劫银行。弗雷德开车到一家本地分行,把车停在外面,走了进去。轮到他去出纳员那里办理业务时,他拿出一张纸条,上面写着,“持枪抢劫！不想死的话,就把所有的钱都给我”。出纳员看着这张纸条,并注意到从弗雷德的夹克里伸出来的手枪枪管。出纳员紧张地把一袋钱递给弗雷德。弗雷德抓起钱袋跑出银行。一到外面,他就跳上用于逃跑的车,迅速离开。

假设一名警探被安排去调查银行抢劫案。他的目的是收集犯罪证据以锁定抢劫犯,并在法庭上协助将案件证明至排除合理怀疑。[1] 但他应该怎么做呢？这个警探的首要策略便是收集目击证人的证言。这个警探将会询问该出纳员和在银行的其他人,并要求他们描述所看到的一切。这个抢劫犯长什么样？他多高？他的声音异常吗？有无任何人看到了用于逃跑的车？目击证人证言由人们关于其所见所闻的报告构成。通过走访银行和询问问题,侦查人员自己在某种程度上也算是目击证人:他能够就他到达银行并侦查犯罪时的所见

---

〔1〕 See In re Winship, 397 U. S. 358, 363 – 364 (1970), 讨论了合理怀疑的标准。

所闻作证。

侦探的第二个策略是收集实物证据。实物证据有助于将罪行与犯罪嫌疑人联系起来,并排除合理怀疑。例如,警探会找到弗雷德留给出纳员的纸条,并分析纸条上的指纹或独特的笔迹。也许弗雷德还留下了其他的实物线索;也许他冲出银行时掉了枪;也许他丢了一颗扣子,或者丢了一张一直放在口袋里的收据。这些实物证据都可以向陪审团出示并对其作出解释,从而在被告人和罪行之间建立起强有力的有形联系。[1]

假设警探收集了充分的证据证明弗雷德抢劫了银行,弗雷德被起诉,案件进入审判阶段。在审判中,检察官通过收集目击证人的证言和实物证据,以证明弗雷德犯下了罪行。出纳员会就弗雷德如何接近他并把纸条递给他作证。其他目击证人会就其在抢劫发生时的所见所闻作证。证人也会协助将其接触过的实物证据材料转化为证据,以便陪审团在陪审团室审议时会考虑这些证据。[2] 例如,如果弗雷德在走出银行的路上将枪掉在地上且侦探发现了它,侦探就会拿走这把枪,并就在何处以及如何发现这把枪作证。随后这把枪就会被采纳为证据。[3] 如果警察对弗雷德的住宅进行了搜查,一个参与此次搜查的警察将就他的发现作证。证人在审判中的顺序将有助于指控弗雷德,并确证他的罪行至排除合理怀疑。

(二)计算机犯罪与计算机犯罪侦查

现在将视角转向电子犯罪。让我们用虚拟的“光顾”银行和从银行计算机中盗窃数字资金来代替实际的光顾银行和劫取纸币。比较的意义不在于找到

---

〔1〕 See United States v. Patane, 124 S. Ct. 2620, 2631 (2004) (Kennedy, J., concurring), 提及“可靠物证的重要证明力”。

〔2〕 《美国联邦证据规则》第 901 条(Federal Rule of Evidence 901)等证据规则对证据的采纳作出指导。这类规则通常要求证言“足以支持一项判决,即争议问题正是其提出者所主张的”,参见《美国联邦证据规则》第 901(a)条。由知情证人提供的证言,参见《美国联邦证据规则》第 901(b)(1)条。

〔3〕 See United States v. Towns, 913 F. 2d 434, 439 (7th Cir. 1990), 回顾一次银行抢劫案后在审判中所采纳的实物证据,包括“一个与被告人在银行抢劫案中所携带之物类似的蓝色小塑料袋”,“一个从被告人在抢劫案当晚所住的酒店房间中找到的只能装下一把 44 口径的马格南半自动手枪的空弹夹”,以及“一副与被告人唐斯(Towns)据称在银行抢劫案中所戴的墨镜相似的墨镜;以及……几个和抢劫犯从银行抢来的钱袋一模一样的钱袋”。

前者与实际银行抢劫案的完全相同之处,因为这两者定然存在截然不同之处。[1] 相反,我们的目的是了解犯罪和证据在物理犯罪转向涉及数字证据的犯罪时是如何变化的。

这一次,弗雷德决定使用计算机盗窃钱财。他从家里通过上网,而不是亲自到银行进行盗窃。弗雷德用他所持有的当地互联网服务提供商(internet service provider,ISP)的账户登录互联网。虽然弗雷德的最终目标是侵入银行的计算机,但他首先得通过几台中间计算机进行循环攻击,以掩盖他的踪迹。他挑选的中间计算机安全性都较差且几乎都不需要详细记录服务器的使用者。如果有人想从弗雷德的不端行为追查到他,他们就不得不先找到这些中间计算机。假设弗雷德选择加利福尼亚州私立大学运营的服务器作为他的第一个媒介,并以堪萨斯州公共图书馆运营的服务器作为他的第二个媒介。从他的互联网服务提供商开始,他首先侵入了大学的计算机;在获得进入大学计算机的权限后,他又侵入了图书馆的计算机。在获得进入图书馆计算机的权限后,弗雷德锁定了银行的主服务器。经过几次尝试,弗雷德最终猜对了主密码,并登录了银行的服务器。攻击过程如下所示:

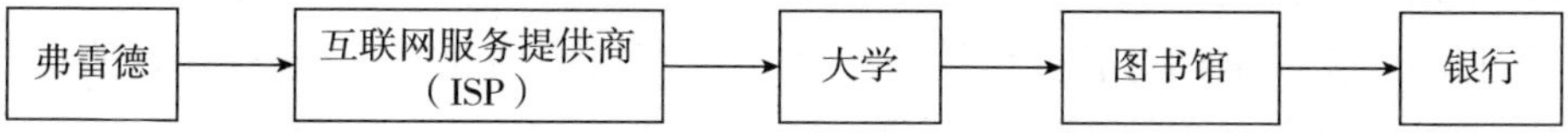


弗雷德利用其在银行计算机上的所有系统权限,设置了一个新的银行账户,并指示计算机该账户包含50万美元。然后他把钱从新账户电汇到一个无法追踪的离岸账户。第二天,一名银行员工发现一个未经授权的账户被创建,且钱财不翼而飞。随后,银行职员报警。[2]

---

〔1〕 最明显的区别是物理犯罪涉及人身伤害的威胁。在刑法语境下,上述物理犯罪属于抢劫,上述虚拟犯罪属于银行盗窃的一种形式。See Wayne R. LaFave, *Criminal Law*, 4th ed., St. Paul, West Academic Publishing, 2003, p.996. 注意到抢劫罪“被视为盗窃罪的加重犯——在危及人身和财产安全的情况下挪用财产——因此应受到比盗窃罪更严厉的惩罚”。See United States v. Towns, 913 F.2d 434, 439 (7th Cir. 1990).

〔2〕 这一假设大致基于1995年的一个案例。位于俄罗斯圣彼得堡的黑客弗拉基米尔·列文(Vladimir Levin)侵入了花旗银行的计算机,创建了多个账户,将钱存入其中,然后让同伙把钱取出来。See William M. Carley & Timothy L. O'Brien, *How Citicorp System Was Raided and Funds Moved Around World*, in Wall Street Journal, 12(1995), at Al.

假设这个案件也是分配给之前调查传统银行抢劫案的同一位警探。他的目的同样是收集充分的证据以锁定罪犯,并在法庭上证明其犯罪事实。但他应当怎么做呢?警探会立即注意到犯罪现场的不同。银行里既没有目击证人,也没有实物证据。没有人看到入侵发生,也没有“看得见摸得着”(tangible)的证据可以使用。从人类感官的角度来看,犯罪通过无形无声的电脉冲的频移(rapid shifting),发生在封闭的电线和盒子里。计算机技术人员和系统管理员可以查看计算机文件并尝试重现所发生的一切。他们可以看到计算机屏幕显示的内容。但基础证据不再是目击证人证言或实物证据,而是由电子的 0 和 1 构成的数字证据。

如何开始侦查呢?警探首先会要求负责银行计算机的系统管理员收集可能存储在计算机上的所有与盗窃案有关的信息。这些信息十有八九对他而言意义不大。如果是物理犯罪,犯罪现场很有可能遗留下大量线索。即使没有人能指认弗雷德,由于他曾到过犯罪现场,这也大大缩小了犯罪嫌疑人的范围。但数字化的犯罪现场却大不相同。在大多数情况下,从被害人一方收集的证据只能告诉侦查人员,某个人在世界的某个地方侵入了银行。最重要的侦查线索来自银行服务器记录的原始互联网协议(internet protocol,IP)地址。IP 地址相当于互联网上的电话号码;[1] 银行的服务器可能保存着弗雷德在银行服务器的连接日志,也可能记录了作为日志一部分的原始 IP 地址。为了找到弗雷德,警探必须从 IP 地址开始,并尝试追踪从银行到弗雷德家的计算机的蛛丝马迹。[2] 他必须找到并收集存储在全国各地(如果不是世界各地的话)的数字证据的每个比特和字节,并以某种方式将证据聚合起来,以指认弗雷德并确证其罪行至排除合理怀疑。

在非法入侵计算机的案件中,收集数字证据的过程一般可分为三个步骤。该过程始于从第三方服务器收集存储的证据,然后转向前瞻性监控(prospective

---

〔1〕 See generally Register. com, Inc. v. Verio, Inc., 356 F. 3d 393, 407 n. 4 (2d Cir. 2004) (posthumously published draft opinion of Parker, C. J.). 本案将互联网协议地址定义为“终端用户计算机位置的唯一标识,是其他终端用户通过互联网给该计算机发送电子邮件和其他数据的路由地址”。

〔2〕 See Cf. Michael L. Rustad, *Private Enforcement of Cybercrime on the Electronic Frontier*, in South California Interdisciplinary Law Journal, 11(2001), p. 63 – 98. 这篇文章指出,对于互联网犯罪的侦查人员而言,没有地理边界,因此不存在“物理犯罪现场”。

surveillance),最后以对犯罪嫌疑人的计算机取证(the forensic investigation)结束。这三个步骤涵盖了数字证据收集的基本机制(mechanism):收集传输过程中的数字证据、收集由善意第三方存储的数字证据以及收集由侦查对象所存储的数字证据。每一种机制都具有其特殊性,需要分别予以具体考量。

侦查的第一步,也是最基本的一步,是从攻击中所使用的各种计算机服务器的系统管理员那里获取存储的记录。弗雷德接入4台计算机服务器以进行犯罪,这4台服务器分别是由他的互联网服务提供商、大学、图书馆和银行运营的服务器。每台服务器都可能(但不一定)保留了弗雷德的连接记录。警探收集这些记录,逐步回溯追踪攻击源,从银行服务器到中间计算机,最后追溯到联网服务提供商。这个烦琐的程序是必要的,因为携带互联网通信的数据包只列出直接起点和终点。[1] 如果弗雷德从他的互联网服务提供商借由大学和图书馆的服务器发起攻击,侵入受害银行,银行计算机收到的通信将携带图书馆服务器的原始IP地址,而与弗雷德的互联网服务提供商无关。警探必须联系图书馆的系统管理员,以确定后者是否有在攻击发生时与银行连接的记录。如果图书馆有全面的记录,这些记录应能够表明对银行的攻击来自大学。警探可以通过联系大学的系统管理员来重现这个过程。如果该大学存在全面的记录,这些记录将表明该攻击并非来自该大学,而是来自弗雷德的互联网服务提供商。警探随后便会联系弗雷德的互联网服务提供商。如果互联网服务提供商有完整的记录,这些记录应能表明弗雷德的账户在攻击时正在访问互联网。互联网服务提供商还应记录了弗雷德的信用卡或账单地址,以便警探将侦查重点放在

〔1〕 See Orin S. Kerr, *Internet Surveillance Law After the USA Patriot Act: The Big Brother That Isn't*, in Northwestern University Law Review, 97(2003), p.607-663. 诚然,互联网是一个分组交换网络(Packet-Switched Network),从A到B再到C的通信通常是经由(routed via)两个不同阶段的数据包:首先,一个数据包用于将信息从A发送到B,然后在B创建一个新的数据包再将信息从B发送到C。这种架构的结果便是,数据包只显示最近的分组源(the source of the most recent packetizing)。See Orin S. Kerr, *Internet Surveillance Law After the USA Patriot Act: The Big Brother That Isn't*, in Northwestern University Law Review, 97(2003), p.663, n.284.

弗雷德身上。[1]

然而,如此顺利的侦查极其少见。证据线索(trail of evidence)往往会在侦查过程中的某处中断。很少有系统管理员会保留全面完整的记录,而被保留的记录也总是在短时间后被删除。[2] 黑客们通常会把目标对准那些极少或不保留记录的中间计算机,以阻挠侦查人员的侦查。当记录链中有一个环节中断,警探就必须转向第二种证据收集方法即"前瞻性监控"。[3] 前瞻性监控是指使用记录软件或硬件来监控后续的互联网流量(internet traffic),并对该流量创建记录。前瞻性监控的范围取决于监控设备安装在何处以及如何设置。它可能包括拦截私人电子邮件的侵入式窃听(invasive wiretapping),也可能仅指向某次攻击的最直接源地址。

前瞻性监控背后的基本理念是,犯罪活动可能正在进行或再次发生,侦查人员和作为受害者的系统管理员可以通过监控后续的活动来补全证据链中缺失的环节。弗雷德可能卷土重来,试图新建另一个账户并盗取更多的钱财。如果银行服务器自身的证据线索中断了,银行可以监控其服务器,防止未经授权

---

〔1〕 例如,在美国诉肯尼迪一案中[United States v. Kennedy, 81 F. Supp. 2d 1103 (D. Kan. 2000)],美国联邦调查局调查人员确定,一台 IP 地址为 24.94.200.54 的计算机含有儿童色情的非法图像。调查人员联系了控制该 IP 地址的互联网服务提供商槲鹳公司(Road Runner),并获得了以下信息:1999 年 7 月 2 日晚上 11 时 49 分,IP 地址为 24.94.200.54 的用户是堪萨斯州威奇托市哈韦斯特街区 9120 号的罗斯梅 · D. 肯尼迪[Rosemay (sic) D. Kennedy of 9120 Harvest Court, Wichita, Kansas],电话号码是 316 - 722 - 6593。该账户下有两个用户,RKENNEDY@KSCable.COM 和 KENNEDYM@KSCable.Com。该账户启用于 1999 年 6 月 7 日。See United States v. Kennedy, 81 F. Supp. 2d 1107 (D. Kan. 2000).

〔2〕 See Computer Crime and Intellectual Property Section, *Searching and Seizing Computers and Obtaining Electronic Evidence in Criminal Investigations*, DC: U. S. Department of Justice, 2002, p. 104 - 107, http://www.usdoj.gov/criminal/cybercrime/ s&smanual2002.pdf (on file with the Columbia Law Review). 该手册提及:一部分互联网服务提供商将记录保留数月,另一部分保留数小时,还有一部分根本不保留。实际上,这意味着证据可能在执法部门获得适当合法的强制出示命令(order compelling disclosure)前就毁损灭失了。例如,侦查人员可能在第一天获知一个儿童色情案件,第二天开始申请搜查令,第三天获知互联网服务提供商在正常业务过程中删除了记录,而第五天才获得搜查令。See also Computer Crime and Intellectual Property Section, *Searching and Seizing Computers and Obtaining Electronic Evidence in Criminal Investigations*, Washington, DC: U. S. Department of Justice, 2002, p. 104 - 105.

〔3〕 See Orin S. Kerr, *Internet Surveillance Law After the USA Patriot Act: The Big Brother That Isn't*, in Northwestern University Law Review, 97(2003), p. 616 - 618. 这篇文章解释了前瞻性监控和回顾性监控的区别。

建立账户的行为。如果线索在大学中断了,警方可以在大学服务器上安装监控装置,以监控从大学服务器到银行的任何通信。如果弗雷德再次作案,前瞻性监控就能够创建新的证据线索回溯到弗雷德的互联网服务提供商。[1]

这就把我们带到了数字证据收集的第三个阶段,也是最后一个阶段。回想一下,在弗雷德进行物理犯罪的案件中,警察可能需要在其住宅进行搜查,以收集充分的证据证明弗雷德实施了抢劫。在数字化犯罪中,下述步骤则必不可少。从服务器上获取的数字证据可能显示某个特定账户被用于从银行窃取资金,但几乎永远无法证明控制着这个账户的特定主体。[2] 生物性的目击证人证言或实物证据的重要替代物缺位,而该替代物对于建立现有证据与特定人之间的联系又至关重要。若无这个联系,就无法将他们的案子证明至排除合理怀疑的标准。

大多数案件的关键都在于恢复用于发起攻击的计算机(数据)。如果警方能找到并破解弗雷德的家用计算机,很可能会找到定罪证据。大多数操作系统保存的记录可以让计算机取证专家(forensic expert)以惊人的细节重构何人在何时做了何事,[3]甚至已删除的文件通常也可以恢复,[4]因为删除功能通常只是标记存储空间为新数据可用,实际上并不会清除任何东西。[5] 对计算机的分析可能会发现某个文件,其中包含着用来建立未经授权账户的银行密码,[6]

---

〔1〕 克里夫·斯托尔(Cliff Stoll)在一书中记述了一则如何利用这样的证据线索追查到嫌疑人的早期例子。See Cliff Stoll, *The Cuckoo's Egg*: *Tracking a Spy Through the Maze of Computer Espionage*, 1990.

〔2〕 正如司法部所承认的,"一般来说,一个账户或地址被使用的事实无法最终确定该账户的特定使用者的身份或位置"。See Computer Crime and Intellectual Property Section, *Searching and Seizing Computers and Obtaining Electronic Evidence in Criminal Investigations*, DC: U. S. Department of Justice, 2002, p. 69, http://www. usdoj. gov/criminal/cybercrime/ s&smanual2002. pdf (on file with the Columbia Law Review).

〔3〕 See Eric Friedberg, *Catch as Cache Can*: *Forging or Altering Electronic Documents Leaves Tell-Tale Fingerprints Behind*, in Legal Times, 2(2004), p. 36.

〔4〕 See United States v. Upham, 168 F. 3d 532, 533 (1st Cir. 1999).

〔5〕 See James M. Rosenbaum, *In Defense of the Delete Key*, in Green Bag 2D, 3(2000), p. 393.

〔6〕 See United States v. Whitaker, 127 F. 3d 595, 602 (7th Cir. 1997) (2000), 19. 在惠特克案中,政府从一个名叫弗罗斯特的毒贩的计算机中检索到一个文件。弗罗斯特的计算机文件里有一份电子表格,里面详细记录了毒品销售记录以及他的同伙欠他的金额。

它可能还会显示来自该账户的记录,或从部分中间计算机获取的记录,即使无法找到任何这样的文件,也能判断攻击是否源于这台计算机。这样的证明(proof)可以提供有说服力的有罪证据(evidence of guilt)。但是,就犯罪嫌疑人的个人计算机为何会被用于发动攻击而言,存在无罪辩解的空间,且将该攻击与犯罪嫌疑人的私有财产联系起来的做法也很难消除合理怀疑。

计算机取证专家已经设计了一套详细的程序,且计算机取证分析师(forensic analyst)在扣押并破解目标计算机时通常会遵循这些程序。[1] 对于本文而言,这些技术细节无关紧要,重要的是了解其大致流程。首先,警探通常会扣押计算机,并将其带回政府的司法鉴定实验室进行分析。[2] 这是十分必要的,因为司法鉴定过程非常耗时,且计算机专家通常无法在现场搜查时就在硬盘上找到证据。[3] 回到实验室,计算机取证分析师开始生成硬盘驱动器的"比特流"或"镜像"备份。比特流复制是全面复制,被复制的不只是文件,而是存储在驱动器上的每个比特和字节。[4] 随后,计算机取证分析师就会对备份而非原件进行分析,以确保原件不会因分析师的调查而损坏或改变。[5]

---

〔1〕 See generally Bill Nelson et al., *Guide to Computer Forensics and Investigations*, Course Technology, 2005. 本书考察了当前的计算机取证的实践。

〔2〕 See Computer Crime and Intellectual Property Section, *Searching and Seizing Computers and Obtaining Electronic Evidence in Criminal Investigations*, DC: U. S. Department of Justice, 2002, p. 44, http://www.usdoj.gov/criminal/cybercrime/s&smanual2002.pdf (on file with the Columbia Law Review). 实际上,大多数情况会要求侦查人员扣押设备介质,并在实验室外搜查设备介质的内容。

〔3〕 See United States v. Gawrysiak, 972 F. Supp. 853, 866 (D. N. J. 1997), 第四修正案所授权的合理搜查,并不要求侦查人员在现场花费大量时间,盯着计算机屏幕并精准确定哪些文件在搜查令的授权范围内可以被复制。

〔4〕 正如司法部所解释:创建整个驱动器的备份[通常被直接称为"磁盘映像"(imaging)]不同于创建单个文件的电子备份。当计算机文件被保存到存储磁盘时,是被保存在磁盘上随机分散的扇区中,而不是被保存在连续的、有序的块中。提取文件时,分散的碎片从计算机内存的磁盘中被重新组合起来,并形成一个单独的文件。磁盘映像完全复制了整个磁盘,包括各种文件的所有碎片(以及其他数据,如已删除的文件碎片)。磁盘映像允许计算机技术人员重新创建[或"挂载(mount)"]整个存储磁盘,并拥有一个和源文件完全相同的备份。与此相反,逐文件复制(也称为"逻辑文件复制")只是通过复制与特定文件相关的分散数据扇区并重新组合,来创建单个文件的备份。See Computer Crime and Intellectual Property Section, *Searching and Seizing Computers and Obtaining Electronic Evidence in Criminal Investigations*, DC: U. S. Department of Justice, 2002, p. 42, http://www.usdoj.gov/criminal/cybercrime/s&smanual2002.pdf (on file with the Columbia Law Review).

〔5〕 See United States v. Triumph Capital Group, 211 F. R. D. 31, 48 (D. Conn. 2002).

计算机取证分析师可能会尝试一系列的技术来锁定所欲寻找的证据。例如,检查人员可以从字符串搜索开始,搜索与使搜查合法化的证据有关的特定扩展名、短语或文本片段。或者,他也可以打开所有具有特定特征的文档或从文档中取样,直到他找到与犯罪嫌疑人有关的证据。例如,在弗雷德案中,侦查人员可能会在硬盘中搜索银行密码或银行的名字。如果这一方法不奏效,侦查人员可能会开始搜索弗雷德攻击当日的文件,或者只是搜索相关财务文件。一旦侦查人员了解了弗雷德是如何在硬盘上存储数据的,那么他就会发现大量的犯罪信息。假设弗雷德没有被打草惊蛇且没有永久删除相关文件,鉴定人员可能会找到银行的主密码、账户记录,以及其他将计算机及其所有者与犯罪联系起来的证据。

假设这些策略获得成功,那么对弗雷德的计算机的分析就会揭示与攻击相关的证据。此后就是起诉弗雷德,案件随之进入审判阶段。在法庭上,检察官会让证人们出庭,来回顾整个犯罪侦查过程。首先,一名银行员工将为这次攻击和银行的损失作证。接下来,中间计算机的系统管理员将为他们在证据链中所处的环节作证,弗雷德的互联网服务提供商的一名员工将为指向弗雷德账户的电子线索作证。最后,侦查人员将会作证。警探将证明他在弗雷德家里找到了计算机,而计算机取证专家将证明弗雷德的计算机中包含了与攻击相关的证据以及弗雷德的个人文件。至此,控方对弗雷德实施了网上银行盗窃这一案件事实的证明即达到了排除合理怀疑的标准。

## 三、数字证据和现行规则的不足

现行刑事诉讼规则自然是为物理犯罪侦查量身定制的有机产物。对比现行刑事诉讼规则的概况与传统侦查中常见的侦查步骤,可以发现两者十分匹配。当代刑事诉讼规则是与物理世界(physical-world)中侦查实践相配套的规则。这些规则试图平衡警方收集实物证据和目击证人证言过程中的隐私保护和执法需要。[1]

---

〔1〕 See C f. Nadine Strossen, *The Fourth Amendment in the Balance: Accurately Setting the Scales Through the Least Intrusive Alternative Analysis*, in New York University Law Review, 63(1988), p. 1173, 1181 – 1184. 这篇文章描述了第四修正案中平衡标准的使用。

然而,将现有的规则应用于数字证据收集程序的效果却令人惊讶。这些规则可以合理规制基于物理事实的物理犯罪侦查,但适用于新型侦查时却会产生意想不到的结果。在许多阶段,这些结果对侦查几乎没有任何限制。然而,在某些阶段,他们为成功的侦查设置了不必要的障碍。本部分将论证现有规则如何在传统案件中游刃有余,却未能有效地规制数字证据的收集。

(一)物理犯罪与刑事诉讼规则

现行刑事诉讼规则是为物理世界的犯罪事实量身定制的。现在考察一下第四修正案对不合理搜查和扣押的禁止。〔1〕 第四修正案关于不合理"搜查"的规定,规范了警察以目击证人证言的形式所进行的证据收集行为。这些搜查规则规定了警察在何处以及何种情况下可以报告他们所观察到的一切。〔2〕 通过规制警察可以去的地方,搜查规则规制了警察的所见所闻;通过规制他们的所见所闻,搜查规则又限制了他们可以收集的证据范围。该功能可以隐约得见于最高法院在卡茨诉美国案(Katz v. United States)中那句著名的妙语,"第四修正案保护的是人,而非地点"〔3〕。正如哈伦大法官在卡茨案的协同意见中写道,它(第四修正案)为人们提供了何种保护这一问题的答案"需要考虑'地点'因素"。〔4〕 在哈伦大法官的表述中,第四修正案仍与地点密切相关;在威廉·斯坦茨(William Stuntz)的表述中,法律"规制了警察的所见所闻",更关注他们能去的地方,而非他们到达那里后能做什么。〔5〕

具体而言,卡茨案中的"合理隐私期待"(reasonable expectation of privacy)

---

〔1〕 U. S. Const. amend. IV.

〔2〕 See William J. Stuntz, *Reply*, in Michigan Law Review, 93 (1995), p. 1102-1103. 本案指出,"第四修正案对街头拦截(street stop)作出规制,却很少关注警察在这些拦截行动中的强制性行为。相反,法律关注的是警察是否以及何时可以搜查嫌疑人的口袋"。

〔3〕 389 U. S. 347, 351 (1967).

〔4〕 389 U. S. 361 (1967) (Harlan, J., concurring).

〔5〕 See William J. Stuntz, *Reply*, in Michigan Law Review, 93 (1995), p. 1102. 斯坦茨继续指出,"法律限制警察进入人们家中,但对警察进入后的暴力行为熟视无睹"。See William J. Stuntz, *Reply*, in Michigan Law Review, 93 (1995), p. 1103.

标准已被视为一种有效区分公共的物理空间与更私人的物理空间的方式。[1] 警察可进入任何不受合理隐私期待保护的空间，且这种进入不能算作“搜查”。[2] 这意味着警察可以不受限制地在公共街道或其他向公众开放的地方巡逻。反之，警察只有在特殊情况下才能进入受合理隐私期待保护的空间。对住宅或办公室等私人空间的进入构成搜查，而该进入只有在具有正当理由的特定情况下才是合理且合宪的。[3] 这些特定情况包括持有有效的搜查令、得到共同掌管着该空间的人的同意或者存在紧急情况。[4] 一旦警察已经合法进入特定空间，他就可以不受第四修正案的约束而就所观察到的一切自由作证。[5] 警察无须“将视线从有关犯罪活动的证据上移开”。[6] 警察所看到的一切皆“一览无余”（in plain view），[7] 所闻到的一切皆“一嗅无余”（in plain smell），[8] 他无意间听到的一切也都不受第四修正案的保护。[9]

搜查规则规制着警察对目击证人证言的收集行为，而扣押规则则规制着实物证据的收集行为。联邦最高法院将对财产的“扣押”定义为“对于个人财产占有权益的实质性干涉”。[10] 按照这一标准，对实物证据的收集则构成扣押。第四修正案的案例解释了这种扣押在何种情况下是合理且被允许的，即为合法执

---

〔1〕 在关于“合理隐私期待”标准如何应用于侦查的讨论中，涉及了不侵入物理空间即可进行搜查的技术，see Orin S. Kerr, *The Fourth Amendment and New Technologies: Constitutional Myths and the Case for Caution*, in Michigan Law Review, 102(2004), p. 801, 827 - 837。

〔2〕 See Illinois v. Andreas, 463 U.S. 765, 771 (1983).

〔3〕 See Smith v. Maryland, 442 U.S. 735, 739 - 740 (1979).

〔4〕 See Illinois v. Rodriguez, 497 U.S. 177, 183 - 184 (1990).

〔5〕 See Harold J. Krent, *Of Diaries and Data Banks: Use Restrictions Under the Fourth Amendment*, in Texas Law Review, 74 (1995), p. 49, 51. 本案认为，第四修正案应对政府所收集信息的使用进行限制。

〔6〕 See California v. Greenwood, 486 U.S. 35, 41 (1988).

〔7〕 See Horton v. California, 496 U.S. 128, 135 (1990) [引用 Coolidge v. New Hampshire, 403 U.S. 443, 465 - 466 (1971) (Stewart, J., concurring)].

〔8〕 See United States v. McCoy, 200 F. 3d 582, 584 (8th Cir. 2000).

〔9〕 See Hoffa v. United States, 385 U.S. 293, 302 (1996). 诚然，即使犯罪嫌疑人可能合理地怀疑这个人可能并不理解他所听到的内容。See United States v. Longoria, 177 F. 3d 1179, 1183 - 1184 (10th Cir. 1999).

〔10〕 See United States v. Jacobsen, 466 U.S. 109, 113 (1984).

法目的而进行的短暂扣押(brief seizures)通常是合理的,[1]但延长扣押通常是不合理的,除非警察获得了搜查令。[2] 不直接侵害占有利益的扣押通常是合理的,例如侦查人员可以在所有权人同意[3]或证据被遗弃[4]的情况下拿走证据。

第四修正案之外的其他宪法条款也对传统侦查步骤作出了规制。宪法第五修正案(以下简称第五修正案)规定,任何人"不得在任何刑事案件中被迫自证其罪"。[5] 这项不自证其罪的权利通过对侦查人员使用不利于被告人之陈述的许可性规定,来限制对目击证人证言的收集行为。同样,宪法第六修正案保证每一个被告人能"以强制程序(compulsory process)传唤对其有利的证人",[6]授权被告人收集他们自己的目击证人证言。这两套规则都聚焦于平衡物理犯罪侦查中政府和被告人两方的权利。

通过回顾弗雷德传统银行抢劫案的侦查过程,我们可以看到传统刑事诉讼规则是如何在实践中运行的。警探可以自由地检查银行的外部情况,因为暴露在公众面前的事物没有任何合理隐私期待可言。[7] 他还可以在营业时间进入银行四处查看,因为银行对公众开放,这一进入银行的行为也不构成搜查。然而,如果他想在下班后更近距离地搜查银行,就需要得到银行职员的同意。同意使得搜查合理化,因而在宪法层面上也是得到允许的。侦查人员还可以与目击者交谈,并记录下后者所目睹的犯罪过程。如果侦查人员发现了弗雷德的

---

[1] See Illinois v. McArthur, 531 U. S. 326, 330 (2001). n. "当面临特殊执法需要、对隐私的期望降低、最低限度的侵犯或法院认为类似的某些一般或个别情况时,无证搜查或扣押是合理的"。

[2] See United States v. Place, 462 U. S. 696, 701 (1983)[本案指出在"一般情况下",扣押个人财产"在第四修正案的范畴内是不合理的,除非……是根据搜查令进行的",并且该搜查令在签发之前达到了可能事由(probable cause)的标准]. 译者注:"probable cause"有"合理依据"(参见元照英美法词典)和"可能事由"(参见孙长永、高峰:《刑事侦查中的司法令状制度探析》,载《广东社会科学》2006 年第 2 期)两种译法,本文采用"可能事由"的译法。

[3] See Schneckloth v. Bustamonte, 412 U. S. 218, p. 219 – 220 (1973).

[4] See Abel v. United States, 362 U. S. 217, 241 (1960). 本案认为侦查人员扣押被遗弃的财产是合法的。

[5] See U. S. Const. amend. V.

[6] U. S. Const. amend. VI.

[7] See Katz v. United States, 389 U. S. 347, 361 (1967) (Harlan, J., concurring). 本案认为,暴露在公众面前的事物无法获得第四修正案的保护。

枪,他可以扣押这把枪:因为根据第四修正案,只要这把枪明显是用作证据,那么扣押就是合理的。[1] 然而,如果他发现其他与犯罪没有明显关系的证据,通常就不能扣押该证据。如果警察选择搜查弗雷德的房子来收集证据,他们需要搜查令,以此作为进入弗雷德私人空间的正当理由。[2] 同时第四修正案对签发搜查令的严格规定,确保了搜查行为受到严格限制,即搜查必须限于可能存在证据的特定物理空间,而且必须限于与银行抢劫案有关的特定物品。[3] 满足这些条件后,警探可以就他在侦查过程中所看到的一切进行自由作证。综上所述,现行刑事诉讼规则有效地规制了实物证据和目击证人证言的收集行为。

(二)数字证据和物理世界的规则

当我们从以收集目击证人证言和实物证据为主的传统侦查,转向以收集数字证据为主的侦查程序时,情况便发生了巨变。如前文所述,数字证据收集有三种基本途径:对第三方所存储证据的收集、对目标对象所存储证据的收集以及对传输过程中的证据的收集。现有的规则适用于这三种取证途径便会产生一些困难。

传统规则往往无法良好地适用于新的司法现实,将传统规则适用于数字证据收集的案例也少得惊人,因而保持警惕也是必要的。将旧规则映射到新事实上需要一些构想。与此同时,对比现行法律的概况和数字证据案件的普遍动态可知,二者之间的契合度很低。一方面,传统规则往往无法对执法实践提供任何实质的限制。另一方面,传统规则有时又允许莫须有的隐私威胁阻碍必要的侦查手段。

1. 来自第三方的证据和传讯程序

在绝大多数计算机犯罪案件侦查的第一个阶段,侦查人员会联系系统管理员并从犯罪过程中使用过的服务器中获取与犯罪有关的证据。这一过程会引发重要的隐私问题,需要谨慎的法律监管。互联网用户通常会将大部分(如果

---

〔1〕 See Horton v. California, 496 U. S. 128, 136 (1990) [引用 Coolidge v. New Hampshire, 403 U. S. 443, 466 (Stewart, J., concurring) (1971)].

〔2〕 See Kyllo v. United States, 533 U. S. 27, 40 (2001).

〔3〕 See Horton, 496 U. S. p. 138 – 140; United States v. Tamura, 694 F. 2d 591, 595 (9th Cir. 1982). 本案指出,在特定文件扣押令中所适用的可能事由标准,不能用于与之混合的其他无关文件(commingled innocent files)的扣押。

不是全部的话)个人信息存储在远程服务器上,而所有信息均对系统管理员开放。[1] 系统管理员可以阅读私人电子邮件,查看存储的文件,访问并记录个人订阅者如何使用网络的账户、日志。因此,拥有强制要求互联网服务提供商提供证据的权力,相当于拥有强制披露用户的整个线上世界的权力。此外,即使没有告知用户也可能存在信息泄露,而且可能涉及多个账户。所以,拥有强制要求互联网服务提供商提供证据的权力,相当于拥有同时披露成百上千名用户完全保密的在线资料的权力。

值得注意的是,第四修正案和第五修正案的现有规定实际上几乎没有为规范这一过程提供任何隐私保护。侦查人员可以使用传讯权强制要求系统管理员披露存储在其服务器上的信息。[2] 第四修正案对传讯权的规定并不严格,即只要求强制出示的信息或财产必须与侦查相关,且不得给传票的受送达人造成过重负担。[3] 因为这一相关性标准仅要求确保不发生犯罪行为即可,因而也就囊括了几乎所有的可出示事项。[4] 在数字证据的背景下,对于证明责任(burdensomeness)的限制也形同虚设:一般来说,对于互联网服务提供商而言,复制大量文件并将备份交给侦查人员是很简单的。[5] 事实上,侦查人员所欲寻找的证据数量与受传讯人造成的证明负担之间可能存在反比关系。因为在互联网服务提供商看来,"一揽子"地提交所有信息,通常比煞费苦心地在文件

---

〔1〕 See Daniel J. Solove, *Digital Dossiers and the Dissipation of Fourth Amendment Privacy*, in California Law Review, 1083(2002), p. 1092 – 1094. 文章讨论了由服务提供商所存储的信息。

〔2〕 两种契合于物理世界犯罪中传统证据收集技术的最常见的传票,分别是证人作证传票(subpoenas ad testificandum)和提交书面文件传票(subpoena duces tecum)。前者是指在大陪审团面前作证的传票,后者是指命令受送达人向大陪审团提供实物证据的传票。See Black's Law Dictionary 2004, 8th ed., p. 1467.

〔3〕 See United States v. Dionisio, 410 U. S. 1, 10 (1973). 本案指出,对大陪审团所签发的传票的强制服从所导致的隐私问题微乎其微。

〔4〕 See United States v. Morton Salt Co., 338 U. S. 632, 1950, p. 642 – 643. 本案认为,大陪审团签发传票,甚至只是为了确保不存在犯罪行为。

〔5〕 See Cf. William J. Stuntz, *Commentary, O. J. Simpson, Bill Clinton, and the Transsubstantive Fourth Amendment*, in Harvard Law Review, 114(2001), p. 842, 857 – 858. "搜查通常需要达到可能事由或合理怀疑的证明标准,有时还需要搜查令,而传票则不需要任何东西,只要传票不会对受送达人造成不合理的证明负担即可。可是这种几乎没有证明负担的做法是不合理的"。

中筛选以确定所找的具体文件更为容易。[1] 被调查的人也不需要被告知传票的存在。[2] 并且由于受传讯人是无辜的第三方,第五修正案所规定的特免权也无法适用。[3] 鉴于这些现实情况,将传统的第四修正案和第五修正案的规则应用于全新的网络犯罪,将会导致网络犯罪侦查的第一个阶段几乎处于完全不受监管的状态。

法律怎么会允许如此可怕的后果发生呢?原因在于传统侦查中第三方证据收集的功能,在数字证据案件中发生了改变。在过去,第三方证据收集起着有限但重要的作用,以相对有限的方式涉及隐私问题。之所以说其作用有限,是因为实施物理犯罪的人通常会自己保管证据,而不会交给第三方。假如弗雷德抢劫了一家银行,他会把赃物和工具放在一个安全的地方,而不太可能向他不认识的人分享罪证。在这种情况下,传讯权(the subpoena power)所造成的政府越权入侵的威胁相对较小。如果警察怀疑弗雷德是银行抢劫犯,他不能简单地发出传票,命令弗雷德交出任何犯罪证据或赃物。实际上,弗雷德不太可能服从,并且发出传票也会打草惊蛇。就法律上而言,弗雷德可能会主张第五修正案的特免权,从而拒绝履行传票要求。因为弗雷德如果服从传票要求,则会表明其知道赃物的存在并占有赃物,而免于自证其罪的特权使得这一传票在法律上归于无效。[4]

在一类特定的传统案件中,传票确实发挥了重要作用:在文件密集型(document-intensive)的白领犯罪侦查中,传票至关重要。正如威廉・斯坦茨所

---

〔1〕 根据我与互联网服务提供商合作进行数字证据侦查的经历,系统管理员偶尔会表示愿意交出数千名客户的大量信息,而不是费劲地在他们的文件中搜索与侦查目标有关的文件。

〔2〕 See SEC v. O'Brien, Inc., 467 U. S. 735, 743 (1984). 本案否定了犯罪嫌疑人有权得到第三方行政传票告知的观点。

〔3〕 See Fisher v. United States, 425 U. S. 391, 397 (1976). 这一案件认为,如果第三方主体握有传讯权所欲取得的嫌疑信息,那么第五修正案的特免权不能适用于该第三方。

〔4〕 See United States v. Hubbell, 530 U. S. 27, p. 36 – 37 (2000). 即使抛开这些现实考虑,传票和依据搜查令的直接搜查也能以不同的方式执行。想想亨利・弗兰德利(Henry Friendly)法官对于第四修正案为何几乎不对传票作出规定所给出的理由。他研究了如何执行这些命令的物理机制:(直接搜查)是突然的,是通过暴力或以暴力相威胁进行的,经常是在有辱人格的情况下进行的,而且,在逮捕的情况下,会留下涉及社会污名的记录。传票的送达方式与其他法律程序相同,它不涉及任何污名。如果送达时间不方便,一般可以更改;而且它始终处于法院的控制和监督之下。See also United States v. Doe, 457 F. 2d 895, 898 (2d Cir. 1972).

观察到的：对传讯权的放纵(weak protections)至少可以部分地被理解成是第四修正案的偶然产物。[1] 在早期的博伊德案(Boyd v. United States)中,最高法院认为,强制披露证据的命令应该像警察敲门直接搜查一样受到严格监管。[2] 然而,在 20 年后的黑尔诉亨克尔案(Hale v. Henkel)中,最高法院放弃了这一标准,并用一个较低的标准取代了博伊德案的标准,即只要传票不是"笼统的"(sweeping),就满足了第四修正案的要求。[3] 当今的法律仍然与一个世纪前亨克尔案中的观点大致相似。[4] 这种改变为何会发生呢? 19 世纪末 20 世纪初的监管环境见证了白领犯罪侦查的兴起,而这些侦查需要获得证明不法行为的文件。[5] 正如斯顿茨所解释的那样,"传票的可能事由证明标准将会使许多针对白领犯罪的侦查胎死腹中"[6]。传票在少数文件密集型案件中的重要作用和对隐私的有限威胁结合在一起,形成了一种对传讯程序监管宽松的环境。

然而,对传讯规则的疏松监管在计算机网络犯罪中是行不通的。计算机用户使用第三方服务器来存储他们的大部分信息是互联网的运作方式。如果将传统规则应用于新的社会现实,则意味着整个互联网世界所存储的网络通信,会通过互联网服务提供商这一媒介而被呈递至法庭之上,而第四修正案和第五修正案对此也不会提供多少保护。第四修正案能做的很少,因为它的隐私规则十分羸弱,而第五修正案不起作用则是因为第三方主体——互联网服务提供

[1] See Cf. William J. Stuntz, *Commentary, O. J. Simpson, Bill Clinton, and the Transsubstantive Fourth Amendment*, in Harvard Law Review, 114(2001), p. 857 – 859.

[2] 116 U. S. 616, 630 (1886). 博伊德案涉及一项披露海关发票的命令。法院认为,第四修正案对直接搜查和披露命令作出无差别规制：破门而入并打开盒子和抽屉是严重情节,任何以暴力和强制手段获得他自己的证言或私人文件,用于给他自己定罪或没收他的财产的行为,都应受到(第四修正案的)谴责。

[3] See 201 U. S. 43, 76 (1906).

[4] See United States v. Dionisio, 410 U. S. 1, 11 (1973). 本案支持黑尔规则。

[5] See Cf. William J. Stuntz, *Commentary, O. J. Simpson, Bill Clinton, and the Transsubstantive Fourth Amendment*, in Harvard Law Review, 114(2001), p. 859.

[6] Cf. William J. Stuntz, *Commentary, O. J. Simpson, Bill Clinton, and the Transsubstantive Fourth Amendment*, in Harvard Law Review, 114(2001), p. 860. 斯顿茨解释道,"简言之,如果政府要规制商业和政治事务——这通常也是白领犯罪的内容——它必须有权传唤证人并要求呈交文件,然后才能知道这些证人和文件是否为定罪证据"。

商——尽管可以泄露信息，但不会触发任何反对自证其罪特权的适用。[1] 传讯权在传统案件中相当有限，但在计算机犯罪案件中的适用却极其广泛。对于侦查人员来说，相较于直接搜索互联网服务提供商的服务器，他们更青睐强制要求互联网服务提供商披露所存储的信息：因为侦查人员可以简单地将传票的副本传真到互联网服务提供商的总部，等待相关文件的数据包或回传即可。[2] 这既不要求侦查人员具备专门的技术专长，也不必前往互联网服务商处。针对物理世界侦查现实而制定的合理规则，在应用于电子犯罪侦查的新现实时就变得不合理且不制衡。

2. 前瞻性监控与窃听问题

当侦查人员通过监控互联网流量进行前瞻性监控时，我们也会遇到类似的问题。[3] 前瞻性监控可以是广泛的，也可以是小范围的，这取决于侦查人员所欲寻找的信息。但每个案件的基本侦查步骤都是一致的：广泛监控和小范围监控的唯一区别在于过滤机制(filter)的设置。这是因为互联网的工作原理是在传输信息时将信息混杂在一起，并要求接收信息的计算机重新组合该信息。[4] 在特定时刻通过一根特定电缆传送的0和1可以是任何东西——比如部分私人信息，纽约时报网的首页，色情图片，黑客对远程服务器的命令，或者一般而言毫无意义的计算机之间的网络通信。过滤机制的设置决定了其所收集的信息，开放化设置(open setting)的结果往往是全面监控，而高级设置(advanced setting)则严格控制着所收集信息的类型和数量。

即使没有法院将第四修正案运用于这些确切的现实，现存法条也不足以规制前瞻性监控。从政策的角度来看，一个合理的规则应允许警察在相对宽松的

---

[1] See Fisher v. United States, 425 U.S. 391, p.398－399 (1976). 本案认为第五修正案没有对为了获得客户提供给报税代理人的税务文件而向报税代理人送达传票的情形作出规制。

[2] See United States v. Bach, 310 F.3d 1063, p.1067－1068 (8th Cir. 2002). 本案认为这种根据令状的程序不违反第四修正案。

[3] 前瞻性监控可以发生在任何计算机网络的语境下，而且不限于涉及互联网和互联网数据包的案件。然而，为了简明起见，我将聚焦涉及分组互联网流量的前瞻性监视的案例。

[4] See Vincenzo Medillo et al., *A Guide to TCP/IP Internetworking 1996*, http//: www.ictp.trieste.it/～radionet/nucl996/ref/tcpip/partl.htm (on file with the Columbia Law Review). 本文将互联网描述为单独数据包的传输过程。

规则下收集隐私性较低的信息,但在收集隐私性较高的信息时则要求更具权威性当局(greater authority)进行授权,如搜查令。而法律门槛将取决于过滤机制的设置,并将隐私保护的程度与监控的侵入性相联系。如果警方只是想确定一个特定通信的原始 IP 地址,那么应该设置一个较低的法律门槛;如果警方希望监控私人电子邮件,法律应该设置一个较高的法律门槛。

事实证明,依据第四修正案的原则制定这样的规则异常困难。第一个问题便是,第四修正案的规则在传统上关注的是进入某个空间行为的正当性,而不关注进入该空间后被扣押的物品是公共的还是私人的。无论警察是打算阅读你的私人日记或只是一份晨报,还是破门而入读你的稿件,他们都需要搜查令才能进入你的住宅。[1] 同样,警察不需要搜查令来收集和分析你遗落在公园的私人文件。[2] 传统上对进入空间的关注对于物理世界内的侦查来说是有意义的。在物理世界中,对警察可以去何处的规定决定了警察的所见、所闻、所听、所感。警察的感官会记录下所有能感知的情况,随后就可唤起回忆并在法庭上作证。因此,规制进入行为是规制证据收集行为的一种有效方式。[3] "合理隐私期待"的标准区分了公共与隐私,并在缺乏进入私人空间的正当理由时,将观察范围限制在公共空间。

这一点在应用于前瞻性监控时作用不大。因为无论监控是极小范围内的还是极其广泛的,只要进行监控就会发生对互联网支线(tapped line)的进入行为。此刻的进入仅仅是证据收集行为的前提条件,而非代表着划清公共和私人之间的界限。目前我们还不清楚互联网用户在互联网通信中是否以及何时具有合理隐私期待,也不清楚在第四修正案下,互联网通信线路应被视为公共空

〔1〕 See Soldal v. Cook County, 506 U. S. 56, 69 (1992)(警察可能进入房屋或实施扣押的理由与该修正案是否适用的门槛问题毫不相干。重要的是政府干涉对人民安全造成的侵犯). See Cf. Arizona v. Hicks, 480 U. S. 321, 325 (1987)[于搜查而言,没有发现任何对侦查对象具有重大个人价值的东西是无关紧要的……搜查就是搜查,即使它碰巧没有揭示任何(重要的)信息].

〔2〕 See United States v. Procopio, 88 F. 3d 21, p. 26 – 27 (1st Cir. 1996). 本案认为,就第四修正案的目的而言,警察搜查遗落在公园里的可公开获得的文件并非"不合理"。

〔3〕 当然,一旦进入一个空间,该空间内可能会有更多的子空间,而对该子空间的进入可以由第四修正案单独规制。See United States v. Block, 590 F. 2d 535, 541 (4th Cir. 1978). 本案认为,警官进入犯罪嫌疑人房间的行为因得到犯罪嫌疑人母亲的同意而正当化,但该母亲的同意并不能成为警官打开房间内上锁的行李箱的正当理由。

间还是私人空间。[1] 这两种立场都有其重要的依据。[2] 但无论如何,由此产生的法律规则将不再与相关监控行为的侵犯性相关。如果法院将互联网传输线路视为个人无法保留合理隐私期待的公共空间,那么传统规则将不会对前瞻性监控施加任何宪法限制。如果法院将其视为支持合理隐私期待的私人空间,那么即使是针对非隐私信息的监控也将需要严格的正当法律理由。[3] 这两条规则均不符合法律应该如何区分公共和隐私的直观概念(intuitive notion)。

即便法院跨越了这一困难,试图对私人资料予以更直接的保护,其基本问题仍然存在。假设法院认为第四修正案的保护范围取决于收集的特定信息是公开的还是更私密的。虽然这在理论上听起来颇有道理,但在实践中却很难实现。技术是第一道障碍。现有的监控过滤机制可以识别流量的类型,比如电子邮件和网页之间的区别。过滤机制可以识别特定的单词,或者记录来自或通往特定互联网地址的通信。但是,没有一个过滤机制能够判断一组特定的0、1符码是公共的还是私人的。困难不仅在于技术,还在于对推理的限制:通信通常不会指明由何者发送或接收,也不会指明发送或接收通信的情境。没有这些信息,就很难判断特定的0、1符码是否恰好是第四修正案可能在类似的物理情境中保护的通信的一部分。物理世界的建筑通过划分公共空间和私人空间来解决传统案件的这一问题。传统的电话窃听也是如此。当窃听电话线路必然要

---

〔1〕 See Orin S. Kerr, *Internet Surveillance Law After the USA Patriot Act: The Big Brother That Isn't*, in Northwestern University Law Review, 97(2003), p. 629. 本案提及法院可能没有发现第四修正案为互联网通信提供保护的可能性。

〔2〕 See Amicus Curiae Brief of Professor Orin Kerr in Support of the Appellant, p. 6 – 8, United States v. Bach, 310 F. 3d 1063 (8th Cir. 2002) (No. 02 – 1238), available p. 2002 WL 32139374. 我在这一案件中认为,法院可以将通过互联网传输的信息与存储的邮政邮件信息等同视之,在这种情况下,它有权受到第四修正案的保护或者与向第三方披露的信息等同视之,在这种情况下,它不受保护。

〔3〕 See Cf. Berger v. New York, 388 U. S. 41, 1967, p. 58 – 60. 本案在窃听的情况下,将第四修正案应用于有线通信。伯格案对州窃听法提出了一个严峻的挑战,使州窃听法难以将其原则应用于实际情况。同时,伯格案主张,宪法的核心关注点是窃听行为而非所收集到的确切信息。

拦截个人之间的通话时,电话线路就类似于虚拟私人电话亭。[1] 电话里的一切都是私人的。然而,在对互联网通信进行前瞻性监控的情境下,隐私和公共混杂在一起,却没有一个能够清晰明显地划定传统第四修正案适用边界的方法。

3. 搜查目标计算机和令状规则

计算机犯罪侦查的最后一个阶段暴露了传统规则和新的现实之间非常深刻的契合度问题。在这一阶段,警方扣押并分析犯罪嫌疑人的个人计算机。警方一般进入犯罪嫌疑人的住宅和扣押他的财产时显然都需要令状。[2] 但是这份令状实际上对警方的行动有多大限制呢? 在传统案件中,有关搜查令程序的规则确保搜查和扣押的范围相对较小。搜查令必须指明要搜查的具体地点和要扣押的特定证据。[3] 扣押必须限于搜查令中所载明的证据——搜查令本身即受限于可能事由的证明标准,这一标准以相信证据就在住宅内为前提——以及搜查过程中发现的其他"一览无余"原则下的证据。[4] 这些规则有助于确保令状搜查不会演变成概括性令状搜查(general warrants),即授权侦查机关对犯罪嫌疑人的财产进行全面翻查(general rummaging)。[5]

然而,将这些规则应用于数字证据搜查时却带来了一系列难题。考虑一下扣押程序的第一步,即侦查人员将被告人的计算机移出现场进行司法鉴定。基于现实考虑,扣押整个计算机是必要的,但这又很难根据传统规则来为其提供正当理由。在许多情况下,计算机硬件只是一个存储证据的设备,而非证据本

---

〔1〕 See Katz v. United States, 389 U. S. 347, 353 (1967) (本案认为,电话亭中通话的电子记录在第四修正案的保护范围内); Berger, 388 U. S. at 64 (本案将窃听描述为"对家庭或办公室的非法入侵"); Olmstead v. United States, 277 U. S. 438, 1928, p. 475 – 476(Brandeis, J., dissenting),"当电话线路被窃听时,电话线两端的人的隐私就受到了侵犯,他们之间关于任何话题的谈话,尽管是适当的、机密的和特许保密的,也可能被窃听"。

〔2〕 See Kyllo v. United States, 533 U. S. 27, 31 (2001). 本案认为"对于无证搜查住宅是否合理、是否合宪的问题,答案必须是否定的,几乎没有例外"。

〔3〕 See Maryland v. Garrison, 480 U. S. 79, 84 (1987).

〔4〕 See Maryland v. Garrison, 480 U. S. 79, 84 (1987).

〔5〕 加里森案(Maryland v. Garrison)关注到:这一特殊要求显而易见是为了防止概括性搜查。通过将搜查的授权限制在有可能事由而进行搜查的特定区域和物品范围内,这一要求确保了搜查将严格依据其理由进行,而不会进行制宪者所欲禁止的广泛探索性的搜查。因此,合法搜查的范围是由搜查的对象和有可能事由相信可以找到证据的搜查地点确定的。

身。证据就是警方正在寻找的电子文件,而这些文件恰好和很多无关文件一起存储在计算机硬件中。[1] 在传统的规则下,扣押计算机硬件以获取少量文件似乎过于宽泛。[2] 这大致类似于查封了整栋房子,然后把里面的东西运走并从中挖掘犯罪证据,而这正是第四修正案所禁止的。[3] 问题是,传统的程序规则所要求外科手术般的精确程度和专业知识,可能适用于实物证据,却不适用于数字证据。当弗雷德抢劫实体银行时,警察可以获得搜查令,在几小时内搜查他的住宅,寻找被盗的票据。没有必要把弗雷德家所有的东西都搬到实验室里,然后花费几周甚至几个月去搜查。在这种情况下,要求工作人员查找票据并只拿走在搜查令中列出的票据的规则是一个合理的规则。计算机搜查则不同:它需要更多的时间,并且可能还需要大量的专业知识。适用于实物证据的搜查方法在数字证据搜查上可能并不奏效。

紧接着到下一个阶段,在这个阶段中,侦查人员会生成扣押计算机的比特流镜映像(bitstream image)。此时,法律监管的必要性显而易见。映像过程允许政府拷贝犯罪嫌疑人计算机上的所有东西。在获得备份后,侦查人员就可凭借其技术从中挖掘案件线索而不受限制。他们可以花费数个小时、数周甚至数年来把备份搜查个遍。值得注意的是,传统的第四修正案规则似乎并未对这一过程没有施加任何限制。在传统规则下,拷贝计算机文件并不等于对其进行

---

〔1〕 See Davis v. Gracey, 111 F. 3d 1472, p. 1478 – 1480 (10th Cir. 1997). 本案以真正的证据仅仅是计算机所含的一个文件为理由,质疑对计算机的搜查令过于宽泛,并且对计算机的扣押也是违法的。

〔2〕 在美国诉田村案[United States v. Tamura, 694 F. 2d 591 (9th Cir. 1982)]中,第九巡回法院考察了一种类似于现代搜查计算机文件的情况:搜查隐藏在许多箱文件中的一份文件。侦查人员并没有翻箱倒柜并仅扣押一份文件,而是把所有文件都带走,稍后再到别处搜查。第九巡回上诉法院谴责了这种做法:政府大规模扣押搜查令中未提及的文件是否符合第四修正案的要求,这是非常值得怀疑的。一般来说,根据搜查令进行搜查时,只能扣押具体列举的物品。诚然,一套档案内的所有文件均可在搜查时查阅,但须在搜查令内提供足够具体的指引,以识别所需搜查的文件,并由进行搜查的人员遵照执行。然而,大规模扣押并在随后对搜查令中没有描述的记录进行详细审查的做法明显更具侵入性,可被视作第四修正案旨在防止的那种拉网式侦查。在这种情况下,我们不能批准政府执行侦查程序。See United States v. Tamura, 694 F. 2d 595 (9th Cir. 1982),在这个讨论中,我认为硬件也并非犯罪的证据或工具。当在与之相反的情况下时,硬件才可以被单独扣押;see Davis, 111 F. 3d at 1480,本案中的计算机被用于存储淫秽图片;United States v. Lamb, 945 F. Supp. 441, 462 (N. D. N. Y. 1996),本案中的计算机被用于存储儿童色情制品。

〔3〕 See generally Kremen v. United States, 353 U. S. 346 (1957)(法院意见),本案认为第四修正案不允许查封房屋并将房内的东西移走以供后续检查。

“扣押”,而对政府持有的文件备份的分析似乎也不会构成“搜查”。[1] 问题在于,对扣押的传统定义仍然与物理意义上剥夺他人财产的概念联系在一起。当政府官员对“个人财产的占有利益造成实质性干涉”时,扣押就发生了。[2] 这一测试标准在限制干涉实物财产方面可以提供有用的指导,但是它不适用于数字证据。[3] 警方不再需要对占有权益进行实质性干涉来获取数字证据。由于警察可以在不剥夺犯罪嫌疑人财产的情况下对证据进行全面备份,这一新情况使规则脱离了限制警察侦查的传统功能。[4]

在侦查的最后阶段,侦查人员会仔细地逐一查看备份以寻找犯罪证据。这会对隐私造成威胁,我将之称为“大海捞针”(needle-in-a-haystack)问题。由于计算机可以存储大量的信息,犯罪证据就像隐藏在巨大的数字干草垛里的一根针。如果没有规则对侦查人员“翻查干草垛以找到那根针”的行为作出规制,那么任何侵入性的计算机文件搜查行为都将是合法的,而这些计算机文件中所包含的私人信息价值连城。现行第四修正案规则在物理财产方面已经能够防止这类全面搜查行为,即将搜查的地点必须限于一个具体的物理位置,如公寓或办公室,而且该搜查所欲收集的证据在客观上必须与搜查令上所列证据相

---

〔1〕 See Arizona v. Hicks, 480 U. S. 321 (1987), 本案认为对序列号的拷贝不构成扣押;United States v. Thomas, 613 F. 2d 787, 793 (10th Cir. 1980), 本案认为影印文件不构成扣押,因为这一行为并不涉及对所占有之物的剥夺。

〔2〕 United States v. Jacobsen, 466 U. S. 109, 113 (1984).

〔3〕 在数字证据的语境下,法院在一些案件中已经表现出对扣押采取不同定义的迹象,但这些案件通常是在《美国联邦刑事诉讼规则》第 41 条完全不同的适用情境下出现的。第 41 条授权搜查令扣押“财产”,一些案件已经提出了这样的问题,即这一授权是否允许警方依据第 41 条授权的电子监控或所谓“偷窥”(sneak and peek)搜查令。在这种情况下,法院认为,查看或复制信息均属于扣押财产。See United States v. N. Y. Tel. Co., 434 U. S. 159, 169(1977),本案认为,第 41 条的规定“足够广泛,以包括旨在确定涉嫌协助犯罪活动的电话的当下用途的‘搜查’及其所产生的证据的‘扣押’”;United States v. Freitas, 800 F. 2d 1451, 1455 (9th Cir. 1986), 本案认为,第 41 条规则授权在涉及非法药物实验室的案件中进行偷窥搜查,根据搜查令扣押的财产“是关于‘涉嫌私自合成甲基苯丙胺化验室的状况’的资料”。

〔4〕 See Susan W. Brenner & Barbara A. Frederiksen, *Computer Searches and Seizures: Some Unresolved Issues*, in Michigan Telecomm. & Technology Law Review, 8(2002), p. 39, 107. 在数字证据方面使用的搜查和复制等术语,与传统案件中的术语有不同的含义。

一致。[1] 这些规则试图确保根据搜查令进行的搜查,要严格符合政府的执法目的。

然而,这些规则对于规范电子数据的搜查几乎无用武之地。数字证据改变了搜查空间的大小与存储其间的信息量之间的关系。在物理空间上,空间特定性要求将搜查范围限制在以房屋或公寓为单位的范围内。限制所欲搜查的空间是限制搜查范围的关键。[2] 但这种限制不适用于计算机搜查。2004 年年底,一台普通的新型家用计算机的硬盘至少存储了 40G(千兆字节)的信息,[3] 大约相当于 2000 万页的文本或一个普通的学术图书馆一层藏书所存储的信息。[4] 当你读这篇文章时,存储容量无疑已经扩大了;新硬盘的存储容量相当于每两年翻一番。[5] 鉴于一块小小的计算机硬盘所能存储的信息数量,导致特定性要求在数字证据案件中已经不能起到其在实物证据案件中的作用了。它所余下的功能也在逐年减弱。如今,把搜查范围限制在一台特定的计算机上

---

〔1〕 See United States v. Van Dreel, 155 F. 3d 902, 905 (7th Cir. 1998), 本案认为"在 Whren 案之下……一旦存在可能事由,并且签发了有效的搜查令,那么警察进行搜查的主观意图就无关紧要了"; United States v. Ewain, 88 F. 3d 689, p. 692 – 693 (9th Cir. 1996), 本案指出,"警方在一个地方合法搜查一件物品,他们也可扣押一览无余原则下的另一件物品,只要该物品的定罪性质显而易见"。

〔2〕 正如美国联邦最高法院在美国诉罗斯案(United States v. Ross)中所说:就像相信一个被盗剪草机可能在车库被发现的可能事由不能支持搜查楼上卧室的搜查令一样,相信未经证实存在的外星人正被用货车运送的可能事由也不能证明对手提箱进行无证搜查是正当的,相信出租车后备箱的储物箱中含有违禁品或证据的可能事由,并不能证明搜查整个出租车的行为是正当的。456 U. S. 798, 824 (1982).

〔3〕 See *How to Buy A Desktop PC*, http://www. pcworld. com/howto/bguide/ 0, guid, 14, page, 3,00. asp (last visited November 13, 2004) (on file with the Columbia Law Review).

〔4〕 See *How Much Text Is in a Kilobyte or Megabyte*, http://www. wisegeek. com/how-much-text-is-in-a-kilobyte-or-megabyte. htm (last visited November 18, 2004) (on file with the Columbia Law Review), 文章阐释了从字节到文本页数的转换; *Megabytes, Gigabytes, Terabytes ... What Are They?*, http://www. pcsndreams. com/ Pages/Articles/Megabytes. htm (last visited November 18, 2004) (on file with the Columbia Law Review), 文章比较了以数字方式存储的数据与存储打印在纸上相同数量的数据所需的物理空间。

〔5〕 人们可以在就计算机硬盘有多少存储空间的迅速过时的说法中发现这一现象。See Kevin J. Harrang, *Licensing Issues in Creating and Publishing Multimedia Software Products*, 418 PLI/Pat 289, 294 n. 3 (1995), "一台普通家用计算机的硬盘……能存储 40M 到 400M(百兆字节)的数据"; Shira A. Scheindlin & Jeffrey Rabkin, *Electronic Discovery in Federal Civil Litigation: Is Rule* 34 *Up to the Task?*, 41 Boston College Law Review, 41(2000), p. 327, 367, "硬盘普遍能存储 3000 ~ 4000M(也就是 3 ~ 4G)数据"。

就如同把搜查范围限制在一个城市街区,10 年后,将更像是把搜查范围限制在一整座城市。

在某种程度上,这一问题在涉及大量纸质文件的传统案件中已有预示。但是,搜查纸质文件不像搜查计算机文件那样心力交瘁,也不会催生新规则来解决这一大海捞针的问题。安德列森诉马里兰州案(Andresen v. Maryland)即阐明了这一动向。〔1〕 在安德列森案中,警方在律师办公室搜查涉房地产交易欺诈的相关证据。被告人抗辩说搜查令不够具体,但联邦最高法院很轻易就批准了该搜查令。联邦最高法院认为,只需在脚注中加入一个概括性的注释便足以解决这个大海捞针的问题,即"我们认识到文件搜查内含严重危险",最高法院解释道,〔2〕"在搜查文件时,一些无关文件确实会被检查,至少是粗略地检查,以便确定它们实际上是否为被授权扣押的文件"。〔3〕 联邦最高法院只是发出了警告,但并未提供法律规则措施来解决这个问题,只是说"责任人必须注意确保这种搜查要以对未授权隐私侵犯最小化的方式进行"〔4〕。

特定性要求在数字证据搜查中的功能失灵,不能仅通过要求提高具体性来恢复。现有的技术确实无法让我们提前知道某个特定文件或信息片段可能位于计算机内部的哪个位置。但在物理世界中,由于不同的空间区域具有不同的使用目的,这就能让警方推知能够收集到证据的可能区域,从而产生限制搜查的方法。想想在现实世界的银行抢劫案侦查中为搜查弗雷德的家而获得的搜查令。搜查令的作用范围被限制在弗雷德的家里,因为他不太可能在街上或公园里藏匿证据。然而,在计算机犯罪的情境下,决定将特定信息放置在存储设备中的哪个位置,主要是由所安装的特定软件以及恰好存储在同一个存储设备上的其他内容等偶然因素所决定的。〔5〕 在大多数情况下,这在该物被扣押和被实验室分析之前是不可能获知的。

即使在司法鉴定实验室的受控环境中,第四修正案的现有规则也无法为侦

---

〔1〕 See 427 U. S. 463 (1976).

〔2〕 See 427 U. S. 463 (1976), at 482, n. 11.

〔3〕 427 U. S. 463 (1976).

〔4〕 427 U. S. 463 (1976).

〔5〕 See generally Bill Nelson et al., *Guide to Computer Forensics and Investigations*, Course Technology, 2005, p. 73 – 158. 本书回顾了各种类型的文件系统、文件结构和文件存储器。

查行为提供有用的引导。让我们考察一下对计算机取证分析师的搜查范围的两个潜在法律限制:首先,计算机取证分析师只能在硬盘驱动内查找搜查令中列明的证据;其次,计算机取证分析师只能查找与该犯罪有关的证据。而第四修正案的一般规则是,执行搜查令的侦查人员可以搜查搜查令中所载明证据之可能存在的任何地方。[1] 在针对实物证据的传统侦查中,这一规定意味着警察不能在他们所要扣押证据之外的地方寻找证据。如果搜查令是让警方找回一支手枪,那么这一搜查令则不能授权警方打开一封私人信件。但是数字证据可以无处不在。文件可能被错标、隐藏或存储在侦查人员永远无法事前排除的硬盘中的某个特定部分。[2] 警官们可以搜查整个数字"干草堆"以找到那根针。[3] 因而,传统规则对物理意义上的搜查有实质性限制,但对数字证据搜查的限制却付之阙如。

规定搜查令范围的规则也是如此。当搜查令之外的证据根据"一览无余"规则被扣押时,被告人通常会以发现该证据的搜查超出搜查令范围为由,而提出排除证据的动议。现行法律不要求法官审查警方寻找搜查令之外物品的主观意图,[4]而是关注警方实际进行的搜查与寻找搜查令所载明证据的合理搜查是否客观一致。[5] 如果一致的话,根据"一览无余"规则,相关证据则会被采纳;如果不一致的话,证据就会被排除。这一规则在搜查实物证据的语境中是

---

〔1〕 See United States v. Ross, 456 U.S. 798, 824 (1982).

〔2〕 See United States v. Gray, 78 F. Supp. 2d 524, 529 (E.D. Va. 1999), 本案指出,执行计算机文件搜查任务的警察"不需要接受任何准确的文件名或后缀,并相应地限制(他们的)搜索",因为罪犯可能"故意错误标记文件,或试图将有罪的文件隐藏在无关命名的目录中";United States v. Sissler, No. 1: 90-CR-12, 1991 WL 239000, at 4 (W.D. Mich. Aug. 30, 1991),"警方没有义务遵循(被告人)放置在光碟上的描述性标签。否则,只要在存有非法活动记录的计算机磁盘上贴上无害标签,就可以保护这些记录不被扣押"。

〔3〕 See United States v. Scarfo, 180 F. Supp. 2d 572, 578 (D.N.J. 2001). 本案表明,在搜查计算机数据时,如果目标信息的性质无法事先预知,"必须给执法人员留出余地,让他们能够得以通过获取目标信息之前的信息沼泽"。

〔4〕 See United States v. Van Dreel, 155 F.3d 902, 905 (7th Cir. 1998), 本案认为,"在 Whren 案之下……一旦存在可能事由,并且签发了有效的搜查令,警察进行搜查的主观意图就无关紧要了";United States v. Ewain, 88 F.3d 689, 694 (9th Cir. 1996),"使用主观标准将与霍顿案产生冲突,并将使证据排除过度依赖于警察如何讲述他们的故事,而非他们做了什么"。

〔5〕 See Van Dreel, 155 F.3d, p.905.

合理的。因为一个警察的主观意图或许难以获知,但一个警察的搜查步骤是否与对特定类型证据的搜查相一致通常是可以判断的。寻找被盗电视机的搜查可能和寻找被盗纸币的搜查看起来不一样。然而,该规则并没有对数字证据的搜查施加真正的限制。由于数字证据可以在硬盘上的任何地方,所以很难(如果不是不可能的话)说某项搜查在客观上是不合法的。物理世界中的规则并不能阻止对数字证据的概括性搜查。[1]

最后,现行法律对计算机搜查没有时间限制,也并未关注扣押的计算机是否必须归还以及何时归还。无论是第四修正案还是《美国联邦刑事诉讼规则》都没有要求警察要当即启动司法鉴定程序。[2] 一旦计算机被扣押,警察通常可以无限期地保管它。[3] 联邦法律只提供了一个十分有限的方法用以返还根据搜查令扣押的财产;[4]犯罪嫌疑人必须提出返还财产的申请,并证明扣押是

---

〔1〕 See Cf. Raphael Winick, *Searches and Seizures of Computers and Computer Data*, in Havard Journal Law & Technology, (75)1994, p. 104. 这篇文章论述了第四修正案中管辖下的"混杂文件问题"(intermingled documents problem)及其与计算机搜查的相关性。这个问题特别重要,因为其他数字化文件可能支持更严重、更容易被证明的刑事指控。例如,当搜索弗雷德的计算机文件时,警方会有强烈的动机去检查文件中是否包含任何儿童色情制品。持有儿童色情制品会受到非常严重的重罪处罚。See also United States v. DeBeir, 186 F. 3d 561, 567 (4th Cir. 1999)(在《美国量刑指南》下计算量刑). 机智的侦查人员知道,如果他们在硬盘中发现了儿童色情图片,他们会放弃以银行盗窃指控弗雷德,而是以持有儿童色情制品指控他。See United States v. Carey, 172 F. 3d 1268, 1273 – 1274 (10th Cir. 1999), 本案讨论了为与毒品有关的证据而搜查计算机,却导向了儿童色情制品相关的指控;United States v. Turner, 169 F. 3d 84, 86 (1st Cir. 1999), 本案解释了一个寻找人身攻击的证据的计算机搜查如何导向了儿童色情的指控;Gray, 78 F. Supp. 2d at 526 – 527, 本案解释了寻找计算机网络攻击的证据的计算机搜查如何导向了儿童色情的指控。

〔2〕 See United States v. Hernandez, 183 F. Supp. 2d 468, 480 (D. P. R. 2002). 本案认为,《美国联邦刑事诉讼规则》第 41 条没有"规定计算机在根据搜查令被扣押后接受政府司法鉴定的具体时限"。

〔3〕 See DOJ Manual, Computer Crime and Intellectual Property Section, *Searching and Seizing Computers and Obtaining Electronic Evidence in Criminal Investigations*, DC: U. S. Department of Justice, 2002, p. 104 – 107, http://www. usdoj. gov/criminal/cybercrime/ s&smanual2002. pdf (on file with the Columbia Law Review), p. 77. "政府通常可以保留被扣押的计算机,并在不受法律限制的情况下,仔细且审慎地检查其内容……"

〔4〕 See Fed R. Crim. P. 41(g.), "因非法搜查和扣押、剥夺财产而受到伤害的人身提出归还财产的动议"。

非法的或政府已经不再需要留存该证据。[1] 如果没有提出申请,则无须退还财产。即使申请被提出且获得批准,归还计算机的命令也不要求警察归还或销毁他们生成的比特流备份。[2] 因为现行规定关注的是犯罪嫌疑人的财产利益,而不是隐私利益,警察可以保留备份,并在没有明确限制的情况下继续搜查。这些规则可以对实物财产保护发挥作用,但它们对用户在其计算机和文件中拥有的合法利益却缺乏关注。

## 四、迈向新的刑事程序规则

我们的宪法传统赋予了法官通过具体规则实施《权利法案》(the Bill of Rights)的任务。随着时间的推移,这些规则以零敲碎打的方式演变着。以第四修正案为例,在司法实践中衍生出了一个复杂的规范结构(doctrinal structure),与之相关的代表性专论汗牛充栋。[3] 这一规范试图凭借调整执法机关在特定情况下能否为之的具体规则,来实现第四修正案对"不合理搜查和扣押"的禁止,以及守护第四修正案反对概括性侦查的历史传统。

而数字证据则暴露了现有规则的局限性。其也揭示了以物理犯罪动态为基础、以实物证据和目击证人证言等传统证据形式为前提的规则,是如何在证据收集过程中实现宪法性约束的。而这些规则在应用于数字证据收集时,便不再能达成其制度创设时的初衷了。因为数字证据改变了之前催生出原有规则的物理世界的基本假设,因此原有规则的实施结果也不能再反映出第四修正案的基本目标和宗旨。

从狭义上说,这并不是什么新鲜事。第四修正案因应技术而变革已经是老

---

〔1〕 See Ramsden v. United States, 2 F. 3d 322, 326 (9th Cir. 1993). 本案论述道,"如果'国家'(the United States)在侦查或起诉中需要用到某一财产,那么其对该财产的留存(retention)通常是合理的"。然而,"如果即使归还财产也能满足国家的合法利益,继续留存该财产将变得不合理"[引用 Fed. R. Crim. P. 41(e) advisory committee's notes (proposed amend, 1989)]。

〔2〕 See Ramsden v. United States, 2 F. 3d 322, 326, 327 (9th Cir. 1993). 本案要求政府退还文件的原件,却对其留存的备份不做要求。

〔3〕 See Wayne R. La Fave, *Search and Seizure: A Treatise on the Fourth Amendment*, 1996, 3rd ed.

生常谈了(old story),这最远或许可以追溯到 1925 年第一个关于汽车的特例。[1] 更近一些的,卡茨诉美国案中的"合理隐私期待"标准也是为了更新第四修正案,从而有助于规制电话监控行为(telephone surveillance),并在更普遍的意义上实现搜查和扣押法规中技术的中立性。[2] 同样,法院也已关注涉及纸质文件的案件多年。[3] 上述皆为真实,但这只是一部分。虽然卡茨案强调了改变的必要性,但它对法律的影响却出奇的小。卡茨案只关注了什么算是"搜查"的初步问题,正如我在另一篇文章中所言,它对整个第四修正案的影响微乎其微。[4] 同样,法院也没有通过制定新的规制文件搜查的规则来回应纸质文件的搜查。[5] 虽然涉及电话和纸质文件的案件带来了从实物证据到更为一般化(rawer)的数据形式的概念转变,但这些案件既不普遍,与传统案件的差异性也没有那么明显,以至于无法引发刑事诉讼法的重大转变。

美国人在生活的方方面面越来越依赖计算机,学界对此也存在不同的思考。杰克 · 巴尔金(Jack Balkin)指出,当我们思考新技术对法律的影响时,关注点不应是其新奇性而应是差异性(salience)。[6] "一项新技术使得哪些在之前尚未注意到的社会构成元素变得异常突出? ……让这一社会构成比之前更具重要性、更具普遍性、或更为中心化……的后果又是什么样的呢?"[7] 我们不

---

〔1〕 See Carroll v. United States, 267 U. S. 132, 149 (1925). 本案认为,如果存在可能事由相信车内藏有违禁品,那么可以在没有搜查令的情况下搜查汽车。卡罗尔案所宣布的这项规定,至少部分建立在汽车技术现实的基础上。搜查令的要求是不现实的,法院提出,"因为车辆可以迅速驶离某地,而该地又位于必须获得搜查令的司法辖区"。See also Carroll v. United States, 267 U. S. p. 153 (1925). 这项规定似乎还考虑到了禁酒时期(Prohibition)汽车使用的社会现实。法院认为,可能事由证明标准是必要的,因为"如果一名禁酒官员被授权可以为了发现酒类而拦下每一辆汽车,从而使所有在高速公路上合法驾驶的人都遭受这种搜查的不便和侮辱,那么这将是不可容忍且不合理的"。See also Carroll v. United States, 267 U. S, 1925, p. 153 – 154.

〔2〕 See 389 U. S. 347, 353 (1967).

〔3〕 See 427 U. S. 463 (1976).

〔4〕 See Orin S. Kerr, *The Fourth Amendment and New Technologies: Constitutional Myths and the Case for Caution*, in Michigan Law Review, 102(2004), p. 807.

〔5〕 See 427 U. S. 463 (1976).

〔6〕 See Jack M. Balkin, *Digital Speech and Democratic Culture: A Theory of Freedom of Expression for the Information Society*, in New York University Law Review, (79)2004, p. 1 – 2.

〔7〕 Jack M. Balkin, *Digital Speech and Democratic Culture: A Theory of Freedom of Expression for the Information Society*, in New York University Law Review, (79)2004, p. 2 – 3.

再处理电话亭内的电话监听或文件柜里成堆文件搜查的问题。如今,我们生活中越来越多的方面是以计算机为媒介运行的。在各种各样的刑事侦查中,数字证据收集和分析正日益成为一种常规化操作和必不可少的组成部分。我们的社会对计算机的依赖,加上实物证据和数字证据之间的差异,迫使我们需要重新思考规制数字证据收集的程序性规则。

劳伦斯·莱斯格(Lawrence Lessig)认为,法院将宪法适用于互联网时,需要进行"转译"(translation)。[1] 转译是一种为了回应不断变化的技术和社会实践而对法律规则进行更新的努力。[2] 为了确保宪法命令的基本作用和功能可以经世不变,则需不断修改教义规范,转译理论为这种做法提供了正当理由。例如,莱斯格认为第四修正案应该被理解为保护隐私的一般性指令(general command)。[3] 他建议,将第四修正案适用于互联网时,法官应该基于互联网运行的现实情况,采用保护隐私的规则。[4] 莱斯格的方法提供了有趣的可能性,但这只是答案的一部分。转译允许教义演变以适应不断变化的技术和社会实践,但仍然受制于先前存在的制度安排。这就要求法院承担起其传统职能,并根据技术变化带头重塑规则。

一个更好的办法是放开将新刑事诉讼程序纳入新体制安排的可能性。法院应保留一个重要的角色:如果所需的变化很好地契合了第四修正案规则的传统范畴和目的,那么法院就可以根据新的司法实践修改既有规则。但这种渐进的方法只是法律制度所能提供的众多回应中的一部分。因为在数字证据提出的新挑战中,只有部分与第四修正案的传统原则完全吻合,而其他的则并非如此。如果不吻合,立法机构和行政机构可以提供具有创新性的解决方案来规制数字证据收集行为。虽然司法机构要遵循先例(stare decisis),但立法机构和行

---

〔1〕 See generally Lawrence Lessig, *Code and Other Laws of Cyberspace* (1999); Lawrence Lessig, *Fidelity as Translation*, in Texas Law Review, (71)1993, p. 1165.

〔2〕 See generally Lawrence Lessig, *Code and Other Laws of Cyberspace* (1999), p. 114.

〔3〕 See generally Lawrence Lessig, *Code and Other Laws of Cyberspace* (1999), p. 115.

〔4〕 See generally Lawrence Lessig, *Code and Other Laws of Cyberspace* (1999), p. 115 – 116.

政机构则可以尝试各种各样的方法。[1] 他们可以确定并制定新的规则以回应新技术的动向。此外,立法机关和行政机关可以先于案件和争议产生就制定全面的解决方案。[2] 立法机关和行政机关在制定规则时更具灵活性,这表明,我们不应该只依靠法院。正如我近日在另外一篇文章中所言,相对而言,司法机关在管理日新月异的技术上存有体制上的困难,[3] 故其他机关应该发挥起重要作用。[4] 我们应该从基本原则出发,重新思考法律及其目的,超越在传统案件中有效发挥作用而在适用于数字证据时未能充分释放效能的宪法传统。

这一部分就回应数字证据收集的三种基本途径的新现实,初步构想了一些法律制度(legal system)可能采取的解决方案。本部分的首要目标是开始思考新的解决方案,而非提出详细的建议。次要目标是表明这种变化已经发生,即一套适用于计算机犯罪侦查的新规则已经出现。针对计算机犯罪侦查的新现实,美国国会和法院已经修改了部分刑事诉讼规则。在这两个阶段,国会都是主要的参与者:国会以解决未来需要的方式制定了规则,用于规范传讯程序和前瞻性监控。法院在第三阶段,如计算机司法鉴定程序,也是积极有为的。目前所采取的措施均是温和的。一些司法举措是初级法院的建议,可能会在上诉时被推翻或被未来的决定削弱,还有一些则与其他涉及同一问题的案件有所不同。有几项立法措施需要做大量工作。但总体来说,这些法律和宪法的发展很可能代表了一个全新的专为规制数字证据的刑事诉讼分支的开端——一个比现行法律更具有响应性(responsive)和制度多样化的分支。

### (一)从第三方收集所存储的证据

大多数计算机犯罪侦查的初始步骤便是从第三方服务提供商处收集其所存储的证据。网络环境中第三方所存储信息的数量和重要性的提升,需要对传

---

〔1〕 See Orin S. Kerr, *The Fourth Amendment and New Technologies: Constitutional Myths and the Case for Caution*, in Michigan Law Review, 102(2004), p. 166 – 169. 文章指出了司法机关和立法机关在运行过程中的不同限制。

〔2〕 See Orin S. Kerr, *The Fourth Amendment and New Technologies: Constitutional Myths and the Case for Caution*, in Michigan Law Review, 102(2004), p. 163 – 166.

〔3〕 此处的体制困难即司法机关要遵循先例。

〔4〕 See generally Orin S. Kerr, *The Fourth Amendment and New Technologies: Constitutional Myths and the Case for Caution*, in Michigan Law Review, 102(2004).

讯权施加新的限制。最明显的限制就是提高强制披露的法律门槛;法律应对获取犯罪嫌疑人的个人信息——如他们的私人电子邮件——施加更高的事实性证明责任(burdensome factual showing)。其他限制也应得到考虑。比如,法律应限制在任意一个时刻能够进行强制披露的目标账户数量,至少在没有其他特殊情况时应该如此。又如,在某些情况下,侦查对象需要得到事先通知,或在披露后的一段时间内得到通知。这些限制可以很好地减少因广泛披露而产生的危险。例如,法律可能会禁止政府为与初始披露无关的目的而使用提供商被强制提供的信息。又如,政府可能被要求在一段时间后(可能是 30 天)删除信息。新的规则应该对第三方持有私人信息而带来的新的隐私威胁作出回应,而这都是计算机网络和互联网普及所造成的。

虽然法院还没有采取任何措施来建立这样的制度,但国会已经行动了。国会表现出非凡的远见,早在 1986 年就通过了《电子通信隐私法》(Electronic Communications Privacy Act),〔1〕通过制定规则来限缩传讯权的范围。目前,这些限制传讯权的规则都出现在《美国法典》犯罪与刑事程序主题中。第 2703 节对政府如何从互联网服务提供商获取信息施加了法律限制。尽管该法规仍鲜为人知,但它要求执法部门在获取互联网服务提供商的客户和账户的个人信息时,必须满足比申请传票更高的事实要求。〔2〕 当侦查人员寻找诸如未送达的电子邮件等个人信息时,他们必须首先获得基于可能事由的搜查令。〔3〕 法律对获取其他信息的要求则较低,满足“具体而明确的事实”(specific and articulable facts)的法院命令即可,〔4〕还规定在某些情况下必须事先通知用

〔1〕 See Pub. L. No. 99 - 508, 100 Stat. 1848 (1986).

〔2〕 我对第 2703 节作了相当深入的解释, see Orin S. Kerr, *A User's Guide to the Stored Communications Act-and a Legislator's Guide to Amending It*, in George Washington Law Review, (72) 2004, p. 1208, 1218 - 1220。

〔3〕 See 18 U. S. C. § 2703(a) (2000). 这一节写道:执法主体仅可凭借依据《美国联邦刑事诉讼规则》签发的搜查令或同等的州搜查令,要求电子通信服务提供商披露电子通信内容,该电子通信内容在电子通信系统的电子存储器中至多保存 180 天。

〔4〕 See 131. U. S. C. § 2703(d). 这一节写道:要求披露的法院命令……可由任何有管辖权的法院发出……当且仅当执法主体提供具体而明确的事实以表明有合理理由相信某有线通信的内容、电子通信的内容、所寻找的记录或所寻找的其他信息与正在进行的刑事侦查相关且重要时,该命令才应签发。

户。[1] 我已经在另一篇文章中详细地解释了这个法规,此处不再赘述。[2] 关键是,国会已经介入并开始考虑新型侦查架构应如何改变旧有的规则。该制度并非完美,但它已开始让法律复归其在传统侦查中达到的某种平衡。

(二)前瞻性监控

前瞻性监控机制也在吁求新的法律制度。最基本的需求是,在现有技术的基础上,相关的法律标准应尽可能将重点放在所收集的信息类型上,而非关注所进入的空间是公共的还是私人的。这些规则应尝试将实施监控所需的事实要求与此类监控所带来的隐私威胁程度联系起来。当过滤机制被设置为收集较为私人的信息时,则需要一个较高的门槛(threshold)。相反,在收集私密性较低的信息时,前瞻性监控则应被允许在较低的要求下进行。这种方法将要求法律根据隐私利益受到威胁的程度对互联网通信进行分类。例如,电子邮件等非常私密的材料可以归为第一类,与互联网使用习惯相关的信息可以归为第二类,诸如 IP 报头(IP headers)或黑客通信的弱隐私信息可以归为第三类。

更有创意的选择也值得探索。互联网的前瞻性监控提出了一个大海捞针的问题,即必须设置一种过滤机制(filter),如此方能捞上针而非他物。一系列制度机制有助于聚焦这一过程。一种选择是,采用《监听法案》(Wiretap Act)中的最小化策略,并将其更广泛地应用于所有形式的前瞻性监控中。[3] 例如,法律可能要求中立第三方在将证据移交给执法人员之前,通过前瞻性监控对所收集的证据进行审查。另一种选择是,法律可以规定多种类型的监控手段,以确保得以适用的是最有效的监控手段,或者可以要求通过这些手段进行日志记录或记录留存,创建使用记录。关于对联邦调查局前瞻性监控项目,或被称为“肉

---

〔1〕 See 131 U. S. C. § 2703(b).

〔2〕 See generally Orin S. Kerr, *A User's Guide to the Stored Communications Act-and a Legislator's Guide to Amending It*, in George Washington Law Review, (72)2004.

〔3〕 See 18 U. S. C. § 2518. See also generally United States v. Scott, 504 F. 2d 194, 198 – 199 (1974). 本案讨论了电话监听情形下第 2518 节的最小化要求。

食者系统”(carnivore)的讨论也产生了一些解决建议。[1] 就任何前瞻性监控的方法而言,相同的问题可以更广泛的方式提出。

国会已经朝着这个方向迈出了试探性的步伐,尽管引起了相当大的争议。2001 年《美国爱国者法案》(The USA Patriot Act)对《电子通信隐私法》作出修订,将前瞻性监控分为两类。[2] 第一类是对通信“内容”的前瞻性监控,[3]第二类是对“拨号、路由、寻址或信令信息”(dialing, routing, addressing, or signaling inform,可称 DARS)的前瞻性监控。[4] 前者更具私人属性,虽然范围并不全然清晰,[5]但包括电子邮件的内容、互联网命令的文本[6]和检索关键词[7]。后者则包括互联网数据包报头(internet packet header)、电子邮件地址和其他用于路由互联网通信的数据(大概还包括其他任何非内容性数据)。[8]

---

[1] See IIT Research Inst., *Independent Technical Review of the Carnivore System Draft Report* (2000), http://www.usdoj.gov/jmd/publications/ carnivore_draft_1.pdf (on file with the Columbia Law Review); IIT Research Inst., *Independent Technical Review of the Carnivore System Final Report* (2000), http://www.usdoj.gov:80/jmd/publications/carnivfinal.pdf (on file with the Columbia Law Review). 报告强调了对使用肉食者系统的事后收集审计的必要性。

[2] See generally Uniting and Strengthening America by Providing Appropriate Tools Required to Intercept and Obstruct Terrorism Act (USA PATRIOT Act) of 2001, § 216, Pub. L. No. 107 - 56, 115 Stat. 272, 288 - 290 (amending generally 18 U.S.C. § § 3121 - 3127).

[3] See 18 U.S.C. § 2510(8). 本案将有线通信或电子通信的“内容”定义为“包括与通信的实质、主旨或意义有关的任何信息”。这一规定于 1968 年颁布,并于 1986 年修订。See Orin S. Kerr, *Internet Surveillance Law After the USA Patriot Act: The Big Brother That Isn't*, in Northwestern University Law Review, 97(2003), p.647, n.194.

[4] See 18 U.S.C. § § 3127(3) - 3127(4) (Supp. 2002). 本案将笔式记录器(pen registers)与捕获和跟踪装置定义为记录、解码或捕获“拨号、路由、寻址和信令信息”的装置。正如我在另外一篇文章中提到的,由于历史原因,此处的规范结构十分别扭:法律并未直接规定非内容的前瞻性监控,而是禁止特定装置,并将其定义为进行非内容的前瞻性监控的装置。See Orin S. Kerr, *Internet Surveillance Law After the USA Patriot Act: The Big Brother That Isn't*, in Northwestern University Law Review, 97(2003), p.638, n.149.

[5] See Orin S. Kerr, *Internet Surveillance Law After the USA Patriot Act: The Big Brother That Isn't*, in Northwestern University Law Review, 97(2003), p.645 - 648.

[6] See United States Telecom Ass'n v. FCC, 227 F.3d 450, 462 (D.C. Cir. 2000).

[7] See In re Pharmatrak Inc., 329 F.3d 9, p.18 - 19 (1st Cir. 2003).

[8] See Orin S. Kerr, *Internet Surveillance Law After the USA Patriot Act: The Big Brother That Isn't*, in Northwestern University Law Review, 97(2003), p.644 - 648. 文章描述了这些数据在法定监管制度中的地位。

根据《美国爱国者法案》,仅收集"拨号、路由、寻址或信令信息"的前瞻性监控受到弱保护的《笔式记录器法》(Pen Register Statute)的监管。[1] 警察只需获得相关的法院命令就可以进行监控,或将监控纳入几个宽泛的法定例外之内。[2] 相比之下,收集内容的前瞻性监控受强保护的《监听法案》的监管。[3] 警察在进行监控之前必须获得"超级"搜查令,否则就得将其行为纳入几个相对限缩的法定例外之内。[4] 《美国爱国者法案》还增加了报告要求(reporting requirement),即在某些情况下,要求执法机构向授权监控的法院提交关于执行前瞻性监控的报告。[5]

《美国爱国者法案》还有另外一个创新之处:它在《监听法案》中增加了一个例外,即不保护计算机黑客通过受害者的计算机发送的通信。[6] 根据这一条款,被黑客攻击的受害者可以允许执法部门对黑客的通信进行前瞻性监控,前提是"有合理理由(reasonable grounds)相信计算机侵入者的通信内容与侦查有关联性"。[7] 弗雷德网上银行盗窃案就是一个例子。如果作为中间受害者的公共图书馆的负责人表示同意,那么警探可以在图书馆的计算机上设置内容

---

〔1〕 See 18 U. S. C. § § 3121 – 3127 (Supp. 2002); see Computer Crime and Intellectual Property Section, *Searching and Seizing Computers and Obtaining Electronic Evidence in Criminal Investigations*, DC: U. S. Department of Justice, 2002, p. 104 – 107, http://www. usdoj. gov/criminal/cybercrime/s&smanual 2002. pdf (on file with the Columbia Law Review), p. 111 – 112.

〔2〕 该法案第 3121(b)节列出了例外情形,包括在下列情形下进行的监控:(1)与有线通信或电子通信服务的操作、维护和测试有关的,与保护该提供商的权利或财产有关的,与保护该服务的用户免受服务的滥用或非法使用有关的;或者(2)记录发起或完成有线通信或电子通信的事实,以保护该提供商、为完成该有线通信提供服务的另一个提供商或该服务的用户不受服务的欺诈使用、非法适用或滥用的;或者(3)已取得该服务的用户的同意的情形。See 18 U. S. C. § 3121(b) (2000).

〔3〕 See 18 U. S. C. § § 2510 – 2522.

〔4〕 See generally Computer Crime and Intellectual Property Section, *Searching and Seizing Computers and Obtaining Electronic Evidence in Criminal Investigations*, DC: U. S. Department of Justice, 2002, p. 104 – 107, http://www. usdoj. gov/criminal/cybercrime/ s&smanual2002. pdf (on file with the Columbia Law Review), p. 116 – 141. 这一手册描述了《监听法案》的保护及其例外。

〔5〕 See 18 U. S. C. § 3123(a) (3)(A) (Supp. 2002).

〔6〕 See 18 U. S. C. § § 2510(21), 2511(2)(i) (Supp. 2002). See also generally Orin S. Kerr, *Internet Surveillance Law After the USA Patriot Act: The Big Brother That Isn't*, in Northwestern University Law Review, 97(2003), p. 658 – 671.

〔7〕 See 18 U. S. C. § 2511(2)(i)(III) (Supp. 2002).

性的前瞻性监控,仅限于监控弗雷德后续的入侵。如果弗雷德再次入侵图书馆的计算机,政府无须搜查令即可监控弗雷德的通信。所谓非法侵入者例外背后的理念便是,根据互联网通信中的隐私利益量身定制监控规则。由于计算机黑客在他的非法通信中没有任何合理隐私期待,因此不应要求政府在征得受害者同意的情况下获得搜查令来监控黑客的通信。[1]

《美国爱国者法案》中前瞻性监控的做法并非毫无缺陷。比如有些规则不甚明确,有些又起草得很随意。[2] 但基本概念是合理的。这些规定迈出了更新法律的第一步,以便更好地反映计算机网络前瞻性监控的新动向。

(三)计算机取证过程

由于在现代使用计算机会引发隐私问题,需要针对计算机取证过程量身定制一套规则制度。一方面,法律应正视现有搜查方法和技术的技术局限性。另一方面,这些规则也应超越规制搜查和扣押的传统趋向,以平衡这种对技术的限制而可能造成的制度负担。例如,如果技术需要对扣押的计算机进行非现场搜查,则应允许非现场搜查。但法律不能止步于此。比如,可以修改《美国联邦刑事诉讼规则》,要求侦查人员即刻开始对扣押的计算机进行司法鉴定,并在合理期限内归还不含有证据的计算机。又如,规则可以提供一种明确的机制,允许犯罪嫌疑人明确要求对其计算机的镜像备份应是准确的,且享有在特定时间内要求返还其计算机的权利。[3] 再如,也要有规则要求侦查人员在刑事案件结案后删除所扣押文件的任

---

〔1〕 See Orin S. Kerr, *Are We Overprotecting Code? Thoughts on First-Generation Internet Law*, in Washington and Lee Law Review, (57)2000, p. 1287, 1298 – 1300. 该文讨论了将第三章"一刀切"的方法应用于各种互联网通信所造成的困难。

〔2〕 例如,现行法律并没有明确"内容"与"拨号、路由、寻址或信令信息"的确切范围,甚至没有明确在这两类之外是否存在第三类通信内容。See Orin S. Kerr, *Internet Surveillance Law After the USA Patriot Act: The Big Brother That Isn't*, in Northwestern University Law Review, 97(2003), p. 644 – 648, p. 645, n. 186. 它对非法侵入者例外的范围的界定也很粗糙。See also Orin S. Kerr, *Internet Surveillance Law After the USA Patriot Act: The Big Brother That Isn't*, in Northwestern University Law Review, 97(2003), p. 667 – 669.

〔3〕 当然,对于涉及计算机化的违禁品如儿童色情制品的案件,需要设置例外,因为用于从事儿童色情相关犯罪的设备受到没收条款的规制。See 18 U. S. C. § 2253 (2000) (criminal forfeiture); 18 U. S. C. § 2254 (civil forfeiture); cf. United States v. Hill, 322 F. Supp. 2d 1081, 1091 – 1092 (C. D. Cal. 2004) (Kozinski, J., by designation). 本案认为被告有权对儿童色情证据进行独立检查,尽管政府对此持反对意见,因为政府这些材料可能出现散播,因而应被允许复制。

何备份,或者至少在没有法庭特别授权的情况下,禁止侦查人员在结案后打开或审查被扣押的计算机文件。总体来说,这些制度变革以现有的技术现实为基础,试图平衡执法需要和个人在财产和隐私方面的权利这两者之间的关系。[1]

我们也可以创造性地思考规范审查过程本身的规则。例如,处理数字版大海捞针问题的一种方法是,在数字证据搜查的情境下拒绝"一览无余"原则。根据"一览无余"原则,当侦查人员在一个合法有效的搜查过程中,发现了一个明显的有罪证据,即使该证据与搜查无关,侦查人员也可以扣押该证据。由于通常必须要对计算机进行全面的搜查,才能找到所要寻找的证据,因此"一览无余"原则有可能消弭了特定性搜查令和概括性搜查令二者之间的区别。因为在计算机取证分析的过程中,计算机中的所有证据都是一览无余的,所以一份理论上的特定性搜查令可能在实践中就会变成一份概括性搜查令。废除计算机搜查中的"一览无余"原则将解决这个问题。无论是由法院宣布,还是由国会制定,禁止采纳超越搜查令范围的数字证据的规定,将打消任何把有针对性的搜查变成非法摸底调查(fishing expedition)的动机。

虽然法院和国会都没有采取这种剧烈的变革,但法院已经出现了一些有趣的变化迹象。一些法官已经开始制定一套独特的第四修正案规则,试图对实物证据向数字证据的转变做出回应。其中一些变化已经广泛存在,其他的则刚刚开始出现。而有些变化在整个法律体系之中则是异类。但关键是法官们已经开始改变规则,以应对计算机取证程序的新问题。一些法官已经得出结论,认为计算机搜查是"特殊的"[2]"独一无二的"[3]"与众不同的"[4],并正在寻找新的刑事诉讼规则,在新的司法实践中重塑原有规则的制度功能。

最佳新规则应是,侦查人员可以扣押目标计算机,并将其移出现场以便后续审查。虽然与侦查人员不能在可能事由范围之外扣押财产的传统规则有些许矛盾,但法院以实用性为由一致批准了这一做法。法官们注意到,在现场对

[1] See Cf. James M. Rosenbaum, *In Defense of the Hard Drive*, 4 Green Bag 2d, 171 (2001), p. 169. 本书提议了可能限制雇主搜查雇员计算机的权力的规定,包括超时期间和事先通知。

[2] See United States v. Carey, 172 F. 3d 1268, 1275 n. 7 (10th Cir. 1999).

[3] See United States v. Barbuto, No. 2:00CR197K, 2001 WL 670930, at 4 (D. Utah Apr. 12, 2001).

[4] See People v. Gall, 30 P. 3d 145, 156 (Colo. 2001) (Martinez, J., dissenting).

计算机进行搜查所花费的时间太长,且需要太多的专业知识。[1] 对整台计算机的扣押能够通过合宪性审查,因为"实际上,对计算机和所有可用磁盘(disk)的扣押和场外搜查,其实是在收集可能获得的[证据]时,权利侵犯程度最小的扣押和搜查手段了"[2]。而其他选择则是不切实际的,因此不是宪法所强令保护的。此外,"既试图隔离那些在搜查令之外的材料,而又要求警察筛选在[被告的]办公室找到的计算机文件",这是不合理的。[3] 当然,这样的问题在第四修正案中并不少见。而在其他更为传统的案件中,为了保障第四修正案适用的合理性,其允许采取变通措施(flexibility)。[4] 但这种做法又逐步僵化,成了第四修正案的一个新规则:一份合法有效的搜查令即赋予了侦查人员扣押计算机并在日后对其进行场外搜查的权力。

虽然一些法院放宽了传统规则的要求,允许进行场外搜查,但有些法院也收紧了规定,试图限制取证过程,避免对扣押的计算机进行全面搜查。例如,一些联邦治安法官(federal magistrate judge)已经开始采取了签发令状的方式,即只有在政府遵守对后续搜查的特定限制的条件下,才签发搜查计算机的搜查令。有些法官要求政府在特定的时限内搜查计算机,若没能找到证据,则应及时将计算机交还给犯罪嫌疑人。[5]

---

〔1〕 See Hill, 322 F. Supp. 2d, p. 1089 – 1090. 本案提及了在不损坏计算机前提下搜查所需的时间。

〔2〕 United States v. Upham, 168 F. 3d 532, 535 (1st Cir. 1999).

〔3〕 See United States v. Henson, 848 F. 2d 1374, 1383 – 1384 (6th Cir. 1988); United States v. Gawrysiak, 972 F. Supp. 853, 866 (D. N. J. 1997), aff'd 178 F. 3d 1281 (3d Cir. 1999), "第四修正案所授权的合理搜查,并不要求侦查人员在现场花费大量时间,盯着计算机屏幕并精准确定哪些文件在搜查令的授权范围内可以被复制……"

〔4〕 例如,在伊利诺伊州诉麦克阿瑟案[Illinois v. McArthur, 531 U. S. 326(2001)]中,联邦最高法院认为,警察可以逮捕一个人以阻止他进入他自己家里,因为警察有理由相信他会在家里销毁证据,而且警察也正在申请搜查令。根据法院的说法,逮捕这名男子是允许的,因为"该情形涉及所谓特别紧迫或紧急的执法需要,即'紧急情况'的合理主张"。See Illinois v. McArthur, 531 U. S. 331(2001).

〔5〕 据美国司法部手册(DOJ Manual):一些治安法官拒绝签发对计算机进行扣押的搜查令,除非政府能在短期内(如 30 天)进行司法鉴定。一些治安法官规定了最短 7 天的时限,还有一些法官规定了警察申请扣押正在进行商业活动的计算机的搜查令的特定时限。为了支持这些限制,部分治安法官表示他们的隐忧,即在第四修正案下,允许政府剥夺个人计算机超过很短的一段时间在宪法层面上是"不合理的"。See Computer Crime and Intellectual Property Section, *Searching and Seizing Computers and Obtaining Electronic Evidence in Criminal Investigations*, DC: U. S. Department of Justice, 2002, http://www.usdoj.gov/criminal/cybercrime/s&smanual2002.pdf (on file with the Columbia Law Review), p. 77.

最近芝加哥的一个案件表明,一些法官正在采取更大胆的措施。[1] 在该案中,一名治安法官拒绝了政府对搜查家用计算机的搜查令的申请,除非政府首先同意遵守预先批准的计算机搜查协议(search protocol),该协议概述了找到存储在硬盘中的证据所需的步骤。[2] 此案中,搜查的对象是涉嫌税务欺诈的犯罪嫌疑人,侦查人员确有可能事由相信,在她家的计算机上有犯罪的证据。然而,法官拒绝在没有法官批准的特定搜查协议的情况下对她的计算机进行搜查,法官认为这样做相当于许可侦查人员“可以不受限制、不按标准地浏览计算机里的所有东西”[3]。法官基于四个方面的现实考量论证这一观点的正当性:先扣押计算机而随后再进行搜查的事实;犯罪证据与无关且无罪的文件混杂在一起的可能性;计算机能存储大量信息的事实;存在完善搜查的技术方法。[4] 鉴于这些现实考量,法官合理认为,特定性要求必须预先批准搜查方法,以确保搜查在宪法上是合理的。[5]

法院还改变了当搜查超出搜查令范围时的监管规则,但没有一家法院完全取消“一览无余”规则,即使至少有两家法院通过关注侦查人员的主观意图,在实践中对该原则进行限缩。一般而言,警官超出搜查令范围进行搜查的主观意图并不重要。因为如前所述,这一规则使法院很难判断对计算机的搜查是否受到了严格限缩。在美国诉凯里案(United States v. Carey)中,一名侦查人员在扣押的硬盘中搜寻与可卡因有关的证据时,发现了儿童色情图片。侦查人员停止搜查与毒品有关的证据,然后接下来几个小时里都在搜查儿童色情图片。[6]

---

〔1〕 See In re Search of 3817 W. West End, 321 F. Supp. 2d. 953 (N. D. Ill. 2004).

〔2〕 See In re Search of 3817 W. West End, 321 F. Supp. 2d. 955 -956 (N. D. Ill. 2004).

〔3〕 In re Search of 3817 W. West End, 321 F. Supp. 2d. 962 (N. D. Ill. 2004).

〔4〕 See In re Search of 3817 W. West End, 321 F. Supp. 2d. 958 -959(N. D. Ill. 2004).

〔5〕 其他法院也提议了类似的方法。See United States v. Hay, 231 F. 3d 630, 637 (9th Cir. 2000), 在本案中,治安法官对搜查的授权是由宣誓书所支持的,该宣誓书解释了对计算机进行场外搜查的必要性,而该授权又构成了“治安法官对场外搜查的授权”;United States Campos, 221 F. 3d 1143, 1148 (10th Cir. 2000), 本案认为治安法官应该批准搜查计算机的搜查策略;People v. Gall, 30 P. 3d 145, 166 (Colo. 2001) (Martinez, J., dissenting), 本案主张通过第四修正案的新规则来规范对计算机的搜查,“以适当地保护计算机复杂本质中固有的隐私问题”。当然,这些方法在一定程度上很难符合传统原则。该原则要求政府明确要搜查的地点和项目,但在传统上并不被理解为需要解释搜查应如何进行。

〔6〕 See 172 F. 3d, p. 1268, 1271 (10th Cir. 1999).

第十巡回法院在裁定警官的主观意图时认为:因为警官将他的搜查重点从一种类型的证据转移到另一种类型的证据,超出搜查令范围的证据发现是不被允许的,且该证据应被排除。[1] 同样地,在美国诉格雷案(United States v. Cray)中,一名侦查人员在查看根据搜查令扣押的硬盘以寻找非法入侵计算机行为的证据时,发现了一张儿童色情图片。[2] 侦查人员继续寻找非法入侵的证据,但他在此过程中发现了其他儿童色情图片。[3] 法院支持了儿童色情制品作为证据的可采性,认为侦查人员的主观意图将搜查行为保持在搜查令的范围内。[4] 在凯里案和格雷案之下,"一览无余"规则在计算机案件中实际上有了一个新的限制:当且仅当搜查令之外的证据是在对搜查令所载明证据的善意搜查中发现时,扣押搜查令之外的证据才是被允许的。基于计算机取证过程的新现实,新规则也在试图恢复旧规则的部分功能。

## 五、结　　论

科技变革往往会引起法律的变革。法律规则随着现实基础的变化而变化。鉴于我们对计算机及其特定操作方式的严重依赖,计算机在犯罪活动中的应用对传统的刑事诉讼规则提出了重大挑战。通过用数字证据的收集代替实物证据和目击证人证言的收集,涉及计算机的侦查用截然不同的监控形式和新的取证分析形式取代了传统的搜查和扣押机制,法律自然也会随之改变。尽管法院会以教义规则的缓慢演变的形式做出一些改变,但其他改变应该遵循对规范数字证据收集的最佳规则以及对产生和实施这些规则的最佳机构的重新思考。数字证据的问题应该激发出一种新的刑事诉讼程序,创制一套既建立在传统解决方案的基础上又扩展到监管证据收集和使用的全新的创造性机制的规则。

我们还应该认识到,数字证据的问题超越了国界,有益的解决方案和见解可以在国界之外找到。每个工业国家都在经历美国正在经历的转变,即从实物

[1] See 172 F. 3d, p. 1274 (10th Cir. 1999).

[2] See 78 F. Supp. 2d, p. 524 (E. D. Va. 1999).

[3] See 78 F. Supp. 2d, p. 527 (E. D. Va. 1999).

[4] See 78 F. Supp. 2d, p. 529 (E. D. Va. 1999).

证据和目击证人证言转向数字证据。我们使用着相同的互联网、相同的硬件和相同的软件。虽然不同的国家有着不同的宪法传统和不同的价值保护,但都面临着相同的基本问题,即如何规范第三方证据收集、前瞻性监控和计算机取证过程。通过广泛地寻找新的制度安排和方法来规范数字证据收集,我们可以打开自己,接受“他山之石”,以补充我们在宪法传统下的解决方案。

# 英国与法国、德国、荷兰的“现代”刑事证据法发展：1750～1900年*

R. G. Bloemberg** 著
范智凯*** 译

**内容摘要**：本文是对1750～1870年英国与法国、德国、荷兰等欧陆国家之刑事证据法发展的比较历史分析。本文的主要论点是，上述国家在刑事证据立法方面尽管存在显著差异，但也有重要的相似之处，而这些相似之处迄今尚未引起人们的注意。本文重点阐述了刑事证据法改革的思想基础。值得一提的是，17世纪和18世纪有两次重要的思想变革，形塑了刑事证据法的改革。鉴于言匮语乏，本文称其为“政治—宪法话语”和“认识论话语”（的变革）。认识论上的变革包括对刑事案件所要求的确定性采用概率式概念。而“政治—宪法话语”变革则指对17～19世纪的国家与公民关系的一般性反思过程。

## 一、引　言

中世纪晚期，英格兰已经出现自由评价证据的陪审团制度。在1750～1900年，英国刑事证据法发生了两次重要变革。首先，18世纪前，刑事证据法仍不成

---

* 本文系中国政法大学2021年博士研究生创新实践一般项目“刑事证据司法解释的革新性及其限度问题研究”（2021BSCX04）的研究成果。原文信息为：R. G. Bloemberg, *The Development of the "Modern" Criminal Law of Evidence in English Law and in France, Germany and the Netherlands*: 1750－1900, in American Journal of Legal History, Volume 59, Issue 3, September 2019, p. 358－401。

** 荷兰Houthoff律师事务所律师，法学博士。

*** 中国政法大学证据科学研究院博士研究生。

熟,也不存在明确、统一的陪审团指示。到了 18 ~ 19 世纪,“排除合理怀疑”标准首次成型并最终得以统一适用。其次,直到 18 世纪,被告人仍然几乎没有辩护权,也不能聘请律师辩护。18 世纪末之前,刑事审判仍高度依赖被告人作为信息来源,也没有沉默权一说。但到了 18、19 世纪之交,被告人已经获得律师辩护,而沉默权和无罪推定也逐渐得到明确认可。这些变革也是现代对抗制审判兴起的内容之一。〔1〕

本文旨在表明,英国与德国、法国、荷兰相比,在刑事诉讼法和刑事证据法的发展方面虽有明显差异,但仍有重要的相似性。然而迄今为止,在英国法律史研究中,对于这些重要相似性及其对于理解 1750 ~ 1900 年英国刑事证据法变革的助益,人们却很少关注。

本文认为,英国刑事证据法的变革,在一定程度上是受到两种基础性的思想变革——认识论话语变革和政治—宪法话语变革的启发。对于前者,值得一提的是,芭芭拉 · 夏皮罗(Barbara Shapiro)已尝试阐明:18 世纪末“排除合理怀疑”标准进入英国刑事证据法,其思想基础是该时期的一场更为广泛的认识论变革。排除合理怀疑,是一个“现代”的概率式刑事证据法术语,当时的人们普遍认为定罪需要较高的有罪概率。〔2〕 尽管浅尝辄止,但芭芭拉 · 夏皮罗确信,类似的认识论变革并未影响到欧陆刑事证据法。本文认为,情况恰恰相反,法国、德国和荷兰等大陆法系国家确实发生了类似的变革,这些国家的“现代”刑事证据法的认识论基础,也经历了类似英国法的变化。

在本文所讨论的法国、德国和荷兰刑事法中,其要求刑事案件必须获得的“确信”——出现了概率化含义,这是导致罗马教会“法定证据制度”被废除的重要因素。法定证据制度,由中世纪晚期发展起来的一套先验的证据规则构成,其预先规定了定罪的证据充分性标准。一般而言,在(至少)有两名目击证人或者被告人供述有罪的情况下,法官才能判处严峻肉刑或死刑。自 18 世纪

〔1〕 18 世纪和 19 世纪的第三个重要变化是,证据排除规则(如传闻规则和禁止先前定罪记录规则)已成为现代英国对抗式审判的特征之一。但本文的研究重点是前两个变化,而非证据排除规则的出现。

〔2〕 See Barbara Shapiro, *To a Moral Certainty: Theories of Knowledge and Anglo-American Juries 1600 - 1850*, *in Hastings Law Journal*, 38 (1986), p. 153, 155.

末以来,法国、德国和荷兰废除了法定证据制度,取而代之的是自由心证制度。新制度规定,只有在有罪盖然性较高时,法官才能定罪,而是否达到这一标准,则由法官或陪审员自由决定。

第二项变革是17～18世纪的政治—宪法话语取得重要发展。这一进展是对国家与公民的关系的反思,其根源是自然法理论与社会契约论的重大变革。认为政府合法性本质上建基于社会契约的观点和认为一些自然权利不可剥夺的观点的有机结合,使得批判政府的刑事权能成为可能。此外,自然法理论的一个重要倾向是,强调人的天性是努力保护自己因而国家不得强迫他作出自我灭亡的行为。政治—宪法话语的变革,有力解释了不得强迫自证其罪、被告人应随时有权自我辩护、在充分证明被告人有罪之前应视其无罪等思想的成因。

最后必须强调的是,本文有两个严重局限。首先,本文仅专注于描述和理解刑事证据法的思想基础变革。当然,这并不是说社会、政治和经济的变革不重要,也不是说刑事证据法的发展只能从思想史的角度来解释。社会、政治和经济因素,都直接或间接地塑造了刑事证据法的变化。但本文的论点是,“思想性”变革确实对刑事证据法变革产生了重要影响,而本文的描述,也只是要提供一个理解刑事证据法变革的深层次视角。[1]

其次,本文只关注对法学文献和立法讨论的研究,而不是在理论性反思中考察刑事证据法的用语和理念的变化。因此,本文不涉及判例法,因而也不研究刑事证据法的实践性发展。至于法学文献中的变化与实践中的变化如何相关,例如,法学文献中的变化是否先于实践中的变化抑或只是对后者的理论化,这些问题本文无暇顾及。本文意在描述思想基础的变化,以及这些变化如何影响法学文献对刑事证据法的认识与理解。

本文分为四个部分。第一节简要描述了芭芭拉·夏皮罗的论文,阐释了认识论变革的内容。第二节描述了认识论变革如何塑造了英国法的排除合理怀疑标准。第三节讨论了认识论变革对法国、德国和荷兰刑事证据法变革的影响,并将其与英国刑事证据法变革相比较。第四节讨论了新的政治—宪法话语

---

〔1〕 就此而言,本文的另一个局限性是,其主要是根据法学文献和立法讨论而对刑事证据法进行教义性反思,而非对刑事证据法在实践中是如何变化的档案研究。

对英国以及法国、德国和荷兰的刑事证据法发展的影响。

## 二、认识论上的变革

芭芭拉 · 夏皮罗论文的核心是,17 ~ 18 世纪有一场重要的认识论变革。起初,在中世纪晚期的亚里士多德哲学中,科学(scientia)/"真的知识"与观点(opinio)之间存在绝对的区别。随后,认为知识是沿着概率逐级下滑的观念,取代了"科学"和"观点"之间绝对划分的观念。芭芭拉 · 夏皮罗认为,英国法学家采纳了这种革新后的认识论观点。英国法学家认为,刑事案件中的确定性是由不同程度的概率所组成的,这意味着,定罪必须有较高的概率。18 世纪末首次形成的排除合理怀疑标准,就是这一思想的体现。

在中世纪晚期的亚里士多德哲学中,构成科学或"知识"的东西与观点领域的东西之间存在绝对区分。一个命题要成为科学的对象,必须是普遍、必然的真理,并在肯定性的证实基础上为人所知。[1] 这样的证实具有三段论的形式,即从被视为普遍、必然和真实的更高原则或基本原则出发,通过三段论,推导出另一命题的真理。科学是一个关联性概念,因为它意味着给定命题和某些基本原则之间存在结构性的和必要的联系。证实(演绎推理)的过程,就是一门科学的真理作为一个整体,推导出具体的(基础性)原理的过程。只要正确使用三段论,保证了结论的必然性,就意味着结论是唯一性的。因此,被证实的结论包括对一种必然且始终真实的事物状态的完美把握。[2]

科学涵盖了必然且始终为真的知识,但观点侧重于偶然性而非必然性。观点关注的是作为偶然性的偶然事件,因此,其处理的命题可能是真的也可能是假的。观点性的知识,其根基是论点、权威性的证据以及通常发生的事情。科

---

〔1〕 帕斯诺举了约翰 · 邓斯 · 司各特(John Duns Scotus)的说法,司各特将科学定义为"对必然真理的某种确定性认识,这种认识的证据基础是通过三段论使其结论必要的一些先验原因"。See Robert Pasnau, *Medieval social epistemology: Scientia for mere mortals*, *in Episteme*, 7(2010), p. 23 – 25. 译者注:罗伯特 · 帕斯诺,美国当代哲学家,康纳尔大学哲学博士,现为科罗拉多大学哲学系教授。约翰 · 邓斯 · 司各特,中世纪苏格兰经院哲学家、神学家,温和实在论者。

〔2〕 See Edmund Byrne, *Probability and Opinion: A study in the medieval presuppositions of post-medieval theories of probability*, *Springer*, 1968, p. 166 – 178.

学提供了经证实的确定性而使人们必须接受;但观点通常被定义为一个命题,即使该命题被认为是正确的,持有该命题的人仍担心存在错误,因为他意识到一个人的判断可能会出错。因此,观点是可以达到或可以期待的最佳的知识形态,但永远不是确定性知识。

正如第二节将进一步讨论的那样,科学与观点在认识论标准上的对比,对中世纪晚期欧洲大陆的法定证据制度的形成,具有重要影响。欧陆刑事案件的高证明标准在一定程度上效仿了科学。法官不能仅凭观点或“主观”信念来判定被告人有罪,相反,他需要有一种类似于科学的论证确定性的知识形式。严格的证据规则形成了要求在每个案件中都有充分的定罪证据的原则。简言之,科学与观点之间的普遍区别,在法定证据制度中得以再现,即构成完全证明与构成纯粹的怀疑或猜测的内容之间的区别。

值得注意的是,在这方面,(受到亚里士多德哲学强烈影响的)欧陆的法定证据制度与当时英国法中更粗糙的知情陪审团制度之间存在重要的区别,后者尚未制定明确的证据标准。在当时的英国法中,经院里的亚里士多德哲学似乎对刑事证据法没什么影响。然而,正如芭芭拉·夏皮罗所表明的,英国法明显受到17、18 世纪出现的新认识论思想的影响。

尤其是,芭芭拉·夏皮罗和伊恩·哈金(Ian Hacking)描述了现代概率观如何产生,以及几个世纪以来区分“科学”、“知识”、“确定性”、“哲学”与“观点”、“概率”、“表象”、“修辞”的亚里士多德认识论传统如何开始瓦解的。芭芭拉·夏皮罗认为,这场认识论变革始于 17 世纪,是笛卡尔、培根、洛克和贝勒等哲学家对当时人人喊打的经院哲学和 16 世纪复兴的怀疑论的回应。他们试图克服为“绝对真实”寻找稳固基础的困难,但最终彻底重绘了不同形式知识的感知图景。尽管 17 世纪最初的关切点,如笛卡尔和培根的努力,是为绝对确定性知识建立新的基础,但实际上,最终形成了一种——不同形式的知识是沿着概率逐级下滑的观念。最下面的是“虚构、观点和猜想”,中间是“可能和高度可能”,而位于顶端的可能性知识被称为“道德确定性”——被认为接近可证实的或数学上确定的知识。[1]

在 17 世纪,传统概念以一种新的方式被应用于不同形式的知识。虽然,起初人们非常强烈地青睐数学和三段论证成,认为其提供了"绝对真实"的知识,但实际上,在其影响下,人们也开始根据概率评价其他形式的知识。人们普遍认为,对自然和社会现象的认识不能产生传统上期待科学那样绝对确定性和普遍真理性的知识。例如,有人断言,对于人类事务的认识甚至没有必要追求绝对的确定性。[2] 根据对实践决策的需要(如需要对被指控人定罪)以及证据的数量和质量,就可以得出足以构成人类行为基础的结论。芭芭拉 · 夏皮罗简洁地总结了这一发展。她说,对确定性的追求并没有放弃,但人们很快就发现,只有数学的和一些逻辑学的、形而上学的原理能够在严格意义上论证,而"曾经期望通过实验证实真理而获得科学地位的智识努力,现在越来越多被归入一个或另一个概率论的领域"[3]。因此,在中世纪晚期,概率和观点的概念主要具有消极的内涵,并与作为一种理想知识形式而获得积极内涵的科学,形成了鲜明对比。[4]

---

[1] See Barbara Shapiro, *Probability and Certainty in Seventeenth-century England: A study of the relationships between Natural Science, Religion, History, Law and Literature*, Princeton University Press, 1983, 1st ed., p. 1 - 5. 在另一部著作中,夏皮罗指出,"道德确定性"一词和关于在不确定性条件下的理性决策的讨论,也不完全是 17 世纪才有的,诡辩的神学传统也是其重要根源。See Barbara Shapiro, "*Beyond reasonable doubt*" and "*probable cause*": *Historical perspectives on the Anglo-American Law of Evidence*, University of California Press, 1991, p. 13 - 18.

[2] See Barbara Shapiro, *Probability and Certainty in Seventeenth-century England: A study of the relationships between Natural Science, Religion, History, Law and Literature*, Princeton University Press, 1983, 1st ed., p. 156 - 57.

[3] Barbara Shapiro, Probability and Certainty in Seventeenth-century England: A study of the relationships between Natural Science, Religion, History, Law and Literature, Princeton University Press, 1983, 1st ed., p. 4 - 5.

[4] See Barbara Shapiro, *Probability and Certainty in Seventeenth-century England: A study of the relationships between Natural Science, Religion, History, Law and Literature*, Princeton University Press, 1983, 1st ed., p. 43. 波普金精彩描述了怀疑论的复兴以及宗教改革和反宗教改革的争论在这一过程中的重要作用,这一过程颠覆了 16 世纪和 17 世纪中传统的信仰和确定性标准。取而代之的是一种对大多数知识形式的路径,波普金恰当地称为"建构性怀疑论"。虽然 17 世纪和 18 世纪的大多数哲学家都承认,除了数学等少数领域外,绝对确定性是人类无法掌握的,但他们现在认为,日常生活的行为为道德确定性提供了足够的标准,即使这是个不完美的标准。

芭芭拉·夏皮罗所描述的认识论话语变革,在一定程度上得到了哈克林的著作《概率的出现》(*The emergence of probability*)的印证。哈克林的核心问题是,"概率"在17世纪是如何以及为何作为一种独立的"科学"或"知识形式"而出现。哈克林认为,在中世纪晚期学术传统中的"概率"含义与17世纪中叶之后的含义截然不同。其关键区别在于,在中世纪,某些事物最初之所以成为"可能",并不是因为它有证据支持,而是受到权贵人士的认可,即当有证词和有权威支持时,某些事情就被称为"可能"。〔1〕

哈克林认为,17世纪后发展起来的概率概念不同以往。此时的概率,是指假设和证据之间的一种关系,或者说,如果某事物"有大量的经验证据支持它",那么它是可能的。在17世纪后出现了一种新证据概念后,这个新概率概念才发展起来。作为证词和权威的"证据"在中世纪已经存在,"证词是来自证人的支持,权威是由古代学术赋予的"。然而,证词和权威都是人提供的,缺少的是事物提供的证据。后一个被忽略的概念大致就是现代哲学家所说的归纳性证据。而从17世纪起,归纳性证据的重要性显著增加,并对概率性知识观的出现起到了核心作用。〔2〕

此外,必须注意的是,17世纪出现的概率概念具有双重性质。一方面,概率的概念是以统计方式使用,与事件的频率有关。在此,概率是以数字形式表示的,例如表示某人连续五次掷骰子掷出6的概率。这种形式的概率试图以数字形式表示某些事件发生的可能性。另一方面,概率的概念被用于认识论意义上,用于评估对命题之信念的理性程度——这些命题不是用数字表示的而且往往缺乏统计性背景。基于现有证据,一个命题的可能性决定了信念的理性程度。在这个意义上,概率被用来创造一种不同形式的知识沿着概率连续下降的图景。概率的这两种含义都已经适用于刑事证据法。但本文的焦点是哈克林

〔1〕 See Ian Hacking, *The Emergence of Probability: A Philosophical Study of Early Ideas about Probability, Induction and Statistical Inference*, Cambridge University Press, 2006, 2nd ed., p. 22-26.

〔2〕 See Ian Hacking, *The Emergence of Probability: A Philosophical Study of Early Ideas about Probability, Induction and Statistical Inference*, Cambridge University Press, 2006, 2nd ed., p. 32-34.

所描述的——用于评估信念理性的——认识论版本的概率概念。[1]

最后,在概率的认识论版本中,可以区分法国、德国和荷兰法学家提出的两种观点。第一个认识论版本可以用来表示,根据证据、逻辑和经验法则,某些事情需要具有高度盖然性。据此,裁判者的主观信念不太重要,重要的是其确信的理由。第二个认识论版本的重点放在了被说服的、或多或少不说理的信念上。1750 ~ 1870 年,具有改革思想的法学家使用了这两种认识论版本。[2] 正如我们将在第三节中看到的,法学家使用第一个版本来论证法官需要根据证据以及高度的有罪可能性来形成理性的确信。第二个版本首先被法国革命者使用并普及。他们更强调定罪时的主观信念,并将法官的内心确信作为刑事定罪的基础。[3]

## 三、英国法引入排除合理怀疑标准

一般认为,审判陪审团形成于 12 ~ 14 世纪,且主要是知情陪审团。陪审团由犯罪地附近的男子组成,他们将进行一些调查并对犯罪情况和被告人有所了解。正如郎本(Langbein)所说,陪审员到法庭"更多是为了说话而不是倾听"[4]。在 14 ~ 17 世纪的某个时候,这种情况发生了变化,对能够告知自己有关犯罪情况的邻里陪审团的依赖也随之瓦解。陪审员通常不再是从近邻中选

〔1〕 See Ian Hacking, *The Emergence of Probability: A Philosophical Study of Early Ideas about Probability, Induction and Statistical Inference*, Cambridge University Press, 2006, 2nd ed., p. 9 – 17. 还有一些作者试图将概率的统计概念应用于 18 世纪和 19 世纪的刑事证据法,例如雅克 · 伯努利和孔多塞。Regarding these attempts, see Isabella Rosoni, *Quae singula non prosunt collecta iuvant: la teorie della prove indiziaria nell'eta` medievale e moderna*, Giuffre, 1995, p. 265 – 298.

〔2〕 重要的是,Daston 以类似的方式指出,在概率的认识论版本中,可以区分两种变体。一个是论证的尺度和力度(证据如何支持或反对司法裁判);另一个是信念的强度(法官对被告有罪或无罪的确信性)。See Lorraine Daston, *Classical Probability in the Enlightenment*, Princeton University Press, 1995, p. 188.

〔3〕 然而,法学家在使用这两种变体时的区别只是一种流动的区别,仅仅是一种程度的区别。一方面,"理性"确信的支持者也承认,定罪最终取决于法官的评价,因此始终包含主观因素。另一方面,只有少数法学家愿意支持极端的观点,即定罪应完全基于主观的和不说理的信念。

〔4〕 John H. Langbein, *The Origins of Adversary Criminal Trial*, Oxford University Press, 2005, p. 63 – 64.

出,因此对被告人的罪行和声誉了解较少。[1] 举证(主要是提供证人和被告的证词)变得更加重要。陪审员变成了被动的审判者,人们越来越期望他们根据审判期间提交给他们的证据作出决定。这是陪审团制度运作方式的第一次重大变化。[2]

刑事证据法的第二个重要变化发生在 18 世纪和 19 世纪。直到大约 18 世纪下半叶,英国的刑事证据法仍然相对“不发达”。[3] 具有现代英国对抗制特色的证据排除规则,如传闻规则和禁止先前定罪记录规则,是 18 世纪和 19 世纪才发展起来的。正如将在第四节中进一步讨论的,证据规则是随着律师主导的对抗式审判的发展而发展的。

在 18～19 世纪,排除合理怀疑标准诞生了。直到 18 世纪下半叶,似乎还没有任何明确的证据标准被定期或统一地用于指导陪审团。[4] 然而,芭芭拉·夏皮罗提到,这一时期在刑事诉讼中反复出现了一些短语,其中“如果你确信”和“满足良心”都是在 16 世纪和 17 世纪最常用的。只有在 18 世纪的最后 25 年,才首次出现了使用某种形式的短语指示,即陪审员需要被说服到排除合理怀疑。随后在 19 世纪,排除合理怀疑标准获得了一个固定的提法,并开始被更加统一地适用。[5] 芭芭拉·夏皮罗给出了一个被广泛采用的排除合理怀疑公式的例子(在 1850 年的《英联邦与韦伯斯特》中提出):

---

〔1〕 See Thomas A. Green, *Verdict According to Conscience: Perspectives on the English Criminal Trial Jury* 1200 – 1800, University of Chicago Press, 1985, p. 105 – 152.

〔2〕 See John Hostettler, *The Criminal Jury Old and New: Jury Power from Early Times to the Present Day*, Waterside Press, 2004, p. 31 – 50.

〔3〕 例如,艾伦表示,目前还没有充分认识到刑事证据法的原理有多么现代。在 18 世纪中叶之前,学者们所理解的证据法“是一种初审法院打造的有些偶然和不合理的规则组合”或“技术性”规则,这些规则是在没有统一理论的基础上发展起来的,只不过是辩护人“讨价还价的伎俩”。此外,他还提到了埃德蒙·伯克(Edmund Burke)的例子,埃德蒙·伯克甚至在 1794 年认为,除了一些非常一般的抽象规则之外,没有任何证据规则,“他的鹦鹉可能会在死记硬背半小时后,在五分钟内复述这些规则”。See Carleton Allen, *Legal Duties and Other Essays in Jurisprudence*, Clarendon Press, 1931, p. 276 – 277.

〔4〕 See John H. Langbein, *The Criminal Trial Before the Lawyers*, in University of Chicago Law Review, 45(1978), p. 263, 266.

〔5〕 See Barbara Shapiro, “*Beyond reasonable doubt*” *and* “*probable cause*”: *Historical perspectives on the Anglo-American Law of Evidence*, University of California Press, 1991, p. 162 – 174.

它不只是可能的怀疑,因为与人类事务有关的一切,以及取决于道德证据的事情,都存在一些可能或想象的怀疑。合理怀疑是,在对所有证据进行了全盘比较和深思熟虑之后,陪审员的内心处于这种状态,即他们不能说他们对指控的真实性有一种持久的信念,一种道德上的确定性。证据必须以理性和道德的确定性,确定事实的真实性;这种确定性,是能够说服和引导理解,并满足理性和判断的确定性。我们认为,这就是排除合理怀疑的证明。[1]

这一表述的突出特点是,将排除合理怀疑的确信和获得道德确定性混为一谈。在芭芭拉·夏皮罗于20世纪80年代撰写文章之前,美国甚至有几个州完全采用这种陪审团指示,即控方必须"排除合理怀疑和形成道德确定性"地证明被告人有罪。这种包含道德确定性的公式清楚地表明,对陪审员的指示显然是用概率术语来理解的,因为"道德确定性"一词通常表示非常高的概率。正如芭芭拉·夏皮罗所言,这种证明标准的表述不一定意味着陪审员并不总是需要令人信服的证据才能定罪,而是根据当时盛行的认识论思想重新制定和理解了有关定罪的法律表述。[2] 第四节将进一步讨论排除合理怀疑标准的制定与无罪推定的出现是否在事实上催生了比以前更严格的证明标准。

不仅判例法中形成了排除合理怀疑标准,在法学文献中也可以看到18世纪和19世纪法学家采纳了改变的认识论思想。在18世纪之前,英国法几乎没有关于刑事证据法的专论。1726年之前,杰弗里·吉尔伯特撰写了关于这一主题的第一部重要专著。杰弗里·吉尔伯特在其专著的开头就对洛克的思想进行了明确总结:

从完全的确定性和证实性到不太可能和几乎不可能之间有多个等级……而与这些等级的证据成比例的几个心灵反应……从完全确信和确信下降到推测、怀疑、不信任直至完全不信。现在,在一场正义的审判中要做的是将所有事

---

〔1〕 See Barbara Shapiro, "*Beyond reasonable doubt*" *and* "*probable cause*": *Historical perspectives on the Anglo-American Law of Evidence*, University of California Press, 1991, p. 174 – 175.

〔2〕 See Barbara Shapiro, "*Beyond reasonable doubt*" *and* "*probable cause*": *Historical perspectives on the Anglo-American Law of Evidence*, University of California Press, 1991, p. 163.

项的范围限定在前述的概率尺度上。[1]

约翰·摩根在他的《证据法论》(1789)中使用了类似的语言,他对不同形式的知识进行了区分——从完全确定和证实到不太可能和几乎不可能。他还进一步指出,尽管法律程序必须“根据概率判断”,但法院必须以“最高的概率”为准。[2]

芭芭拉·夏皮罗讨论了许多理论家,其中包括杰里米·边沁——他关注证据法,用类似的术语表达了类似的观点。最后,值得一提的是约翰·斯塔克,他撰写了极具影响力的《证据法实务专论》(1824)。在这本书中,约翰·斯塔克评论道:

在排除一切合理怀疑的情况下,使陪审团对争议事实感到满意的证据构成了该事实的充分证据……即使是最直接的证据,也只能产生相当于道德确定性的高概率。从最高点开始,可能会下降无数的等级,直到在头脑中产生了仅仅是对某一特定事实的赞同。[3]

因此,可以得出结论,到 19 世纪初,认识论话语中的那种认为知识是沿着不同程度概率逐级下降的形式存在的观念,在英国的法学文献中已被普遍接受。它构成了陪审团指示的潜在知识基础,即陪审团必须“排除合理怀疑”地确信有罪。在这方面,法学家借鉴并遵循了更一般性的认识论思想变革。通过与我在本文中讨论的大陆法进行比较,可以清楚地看到这种情况,在大陆法系中,法学文献也发生了类似的变化,在刑事案件中必须获得的确定性概念出现了概率化版本,引发了刑事证据法的重大改革。

---

〔1〕 See Barbara Shapiro, “*Beyond reasonable doubt*” *and* “*probable cause*”: *Historical perspectives on the Anglo-American Law of Evidence*, University of California Press, 1991, p. 176.(译者在翻译该段落时着重参考了[英]威廉·特文宁:《反思证据:开拓性论著》,吴洪淇等译,中国人民大学出版社 2015 年版,第 41 页。)

〔2〕 See Barbara Shapiro, “*Beyond reasonable doubt*” *and* “*probable cause*”: *Historical perspectives on the Anglo-American Law of Evidence*, University of California Press, 1991, p. 177.

〔3〕 See Barbara Shapiro, “*Beyond reasonable doubt*” *and* “*probable cause*”: *Historical perspectives on the Anglo-American Law of Evidence*, University of California Press, 1991, p. 179－185.

## 四、1750 ~ 1870 年法国、德国和荷兰刑事证据法的变革

法国、德国和荷兰在刑事证据法上接受新的认识论思想的出发点与 18 世纪英国颇有不同,由此产生的影响也有所不同。自中世纪晚期以来,英国陪审团实际上已经可以自由评价证据,而法国、德国和荷兰则形成了法定证据制度,规定了定罪的证据充分性标准。在此,转变后的认识论思想使得法定证据制度失去根基,这是其最终被自由心证制度取代的重要因素。

### (一)法定证据制度

法定证据制度通常要求,只有两名适格的目击证人证言或者被告人的口供能够构成完全证据(形成完全证明),据此可以判处严酷肉刑或死刑。一名可靠的目击证人证言,可以作为半完全证据。征凭(indicia)(间接证据)被严重怀疑,大多数作者认为它们永远无法构成完全证明。[1] 但也有一些作者主张,如果征凭可以是有力的和相互补强的,则构成无疑的征凭(undoubtable indicia),可以达到足以定罪的完全证明水平。除此之外,少数人认为,征凭的重要性主要在于,它们可以证明刑讯逼供的正当性。法定证据制度的一大特点是,在没有构成完全证明的有力证据时,允许启动以取供为目的的刑讯逼供。尽管法定证据制度在许多方面给法官留下了一定的裁量权空间,但结果是刑事法官评价证据的自由大大受限。[2] 法官必须适用这些证据规则,而其内心确信并非定罪的必要条件。[3]

帕斯诺解释道,虽然"科学"是中世纪晚期的认识论理想,但很明显,许多知识领域无法满足其苛刻的标准。中世纪晚期的思想倾向于放松一些严格的科

---

〔1〕 See Jean-Marie Carbasse, *Histoire du droit pénal et de la justice criminelle*, Presse Universitaire de France 2006, p. 192 – 202.

〔2〕 常见的征凭有,被告人的名誉、犯罪动机和凶器、赃物。一般来说,任何可以推断犯罪和/或可能的罪犯的已知事实都可以构成一种征凭。因此,法律文献认为,征凭可以是无穷无尽的。

〔3〕 正如施穆克尔(Schmockel)所观察到的那样,事实上根本没有提到法官的良心或信念,但对于是否有足够的证据证明有罪这一问题,他的确信并不是构成要件。See Matthias Schmoeckel, *Humanität und Staatsraison: die Abschaffung der Folter in Europa und die Entwicklung des gemeinen Strafprozess- und Beweisrechts seit dem hohen Mittelalter*, Böhlau, 2000, p. 285 – 290.

学标准,但这取决于探究的主题和背景。[1] 科学的认识论理想标准,为构想刑事案件的真理性知识标准提供了重要参照。尽管刑事证据法处理的是偶然事件并因此属于“观点”的范畴,但却是以“科学”为蓝本的。刑事证据法之所以特别追求达到“科学”标准,是因为在刑事案件中需要非常高的确定性(证据需要比白天的阳光更明朗)。法官仅凭“观点”就将某人定罪并判处死刑或严酷的肉刑,这似乎是不可接受的。因此,他需要有一种近似于科学的证实性和确定性的知识形式。关于是否存在充分证据的问题,法官必须主要以证实性的方式开展工作。他必须利用现有的规则体系,推断证据是否符合充分性标准,进而判断他是否可以判处被告人重刑或死刑。简言之,这套先验的证据规则,构成了在个案中能够据以判断证据是否充分到足以定罪的前提性原理。

一般意义上的科学与观点之区分的重要和再现,可以从法定证据制度中所谓的直接证据和间接证据(征凭)之间的重要区分中感受到。前者可以构成“证明”(probationes),后者仅构成“推论”(praesumptiones)。[2] 通常认为,证人证言和口供可以构成一个完全的证明(probatio perfecta)或充分的证明(probatio plena),因为他们直接证明了犯罪,使得法官获得完全的或充分的确信性。但征凭被视为不同的证据形式,属于推论的范畴;他们只会在法官心中制造怀疑,但永远不会成为完全证据。这种区别的主要理由是,证人证言和口供是根据对事实的感知确认而直接地证明犯罪,但征凭还需要法官的推理,因此只能间接证明犯罪,而与依靠感知而直接证明犯罪相比,法官的推测或推理被认为是高度不可靠的。[3] 概括而言,科学与观点之间的普遍性区分,一定程度上在法定证据制度中具体表现为构成(充分)证据与构成纯粹的怀疑或猜想之间的区别。

---

〔1〕 See Robert Pasnau, *Medieval Social Epistemology*: *Scientia for Mere Mortals*, in Episteme, 7 (2010), p. 23－41.

〔2〕 中世纪晚期亚里士多德哲学对于法定证据制度形成的重要性,以及法定证据制度中“证明”(probationes)与“推论”(praesumptiones)的区别,see Jean-Paul Lévy, *La hiérarchie des preuves dans le droit savant du Moyen-Age depuis la renaissance du droit romain jusqu'à la fin du XIVe siècle*, Librairie du Recueil Sirey, 1939, p. 5－31。

〔3〕 罗索尼(Rosoni)还注意到,法学家倾向于将充分证据与科学主义的认识论理想进行比较,而征凭仍被视为属于观点(opinio)和推论(praesumptiones)领域。See Isabella Rosoni, *Quae singula non prosunt collecta iuvant*: *la teorie della prove indiziaria nell'età medievale e moderna*, Giuffré, 1995, p. 64－65.

最后,需要再次强调的是,本部分不是要仅从认识论思想基础的角度解释法定证据制度的出现以及之后刑事证据法发生的变化。显然,还有许多其他因素影响了刑事证据法的发展。例如,法定证据制度具有保障功能,旨在防止轻率地定罪。此外,惠特曼还正确地指出,在废除考验审之后,刑事审判中的道德焦虑可能也是一个重要因素。他认为,刑事法官害怕不公正地实施死刑可能使自己变成杀人犯。欧陆的法定证据制度和英国的陪审团制度,至少部分地起到了转移法官的判决责任的作用。似乎判决被告人有罪的是抽象的法律规则,而不是具体的刑事法官。[1]

除了认识论上的考虑之外,这种对死刑判决的道德焦虑,也可能是人们不愿根据征凭定罪的潜在重要成因。有证人证言和口供,则定罪的道德责任似乎主要在于提供证据的证人和被告人,但征凭则需要法官得出结论,那么,得出正确结论的道德责任就落在他的肩上。相比之下,随着 18 世纪和 19 世纪刑事诉讼程序更加世俗化并且减少使用死刑,这种道德焦虑可能会减轻,并使得根据间接证据定案更容易被接受。

此外,刑罚学的发展与刑事证据法的发展之间有着非常重要的联系。法定证据制度在实践中与一系列判决类型密切相关。法学文献所关注的对完全证据的严格要求,仅适用于法官想要宣布严峻肉刑或死刑的情况。人们认为,当缺乏构成完全证明的有力证据时,法官既可以决定使用刑讯逼供来获取完全证据,也可以宣告不那么严厉的所谓"特别"刑罚。例如,一种特别刑可以包括流放或在济贫院监禁一段时间。[2] 如果证据非常不充分,法官可以宣告临时无罪判决(absolutio ab instantia)。这意味着,被告人被暂时宣告无罪,但只要有新的证据出现,就可以重新启动审判。只有在证据非常薄弱或被告人已经证明自己无罪时,法官才宣告这种临时无罪判决。因此,在实践中,有罪与无罪之间的区别远没有那么绝对,法定证据制度,与取决于证据强度的一系列判决类型有

---

〔1〕 See James Q. Whitman, *The Origins of Reasonable Doubt*: *Theological Roots of the Criminal Trial*, Yale University Press, 2008, p. 93 – 123.

〔2〕 在德国使用的另一个特殊惩罚术语是 Verdachtsstrafe(字面意思是对嫌疑犯的惩罚)。这意味着当有强烈的犯罪嫌疑但没有充分证据时,可以适用较轻的惩罚。关于这一术语以及在德国领土上使用的特殊惩罚,例如,see Brigitte Thäle, *Die Verdachtsstrafe in der kriminalwissenschaftlichen Literatur des* 18. *und* 19. *Jahrhunderts*, P Lang, 1993。

关。在评价是否有充分的证据宣告特别刑或临时无罪判决时,法官相对自由,并在实践中拥有大量的司法裁量权。只有在 18 世纪和 19 世纪出现了自由心证制度之后,有罪和无罪之间才有了更为绝对的区分,特别刑罚和临时无罪判决这种中间类型判决才被废除。

也许,基于法定证据制度与刑罚形式的密切联系,18 世纪和 19 世纪刑罚学的变化对刑事证据法的发展产生了重要影响。在这一时期,严酷肉刑和死刑的使用减少了,必然使得自由评价证据的做法更容易被接受,因为实际上,自由评价证据对于不太严厉的特别刑罚而言,总体上是可以接受的(反之,对于重刑和死刑而言,自由评价证据就很难被接受)。因此,除了下面讨论的认识论和政治宪法思想的影响之外,刑罚学也在一定程度上影响了法定证据制度向自由心证制度的转变。因此,本文并不是说,仅凭认识论和政治宪法思想的变革就能解释自由心证制度的出现。

虽然刑罚学的变化显然对刑事证据法产生了重要影响,但本文并不赞同郎本的名著《酷刑与证据法》(*Torture and the Law of Proof*)中的观点,因为它试图解释刑讯逼供的废除和证据自由评估的出现几乎完全是刑罚学变化的结果。郎本认为,对证据的自由评价已经被接受并用于宣告不太严厉的特殊刑,而在 16 世纪至 19 世纪,刑罚的轻缓化导致了事实上对自由心证制度的采用。因此,他认为,立法废除法定证据制度,并在 1750～1870 年引入自由评价证据的制度,只是在认可实践中已经发生的变化。尽管郎本强调刑事证据法与刑罚学之间的联系是正确的,但他试图将刑事证据法的改革简化为刑罚学的改变则过于单一,并不能公允地说明刑事证据法发展的复杂性。[1]

除了对塑造自由心证制度的其他因素(如潜在的思想基础变化)关注太少之外,郎本的书还遭到了施莫克尔和阿莱西·帕拉佐洛等人根本上的批评。他们有力地说明,使用特别刑罚和临时无罪判决并不是像郎本所认为的那样始于 16 世纪,这些做法在中世纪晚期以来就构成了法定证据制度的一部分。他们并没有说,特别刑罚的使用导致法定证据制度被废除,而是在结论中认为,使用特

〔1〕 See John H. Langbein, *Torture and the law of proof*: *Europe and England in the ancient régime*, the University of Chicago Press, 1977.

别刑罚和临时无罪判决(相比于使用刑讯逼供)有可能使法定证据制度更加灵活,从而使其更加长久。[1]

总之,本文对郎本的批评并不是说他对刑罚学与刑事证据法的重要联系的强调是错的。完全证明的严格标准只适用于重刑和死刑,而这两种刑罚的减少使用可能会使证据自由评价更容易被接受,因为对于较轻的刑罚而言,人们总是接受更自由的证据评价。我们的争论焦点仅仅是,自由心证的出现不能单纯归结为刑罚学的改变,而且特别刑罚和临时无罪判决并非始于 16 世纪。在这一点上郎本是错的。当然这不是本文讨论的重点。[2]

(二)法国、德国和荷兰法学家对新认识论思想的接受

正如本文第一节所描述的那样,在 17 世纪和 18 世纪,认识论话语发生了一个重要变化。一般认为,在刑事证据法中,根据较高的有罪盖然性就可以定罪。通过一般规则先验地确定个案证据是否足以定罪的想法,被认为是站不住脚的。相反,法官必须通过归纳,而非依靠先验规则,来确定是否有足够充分的证据证明被告人极有可能实施犯罪。这种新方法的核心是法官或陪审员的内心确信。

特别是在 18 世纪下半叶,法国、德国和荷兰法学家采用了英国法学家也在使用的概率术语。这首先体现在,法学家们试图在司法手册中用这个新术语来解释现有的法定证据制度,而没有旨在改革刑事证据法。正如芭芭拉 · 夏皮罗所说,他们试图根据新的认识论思想重新制定和理解法定证据制度。

一个典型例子是,那不勒斯法学家布里甘蒂(Briganti)的《实践刑法》一书,可以被看作一本典型的试图解释刑事证据法实际运作的司法手册。1621 年为西西里国王制定的一项法令明确允许根据确凿的征凭对某人判处“盖然性的”定罪和普通刑罚;然而,如何理解“盖然性”这个词的问题仍然存在。布里甘蒂

---

〔1〕 See Matthias Schmoeckel, *Humanität und Staatsraison: die Abschaffung der Folter in Europa und die Entwicklung des gemeinen Strafprozess-und Beweisrechts seit dem hohen Mittelalter*, Böhlau, 2000, p. 410. and Giorgia Alessi Palazzolo, *Prova legale e pena: la crisi del sistema tra Evo medio e moderna*, Jovene, 1979, p. 13 – 34.

〔2〕 R. G. Bloemberg, Development of the Criminal Law of Evidence in the Netherlands, France and Germany Between 1750 and 1870 – Form the System of Legal Proofs to the Free Evaluation of the Evidence, Brill/Nijhoff, 2020.

解释道,当法官获得道德确定性时存在确凿的征凭,但这个确凿的征凭并不意味着绝对确定性是必要的,而仅仅意味着需要较高的盖然性才能定罪。此外,布里甘蒂的有趣之处在于,他显然受到了当时的认识论讨论的启发。他不仅十多次提到洛克,而且他对道德确定性的解释就来自对贝勒《历史与批判词典》中“道德确定性”一词的(准确的)意大利语翻译。[1]

除了像布里甘蒂这样试图用概率术语解释法定证据制度的论者之外,还有许多论者使用概率术语批评法定证据制度的合理性。他们认为,仅凭道德确定性就足以定罪,而这不能在一般规则中加以规范。贝卡里亚在其开创性著作《论犯罪与刑罚》(1764)中也用概率术语表示,只有道德确定性才是定罪的必要条件。他明确表示,有人可能会问他为什么用“概率”来谈论刑事证据法。贝卡里亚对这个重要问题以一种非常明确和实事求是的方式回答道:当一个人想准确地说话时,他必须注意到,道德确定性无非一种可能性,但又是一种被称为确定性的可能性,因为理性的人都会这样认为:[2]

布里索·德·沃维尔(Brissot de Warville)以类似的方式评论说,法学家们追求“非概率度的裁判”是徒劳的,定罪的基础除了道德上的确信之外,再无其他。[3] 具有改革思想的学者们不再解释充分证明,而是认为,定罪只需要高度的概率或道德确定性。此外,从这个概率概念出发,口供、证人证言和征凭之间就没有区别了。例如,在 1782 年的专论中,格洛比和福斯特否定了口供、证人证言和征凭之间存在本质区别。他们认为这些不同形式的证据可以产生同样高的盖然性,根据征凭对普通刑罚的定罪也应该是盖然性的。他们得出结论,如果征凭不能产生定罪必需的盖然性,那口供和证人证言同样也不能。

反对的观点,例如:征凭只能产生盖然性因而无法说服他人的观点,征凭容易产生欺骗,征凭留下了相反证据的盖然性等,这些观点都没有意义,因为这些

---

〔1〕 See Cornelia Cogrossi, *Alle origini del libero convincimento del giudice. La morale certezza in Tommaso Briganti trattatista del primo settecento*, in Antonio Padoa-Schioppa (ed.), *studi in ricordo di Adriano Cavanna*, Giuffré, 2003, p. 520 – 532.

〔2〕 See Jean Michiels, *Cesare Beccaria. Over misdaden en straffen*, in Kluwer, 1982, p. 62 – 63.

〔3〕 See Jacques Pierre Brissot de Warville, *Théorie des loix criminelles*, *Tome II*, Hachette Livre Bnf, 2020, p. 85 – 88.

理由也可以用来反对最强烈的和所有道德信念。照此推论,我们也可以得出结论,除了证实的确定性之外我们不能相信其他任何东西,因此我们也不能相信通过证人证言得到的任何证据。[1]

重要的是,如前一节所述,概率化认识论在更客观和更主观的意义上均可使用。这种双重性可以从法学家使用道德确定性概念的方式中得以体现。在更客观的意义上,道德确定性表示被告人有罪的盖然性较高,而在更主观的意义上则意味着,某人对某个命题有把握(意味着法官需要在道德上有把握)。在 18 世纪的最后几十年里,道德确定性的概念越来越多地被用于更主观的意义上,指代裁判者的内心的或"道德的"信念。特别是法国的学者认为,相对立于法定证据制度形成,裁判者的主观信念开始被视为定罪的充分依据。在法国革命议会的讨论中可以清楚地看到使用道德确定性来指代"道德"确信的内在状态,陪审员的"内心确信"被引入作为证据充分性的唯一标准。例如,图雷特评论道:因此,道德信念在本质上是不可强制的;同时,它高于戒律,并且在其实践中更可靠。确信时自可达致,不确信时不可强为。这是人类真理最可靠的标准。[2]

这种术语变化的另一个典例是 1804 年荷兰的一项旨在改革刑事证据法的刑事法令。当时一篇处理"犯罪证明标准"的文章指出:"当法官确信相反情况不具有道德可能性时,犯罪事实的存在和被告人有罪的问题就得到了证明。"[3]

---

〔1〕 原文:"Die gegenseitigen Gründe, als ob die indicia nur wahrscheinliche Argumenta wären, folglich aus ihnen niemand überzeugt werden könnte, dass sie leichte trügen könnten, dass sie den Beweis des Gegenteils zuließen etc. Alle diese Gründe sind von keinem Gewicht. Denn da sie eben sowohl wider die stärkste und jede moralische Gewissheit angeführet werden können; so würde daraus folgen, das wir niemalen einer andern, als einer demonstrativen Gewissheit glauben, folglich auch jeden Beweis durch Zeugen für keinen Beweis erkennen müssten"。See Hans Globig and Johan Huster, *Abhandlung von der Criminal-Gesetzgebung*, Nabu Press,1782, p. 351 – 352.

〔2〕 原文:"C'est-là essentiellement la conviction morale qui ne se commande pas, qui est tout-à -la-fois et au-dessus des préceptes, et plus sûre qu'eux dans l'application. Elle subjugue quand elle est ressentie, elle ne peut être ni dictée ni supplée quand elle n'existe pas. Elle est le plus sûr criterium de la vérité humaine"。See Isabella Rosoni, *Quae singula non prosunt collecta iuvant: la teorie della prove indiziaria nell'età medievale e moderna*, Giuffré, 1995, p. 323 – 324.

〔3〕 Olaf Moorman van Kappen, *De ontwerpen Lijfstraffelijk wetboek* 1801 *en* 1804, De Walburg Pers, 1982, p. 155.

最好的也是最有影响力的例子,是菲兰吉里(Filangieri)在法学文献中用道德确定性指代内心确信。他表示,道德确定性对于任何定罪/确信都是绝对必要的,缺乏这种确定性的定罪/确信将构成司法不公。他随后指出,围绕道德确定性的概念存在一些困惑,因为一些作者认为确定性需要存在于命题中。然而,确定性无非一种心理状态,它包括确信一个命题的真假。换言之,菲兰吉里要求定罪具有道德确定性,这意味着法官需要在内心确信此人有罪:“所以关于确定性的一切,都可以以同样方式适用于道德确定性。因此,就像任何形式的确定性一样,关键不在命题,而在想法。”[1]

总而言之,从新的认识论思想中得出了两个重要的批评。首先,它使直接证据和间接证据的区别失去根基。法定证据制度的一个中心思想是,只有口供和证人证言才能构成完全证据。人们认为,口供和证人证言“直接”证明了犯罪,并提供了与间接证据不同的、更高的确定性。但从新的概率性概念来看,虽然仍有人认为各种形式的证据只是提供了不同程度的盖然性(取决于个案的情况),但它们并没有本质区别。人们认识到,口供和证人证言也未必能直接证明犯罪,但法官仍必须就证言是否可靠以及是否足够充分地证明犯罪这一问题得出一系列盖然性的结论。

其次,与上一点密切相关的是,在新的概率论背景下,不可能先验地规定证据在个案中何时足以定罪。没有任何理由认为,只有口供或两名目击证人证言在所有案件中能构成充分证据或充分的确定性而其他形式证据依据其定义而不能构成。定罪的盖然性是否足够高,取决于案件的具体情况及其与定罪的相互关系。在一般规则中无法预先确定证据的充分性,这一点在间接证据问题上尤其突出,因为间接证据的无限多样性似乎拒绝了任何严格规范的可能性。

在普鲁士委员会的报告中,可以发现这两种批评的结合并导致法定证据制度被废除的典例。1819 年,在莱茵河左岸的普鲁士省,该委员会建议保留陪审团制度并允许证据自由评价。该委员会受到法国大革命中的改革者的强烈启发,他们的报告就是对法国改革思想的总结。报告首先从理论上解释了法定证据制度是站不住脚的。第一,委员会否认征凭、目击证词和口供之间存在本质

[1] Gaetano Filangieri, *La scienza della legislazione*, Book III, Raimondiana, 1783, p.96-103.

差异,认为它们都有相同的效果,只能构成不同程度的概率,但从来没有绝对的确定性。每个对历史事件的证明都只是形成了一个"Kette von Vermuthungen"(一系列可能的结论),最终总是依赖于并被看作法官的"主观"评价(因为可能的结论不是抽象存在的,而是必须由法官得出的)。委员会否认了可以根据先验证据规则确定定罪所需的确定性程度,认为那种数学证明永远无法达到。因此,只有法官或陪审员的内心确信——基于从现有证据中得出的可能结论——才能构成定罪的基础。法定证据制度的另一个重要问题是,它永远无法公正地处理刑事案件具体情况的复杂性。委员会认为,在抽象规则中预先确定不同形式证据的证明力是不可能的,也是无用的。[1]

对法定证据制度的根本性批判以及定罪只需要道德确定性的想法,与对法官的证据评价角色的看法转变,二者密切相关。由于不可能在证据规则中预先确定是否有足够证据证明有罪,法官或陪审员就有责任在个案中评价是否存在足够高的有罪概率。帕多瓦 - 希奥帕(Padoa-Schioppa)准确总结了这一变化:

这是法官在证据评价上的角色变化。实际上,一种新态度出现了,注定以下列方式表现出来,"道德确定性"原则现在被认为是作出司法裁决的充分必要条件。换言之,道德确定性源于某一特定事实在法官眼中呈现的概率程度。因此,法官对证据的态度在现代的道德确定性概念中变得至关重要。[2]

定罪的基础将不再包括证据与确定证据充分性的某些先验标准之间的对应关系,而是通过法官或陪审员对证据的自由评价来确定的高度盖然性(道德确定性)。

证据的自由评价否定了区分征凭、证人证言、口供的重要性,法官现在可以

---

〔1〕 Erich Landsberg, *Die Gutachten der Rheinischen Immediat-Justiz-Kommission und der Kampf um die Rheinische Rechts-und Gerichtsverfassung* 1814 - 1819, Droste Verlag, 1914, p. 122 - 44.

〔2〕 原文:"c'est la mutation du rôle du juge dans l'évaluation de la preuve. Une attitude nouvelle émerge en effet, destinée à s'affirmer par la suite: le principe de la 'certitude morale', considérée comme le fondement nécessaire et suffisant pour émettre la décision judiciaire. A son tour, la certitude morale résulte du degré de 'probabilité' qu'un fait donné présente aux yeux du juge: donc, c'est l'attitude du juge par rapport aux preuves qui devient fondamentale dans la notion moderne de certitude morale"。See Antonia Padoa-Schioppa, *Sur la conscience du juge dans le ius commune Européen* in Jean-Marie Carbasse and Laurence Depambour-Tarride (eds.), *La conscience du juge dans la tradition juridique européenne*, Presse Universitaire de France, 1999, p. 122 - 123.

根据任何一种证据作出判决。然而,必须强调的是,在18世纪末和19世纪,言词证词仍然是刑事审判中使用的最重要的证据形式。在这一时期,人们对间接证据的不信任仍然挥之不去。只有在19世纪末和20世纪上半叶,随着法医学的兴起,间接证据才成为一种证明价值更高的证据形式。这一时期发展起来的新调查方法,如足迹和指纹的研究,以及这些方法的“科学光环”,为使用实物证据和分析这些情况的专家证言提供了更重要的位置。[1] 但无论怎样,主要是自由评价证据制度的出现,为法官根据任何形式的证据作出判决扫清了障碍。

(三)引入自由心证制度

在本文研究的大陆法系国家中,新的认识论思想导致了对法定证据制度的严厉批评,并成为18世纪末至19世纪70年代引入自由心证的重要原因。法定证据制度被否定,自由形成的确信越来越被认为是刑事定罪的基础,但这并不意味着讨论结束了,也不意味着人们突然就如何理解确信的作用明确达成一致。尽管在19世纪的前几十年里,人们逐渐达成了一种共识,即法官或陪审员必须根据确信才能对某人定罪,但如何理解“确信”及其作用,仍然莫衷一是。19世纪大陆法系国家中的大部分讨论都围绕着这个问题。在这场关于如何理解内心确信的作用的讨论中,大致可以区分两种观点:一种强调内心确信(conviction intime)的作用,另一种强调确信理由(conviction raisonne'e)的作用。

这场讨论源自法国革命者对刑事证据法的改革。他们拒绝先验证据规则的合理性,并希望引入外行人对证据的自由评价——主要出于对专业法官和长袍贵族的不信任(第四节将进一步讨论)。法国的革命者们是第一批正式废除法定证据制度的人,取而代之的是1789～1791年非专业的陪审员对证据的自由评价。革命者引入了必要的内心确信,这个在一定程度上是主观的甚至是直觉的信念。确信理由的支持者后来对这一想法作出回应,认为定罪必须是基于高度盖然性的理性确信。必须指出,确信理由的观点是建立在18世纪下半叶

---

[1] See Frédéric Chauvaud, *Le Sacre de la preuve indiciale. De la preuve orale à la preuve scientifique* (*XIXe-milieu du XXe siècle*), in Bruno Lemesle (ed.), *La Preuve en Justice. De l'Antiquité à nos jours*, Presses Universitaires de Rennes, 2003, p.221－39. 相反,虽然由于与法医学的联系,实物证据似乎更可靠,而这一时期新的心理学见解使证人证词似乎更不可靠。实物证据首次开始被视为比口供或证人证词更为确定性的证据形式。

发展起来的理念(认为定罪所需的道德确定性必须包含更客观的高度盖然性)之上的。此外,可以说,确信理由的概念更接近于英国标准,即陪审员需要在排除合理怀疑和道德确定性两个侧面被说服。法国革命者对内部信念的主观解释与这一观念的发展形成了断裂。[1] 问题是,为什么法国革命者如此强烈地主张主观和直觉的信念?在阐释这种内心的确信(internal conviction)解释时,有两个因素至关重要。

首先,选择非专业的陪审员,在一定程度上决定了法国革命者如何展现内心的确信作用。革命者非常重视这样一种观点,即任何外行人在参加审判并接收到以直接、言辞的形式呈现给他的证据时,都能感受到或理解真相。同时部分是为了论证没有必要培训外行人如何正确评价证据,革命者强调了这样一个观点,即内心的确信不是理性评价证据的过程,而是可以"本能"感觉到的东西。陪审团制度的支持者经常表示,正常的常识和良好、诚实的品格足以对事实问题作出判断,外行的常识甚至比与现实脱节的复杂法定证据理论更适合。正如拉努伊尔(Ranouil)所观察到的那样,许多改革者、革命者都有一种明显的"卢梭主义"倾向,他们推崇非专业陪审员的诚实、简单、廉洁的审判方式,而不是专业法官根据复杂的法律规则作出裁决。关于这一倾向的典例是革命者迪波尔(Duport)的话:

> 陪审团是一个纯真的机构,其仍然能够感受到自然和本能的力量。人不能毫无热情地谈论它,只能满怀激情地热爱它……在陪审团制度中,令人振奋的是,一切都是由正义和善意决定的,这种简单性比现在人们称之为司法的没用和恶意的精巧与形式更可取。[2]

---

〔1〕 罗索尼(Rosoni)甚至指出,法国的内心确信概念与司法科学中丰富的认识论发展形成了断裂,并将内心确信作为自由评价证据的标准。See Isabella Rosoni, *Quae singula non prosunt collecta iuvant: la teorie della prove indiziaria nell'età medievale e moderna*, Giuffré, 1995, p. 323 – 324.

〔2〕 Original: "Les jurés, sont une institution primitive qui sent encore les bois dont elle est sortie et qui respire fortement la nature et l'instinct. On n'en parle qu'avec enthousiasme, on ne l'aime qu'avec passion... Ce qui plaît dans l'établissement des jurés, c'est que tout s'y décide par la droiture et la bonne foi, simplicité bien préférable à cet amas inutile et funeste de subtilités et formes que l'on a jusqu'à ce jour appelé justice". See Pierre Ranouil, "L'intime Conviction" in Renée Martinage and Jeanne-Pierre Royer (eds.), *Les destinées du jury criminelle*, Hester, 1990, p. 90 – 94.

其次,除了法国革命者想要证明外行人可以像专业法官一样在事实问题上作出裁决这一事实之外,几乎本能地形成内在信念的想法,也非常符合法国启蒙运动中人们对情感和直觉的高度尊重。里斯金恰切地将法国的18世纪下半叶称为“感性时代”,认为在哲学中,经验知识不仅来自感官经验,而且来自感觉和情感的不可分割的结合。在法国,有一种对感性的虚拟崇拜,它强调情感和直觉代替理性的重要性。[1] 在法国启蒙运动中,强调感性在获取经验知识方面的重要性,构成了解释为什么在一定程度上以直觉和感性的方式理解内心确信的一个重要方面。这一观点的一个典型表述是,陪审员几乎可以“直观”地感受到真相,这一点是由图里(Thouret)在革命议会选举中提出的:

> 可以说,陪审员处于证据之中;他们追随一切物质和道德的进步;陪审员看到并听到被告人为自己辩护,他们看到并听到证人和被告人相互追究和施压,以及真相如何从他们矛盾的辩论中得出。随着讨论的推进和变得栩栩如生,陪审员通过他们的感性和知性对真相形成了深刻印象。[2]

此外,重点在于陪审员相对被动的立场,他们或多或少地在证据直接呈现给他们时不由自主地看到或感觉到真相,而不是在理性评估证据的过程中产生的内心确信。在1819年呼吁引入陪审团制度的荷兰法学家迈耶(Meyer)通常

---

〔1〕 Jessica Riskin, *Science in the Age of Sensibility: The Sentimental Empiricists of the French Enlightenment*, University of Chicago Press, 2002, p. 1 – 17. 肯尼迪在总结法国启蒙运动中感性的重要性方面提出:“启蒙运动解释了内心过程的运作机理,因此它通过强调经验中所有精神活动的起源,摒弃了笛卡尔主义者的身心二元论。”到1801年,德斯图特·德·特蕾西(Destutt de Tracy)已经将洛克的主张推到了极致,以至于他可以断言“思考就是感觉,都是感觉”。艾蒂安·邦诺特·德·康迪拉克和海尔夫·提乌斯削弱了思维的积极作用,而洛克保留了这一作用以进行反思、推理和直觉。康迪拉克的《感觉》(1754)认为思想是“转化的感觉”。See Emmet Kennedy, *A Cultural History of the French Revolution*, Yale University Press, 1989, p. 66.

〔2〕 Original: “Les jurés sont placés au sein, pour ainsi dire, de la preuve; ils en suivent tous les progrès matériels et moraux; ils voient et entendent l'accusé se défendre, ils voient et entendent les témoins et l'accusé poursuivant, pressant réciproquement, et faisant sortir la vérité par leur débat contradictoire. A mesure que ce débat s'avance et s'anime, ils reçoivent une conviction intime, et s'imprègnent de la vérité par tous leur sens, et par toutes les facultés de leur intelligence”. See Isabella Rosoni, *Quae singula non prosunt collecta iuvant: la teorie della prove indiziaria nell'età medievale e moderna*, Giuffré, 1995, p. 323 – 324.

这样表达该观点:

> 辩论的生动性和口头指示的存在,可以产生这种内在的信念,这种道德上的确定性不会给真相留下任何怀疑的余地。法律的适用是冷静和成熟思考的结果;然而事实是由感官认识到的,是由一种几乎不由自主地从接受[口头指示]的审理中得到的。〔1〕

关于内心确信如何运行的这一观点的另一个有力例子,可以在荷兰王国议员德布劳克尔(De Brouckere)的一次演讲中找到,他在 1829 年讨论新刑事诉讼法时也曾呼吁引入陪审团制度。他有力地指出,内心确信的形成不能由人为的规则加以规范或控制,相反,它是通过直接审理、口头辩论而形成的一种情感的或道德的印象。〔2〕

法国大革命时期改革家的这些愿景被称为"内心确信"。许多 19 世纪呼吁引入陪审团制度的作者,如迈耶(Meyer)和德布鲁克(De Brouckere),都遵循了这一观点。根据这一观点,他们认为,内心确信不能也不应该给出理由,也不应对其提出上诉。相反,许多赞成保留专业法官并认为经验和法律培训对于刑事裁判是必要的人强调,内心的确信应该是权衡证据的理性过程的结果。与法国人主张的主观性的内心确信相反,他们认为确信的理由是必要的。支持该观点的作者称,重要的不仅是内部信念,而且是支持信念的理由。尽管他们认为,制定法定证据规则明确规定何时有足够的证据证明定罪是不可能的,也没有用,但他们认为,法官仍必须遵循逻辑和经验法则,根据这些规则可以对其内心确信进行审查。出于这个原因,他们经常强调,法官应该通过给出裁判理由,并且

---

〔1〕 Original: "la vivacité des débats, la présence à l'instruction orale, peuvent faire naître cette conviction intime, cette certitude morale qui ne laisse aucun doute sur la vérité; l'application de la loi est le résultat d'une combinaison froide et mûrie par la réflexion; le fait se reconnaît par les sens, par un sentiment qui résulte presqu'involontairement de l'examen". See Jonas Daniel Meyer, *Esprit, origine et progress des institutions judiciaires des principaux pays de l'Europe*. Book VI (1819 – 1823), p. 368 – 437.

〔2〕 See Johan Noordziek, *Geschiedenis der beraadslagingen gevoerd in de tweede kamer der Staten-Generaal over het ontwerp Wetboek van Strafvordering en het vraagstuk der jury* 1828 – 1829, Book I (Nijhoff 1888), p. 200 – 201.

应该在上诉中对这一裁判进行复审。[1]

这种观点的一个很好的例子可以在冯·萨维尼(von Savigny)身上找到,他否认废除法定证据制度就必然意味着法官现在必须根据某种主观感觉作出评价:

> 由此,证据规则不能一劳永逸地在固定的法律规则中确定,但这并不意味着法官因此完全摆脱了遵循规则和正当理由做出裁判的义务,他们必须为此负责……对于法官而言,有法定证据规则和没有法定证据规则的区别仅在于,没有法律规则的法官必须自己发现和应用证据规则,这些规则来自一般的“思想规则”、人们的经验和知识,而在另一种情况下,法律已经将某些证据规则规定为不可更改的公式,这些公式约束法官的判决,并使法官无法根据其具体情况来决定每个案件。[2]

同样地,荷兰学者莫德曼(Modderman)1867年主张由专业法官自由评价证据。首先,他说,刑事案件中所要求的确定性是“历史性的或经验性的真相”,这包括非常高的概率,但绝对不可能达到绝对确定性。随后,他论证的中心原则是,法定证据规则是无用的和有害的,因为刑事案件中所要求的高概率是具体的,因此不能由一般规则预先确定。没有两种犯罪事实是完全相同的,如果试图在一些抽象的规则下捕捉无穷无尽的各种情况,而这些规则根本无法对个案的复杂性作出公正的判断,那将是愚蠢的。莫德曼与德国学者米特迈尔、贾克和冯·萨维尼一致,认为一切取决于定罪的依据。他反对法国的那种内心确

---

〔1〕 重要的作者如贾克尔(Jarcke)和密特麦尔(Mittermaier),认为理性的确信是必要的。

〔2〕 Original:“Daraus, dass die Beweisregeln nicht ein für alle Mal gesetzlich festgestellt werden, folgt noch nicht, dass die Richter überhaupt von der Verpflichtung entbunden werden, nach Gründen und Regeln zu urteilen und hiervon Rechenschaft zu geben... Der Unterschied zwischen Richtern mit und ohne gesetzliche Beweistheorie besteht lediglich darin, dass in letzteren Falle dem Richter selbst die Auffindung und Anwendung der Beweisregeln, welche die allgemeine Denkgesetze, Erfahrung und Menschenkenntnis an die Hand geben, überlassen wird, während in ersterem Falle gewisse Beweisregeln schon durch das Gesetz selbst ein für alle Mal als unabänderliche Formeln festgestellt und dadurch das Urteil des Richters gefesselt und derselbe gehindert wird, jeden Fall nach seinen Eigentümlichkeiten zu beurteilen”. See Friedrich von Savigny, Ueber Schwurgerichte und Beweistheorie im Strafprozesse (1858), p. 484.

信观念,大多数德国和荷兰的学者现在都承认,废除证据规则并不意味着专业法官不再需要理性权衡证据并遵循逻辑和经验法则。他认为,应该预先假定法官必须遵循这些一般规则,理性权衡证据,并通过裁判说理展现其内心的确信。〔1〕

然而,莫德曼最后还提出了一项重要看法,即所谓的内心确信和强调确信理由观点的区别不应过于尖锐。在 19 世纪的大部分时间里,讨论一直被一种有缺陷的二分法所主导,这种二分法源于两种论战性的夸大其词。第一个夸张之处在于,法国革命者和学者过分强调内在信念的基础是对真理的直觉和非理性的感觉。第二个夸张之处是造就了一种二分法,这是德国和荷兰学者对前一观点的反应,他们提出了这个问题,似乎人们只能在法国革命者提出的不合理性的主观信念和基于证据规则的理性评价制度之间作出选择。在某种程度上,这些荷兰和德国的学者又在争辩中夸大了法国观点的不合理性和主观性,以将其与他们关于法官应该如何评价证据的所谓理性概念进行对比。莫德曼表示,尽管如此,自 19 世纪 40 年代以来,这种尖锐的二分法在法律文献中在一定程度上已被取代。〔2〕

无论如何,很难确定法国革命者对内心确信的理解在多大程度上是“非理性的”和主观性的。法国革命者在这个问题上的表达有一些相互矛盾的倾向,例如,陪审团的指示也要求陪审员扪心自问,证据对他们的“理由”有什么印象。一些学者,如多诺万(Donovan),也反对法国革命者对内心确信持有一种非理性或感性的理解。然而,尽管很难确定革命者实际上在多大程度上支持对内部信念的“非理性”理解,但可以说,他们相对强调了信念的直觉和主观性质。当与许多荷兰和德国学者的言论形成对比时,法国革命者的独特性就显得尤为明显。荷兰和德国学者认为,重要的不是信念,而是支持这一信念的理由,并认为应该在裁判说理中展示其内在信念。然而,这些德国和荷兰学者也承认——特别是从 19 世纪 40 年代开始——人们永远无法完全解释为什么有人主观上被说服。最后,可以说,法国革命者的言论与后来的支持确信理由的言论之间主

〔1〕 See Wiardus Modderman, De wetenschappelijke bewijsleer in Strafzaken (1867).

〔2〕 See Wiardus Modderman, De wetenschappelijke bewijsleer in Strafzaken (1867), p. 157 - 175.

要是在侧重点上存在重要差异。但是,必须牢记,在这种对比中存在一定程度的夸张性;以及很难确定法国革命者在多大程度上真正支持了一种“不合理性”的感性信念。

(四)结论与惠特曼的研究

总之,英国刑事证据法的发展与18世纪末和19世纪的(本文涵盖的)大陆法系国家刑事证据法的发展有着重要的相似之处。在两大法系中,法学家都采用了概率术语来描述刑事案件中所需的那种确定性。在英国法中,这一概念得到了全新的表达,即陪审团需要被说服至排除合理怀疑。这里采用了新的概率化表达,有助于更明确地表述一种在认识论思想变革后制定的证据标准。此外,在本文涉及的欧陆法中,认识论思想的革新是刑事证据法彻底改革的一个重要因素,使得法定证据制度被废除、自由心证制度被采纳。

可以说,尽管两大法系存在重要差异,但在两大法系形成六个世纪之后,其刑事证据法变得更加相似。在欧陆国家,法定证据制度被废除;而在所有国家中,法官和陪审员现在都可以自由地评价证据,而且标准也是类似的,即需要高度的有罪盖然性的确信/定罪(conviction)。

最后需要讨论一下惠特曼对排除合理怀疑标准的形成作出了重要替代性解释。惠特曼认为,该标准制定于18世纪晚期,本质上,与其说是为了保护刑事被告人,不如说是为了让陪审员安心,只要他们的犹豫没有上升到合理怀疑的程度,他们就可以安全地确信,从而使定罪更加容易。他说“我们世俗制度的这根支柱必须被理解为一项用于缓解基督徒的焦虑的原则”[1],而不是事实认定原则。此外,惠特曼将排除合理怀疑标准的出现,与美国革命期间停止将人流放至美利坚殖民地这一惩罚的事实相联系。这个停用引起了一场危机,因为它消除了在原本应判处严酷肉刑或死刑的案件中对某些人判处相对“宽松”的流放刑的可能性。正如惠特曼所说,这提高了“判刑的风险,陪审员需要比过去几十年更多的说服来定罪”。[2]

---

〔1〕 James Donovan, *Juries and the Transformation of Criminal Justice in France in the Nineteenth and Twentieth Centuries*, University of North Carolina Press, 2010, p. 29 – 31.

〔2〕 James Q. Whitman, *The Origins of Reasonable Doubt: Theological Roots of the Criminal Trial*, Yale University Press, 2008, p. 186 – 200.

惠特曼的研究存在几个问题,使得他对排除合理怀疑标准的解释并不符合事实。首先,正如加兰尼斯(Gallanis)所说,停止将流放作为非血刑的惩罚与1780 年排除合理怀疑标准的兴起之间的关联性是高度不确定的。流放会被其他非血刑取代,比如在泰晤士河上的船壳里或者监狱里服苦役,后来又被运送到澳大利亚。因此,避免死刑或"血腥"惩罚的其他可能性继续存在,陪审员不太可能比前 10 年需要更多的说服来定罪。[1]

其次,正如芭芭拉 · 夏皮罗所说,惠特曼所讨论的案例(其中使用了合理怀疑标准)根本不能清楚地反映该标准是为了"保护陪审员"。使用这一标准的案例似乎不关心为陪审员提供道德安慰,而是主要关注事实认定过程,并制定有充分证据的标准。案例中的怀疑涉及证据问题,如证人的可信性,而不是陪审员的道德救赎。因此,这似乎不太可能:在 18 世纪末,古老的道德神学被引入到英国陪审团指示中,而这一标准与事实认定无关或几乎无关。此外,正如芭芭拉 · 夏皮罗所言,惠特曼将 18 世纪的世界视为一个"假想的古代基督教灵魂恐惧持续不减,真实的启蒙运动从未发生"的世界。[2]

最后,也是最后一点,通过与本文涉及的欧陆国家的比较,也使本文不太可能认为对陪审员(或刑事法官)道德焦虑的担忧在 18 世纪后期发挥了突出作用。在 18 世纪下半叶,在法国文献的广泛讨论中,从布里索 · 德 · 沃维尔(Brissot de Warville)和贝卡里亚(Beccaria)到塞尔万(Servan)和杜帕蒂(Dupaty),几乎完全没有对法官或陪审员的道德救赎问题的明确关注。讨论的重点是刑事案件需要什么样的确定性,以及如何最好地确定这一点。法定证据制度被拒绝,是因为试图预先确定定罪证据的充分性标准在认识论上没有意义。此外,之所以采用陪审团制度,是因为专业法官受到强烈的不信任,而非专业陪审员被看作更加公正。采用陪审团制度,并非出于对法官在刑事案件中对事实问题作出决定的道德焦虑的担忧。必须记住的是,在法国革命者于 1789 ~ 1791 年建立的刑罚体系中,仍有许多罪行面临死刑威胁,陪审员必须对此作出

〔1〕 See Thomas Gallanis, *Reasonable Doubt and the History of the Criminal Trial*, in University of Chicago Law Review, 76(2009), p. 941, 961 - 963.

〔2〕 Barbara Shapiro, *The Beyond a Reasonable Doubt Doctrine*: "*Moral Comfort*" *or Standard of Proof*? Law and Humanities, 175(2008), p. 149, 154 - 160.

决定。在关于引入陪审团制度和指示陪审团在确信后作出判决的宪法议会漫长讨论中,根本没人注意到陪审员的道德救赎。[1]

上述说法同样适用于 1750～1870 年德国和荷兰对刑事证据法的讨论。比如,人们无论阅读格洛比希(Globig)和胡赛特尔(Huster)、密特麦尔(Mittermaier)还是莫德曼,都会发现他们的注意力焦点都压倒性集中于事实认定过程上,而实际上并不关心法官作为基督徒的道德救赎。对此,英国法的情况似乎不太可能与欧陆法的情况有很大不同。重要的是,这一批评并不意味着惠特曼在强调刑事审判(尤其是涉及死刑的审判)中存在严重的宗教性道德焦虑这一事实时是错误的。然而,他低估了学者在多大程度上关注如何达到足够的确定性来给某人定罪以及如何权衡证据的问题。这种说法是有道理的,对法官和陪审员的道德救赎的关注在中世纪晚期和现代早期发挥了非常重要的作用,并且很可能在 18 世纪和 19 世纪的背景中继续发挥重要作用。然而,要用这些道德焦虑来解释排除合理怀疑标准的出现,或者理解 18 世纪和 19 世纪关于有充分证据证明有罪的问题的讨论,要更困难得多。[2]

## 五、政治—宪法话语、无罪推定与反对强迫自证其罪特权

本节描述了政治—宪法话语的变化对刑事诉讼法和刑事证据法的影响。在 18～19 世纪,英国法和本文涉及的大陆法系国家的法律在这方面发生了重要变革。被告人的辩护权大大加强,无罪推定原则得以确立,反对强迫自证其罪特定得到承认。本节将论证,这些改革至少可以部分地解释为,17～18 世纪自然法理论和社会契约论的发展所激发的政治—宪法话语的根本性变化。改变后的话语促进了对刑事审判中国家与公民的关系的普遍重新评估。

第一小节描述了 18～19 世纪英国的刑事诉讼法和刑事证据法的变革,

---

〔1〕 关于制宪会议讨论的准确记载,see Antonio Padoa-Schioppa, “*I Philosophes e la giuria penale*” *in Antonio Padoa-Schioppa* (*ed.*), *The Trial Jury in England*, *France*, *Germany* 1700－1900 (Duncker & Humblot 1987), p. 68－122。

〔2〕 反驳惠特曼对夏皮罗的批评和对其论文的简要解释,see also James Whitman, “*Response to Shapiro*” (2008) 175 Yale JL & Human 175, p. 175－189。

同时论证,过去的理论解释对政治宪法思想的根本性变化的关注太少。第二小节描述了法国、德国和荷兰的刑事证据法改革,以及政治—宪法话语对这些改革的影响。第三小节包含了英国法与法国、德国和荷兰法发展的结论与比较。

(一)英国法中的无罪推定与反对强迫自证其罪特权

如上所述,芭芭拉 · 夏皮罗认为制定排除合理怀疑标准并不一定意味着制定了更严格的证据标准——至少在她的研究中并不是这样。然而,有一些迹象表明,引入排除合理怀疑标准不仅是对现有证明标准的重新制定,而且目的就是规定一个更高的标准。例如,郎本从老贝利法院(伦敦的一家刑事法院)和老贝利庭审记录的档案中得出结论,几乎没有证据表明任何证明标准是陪审团指示的内容,而且 18 世纪晚期之前的许多刑事案件似乎不可能符合这么高的证明标准。[1] 同样地,贝蒂(Beattie)评论道:

> 如果在法庭上对囚犯本人作出任何假定,那么,在他的案件被证明至排除合理怀疑之前,并不是说他是无辜的,而是说如果他是无辜的,他应该能够通过对指控证据的回应的质量与性质,向陪审团证明这一点。这给囚犯的主体角色带来了巨大压力,他非常需要证明是起诉人弄错了。[2]

另一个重要迹象表明,在 18 世纪的最后几十年里,证明标准可能变得更加苛刻,正如艾伦和贝蒂所发现的那样,无罪推定只是在 18 世纪末和 19 世纪初才明确制定的。例如,艾伦评论,19 世纪以前没有明确规定无罪推定,“对今天

---

[1] See John H. Langbein, *The Origins of Adversary Criminal Trial*, Oxford University Press, 2005, p. 261 - 263.

[2] James Beattie, *Crime and the Courts in England* 1660 - 1800, Clarendon Press, 1986, p. 341 - 350. 尽管如此,芭芭拉 · 夏皮罗的谨慎是有道理的,因为很难确定排除合理怀疑标准在多大程度上需要司法实践中更严格的证据标准。正如格林所指出的,在实践中,在可能适用死刑方面,似乎总是有一个非常高的标准,事实上,只有一小部分被告被定罪并判处死刑。此外,在实践中,陪审团或法官可以通过多种方式减轻处罚,其中可以灵活利用证据的薄弱性和被告人的品性证据。很有可能,正如格林所言,排除合理怀疑标准构成了一种基于根深蒂固的社会态度的高标准的形式化,即什么罪行在什么(证据)情况下应该受到严厉惩罚。然后,认识论理论的变化可以说仅仅是为长期实践提供了一种形式化和“更现代的智识进路”。因此,很难确定排除合理怀疑标准是否以及在多大程度上需要更高的证据标准。

的大多数读者来说,(诉讼)传达了一种不可抗拒的印象,即囚犯被视为有一定程度的怀疑和敌意,在现在这将被视为违反最基本的刑事诉讼原则”,其后“无罪推定不仅没有出现在整个刑事诉讼制度中,而且情况恰恰相反”〔1〕。贝蒂进一步指出,至少到了 19 世纪 20 年代,无罪推定已经司空见惯。例如,在理查德·菲利普爵士(Sir Richard Philip)的《陪审员黄金规则》(*Golden Rules For Jurymen*)(1820)中可以发现“在明确证明有罪之前,每个人都被推定为无罪;因此,有罪证明的责任在于原告;任何人都没有义务、被要求或被期待证明自己的清白”〔2〕的说法。除了确立无罪推定原则之外,在 18 世纪末和 19 世纪,不被强迫自证其罪特权也逐渐得到承认,被告人有权获得律师帮助。但一个重要的问题是,为什么在这一时期建立了这些新的程序保障?

要回答这个问题,首先必须注意到,在 18 世纪和 19 世纪初的英国法中,刑事诉讼法发生了重大变化,并见证了现代对抗制审判的兴起。在 18 世纪以前,被告人无权在重罪审判中就事实问题寻求辩护律师。他只能在法律问题上有限地求助辩护律师。在审判过程中,被告人必须为自己辩护,并在控方提出证据时作出回应。被告人没有明确的权利保持沉默,如果他不为自己辩护,通常没有人会为他辩护。被告人不能强制证人出庭,而且在出庭前往往不知道对他的指控的确切性质。18 世纪以前刑事审判的另一个重要特点是,审判由法官主导,法官指挥诉讼并询问证人。贝蒂表示,严格限制被告人准备审判和自行辩护的能力,对于一种不推定无罪而是期待以被告人立即作出、未经准备的答复作为最佳无罪证据的诉讼而言,是极其重要的。〔3〕同样,郎本认为,反对辩护律师的规则的背后,就是向被告人施加压力,使其在审判中充当信息来源。要

---

〔1〕 Carleton Allen, Legal Duties and Other Essays in Jurisprudence, Clarendon Press, 1931, p. 253 - 271.

〔2〕 James Beattie, *Scales of Justice: Defense Counsel and the English Criminal Trial in the Eighteenth and Nineteenth Centuries*, in Law and History Review, 9(1991), p. 248 - 249.

〔3〕 See James Beattie, *Scales of Justice: Defense Counsel and the English Criminal Trial in the Eighteenth and Nineteenth Centuries*, in Law and History Review, 9 (1991), p. 222 - 223. 此外,贝蒂还表示,18 世纪初的刑事审判通常非常简短。通常持续时间不超过半小时,包括陪审团的审议和宣布裁决。没有提供大量证据:“事实通常由犯罪受害者口头陈述,并得到证人的支持,证人和受害者一样,在法官的询问下简短地提供了证据。”法官充当了审查者和盘问者。

求被告人自行辩护意味着他需要亲自对指控和不利证据作出回应。简言之,18 世纪末之前的刑事审判非常依赖被告人作为信息来源。郎本恰当地将这种审判描述为“被告人说话式审判”,与后来的对抗制审判形成鲜明对比。[1]

在 18 世纪和 19 世纪初,情况发生了重大变化。双方都被允许聘请律师,律师开始主导审判。[2] 在这一时期,被告人获得了更强的辩护权。他可以强制证据出庭,对他的指控也必须在审前予以明确。律师的介入对于刑事审判的进行产生了巨大影响。它促进了刑事证据法的发展,并改变了法院参与审判的性质。由于被告人有权聘请律师,他最终在 19 世纪获得了沉默权,现在可以让律师为他辩护。被告人不再是重要的信息来源。相反,律师对证人的询问和反询问变得更重要。[3] 此外,在 18 世纪和 19 世纪初,证据排除规则成型,除了例外情形之外,传闻证据和先前定罪证据被予以禁止。[4] 简言之,通过使用律师

---

〔1〕 See John H. Langbein, *The Origins of Adversary Criminal Trial*, Oxford University Press, 2005, p. 271. 在 18 世纪之前,审判的重点是审查被告人口供的真实性(veracity)。辩护律师的引入将审判的目的集中在检验检方主张而不是被告人的主张上。

〔2〕 允许被告人在重罪案件中使用辩护律师的决定始于 18 世纪 30 年代,这并不是法规或政府决定的结果,而是法官自己提出的。尽管原因尚不清楚,但贝蒂表示,这一决定几乎可以肯定是法官认为法庭的平衡正在改变对被告人不利的结果。在重罪案件的判决之前,17 世纪后期在叛国罪审判中使用辩护律师的新可能性出现了(这是辉格党政治阶层对他们所遭受的迫害的一种反应)。叛国罪审判的不公平性尤为明显,因为王室有律师代理,而被告人必须自己作出回应。在 18 世纪初,重罪审判中的平衡似乎被这样一个事实打破了,即被害人更经常开始由律师代理(与被告人不同,被害人允许使用律师)。此外,政府本身开始更积极地启用律师来起诉某些形式的犯罪。这些变化造成了一种不平衡和不公平的感觉,这很可能是刑事法官允许被告人聘请律师的重要原因。在 18 ~ 19 世纪,被告人对律师的使用和重要性的增加——以及律师能力的发展——是一个非常渐进的过程。例如,辩护律师最初只能代表被告人去询问和反询问证人,但不能代表被告人发言并直接向陪审团讲话。在 1836 年进行立法改革后,这些限制才在英国被取消。关于此,see James Beattie, *Crime and the Courts in England* 1660 – 1800, Clarendon Press, 1986, p. 223 – 36; John H. Langbein, *The Origins of Adversary Criminal Trial*, Oxford University Press, 2005, p. 253 – 330。

〔3〕 司法实践的变化也反映在 18 ~ 19 世纪的法学文献中。朗斯曼(Landsman)描述了法学文献中对证人的交叉询问和对提交证据的争议处理是如何被视为刑事诉讼核心的。See Stephan Landsman, From Gilbert to Bentham: the reconceptualization of evidence theory, in The Wayne Law Review, 36(1990), p. 1149, 1149 – 1186.

〔4〕 See John H. Langbein, *The Origins of Adversary Criminal Trial*, Oxford University Press, 2005, p. 251; see also James Beattie, *Crime and the Courts in England* 1660 – 1800, Clarendon Press, 1986, p. 232 – 233.

辩护、沉默权和更明确的证明标准,被告人的辩护地位大大加强。[1]

郎本很好地解释了18世纪如何以及为何形成了证据排除规则。他论证道,法官们开始制定这些规则是为了应对审判中律师日益占据主导地位的问题。在18世纪之前,这些规则是不必要的,因为法官在询问证人、讯问被告人和推进诉讼进程方面起主导作用。他可以更多地指导陪审员评价证据。从本质上讲,制定证据排除规则是因为法官失去了这种主导地位,并且担心陪审员可能太容易被交叉盘问和律师的复杂论证所左右。出于这一预防性理由,刑事法官制定了排除规则,以防止没有经验的陪审员作出不合理的定罪。[2]

问题是,为什么被告人的防御权的这些变化也发生在18～19世纪。郎本和贝蒂都有力地论证了,自18世纪30年代起,当事人代理律师的出现是迄今为止这一转变中最重要的催化剂。例如,可以强迫辩方证人出庭作证或制定了证据排除规则,这都很可能是由辩护律师的要求引起的。此外,被告人有权保持沉默的想法在一定程度上也有赖于他可以让辩护律师代表他进行辩护。郎本甚至将反对强迫自证其罪特权称为“律师辩护的产物”。[3] 刑事律师的介入对于刑事审判转型的重要性毋庸置疑。然而,还有一个因素有助于解释加强辩护权、引入沉默权和确立无罪推定,但这一点在法律史文献中没有得到太多的重视。这一因素包括刑事诉讼法和刑事证据法所依据的政治宪法观念的变化。

例如,在郎本的作品中可以看出,他对深层次的意识形态变化的影响是相对缺乏关注的。他只说过一次,而且只是顺便一提,无罪推定是一个被17世纪的自然法理论“复兴”了的古老概念。此外,他没有注意到自然法理论对承认反

---

〔1〕 See John Hostettler, *The Criminal Jury Old and New: Jury Power from Early Times to the Present Day*, Waterside Press, 2004, p. 82－103.

〔2〕 See John H. Langbein, *The Origins of Adversary Criminal Trial*, Oxford University Press, 2005, p. 251.

〔3〕 See John H. Langbein, *The Origins of Adversary Criminal Trial*, Oxford University Press, 2005, p. 277.

对强迫自证其罪特权的影响。[1] 再者,贝蒂确实承认,18 世纪和 19 世纪的程序创新不仅是律师介入的结果,其背后是“被告人权利观念的改变”和“审判性质的根本性变化与其他方面一样,是价值观和情感的巨大变化与更直接的改革力量之间的微妙相互作用的结果”[2]。然而,他没有进一步解释这些变化的想法是什么、来自何处。

在这方面,将英国的改革与 18 世纪末至 19 世纪初的(本文涵盖的)大陆法系国家的刑事诉讼法改革相对比,可能具有启发性。毕竟在同一时期,(本文涵盖的)大陆法系国家颁布了类似的程序改革,这绝非巧合。在 18 世纪末至 19 世纪初,这些国家也制定了无罪推定原则,承认了反对强迫自证其罪的特权。此外,被告人的辩护权大大加强,有权获得律师辩护。而且是直到 18 世纪末,情况才完全改观,在这之前,被告人仍通常无权获得律师帮助,只有非常有限的不被强迫自证其罪特权,他是侦查的对象,甚至可能被刑讯逼供。[3]

(二)新的政治—宪法话语在法国、德国和荷兰的影响

相比于认识论话语,对政治—宪法话语进行精确描述更难。政治—宪法话语,在这里意味着在非常普遍意义上指出重新思考国家与公民之间关系的过程,其根源在于 17 世纪和 18 世纪自然法理论和社会契约论的重大变化。从法国、德国和荷兰的讨论中可以清楚地看到,在 18 世纪末至 19 世纪的改革之前,他们受到了这一时期变化的自然法和社会契约论的强烈启发。这些理论中有

---

[1] See John H. Langbein, *The Origins of Adversary Criminal Trial*, Oxford University Press, 2005, p. 262. 例如,Langbein 在他的文章中没有提到自然法理论对承认反对强迫自证其罪特权的影响,“*The privilege and Common Law Criminal Procedure: The Sixteenth to the Eighteenth Centuries*” in *Richard Helmholz and others (eds.), The Privilege against Self-Incrimination: its Origins and Development*, University of Chicago Press, 1997, p. 82 – 108.

[2] James Beattie, *Crime and the Courts in England* 1660 – 1800, Clarendon Press, 1986, p. 248.

[3] 令人惊讶的是,尽管英国陪审团制度与法国、德国和荷兰的纠问程序存在差异,但就早期的现代刑事审判而言,英国和法国、德国及荷兰有着许多相似之处。在这两种程序类型中,人证,特别是被告人是主要的信息来源。被告人的辩护权有限,也没有多少准备时间来了解未受破坏的真相。被告人无权聘请律师,并且两大法系都存在强烈的起诉偏见。此外,由于法官在某种程度上必须充当被告人的律师,因此禁止聘请律师在某种程度上是合理的。例如,霍斯特勒提到了寇克,他论证了“法庭应该代替囚犯的律师”的理由。在大陆法系,经常有人认为,被告人不需要律师,因为他只需要回答简单的事实问题,法官可以当他的律师。See John Hostettler, *The Criminal Jury Old and New: Jury Power from Early Times to the Present Day*, Waterside Press, 2004, p. 42.

一些普遍的倾向,对于重新思考国家与公民之间的关系,以及国家在刑事审判中应如何与公民相处,尤为重要。

第一个重要趋势是,人们新强调的观念是,人生而是自由和平等的个体,只是后来才签订了树立权威的社会契约。鉴于所有人在自然状态下最初都是自由和平等的,社会契约的概念也与法律面前人人平等这一概念的出现密切相关。[1] 此外,这种对个体生来自由的强调,与中世纪晚期常见的亚里士多德传统形成了显著背离。在这种传统中,人被视为一种政治动物,其自然状态是一种社会状态。正如霍夫曼所说,17～18 世纪的自然法理论扭转了当时(政治)共同体和个人之间的逻辑关系。[2]

第二个重要且密切相关的趋势是,(王室)权力和社会分化的正当性不再被视为一种不可改变的神圣秩序。统治者通过一项社会契约向原本自由平等的人民实施统治,这创造了一个从中可以对统治者的权力行使进行批判性评价的切入点。很明显,统治者首先需要为了人民的普遍利益而统治,这在 18 世纪开明专制主义的传统中得到了承认。自然法和社会契约理论具有更为激进的潜力,在洛克和卢梭的著作中以不同的方式可见。洛克的假设是,存在某些天赋的、不可剥夺的权利,限制了主权者的权力,如果主权者不尊重这些权利,则人们有抵抗的权利。卢梭认为,主权属于人民,公民只能合法地受制于其作为平等成员之公民集体的一般意志。这些思想蕴含着一种激进的潜力,将对 1750～1870 年的刑事证据法改革产生深远影响。

第三个也是最后一个重要趋势是,17～18 世纪发生了一个转变,从关注相对抽象的、目的论的作为普遍法则的自然法,转向关注更具体的个人的自然权利。这种转变之所以成为可能,是因为社会契约在国家权力合法化方面处于新的中心地位,它将社会想象为一群个体契约者,他们在制定社会契约时也保留

〔1〕 See Murray Forsyth, *Hobbes contractarianism. A comparative analysis*, in David Boucher and Paul Kelly eds., The social contract from Hobbes to Rawls, Routledge, 1994, 1rd ed., p. 35 - 38.

〔2〕 See Hans Hofmann, “*Zur Lehre vom Naturzustand in der Rechtsphilosophie*” *in Reinhard Brandt* (*ed.*), Rechtsphilosophie der Aufklarung: Symposium Wolfenbüttel 1981 (De Gruyter 1982) 21.

了某些基本的自然权利。[1] 通过社会契约,这些自然权利转变为公民权利,明确限制了国家对公民签约者个人的权力。例如,在 1789 年的《人权宣言》中,可以清楚地看到作为社会契约一部分的基本公民权利的新中心地位。公民权利被设想为社会契约的某些基本规则,这些规则对国家干预公民个人领域的权力施加了重大限制,没有这些规则,契约就不合法。当然,将重点转向基本公民权利对于可能将"不得强迫自证其罪原则"(nemo tenetur-principle)理解为公民反对自证其罪的个人权利而言是非常重要的。

下文将分两个小节,讨论自然法理论和社会契约论在两个方面对刑事证据法和刑事诉讼法产生的重要影响。首先,它使不得强迫自证其罪原则和无罪推定原则的重要性得到重估,并为反对刑讯逼供提供了有力的论据。其次,它为支持引入陪审团制度提供了重要论据。[2]

1. 不得强迫自证其罪原则、无罪推定原则与刑讯逼供

自然法和社会契约论的变化,使不得强迫自证其罪原则和无罪推定原则获得了新的重要性。施默克尔(Schmoeckel)表示过,在中世纪晚期的法律文本和整个现代早期的法律手册中都可以找到类似或暗示不得强迫自证其罪原则和无罪推定原则的短语。然而,尽管这些观念有着古老的渊源,但它们从未获得过像 18 世纪以后的刑事证据法的重要性和意义。在旧刑事诉讼法中,这些概念并不发达,也没有产生重大影响。像"错释放十人总好过比错判一人"这样的短语通常被用来暗示刑事法官需要谨慎地对某人定罪。然而,这些想法并没有对旧的刑事诉讼法产生重大影响,例如,并没有阻止使用刑讯逼供。施默克尔总结道,在 17 ~ 18 世纪的自然法理论背景下,不得强迫自证其罪原则和无罪推

[1] 例如,韦斯特曼(Westerman)较好地描述了这种从自然法到自然权利的转变是如何发生在格劳秀斯(Grotius)的作品中的,夏皮罗也描述霍布斯(Hobbes)著作中的这种转变。See Paulien C. Westerman, *The disintegration of natural law theory*, Brill Academic Pub, 1998, p. 157 – 80; Ian Shapiro, *The Evolution of Rights in Liberal Theory*, Cambridge University Press, 1986, p. 40 – 69.

[2] 在本节中,只提到了新政治宪法论述中一些最重要的一般趋势,因为对 17 ~ 18 世纪自然法和社会契约论的变化进行深入细致的讨论会占用太多篇幅。我将在之后发表的博士论文中更详细地讨论这些变化。

定原则的重要性变得更加重要。[1] 这些理论赋予了不得强迫自证其罪原则和无罪推定原则新的含义,并在 18 世纪的大陆法系国家中具有更大的重要性。关于无罪推定原则,事实上,犯罪现在被定义为违反社会契约,国家只有完全合法地确认违反契约行为成立时才有权惩罚某人。[2] 社会契约论为以下观点提供了一个更为核心的位置:每个人在被充分证明有罪之前,均应被推定为无罪。例如,在贝卡里亚的著作中,可以非常清楚地看到这种契约理念对于伸张无罪推定原则的重要性。他从社会契约的观点出发,认为每个人都应被推定为无罪,并应继续享有作为公民的全部权利,直到法律确定有人违反了契约。根据贝卡里亚的说法,公民有权获得社会的保护和福利,直到他们的罪行得到充分和合法的证明。[3]

第二个概念,重新定义了不得强迫自证其罪原则的作用,在于自然法理论对保护自我的自然冲动这一核心内容的重视。根据 17～18 世纪的大多数自然

[1] Schmoeckel (n 28) 410－39. 赫尔姆霍尔兹(Helmholz)就反对强迫自证其罪的特权得出了类似的结论。赫尔姆霍尔兹首先表明,被告人不应被强迫定罪这一概念的第一个英国表述,是英国教会法庭从罗马教规中继承而来的。最早的表述“源自大陆法,而不是来自普通法的远古用法”。其次,赫尔姆霍尔兹得出的结论与施默克尔类似,像不得强迫自证其罪原则的短语在 16 和 17 世纪仍然具有不同且远非绝对的含义。在大陆法系国家,有许多影响深远的例外情况,并且不具有绝对性“例外的力量表明,尽管 16 世纪的论点与现代的不得强迫自证其罪提出的一些理由有很大相似之处,这种特权当时并没有绝对的性质。平民并不认为被告人拒绝回答指控问题是行使基本的个人权利,决不可剥夺。相反,他们认为这是一种保护,以防止公职人员行使过度干涉的权力,试图窥探普通男女的私生活”。See Richard Helmholz, *Origins of the privilege against self-incrimination: the role of the European ius commune*, in New York University Law Review, 65(1990), p. 962－990.

[2] 许多在 18 世纪下半叶撰写刑法论文的具有改革思想的作者解释道,政府的权力建基于社会契约,人民让渡主权只是为了保护社会。例如,Reinar 和 Calkoen 是 18 世纪下半叶的荷兰作家,他们在刑法论文的开头解释了刑法的基础如何建立在社会契约之上,并将犯罪定义为违反社会契约。同样,Beccaria、Servan、Lacretelle、Brissot de Warville 和 Marat 等人认为,政府的权力是基于社会契约,并将犯罪视为违反社会契约。然而,正如列文·杜邦(Lieven Dupont)正确地指出的那样,这些作者通常只使用了一个相当初级和刻板的社会契约概念。他们没有解释他们是否遵循洛克或卢梭的社会契约思想。See Johan Reinar, *Nemesis Rationalis of redenkundig vertoog over het crimineele recht uit het natuur-recht afgeleid* (1778) III－XIII; Hendrik Calkoen, Verhandeling over het voorkomen en straffen der misdaaden (1780) 1－79; Lieven Dupont, Beginselen van behoorlijke strafrechtsbedeling: bijdrage tot het grondslagenonderzoek van het strafrecht (Kluwer 1979) 49－50.

[3] See Jean Michiels, *Cesare Beccaria. Over misdaden en straffen* (Kluwer 1982), p. 41－90.

法理论,人最重要的冲动是自我保护,这被视为首要原则。[1] 这不仅被认为是一个经验事实,而且是人自然地寻求自我保护的规范性原则。从这个观点来看,在 18 世纪,越来越多的人认为,国家强迫被告人为自己的定罪作出贡献是违反自然法的。这一理念构成了后来的不得强迫自证其罪原则的核心,并被用来论证国家无权使用刑讯逼供或强迫被告人宣誓说出真相。有人认为,根据自然法,被告人应有权自由地为自己辩护。

当然,无罪推定原则和不得强迫自证其罪原则的新内涵的重要性和中心地位,也可以在 18 世纪末的各种权利宣言中看到。例如,《法国人权宣言》第 9 条涉及无罪推定:"在被判有罪之前,每个人都被推定为无罪,如果认为逮捕是必要的,为了保护其人身,任何不必要的严厉措施都应受到严格限制。"[2] 同样,在美国各州的大多数权利宣言和美国宪法第五修正案中都体现了不得强迫自证其罪原则:"任何人……在任何刑事案件中,未经正当法律程序,不得被强迫作为对自己不利的证人,也不得被剥夺生命、自由或财产。"[3] 在 18 世纪末和 19 世纪初的权利宣言和新的刑事诉讼法典中,承认无罪推定和不得强迫自证其罪原则是自然权利、公民权利,这表明它们现在所具有的更高价值。

此外,必须记住,主张不得强迫自证其罪原则和无罪推定原则的思想在 18 世纪和 19 世纪的漫长时期并非保持不变。例如,在 18 世纪下半叶,人们强烈地强调,强迫自证其罪是违反自然法的。基于这一观点,有人认为,应彻底重构审判程序,被告应有权自由辩护。在 19 世纪,自然法理论变得不那么突出,不得强迫自证其罪原则不再主要基于自然法。相反,自然法和社会契约论的遗产是,它导致了对国家与公民关系的普遍反思,这对 19 世纪的自由主义政治传统产生了强烈影响。19 世纪的政治自由主义者以一种不同的形式继续追求与自然法和社会契约理论相关的思想,他们认为国家不应侵犯某些基本的公民权

---

〔1〕 例如,see Richard Tuck, *The "modern" theory of natural law*, in Anthony Pagden ed., The languages of political theory in early-modern Europe, Cambridge University Press, 1987, p.107 – 115; Wilhelm Schrader, "Naturrecht und Selbsterhaltung: Spinoza und Hobbes" (1977) 31 Zeitschrift für philosophische Forschung 574, p.574 – 83.

〔2〕 Leigh Hunt, *Inventing Human Rights: a history*, W.W. Norton & Company, 2007, p.220.

〔3〕 Robert Rutland, *The Birth of the Bill of Rights* 1776 – 1791, The University of North Carolina Press, 1962, p.49 – 83.

利。在这一自由主义传统中,许多 18 世纪下半叶审判程序的过度批判——例如,被告应有权获得律师辩护,而不应自证其罪——都被内化,并被用来界定国家如何合法处理刑事案件的适当限度。

2. 对刑讯逼供和纠问制程序的批判

无罪推定原则和不得强迫自证其罪原则的组合,可以据此批判刑讯逼供实践和深远的国家审讯权力。这两种观点都以自己的方式为反对刑讯逼供的合法性提供了有力的论据,几乎所有 18 世纪下半叶在法国、德国和荷兰呼吁废除刑讯的作者都重复了这一论点。关于无罪推定,有人指出,刑讯逼供事实上是一种在合法确认被告人有罪之前就实施的惩罚——尽管司法手册通常将其描述为一种调查工具。这一论点的一个很好的早期例子可以在普芬多夫的著作中找到,他在书中表示,除了初步羁押未被定罪的人之外,做任何事情都是违反自然法的:“因此,让尚未被定罪的犯人遭受比羁押所需的更多痛苦是违反自然法的。”[1]另一个例子是荷兰作家德维特(De Witt),他表示刑讯逼供实际上是一种惩罚,而惩罚尚未完全确定有罪的人是错误的。[2]

刑讯逼供不仅公然违背无罪推定原则,而且与国家无权强迫任何人自证其罪的观念相违背。强迫作为主体的人为自己的定罪作出贡献,是违背自然法的,更具体地说,是违背自我保护的自然义务和权利,这个观念成为废除刑讯逼供的最重要和最常被引用的论点之一。这在几乎所有反对刑讯逼供的论著中都可以找到。[3] 强迫自证其罪是违反自然法的观点,也在 1795～1798 年的荷兰革命制宪会议的讨论中发挥了重要作用,该会议创造性地决定在 1798 年新宪法中全国性废除刑讯逼供。[4]

---

〔1〕 原文:“Il est donc contre la Loi Naturelle de faire suffrir à un Prisonnier, qui n'est encore ni condamné ni oui, plus de mal que n'en demande la nécessité de le tenir renfermé”. See Samuel Pufendorf, Le droit de la nature et des gens (1706), p. 373.

〔2〕 See Christian de Witt, Bedenkingen over het aanhoudend gebruik van de pijnbank (1778), p. 1－28.

〔3〕 See for example, Johannes Wittichius, Redevoering over de onbillykheid en de onnutheid der pynigingen (1736), p. 8－27.

〔4〕 1798 年之前,荷兰几乎所有地区都在使用刑讯逼供。重要的是,废除刑讯逼供并且被告人的辩护权得到了显著加强,被告人在刑事案件中获得了更广泛的律师辩护权。关于荷兰宪法议会中关于刑讯逼供的讨论,可以参见 Leonard de Gou, Het plan van constitutie van 1796 (Nijhoff 1975) 302－14。

当然,不得强迫自证其罪原则不仅被用来批评刑讯逼供,也被用来批评现行的纠问制程序——该程序似乎与这一原则明显矛盾。纠问制程序主要是为了获得被告人口供,并将其视为纠问的客体而非程序的主体。辩护的可能性相对较少。此外,在纠问程序中,被告人实际上没有沉默权。根据自然法和社会契约论形成的有力观点认为,纠问制程序是不公正的,被告人不应被强制入罪。相反,他应该有最广泛的可能性来保护自己。本着这一精神,许多有改革思想的作者认为,被告人应当有权获得律师辩护,有权知悉不利证据,控辩之间应当平等。简言之,这些来自不得强迫自证其罪原则的批评共同促成了刑事诉讼法的全面改革,被告人获得了律师辩护权和知悉不利证据的权利。

3. 政治—宪法话语与陪审团制度的引入

除了对无罪推定原则和不得强迫自证其罪原则新强调外,新的政治—宪法话语也为引入陪审团制度提供了重要论据。支持引入陪审团制度的第一个论点是,陪审团制度是人民主权的体现。社会契约论中的一个普遍倾向是,主权最初属于人民,然后由人民通过契约将主权移交给政府。卢梭是最激进的,他主张主权继续属于人民。虽然在法国大革命之前,卢梭的想法并没有被许多人普遍接受,但在大革命最初几年,当决定废除法定证据制度并引入陪审团制度时,卢梭的思想就变得非常有影响力。主权属于人民,也应该在司法部门找到表达方式——"人民将受到人民的审判"——这一观点形成了一个有影响力的论点,支持引入陪审团制度。在法国作家塞尔万(Servan)的作品中可以找到一个很好的例子,说明社会契约思想的影响,以及陪审团制度的可取之处在于形成了人民主权的表达:

"除非冒犯社会,否则社会无权实施惩罚:要知道社会是否被冒犯,以及她被冒犯的程度,社会必须自己声明她被冒犯了,或者她让充分表达自己观点的代表声明这一点。一言以蔽之,这是每个人与所有其他人订立的关于惩罚的原始契约;当我们认定我冒犯了所有人并且我有罪时,我同意受到所有人的惩罚。这项契约只有真正被同意过,因为每个人都知道,他们同时将自己提升到法官的水平,而不仅仅是被告的水平。毕竟,要想接受他人的评判,每个人都想成为他人的评判者,这意味着每个人都必须被评判。”[1]

然而,必须指出的是,陪审团制度是人民主权的一种表达,这一论点的重要性或明确性,随着时间的推移与陪审团制度支持者的更替,而变得不同。最初在18世纪下半叶那些有改革思想的作者中没有广泛使用这一论点,因为主权属于人民的观点远未被接受。同样,在19世纪上半叶的法国、荷兰王国和德国领土上,陪审团制度的支持者很少认为这是人民主权的表现,因为人民主权的概念本身被许多人视为危险和革命性的(此时为其辩护确实是危险的)。尽管如此,在法国大革命期间,人民主权的概念尤为重要,当时陪审团制度首次引入,这本身就是刑事证据法史上的决定性时刻。

支持陪审团制度的第二个论点是基于18世纪对政府过于强大以及试图获得(宪法)保障以防止权力恣意的担忧。孟德斯鸠(以及其他人)提出的建立政府职能分工以防止权力过于集中的著名理念也被扩展到刑事诉讼法。法国改革者(以及后来在19世纪上半叶的许多德国改革者)对旧刑诉程序的一个重要批评是,在刑事诉讼中,几乎所有的权力都集中于法官。[2] 出于这个原因,法

---

〔1〕 原文:“La société n'a le droit de punir qu'autant qu'elle est offensée: pour savoir si elle est offensée, et jusqu'à onse point elle l'est, il faut qu'elle le déclare elle-même, ou le fasse déclarer par des hommes qui représente suffisamment son opinion. Tel est donc, en un mot, le contrat originaire sur les peines entre chaque homme et tous les autres; je consens d'être puni par tous, quand nous jugeront que jái nui à tous, et que je suis coupable; ce contrat n'est que vraiment consenti, que parce que chacun en le ratifiant, se met de lui-me-me au rang des juges, et non des accuse's; enfin, pour onsenter à être jugé par les autres, chacun veut être leur juge à son tour; donc tous doivent l'être”. See Michel Servan, Réflexions sur quelques points de nos loix à l'occasion d'un événement important (1781) p. 136－137.

〔2〕 在19世纪上半叶的德国改革派文献中,对法官地位过于强势的批评具有特殊意义。按照刑事诉讼法的旧观点,法官必须履行检察官、法官以及在某种程度上作为辩护律师的三重角色,这被认为是非常正常的。例如,费尔巴哈在19世纪初的一本司法手册中仍然中立地表达了这一观点,他在该手册中指出,法官必须被视为三重人格:法官必须是检察官、辩护律师和法官。然而,在19世纪上半叶德国的改革派文献中,法官在纠问程序中的三重角色受到了越来越多的批评,法官被认为作用过于强大,被要求履行不兼容的职能。相反,现在有人认为,应当在法官、检察官和辩护方的角色之间建立明确的分离。对法官三重角色观点的典型批评是扎卡里在1846年发表的言论,即认为法官可以同时履行检察官、被告人律师和公正法官的职能是站不住脚的荒谬。有人认为,刑事诉讼法应将这三项职能分开。See Paul Feuerbach, *Lehrbuch des gemeinen in Deutschland Geltenden Peinlichen Rechts* (1801) 843; Hendrich Zachariae, *Die Gebrechen und die Reform des deutschen Strafverfahrens*, *dargestellt auf der Basis einer consequenten Entwicklung des inquisitorischen und accusatorischen Prinzips* (*1846*) 146.

国革命者试图在刑事诉讼程序中划分权力。检察官、法官和被告人的角色之间有明确的区别。检察官的作用与法官的作用更加明确和分离,而被告人则获得了为自己辩护的自由,为此,他获得了更大的辩护权和获得律师帮助的权利。然而,对于刑事证据法而言,最重要的是,在裁判本身层面上也产生了分工,即事实问题与法律问题分开。在法国革命者制定的新刑事诉讼法中,专业法官将决定法律问题(如关于刑罚的决定),而陪审员将决定被告人是否有罪的事实问题。其明确目的是防止权力过于集中于刑事法官本身。

法国革命者希望在刑事诉讼法中建立这种职能分离的一个核心驱动力是,对职业治安法官(长袍贵族)存在强烈的不信任。1750 ~ 1789 年,卡拉斯(Calas)和拉巴雷骑士(Chevalier de la Barre)等几起备受瞩目的司法丑闻,以及秘密逮捕令(lettres de cachet)的使用,助长了对职业法官和刑事诉讼法的不信任。[1] 这些丑闻表明,刑事法官在审讯程序中权力过大,可以任意行权。从法国革命者的讨论中可以明显看出,寻求制度化保障以防止权力恣意的最重要原因之一在于他们对政府和专业法官的不信任。由于对专业法官的这种不信任,革命者之间达成了一种共识,即不应赋予法官根据其自由形成的内部信念决定事实问题的巨大权力。革命者高举"人民"的公正和无私的品质,相信他们会作出公正的判断,并且可以信赖他们自由评价证据。[2]

4. 信任问题

在 19 世纪,对陪审团制度的支持,成为大陆法系中的政治自由主义者的信条。他们引入陪审团制度的尝试主要利用了法国革命者提出的上述论点,并在很大程度上遵循了法国革命关于陪审团制度在实践中应如何运作的理想。19 世纪的一项创新是,对新闻犯罪案件引入陪审团制度的重要性也给予了更多重视。特别是根据本杰明 · 康斯坦特(Benjamin Constant)的观点,即重要的新闻自由对于防止政府专制主义是不可或缺的,因此有人认为,对于涉及言论自由

---

〔1〕 卡拉斯(Calas)和拉巴雷骑士(Chevalier de la Barre)事件是著名的司法丑闻,伏尔泰(Voltaire)认为,他们很可能被不公正地定罪。秘密逮捕令是国王授权逮捕或监禁某人的命令,通常不会给出确切的依据或理由。See Jean-Marie Carbasse, *Histoire du droit pénal et de la justice criminelle*, Presse Universitaire de France 2006, p. 392 – 395.

〔2〕 关于法国陪审团制度的革命性的讨论,可以参见 Antonio Padoa-Schioppa, *La giuria all'Assemblea Costituente francese* (Duncker & Humblot 1987) 68 – 120。

的罪行,公正的人民的客观判断尤其必要。特别是在这一领域,人们对职业治安法官的客观性几乎没有信心,认为他们受到过多的政府影响。[1]

是否信任专业法官的问题,在 18 世纪末和 19 世纪的整个讨论中,一直是位于核心和反复出现的主题。关于是否建立陪审团制度或是否应由专业法官(自由)评价证据,最重要的因素是对专业法官的信任(或不信任)程度。例如,1848 年德国革命者设法在大多数德国州强制引入陪审团制度,其动机就是对专业法官的不信任(类似于法国革命者)。

1815 ~ 1830 年,荷兰王国的情况尤其明显地表明了对法官的不信任。在这一时期,“比利时”省对政府和专业法官存在强烈的不信任。司法丑闻再次加剧了这种不信任,这些丑闻表现为对批评这些省份政府的记者进行严厉地刑事镇压。比利时各地不断强烈呼吁引入陪审团制度,因为人们认为人民会作出公正的裁决,而专业法官则被认为完全受“专制”司法部长范 · 马宁的影响。[2] 然而,荷兰各省的几乎所有作者都称赞荷兰法官的客观性和高道德标准。人们对北方的专业法官非常信任;因此,只有极少数人请求引入陪审团制度。

因此,对法官的信任问题是 1750 ~ 1870 年围绕刑事证据法的讨论的最重要因素之一。这种信任在很大程度上决定了是否有人愿意让专业法官或非专业的陪审员来决定证据问题。此外,非专业陪审员的选择对刑事证据法的形成有重要影响,因为大多数作者认为非专业陪审团无法处理复杂的证据规则体系。[3] 法国革命者选择引入陪审团制度是导致法定证据制度被废除的决定性

---

〔1〕 关于法国、荷兰和德国的自由主义者在 19 世纪初采纳法国关于陪审团制度的革命性改革理念的更详细描述,可参见 James Donovan, *Juries and the Transformation of Criminal Justice in France in the Nineteenth and Twentieth Centuries*, University of North Carolina Press, 2010; Bram Delbecke, De lange schaduw van de grondwetgever perswetgeving en persmisdrijven in België (Academia Press 2012); Erich Schwinge, Der Kampf um die Schwurgerichte bis zur Frankfurter Nationalversammlung (Bohlau 1926)。

〔2〕 范 · 马宁在 1815 ~ 1830 年担任荷兰联合王国司法部长,是这一时期极具影响力的“保守派”政治家。他在南部省份受到鄙视,因为范 · 马宁反对许多自由主义改革,特别是因为他对新闻自由的高度压制立场。他被视为典型的专制怪人。

〔3〕 法国革命者认为陪审团制度与法定证据制度不相容,see Pierre Ranouil, “*L'intime Conviction*” *in Rene'e Martinage and Jeanne-Pierre Royer* (*eds.*), Les destine'es du jury criminelle (Hester 1990), p. 90 – 92。

动因之一。然而,正如上一节所讨论的,这肯定不是唯一的因素。对在先验规则中确定证据充分性的可能性提出了一种基本的认识论批评,这使法定证据制度越来越站不住脚,并使对证据的自由评价似乎是一种更可取的制度。

(三)反思

综上所述,自然法和社会契约论所产生的思想,是解释 18 ~ 19 世纪刑事诉讼法和刑事证据法关键变革的重要因素。然而,新的政治—宪法思想似乎一方面对英国法产生了一些影响,另一方面对法国、德国和荷兰的刑事法产生了另一些影响,这在一定程度上是源于 18 世纪下半叶之前刑事诉讼法中存在的差异。

可以说,在法国、德国和荷兰的刑事法中,新的政治—宪法话语产生了更重要、更直接的影响,因为其纠问制程序与这些思想的冲突更明显。纠问程序的重点是向被告人收集口供,为此可以刑讯逼供并严重限制被告人的辩护权。对刑事诉讼制度的彻底改革更明确地说是一项立法努力,这是法国第一次在革命性的情况下发生(在 18 世纪末和 19 世纪后期,荷兰和德国领土上发生得更为缓慢)。在立法改革之前,法律文献中进行了激烈的改革讨论,新的政治—宪法思想的影响非常明显(特别是与英国法中发生的变化相比)。例如,允许被告人获得律师帮助的愿景被描述为源自自然法中的自我保护权利(droit naturelle de de'fense)。有人始终认为,应当废除刑讯逼供是因为这违背了被告人不被强迫自证其罪的自然权利。此外,支持陪审团制度的论点受到社会契约论的强烈启发,并认为陪审团制度构成了人民主权的表达。简言之,新的政治—宪法思想的影响在法国、德国和荷兰的刑事法中相对明显。

英国也在讨论新的政治—宪法思想,这很可能也是这些国家刑事证据法发生类似变化的一个重要因素。可以得出的一个初步结论是,英国法中的变化似乎更为缓慢,并且主要在司法实践中发展。这些变化似乎在较小程度上是有意识的立法改革刑事诉讼法的结果。正如郎本和贝蒂表明的,现代对抗制程序在司法实践中发展起来,并因为双方都有权聘请律师这一事实而受到重大刺激。然而,司法实践的变化不是随机的,而仅仅是实际决定的不可预见的后果。贝蒂的结论很有可能是正确的,他认为,“审判性质的根本性变化与其他方面一样,是价值观和情感的巨大变化与更直接的改革力量之间的微妙相互作用的结果”。[1] 然而,需要进一步的研究来确定新的政治—宪法思想在18～19世纪英国的法律文献和司法实践中的表现程度,以及它们如何帮助塑造了这一时期刑事证据法的变化。

最后,必须强调的是,英国刑事诉讼程序的变化往往比这篇(简短)文章中所描述的要缓慢得多,在这篇文章中,变化是以广泛和一般的方式呈现的。例如,这可以从反对强迫自证其罪特权的发展中看出。就英国而言,史密斯已经表明,从18世纪末到19世纪,在这个漫长的过程中,反对强迫自证其罪特权获得了现代的形式。同样,维特也描述了美国的反对强迫自证其罪特权发展的漫长过程,及其如何形成一项宪法权利,即对任何可能使某人有罪的问题保持沉默。这一发展过程也显示出与19世纪荷兰和德国的不得强迫自证其罪原则的渐进过程的重要相似之处。然而,这一发展的基础是在18世纪末和19世纪初奠定的,并受到新的政治—宪法思想的强烈启发。正如郎本所说,由于对抗性诉讼程序的出现,现代的反对强迫自证其罪特权只能在19世纪发展出来。[2]

## 六、结　论

本文试图表明,从18世纪到19世纪,英国法与法国、德国和荷兰的刑事证据法的发展方式之间存在重要的相似性。所有司法管辖区的改革在一定程度上都受到了两个重大且根本性的思想变化的启发:认识论的变革和政治—宪法话语的变革。首先,在所有法域中,法学家使用的术语在18世纪发生了变化,证明标准现在是用概率术语表示。在使用新的概率术语以及如何解释证明标准方面的相似之处是惊人的。在英国、法国、德国和荷兰,人们现在经常说,道德上的确定性或有罪的高度盖然性是定罪的必要条件。在英国法中,概率术语

〔1〕 James Beattie, *Crime and the Courts in England* 1660 – 1800, Clarendon Press, 1986, p. 248.

〔2〕 19世纪反对强迫自证其罪特权的发展,see Henry Smith, *The Modern Privilege: Its Nineteenth-Century Origins*, in Richard Helmholz and others eds., The Privilege against Self-Incrimination: its Origins and Development, University of Chicago Press, 1997, 3rd ed., p. 145 – 180; John Witt, *Making the Fifth: The Constitutionalization of American Self-Incrimination doctrine* 1791 – 1903, in Texas Law Review, 77 (1999), p. 825 – 922。

的采用是形成超越合理怀疑标准的一个启发因素。此外,在法国、德国和荷兰,认识论的变化是导致法定证据制度——这一牢固建基于亚里士多德哲学的证据制度被废除的重要因素,并引入了自由心证制度。其次,政治—宪法话语的变化是解释英国法以及法国、德国和荷兰对任何人都不应被强迫自证其罪、被告人应有为自己辩护的自由以及在他的罪行得到充分证明之前应被视为无罪等新论调的一个重要因素。在所有司法管辖区,这些原则在 18 世纪末至 19 世纪都得到了承认,并受到自然法和社会契约论变化的启发。在英国法中,这些改革和程序的“律师化”导致了现代的对抗制审判。在法国、德国和荷兰,法官更有权力、更加积极主动,审判程序仍有纠问性。然而,随着被告人的辩护权得到加强,与旧程序相比,审判变得更具对抗性。最后,刑事证据法的改革受到新的认识论和政治—宪法思想的启发,这些思想在法国、德国和荷兰刑事法以及英国法中大体相似,尽管两种程序传统之间仍然存在重要的差异。

重要的是要强调本文的一些局限性,否则这些局限性可能会在许多全面而广泛的陈述中丢失。首先,本文主要是作为一篇关于刑法学家如何改变他们自己的行动与表达的知识史研究。刑事证据法的变化并不是完全可以从这个角度来解释的,甚至不是它构成了这些变化的最重要的动因;相反,这一分析只是一个额外的视角,可以从中解释刑事证据法的发展。其次,本文旨在作为一篇相对简短的探索性文章。需要进一步研究,以更准确和详细地描述 1750 ~ 1900 年英国法中和法国、德国和荷兰刑法中的刑事证据法发展的异同。很明显,英国法和法国、德国和荷兰刑法改革的基本理念有许多重大的相似之处和交叉融合之处,而这些思想迄今在法制史文献中没有得到足够的重视。比较历史方法可以加深对(本文所涉及国家的)现代刑事证据法的基础奠定时期——这一非常有趣的历史时期的理解。

# 不可靠证据的司法审查：无辜者时代的正当程序与证据规则*

Keith A. Findley** 著

刘金松*** 译

**内容摘要：**证据可靠性是一个宪法问题。美国联邦最高法院的一系列判例表明，法院正从将证据可靠性作为宪法问题进行审查的立场上隐退。在最高法院看来，证据可靠性是由陪审团通过自由心证判断的，法院不能侵蚀陪审团的作用和角色，法院也不能成为规范证据可靠性的立法机构。然而，对抗制的检验和陪审团的常识在审查证据可靠性问题上正面临"失灵"的风险。其实，正当程序和证据规则都为纠正刑事司法制度在防范法庭对缺陷证据的过度依赖方面提供了机会。目前的法律系统可以而且应当进行调整。首先，基于错误定罪的经验数据，可以将最常见的导致错误定罪的可疑证据分为四种类型：目击证人辨认、被告人有罪供述、监狱告密者或线人证言以及法庭科学专家证据。其次，在不过度侵蚀陪审团角色的情况下，有必要重新审视正当程序的框架，允许将证据可靠性作为宪法的调整对象；同时，法院也可以将审查重点放在警察和检察官在制作缺陷证据的行为上，并要求其更严格地执行最佳取证措施。此

---

* 原文信息为：Findley, Keith A., *Judicial Gatekeeping of Suspect Evidence: Due Process and Evidentiary Rules in the Age of Innocence*, in Georgia Law Review, Volume 47, Issue 3, Spring 2013, p. 723 – 774。非常感谢 Andy Coan、Cori Harvey、Alexandra Huneeus、Cecelia Klingele、Ion Meyn、Meredith Ross、Mitra Sharafi、Brad Snyder、Jason Yackee 和 Lua Yuille 对本文初稿的有益评论。中文摘要、关键词和文中部分括号内容是译者添加的。感谢 Findley 教授对本文翻译和投稿的慷慨授权。

** 威斯康星大学法学院助理教授，威斯康星无辜者项目联合主任，法学博士。

*** 中国政法大学刑事司法学院博士研究生。

外,在运用证据规则审查可疑证据时,有必要充分吸收社会科学知识和关于刑事司法的实证研究成果作出判断。最后,应当建构超越全有或全无的审查规则,通过排除可疑证据中不可靠的内容,或者在评估可疑证据的过程中,运用专家证言与陪审团指示对陪审团进行基于经验的教育和指导,让其对上述可疑证据的证明力保持警惕。

**关键词:**宪法性证据法　证据可靠性　正当程序　最佳取证措施　裁量排除　冤假错案

## 一、引　　言

证据法在很大程度上是防止不可靠或不公平的证据被裁判者接受的规范。[1] 这一目标是包括传闻证据规则[2]、专家意见规则[3]和最佳证据规则[4]在内的诸多规则的基础。

宪法也关注审判的公正性,包括采纳可靠证据和加强审判发现真相的功能——特别是在刑事案件中。[5] 虽然宪法也保护其他价值,但美国宪法第五修正案和美国宪法第六修正案所保护的各种权利,可以理解为主要是侧重于建立确保审判证据和审判程序可靠性的机制。

然而,过去 25 年来日益增长的无罪案件,集中反映了那些防范不可靠证据

〔1〕 See D. Michael Risinger, *Searching for Truth in the American Law of Evidence and Proof*, in Georgia Law Review, 47(2013), p. 801 – 802(“审判过程的意识形态将发现真相置于诉讼的中心”); Sandra Guerra Thompson, *Daubert Gatekeeping for Eyewitness Identifications*, in Southern Methodist University Law Review, 65(2012), p. 593, 596(指出排除不可靠的证据是“证据规则的主要作用”). 当然,这些规则也解决了证据不可靠的问题,尽管程度较小,比如通过各种特免权保护一些隐私利益和某些关系的秘密性。

〔2〕 Federal Rules of Evidence. 801 – 804.

〔3〕 Federal Rules of Evidence. 702.

〔4〕 Federal Rules of Evidence. 1001 – 1005.

〔5〕 Akhil Reed Amar, *Against Exclusion* (*Except to Protect Truth or Prevent Privacy Violations*), in Harvard Journal of Law and Public Policy, 20(1997), p. 457, 460. (“宪法的结构基本上提倡寻求真相的程序……”)

的规则和机制的效果存疑。[1] 至少，对错误定罪的深刻反思，需要我们重新审视长期以来根据对这些规则和审判程序的可靠性和有效性的假设，而形成的宪法性的和证据性的规范。随着大量新的错误定罪案件的出现，我们有了重新评估那些规则和程序的经验基础。学者们已经开始认真研究这个问题。一些法院，特别是州一级的法院，在评估证据规则和诉讼程序时，也开始应用错误定罪案件的经验教训。然而，在联邦宪法层面，最高法院却在以奇怪的方式调整证据规范，似乎与错误定罪案件的教训不同步。

本文讨论了宪法以及其他层面的规则对潜在不可靠或不真实证据之可采性的调整模式。一方面，对错误定罪案件的教训进行经验总结；另一方面，回应 Larry Laudan 等学者所提出的越来越紧迫的呼吁和担忧，即我们"对现有规则是否可以提高正确裁判的可能性缺乏系统研究"——这一问题可以概括为"法律认识论"的问题。[2] 本文从新出现的规则未能确保正确判决中的新见解切入，对法律认识论进行了讨论。

基于新出现的经验数据，文章得出结论，目前的法律系统可以而且应当进行调整，从而更好地防范法庭对缺陷证据的过度依赖。以证据错误为例，[3] 本文首先将证据可靠性审查的作用视为宪法关注点。构建连贯的宪法理论的挑战在于找到一个切实可行的限制原则。通过错误定罪的数据将可疑证据类型

---

〔1〕 自 1989 年以来，仅通过定罪后 DNA 检测就有 300 多起免罪案件。Benjamin N. Cardozo School of Law: The Innocence Project, Accessed February 22, 2023, http://www.innocenceproject.org. 密歇根大学法学院和西北大学法学院最近联合推出了无辜者登记处，根据各种新证据列出了自 1989 年以来的 1000 多起无辜者脱罪声明。Michigan Law: The National Registry of Exonerations, accessed February 22, 2023, http://www.law.umich.edu/speciaVexoneration/Pages/about.aspx.

〔2〕 Larry Laudan, *Truth, Error, And Criminal Law: An Essay in Legal Epistemology*, Cambridge University Press, 2006, p. 2 - 3.

〔3〕 错误定罪问题的范围已由其他人在其他地方进行了研究。See Samuel R. Gross et al., *Exonerations in the United States* 1989 *Through* 2003, in Journal of Criminal Law & Criminology, 95(2005), p. 523 passim; Samuel R. Gross & Barbara O'Brien, *Frequency and Predictors of False Conviction: Why We Know So Little, and New Data on Capital Cases* passim (University of Michigan Law School Public Law Research Paper No. 93 & Michigan State University College of Law Legal Studies Research Paper No. 05 - 14 2007), available at http://papers.ssrn.com/so 13/papers.cfm? abstractid = 996629; D. Michael Risinger, *Innocents Convicted: An Empirically Justified Factual Wrongful Conviction Rate*, in Journal of Criminal Law & Criminology, 97 (2007), p. 761 passim; Marvin Zalman, *Qualitatively Estimating the Incidence of Wrongful Convictions*, in No. 2 Criminal Law Bulletin, 48(2012), ART. 1 passim.

化,为这个难题提供了答案。所谓“可疑证据”,是指一些既会在错误定罪案件中重复出现,又无法通过传统审判机制加以纠正的证据。因此,在正当程序条款下,这类证据的可靠性可以而且应当受到更加严格的审查。特别是目击证人证言、被告人的有罪供述、科学证据以及监狱线人或告密者的证言,这四类证据应当按照严格的标准进行审查。因为上述每一类证据都会导致误判,但每一类型证据都对对抗制审判的纠错机制有耐受性,在某种程度上是因为事实认定者往往会误解每一类证据的内在风险。[1] 承认他们的可疑地位是唯一危险的证据,在不过度侵蚀陪审团角色的情况下,可以根据正当程序条款进行有意义的司法把关。

然而,考虑到最高法院距离使用宪法原则来甄别证据可靠性越来越远,本文考虑了其他机制,以更好地确保证据的可靠性和准确的审判结果。首先,目前最高法院判例的趋势表明,正当程序框架中有一种可供选择的办法,即将重点放在规范审前程序中那些产生最可疑证据的警察和检察官的行为上。最高法院越来越倾向于重塑正当程序原则,不再关注审判中使用证据的实质目的,而是关注产生证据的程序——已故的 Bill Stuntz 曾哀叹,这种趋势是一场更广泛运动的一部分,它驱使理论从解决实质正义转向更注重程序的形式主义。[2] 在本文所述的背景下,这种转变反映在宪法对证据可靠性的审查减少,以及对警察在生成证据方面的行为(或不当行为)的过分关注。如果这的确是未来正当程序分析的重点,那么,本文建议,监督警察的行为可以而且应该采用更严格的方式从而鼓励收集证据的最佳措施,同时防止产生虚假或暗示性的证据收集方法的出现。

其次,本文评估了非宪法性证据法的新应用,为填补此类可疑证据可靠性

〔1〕 See David A. Harris, *Failed Evidence: Why Law Enforcement Resists Science*, New York University Press, 2012. 该书在多个地方论述了这个问题。(讨论其中三种类型的证据——目击证人证言、有罪供述和法庭科学证据——并分析为什么目前的程序在解决它们的缺陷方面是无效的)

〔2〕 在 Stuntz 的最后一部主要著作中,他提出,要更直接地关注实质性的司法,而不是越来越多地关注“最高法院自 20 世纪 60 年代初以来制定的庞大程序规则网络”。William J. Stuntz, *The Collapse of American Criminal Justice*, Harvard University Press, 2011, p. 302. 与 Stuntz 的做法一致,我对证据的实质内容的关注与实质性公正更直接相关,而法院越来越关注仅间接解决审判结果的公正性和准确性的程序规则。

审查的空白提供了构想。随着越来越多的人认识到,这些可疑的证据类型是造成重大事实认定错误的原因,法院开始依靠现有的证据规则来审查证据的可靠性。在这些规则中,最突出的是那些要求证人对他们所作证的事情有个人知识的规则,[1]这些规则要求证人的意见“既要理性地基于证人的看法,又要有助于事实的裁判者”,[2]还有如果有关证据引发不公正的偏见的风险大大超过其证明价值,则允许法庭将其排除的规则。[3] 重新加强这些规则的应用是审查不可靠的“可疑”证据的有效手段。

最后,本文讨论了除证据排除之外,可能有助于减轻有缺陷证据造成的损害的补救办法。其中最主要的是更广泛地使用专家证人和陪审团指令来教育裁判者,让他们了解这些类别的可疑证据虽然通过科学手段确定了其性质但具有违反直觉的特性。由于法院已被证明不愿严格适用基于可靠性的排除规则,本文最后探讨了部分排除的选项——排除证据中最令人反感的部分,同时采纳其他部分——作为一种法院可能更有可能实际执行的选项。

## 二、证据可靠性作为一个宪法问题

审判程序的宪法设计,包括调整证据可采性的宪法规则,旨在防止不可靠的证据和不准确的事实判断。[4] 例如,对质程序就是一个用于排除那些准确性和可靠性无法经受住审判程序检验的证据的机制。同样,有一种观点认为美国宪法第五修正案所确立的反对强迫自证其罪的特权,也是用于排除单靠审判程序无法隔离出去的不可靠证据。正如 Akhil Reed Amar 所述:

> 第五修正案排除证据的原因是什么?是基于证据的可靠性。一个重要的原因是,当嫌疑人被强迫作出供述时——特别是在吉迪恩一案之前——嫌疑人

〔1〕 E. g. , Federal Rules of Evidence. 602.

〔2〕 E. g. , Federal Rules of Evidence. 701.

〔3〕 E. g. , Federal Rules of Evidence. 403.

〔4〕 正如最高法院所说,“审判的基本目的是确定真相。”Tehan v. United States ex rel. Shott, 382 U. S. 406, 416 (1966).

可能无法获得律师的帮助就作出有罪供述,假如嫌疑人被迫站在证人席上,聪明的检察官可能会让他们看起来确有其罪,即使他们是无罪的。[1]

事实上,证据可靠性有时会直接涉及宪法性证据法。在一些案件中,特别是涉及目击证人辨认的案件,采纳不可靠证据违反了正当程序。[2]

但近年来逐渐发展的一个趋势是,证据可靠性被视为宪法之外的问题。[3] 宪法性刑事诉讼主要通过各种程序性权利来调整刑事审判的公正性:从美国宪法第六修正案的律师的权利、被告人的权利、要求陪审团审判的权利以及对陪审团裁决一致性的要求;到美国宪法第五修正案所规定的不被强迫自证其罪的特权;美国宪法第十四修正案规定的辩护权和排除合理怀疑的证明标准的正当程序权利。[4] 相比之下,和证据可靠性问题相关的问题被普遍认为不在《宪

---

〔1〕 Akhil Reed Amar, *Against Exclusion* (*Except to Protect Truth or Prevent Privacy Violations*), in Harvard Journal of Law and Public Policy, 20(1997), p. 464; see also Akhil Reed Amar & Renée B. Lettow, *Fifth Amendment First Principles*: *The Self-Incrimination Clause*, in Michigan Law Review, 93(1995), p. 857, 898 (注意到该特权"服务于可靠性的目标").

〔2〕 See Neil v. Biggers, 409 U. S. 188, 198 - 199 (1972); Manson v. Brathwaite, 432 U. S. 98, 110 - 111 (1977).

〔3〕 Alex Stein 观察到,最高法院将宪法解释为对程序规则(保护当事人参与审判的权利——抗辩和提出证据的权利)和裁决规则(实质上是举证责任)施加了严格的要求,但对证据的可采性几乎没有任何限制。See generally Alex Stein, *Constitutional Evidence Law*, in Vanderbilt Law Review, 61(2008), p. 65. 他指出,宪法对证据的可采性只施加了非常微弱和模糊的限制:根据(正当程序)条款,审查一项证据或程序规则是否符合宪法的标准是,该规则是否违反了"有秩序的自由计划的本质",或"违反了某些植根于我国人民的传统和良知、被列为基本原则的正义原则"。Alex Stein, *Constitutional Evidence Law*, in Vanderbilt Law Review, 61 (2008), p. 86 (second alteration in original) [引用 Palko v. Connecticut, 302 U. S. 319, 325 (1937) and Snyder v. Massachusetts, 291 U. S. 97, 105 (1934)]. 他认为,这是不正常的,因为证据规则(处理他所说的"信息风险")可以影响系统倾斜错误风险的方式,就像程序规则(处理"参与性风险")和举证责任("决策风险")一样。See Alex Stein, *Constitutional Evidence Law*, in Vanderbilt Law Review, 61(2008), p. 68. ("宪法保护人们免受裁判风险和参与性风险,但不保护信息风险。这个政策是不一致的。如果宪法对裁判风险和参与性风险的保护保障了人们的自由和财产不被错误剥夺,为什么允许立法者和法官通过分散他们认为合适的信息风险来削弱这些保护呢")

〔4〕 虽然所有这些宪法规定的目的都是加强刑事审判的公正性,但更准确的理解是,有些规定,如一致裁决和排除合理怀疑的证明标准,与其说是注重确保判决准确性的公正性,不如说是注重在国家和被告人之间公平分配错误风险。See Larry Laudan, *Truth*, *Error*, *And Criminal Law*: *An Essay in Legal Epistemology*, Cambridge University Press, 2006, p. 29(注意,这些规定的预期结果是以这种方式分配错误).

法》调整的范围之内,而是由州法律和证据规则进行规范。[1]

事实上,尽管《宪法》明显关注防止不可靠的证据和错误定罪,但可靠性作为证据问题很少在宪法理论中被援引。在证据可靠性的司法审查被纳入宪法理论的少数情况中,一般被认为是为违反宪法的行为提供正当化理由,同时承认其他不适当的取证行为,而不是作为排除不可靠证据的依据。

例如,当最高法院 1980 年第一次试图在 Ohio v. Roberts 案中解释对质条款时,[2]它将证据可靠性作为采纳未经对质的证据的工具。法院逐字解释了对质条款——法庭在刑事诉讼中阻止所有的传闻证据因此完全否定传闻证据的例外——过于严苛。[3] 因此,法庭创造了容许传闻证据的标准(尽管它侵犯了字面意义上的对质权),只要政府可以建立:第一,证人是不可靠的;第二,证据是足够可靠的——换言之,这个主张盯着充足的“可靠性的标记”。[4] 因此,对证据可靠性的评估导致容许本应被禁止的证据进入法庭。但是,相反地,司法评估认为在其他情况下可接受的证据是不可靠的,这并不是排除证据的唯一依据。

24 年后,当最高法院在 Crawford v. Washington 案中修正对质条款的意义时,它弱化了法庭在审查证据可靠性方面的角色,并且以一种更明确的方式重新定义了对质条款,[5]即法庭仅运用对质条款审查证人的庭外陈述是否可以作为证据使用,而不是用于评估证据的可靠性。假如相关陈述具有证据资格但却未能通过交叉询问,无论法官认为该证据多么可靠,该证据都是不可采信

---

[1] Brandon L. Garrett, *Eyewitnesses and Exclusion*, in Vanderbilt Law Review, 65 (2012), p. 451 - 452.

[2] 448 U. S. 56 (1980).

[3] 448 U. S. 63 (1980). 法院随后在 Michigan v. Bryant 案中,至少是间接地重新引入了这样一个概念,即可靠性是对抗制下一个直接的宪法问题,这或许是对对质条款分析的轻率回归。131 S. Ct. 1143, 1174 (2011) (Scalia, J., 异议意见)(“今天的决定是……这是对法律的严重扭曲——在这种修正主义的叙述中,可靠性继续指导着对质条款的适用”). 然而,随后的对质条款判决——更忠实于 Crawford v. Washington 案——没有进一步提及可靠性作为对质条款下的一个决定性因素。

[4] Roberts, 448 U. S. at 66. 根据罗伯茨的规定,充分的可靠性可以通过证明该陈述属于“一个根深蒂固的道听途说的例外情况”或以其他方式具有“可信度的具体保证”来建立。

[5] 541 U. S. 36, 68 - 69 (2004).

的。[1] 假如相关陈述不具有证据资格,无论该证据多么可靠,对质条款都不会阻拦它被采纳。[2] 随后,在 Whorton v. Bockting 案中,最高法院承认这种新的审查方式使对质条款偏离了它对证据可靠性的关注。[3] 最高法院强调从 Crawford 案中发展出来的规则与"事实调查过程的准确性"仅仅具有有限的关系,并且"Crawford 案在总体是减少了还是增加了不可靠的庭外证言在刑事审判中被采纳的数量是不明确的"[4]。

可靠性审查在宪法原则中发挥最突出作用的背景是法院评估目击证人辨认的方式。在 20 世纪 60 年代到 80 年代的一系列裁决中,最高法院认为,正当程序条款对目击证人辨认的可采性施加了基于可靠性的限制。从 1967 年的 Stovall v. Denno 案开始,最高法院认为,如果涉及的辨认程序"存在不必要的暗示或可能导致不可弥补的错误辨认,以至于[被告]无法获得正当法律程序的保障",[5]那么被告人就可以对目击者的指认提出符合宪法的证据质疑。

随后,在 Neil v. Biggers[6]和 Manson v. Brathwaite[7]这两个案件中,最高法院正式宣称可靠性是关于正当程序的核心问题。在 Biggers 案中,最高法院明确表示,"错误辨认的可能性会侵犯被告人的正当程序权利"[8]。在 Manson 案中,最高法院甚至指出,"可靠性是决定证人证言是否具有可采性的关键"[9]。

但在这里,法院再次使用可靠性作为采纳其他不适当证据的标准,而不是作为排除不可靠证据的独立基础。最高法院在 Biggers 案和 Manson 案中建立

---

[1] 541 U. S. 36, 68 - 69 (2004).

[2] See Davis v. Washington, 547 U. S. 813, 823 - 829 (2006)(描述对质条款的范围).

[3] 549 U. S. 406, 417 - 421 (2007).

[4] 549 U. S. 406, 419 - 420 (2007).

[5] 388 U. S. 293, 302 (1967); see also Simmons v. United States, 390 U. S. 377, 384 (1968) ["只有在照片辨认程序具有不可容忍的暗示性,以致极有可能造成不可挽回的错误辨认的情况下,基于审判时目击证人在审前通过照片指认而作出的定罪才会在(正当程序)的基础上被撤销"]; Foster v. California, 394 U. S. 440, 443 (1969)(发现违反了正当程序,因为辨认程序具有很强的暗示性,使辨认"几乎不可避免").

[6] 409 U. S. 188 (1972).

[7] 432 U. S. 98 (1977).

[8] Biggers, 409 U. S. at 198.

[9] Manson, 432 U. S. at 114.

了一个两步式的正当程序分析框架。最高法院根据在 Stovall 案中第一次提出的方法,宣布第一步是确定证人辨认是否是一种不允许的或不必要的暗示程序的产物。[1] 但是,由于担心这一标准会排除太多证据,最高法院在 Biggers 案和 Manson 案中增加了第二个判断步骤:即使辨认程序存在不必要的或不允许的暗示,如果控方能够证明,尽管辨认过程中存在暗示,但辨认证据仍然是足够可靠的,那么证人的辨认仍然是可接受的。[2] 因此,Biggers-Manson 案提供的正当程序审查方法,在很大程度上是利用可靠性这一要素为有缺陷的证据开脱。无论如何,至少在一段时间内,Biggers 案和 Manson 案似乎比其他任何案件都更直接地支持证据可靠性本身是一个有关正当程序问题的概念。

在这方面,最高法院审理的有目击证人指认的案件与存在有罪供述的自证其罪案件,形成鲜明对比。在自证其罪的案件中,最高法院早就意识到排除强迫供述的部分宪法根据,即正如 Akhil Reed Amar 教授所指出的,[3] 排除强迫供述是对供述本身不可靠性担忧。[4] 在 1936 年的 Brown v. Mississippi 案中,最高法院推翻了针对三名黑人佃农犯谋杀罪的指控,因为该案是建立在对三名被告人进行鞭刑、毒打和酷刑后获取有罪供述的基础之上的。[5] 最高法院认为,非自愿供述违反了基本的公平原则,因为它们本身就不值得信任。[6] 然而,法院随后宣布,可靠性不是非自愿供述所引发的主要正当程序问题。在 Lisenba v. California 案中,针对一项据称是强迫认罪的案件,最高法院宣布:"正当程序的目标不是排除推定为虚假的证据,而是无论证据真假,正当程序的目标主要是防止在使用证据时诱发根本的不公平。"[7] 因此,法院将正当程序

---

〔1〕 Biggers, 409 U. S. at 198 – 199.

〔2〕 Manson,432 U. S. at 112.

〔3〕 See Akhil Reed Amar, Against Exclusion (Except to Protect Truth or Prevent Privacy Violations), in Harvard Journal of Law and Public Policy, 20(1997), p. 464(那么,美国宪法第五修正案排除规则的理由是什么? 原因是可靠性).

〔4〕 See Richard A. Leo et al., *Bringing Reliability Back In: False Confessions and Legal Safeguards in the Twenty-First Century*, in Wisconsin Law Review, 2006, p. 479, 493 – 494(将可靠性作为排除胁迫供词的一个理由).

〔5〕 297 U. S. 278, 282, 287 (1936).

〔6〕 297 U. S. 283(1936)(将诉讼程序和招供描述为一场"闹剧"和"虚假的").

〔7〕 314 U. S. 219, 236 (1941).

原则的目标,从排除不可靠证据转变为阻止压迫性和不公平的警察审讯方法。

最高法院在 1986 年 Colorado v. Connelly 案的裁决中完成了这一转型。[1] 在该案中,Connelly 到警察局自首并供述谋杀了一个妇女的事实。[2] 办案机关随后调查了解到,Connelly 是一个慢性的精神分裂患者,他相信他向警察供述杀死别人的事实是遵循"上帝的声音"[3]——关于供述的自愿性和可靠性产生了显著的疑惑。然而,最高法院裁决该供述在宪法规范内是自愿的并具有可采性,因为警察并没有做出任何强迫的或者不适当的行为去诱供。[4] 最高法院明确指出了证据的可靠性在宪法上的重要性:"一个处于被调查状态的人所作的陈述可能被证明是相当不可靠的,但这是一个由证据法规范的问题……而不是根据第十四修正案的正当程序条款调整。"[5] 根据最高法院的说法,正当程序条款是对政府在获取或发展证据时的不当行为或越权行为的检查,但不是对证据可靠性的证据检验。[6]

因此,Connelly 案曾一度引发了正当程序原则在形式上的冲突。在 Connelly 案的裁判规则下,供述的可靠性与正当程序无关。但在 Biggers 案和 Manson 案中,最高法院又明确宣布,可靠性是正当程序分析的"关键"。[7]

在 2012 年最高法院判决 Perry 诉 Neiv Hampshire 之前情况就是如此[8],这是 Manson 案以来 25 年里它考虑的第一个目击证人辨认效力的案件。在 Perry 案中,一名目击者在暗示性的情况下指认了被告,但这种情况并不是警察创造的。这名目击者主动走到公寓窗口,指着正站在楼下街道上接受其他警察询问的佩里。[9] Perry 案抓住 Manson 案对可靠性的关注,认为这是正当程序分析的"关键",他认为警察是否越权或不当行为与此无关;他认为使用这种辨

---

〔1〕 479 U. S. 157 (1986).

〔2〕 479 U. S. 160 (1986).

〔3〕 479 U. S. 161 (1986).

〔4〕 479 U. S. 167 (1986).

〔5〕 479 U. S. 167 (1986).

〔6〕 See Keith A. Findley, *Innocence Protection in the Appellate Process*, in Marquette Law Review, 93(2009), p. 591, 604("Connelly 一案之后,警察的强制措施才是最重要的……").

〔7〕 Manson v. Brathwaite, 432 U. S. 98, 114 (1977).

〔8〕 132 S. Ct. 716 (2012).

〔9〕 132 S. Ct. 722 (2012).

认方法会违反正当程序,因为这种辨认是在暗示性的情况下进行的,破坏了辨认可靠性,并造成了"不可弥补的错误辨认的高度盖然性"。[1] Perry 的论点得到了过去 20 多年 DNA 洗冤记录的支持。在这些案件中,目击证人的错误是导致错误定罪的主要原因——这一特征出现在超过 75% 的 DNA 脱罪案件中。[2]

尽管如此,法院驳回了 Perry 的论点,认为无论是暗示性还是它产生的不可靠的辨认证据的可能性都不具有任何宪法调整的意义,除非警察实施了不适当的行为并制造了辨认过程中的暗示。[3] 最高法院解释道:

> 我们的决定……揭示国家追诉权力的运作,例如,在列队辨认、当场辨认或照片排列指认时,旨在阻止警察操纵证人辨认程序。我们认为,在不涉及不当执法活动的情况下,通过为此目的而设计的程序权利和参与机会来检验证据可靠性就足够了,特别是在起诉后通过辨认程序中有律师在场、有力的交叉询问、证据保护规则,以及陪审团关于目击证人辨认的易错性和排除合理怀疑证明有罪的标准的指示。[4]

因此,法院的结论是,宪法……保护被告人不因证据的可靠性有问题而被定罪,不是通过禁止提出证据,而是通过向被告人提供手段,使其说服陪审团认为证据不值得信任而不予考虑。[5] 法院认为,除了宪法的具体程序保护外,"州和联邦法律和规则通常调整证据的可采性,陪审团被指派的任务是确定在审判中提出的证据的可靠性"[6]。

---

[1] 132 S. Ct. 724 (2012)[引用 Simmons v. United States, 390 U. S. 377, 384 (1968)].

[2] 132 S. Ct. 738 (2012)(Sotomayor, J., 异议意见); Brandon L. Garrett, *Convicting the Innocent: Where Criminal Prosecutions Go Wrong*, Harvard University Press, 2011, p. 8 – 9 (Stating 76% of Wrongful Convictions Included Eyewitness Misidentification); Jim Dwyer, Peter Neufeld & Barry Scheck, *Actual Innocence: Five Days to Execution, and Other Dispatches from the Wrongly Convicted*, Doubleday, 2000, p. 246(在一个错误定罪的样本中,84% 涉及目击证人辨认).

[3] Perry, 132 S. Ct. at 730.

[4] Perry, 132 S. Ct. at 721.

[5] Perry, 132 S. Ct. at 723.

[6] Perry, 132 S. Ct. at 723.

因此,作为宪法原则的证据可靠性的转型似乎是彻底的。[1] 即使在可能是最臭名昭著的不可靠的证据类型——那些希望在自己的案件中获得利益的监狱线人提供不利于被告人的证据(告密证言)——的情形中,最高法院最近也宣布,正当程序条款对监狱告密者证言的可靠性没有任何限制。在 Kansas v. Ventris 案中,法院驳回了一位支持 Ventris 的法庭之友提出的论点,即监狱里的告密者"本质上是如此不可靠",因此法院应该对未经证实的告密者陈述制定一项广泛的排除规则。[2] 斯卡利亚大法官在驳回这一提议时,用了一个熟悉的套路:"然而,我们的法律体系建立在这样一个前提之上,即权衡相互竞争的证人的可信性是陪审团的职责,我们长期以来一直试图避免'将本法院建立为颁布州刑事诉讼规则的立法机构'。"[3]

对证据的可靠性进行正当程序审查的余地似乎所剩无几。法院为什么从将证据可靠性作为一个宪法问题来考虑的道路转向,特别是当对错误定罪的研究使人们注意到某些类型的不可靠证据的危害性和腐败性时,这需要进一步解释。

## 三、理解宪法对证据可靠性的漠视

在某种程度上,这种转变反映了最高法院对宪法原则的抵制,正如斯卡利亚大法官在 Ventris 案中的评论所暗示的那样,宪法原则促使最高法院过于直接地参与规范州审判的可采性规则,并有效地将宪法转变为证据法典。最高法院一直不愿意把对可靠性的直接司法评估作为宪法要求,因为历史上证据规则主要是地方或州的问题。斯卡利亚大法官在 Crawford 案中有力地表达了这种担忧:

---

〔1〕 然而,请注意,法院并没有否认比 Biggers-Manson 案使用可靠性来恢复其他方面有缺陷的目击证人证据。尽管如此,法院确实明确表示,证据不可靠本身并不构成宪法后果。

〔2〕 Kansas v. Ventris, 556 U. S. 586, 594 n (2009).

〔3〕 Kansas v. Ventris, 556 U. S. 586, 594 n (2009)[引用 Spencer v. Texas, 385 U. S. 554, 564 (1967)].

采纳被法官认为可靠的供述从根本上与对质权相悖。当然,该条款的最终目的是确保证据的可靠性,但它是一种程序上的而不是实质性的保障。它并不要求证据是可靠的,而是要求用一种特殊的方式来评估其可靠性:通过在交叉询问的程序环境中进行检验。因此,该条款反映了一种判断,不仅是关于可靠证据的可取性(在这一点上几乎不会有异议),而且是关于如何最好地确定可靠性。

罗伯茨检验法允许陪审团听取未经对质程序检验的证据,其依据仅仅是对可靠性的司法判断。因此,它用一种完全外来的方法取代了宪法规定的评估可靠性的方法。[1]

不过,需要注意的是,斯卡利亚大法官的论点实际上是,对可靠性的司法评估不能用于以与宪法规定的程序相冲突的方式容许证据。但是,这些宪法条款并没有禁止在特定的宪法规定程序之外对可靠性进行司法审查——无论是根据州法律或证据规则,还是适用其他宪法渊源的问题,如正当程序对承认明显不可靠的证据的公平性的关注。毕竟,那些具体的宪法规定是出于这样一种顾虑,即参与制定、制作或评估针对被告人个人的证据过程的政府官员“不能总是被信任能保障人民的权利”。[2] 这一担忧反对根据司法审查的可靠程度来采纳对被告人不利的证据的宪法规定,但它几乎没有提到要筛选出政府为陷害被告人而引入的不可靠证据。尽管如此,潜在的主题——法院希望避免对刑事程序和证据进行过多的干预——很大程度上解释了法院对可靠性审查的普遍抵制。

与此相关的是,不愿将任何司法审查事项都当作宪法问题,即使是臭名昭著的不可靠证据,也源于一种担心,即这种做法难以确定边界。最高法院注意到,审判程序中经常接受各种可以被视为不可靠的证据,但有一项程序要求,即应由陪审团评估这些证据的证明力(如果该证据有证明力的话)。例如,最高法院在 Perry 案中提出,关于审前辨认的证词不应比其他形式的不可靠证据更值

〔1〕 Crawford v. Washington, 541 U.S. 36, 61 – 62 (2004).
〔2〕 Crawford v. Washington, 541 U.S. 36, 67 (2004).

得严格审查。[1] 法院的理由是,所有法庭内的证人辨认都包含一些暗示的成分,但这种“潜在的不可靠性”不值得加强正当程序审查。[2] 如果法院被要求审查目击者的证言的可靠性,为什么其他类型的不可靠证据,如来自有偏见的证人的证言不需要审查呢?简单地说,法院如何在原则性的方式上对某些类型的不可靠证据与其他类型的不可靠证据进行区分?

从可靠性审查中隐退也反映了一个基本问题,即法院根本无法做好可靠性审查工作。评估可靠性会引发关于可信度和心理状态等问题的规范性和价值观问题,这些问题不适合用司法方法分析。事实上,当法院试图建立审查可靠性的标准时,它失败了。例如,在法院要求对目击者证言进行可靠性评估时,其制定的标准被广泛批评为无效,并且与社会科学研究中关于与目击证人证言可靠性的实际相关因素相互矛盾。[3] 根据对质条款的内容,斯卡利亚法官在 Ohio v. Roberts 案中提出的一个重要论点是,可靠性标准过于模糊,导致了很多大相径庭的结果。斯卡利亚大法官在 Crawford 案中表达了这一担忧,他写道:“我们认为,宪法制定者无意将第六修正案的保护留给变幻莫测的证据规则,更不用说‘可靠性’这个无定形的概念了。”[4] 更重要的是,斯卡利亚大法官贬低了法官应该审查可靠性的任何概念,因为“可靠性如果不是一个完全主观的概念,但也是一个无定形的概念”[5]。

---

[1] Perry v. New Hampshire, 132 S. Ct. 716, 728 (2012).

[2] Perry v. New Hampshire, 132 S. Ct. 716, 728 (2012).

[3] Biggers 案和 Manson 案指出了法院在评估目击证人的可靠性时应考虑的五个因素:(1)证人在犯罪发生时见到罪犯的机会;(2)证人的注意程度;(3)证人先前对犯罪分子的描述的准确性;(4)对质时所表现出的确定性程度;(5)犯罪与冲突之间的时间间隔。Neal v. Biggers, 409 U. S. 188, 199 - 200 (1972); Manson v. Brathwaite, 432 U. S. 98, 114 (1977). 这些因素被批评存在严重缺陷,因为它们与科学研究不一致(例如,确定性不是准确性的良好衡量标准),而且因为大多数因素都是目击证人自己陈述的,因此受制于它们旨在抵消的暗示性。为了更好地讨论这些缺陷,see Timothy P. O'Toole & Giovanna Shay, *Manson v. Brathwaite Revisited: Towards a New Rule of Decision for Due Process Challenges to Eyewitness Identification Procedures*, in Valparaiso University Law Review, 41(2006), p. 109, 112 and Gary L. Wells & Deah S. Quinlivan, *Suggestive Eyewitness Identification Procedures and the Supreme Court's Reliability Test in Light of Eyewitness Science*: 30 *Years Later*, in Law and Human Behavior, 33(2009), p. 1, 9 - 18.

[4] Crawford, 541 U. S. at 61.

[5] Crawford, 541 U. S. at 63.

正如上述讨论所表明的,对基本宪法结构的担忧也影响到了法院的角色。基于宪法可靠性的证据限制的论点加入了"自由证明"辩论。自由证明(或至少"更自由的证明")[1]的拥护者认为,对证据可靠性进行明显的司法预评估破坏了"陪审团的宪法地位"。[2] 正如 Robert Burns 所言,法官应审查证据的可靠性,这一概念的前提是"需要对陪审员分配证据的适当权重进行限制的家长式判断"[3] Burns 引用了 Margaret A. Berger 的说法,即

在英国,当一个僵化的阶级社会在王室法官和普通陪审员之间造成了巨大的差距时,排除陪审员无知或情绪化而无法正确评估的证据可能是合适的,但这与我们现代美国知情社会的现实和工作社会中独立思考的责任要求不符。[4]

## 四、法庭对证据可靠性审查的宪法基础

然而,尽管存在上述担忧,有理由认为,宪法确实在限制不可靠证据方面发挥了作用。反对宪法可靠性规范的每一个论点都可以得到回答。事实上,尽管最高法院对错误定罪案件的教训反应并不积极,但学者们已经注意到了这一点,并敦促对不可靠的证据进行更严格的审查。无论是宪法还是证据法,学者

---

〔1〕 Michael Risinger 将"自由证明"描述为"从最强烈的意义上说,完全没有任何排除规则,从较弱的意义上说,除了没有相关性之外,没有所有排除规则"。D. Michael Risinger, *Inquiry*, *Relevance*, *Rules of Exclusion*, *and Evidentiary Reform*, in Brooklyn Law Review, 75 (2010), p. 1349, 1351.

〔2〕 Robert P. Burns, *A Short Meditation on Some Remaining Issues in Evidence Law*, in Seton Hall Law Review, 38(2008), p. 1435; see also Akhil Amar, *The Bill of Rights*: *Creation and Reconstruction*, Yale University Press, 1998, p. 81 – 110(讨论了陪审团在《权利法案》所有基础的生动原则中的中心地位).

〔3〕 Robert P. Burns, *The Withering Away of Evidence Law*: *Notes on Theory and Practice*, in Georgia Law Review, 47(2013), p. 691, 695.

〔4〕 Robert P. Burns, *The Withering Away of Evidence Law*: *Notes on Theory and Practice*, in Georgia Law Review, 47(2013), p. 742 – 743 [引用 1 Margaret A. Berger et al., Evidence, at iii (1994), asreproduced in United States v. Shonubi, 895 F. Su, p. 460, 493 (E. D. N. Y. 1995), vacated 103F. 3d 1085 (2d Cir. 1997)].

们越来越多地呼吁采用基于可靠性的标准来承认特定类型的有问题的证据。[1]

(一)加强对可疑证据类别的审查

虽然避免对证据可靠性进行宪法检验的理由引起了合理的担忧,但这些担忧不必要求我们在没有任何实质性可靠性检验的情况下就接受有缺陷的证据和由此导致的对无辜者的错误定罪。有一些方法可以将这种有问题的证据与其他类型的证据区分开来,即提供一种有原则的方法来筛选某些特殊证据。首先,法院可以考虑错误定罪案件的教训,并反思:什么类型的证据对不公正定罪影响最大?其次,法院可以关注那些常识通常是错误的、正确的可靠性评估是违反直觉的证据类型——在这些证据类型中,需要专业知识才能正确地评估可靠性。[2] 而这两个类别恰好重叠,并非巧合。最常导致错误定罪、传统交叉询问测试无法有效解决的有问题的证据类型的"规范"清单包括目击者的辨认、被告人的有罪供述、监狱告密者或线人的证言,以及未经证实的法医科学技术和由此产生的证据。[3] 针对每一种有问题的证据类型的强有力的社会科学研究现在可以纳入司法决策,这样进行证据的可靠性检验就可以变得更有效,不像斯卡利亚大法官所担心的一般可靠性筛选那样"不确定"和"主观"。

理解这些特殊类型的证据的独特特征,使宪法判例具有连贯性和受限性,同时能够回应许多对使用正当程序条款进行证据可靠性审查的异议。这些为数不多的证据类型——它们都是错误定罪的常见原因,而且在对抗式审判中没有得到充分处理——可以被视为值得司法高度重视的"可疑证据类别"。因此,

---

〔1〕 Brandon Garrett,例如,他主张"以准确性为导向的方法来审查刑事审判证据",他认为司法管辖区"应该让法官在庭审前基于社会科学框架评估(目击证人辨认)证据的可靠性。然后在审判时,如果确认证据被接受,提供详细的指导来教育陪审员"。Brandon L. Garrett, *Eyewitnesses and Exclusion*, in Vanderbilt Law Review, 65(2012), p. 457; see also Keith A. Findley, *Innocence Protection in the Appellate Process*, in Marquette Law Review, 93(2009), p. 623 – 624(主张对证据可能导致错误定罪的案件进行有意义的司法事实审查);cf. D. Michael Risinger, *Unsafe Verdicts: The Need for Reformed Standards for the Trial and Review of Factual Innocence Claims*, in Houston Law Review, 41(2004), p. 1281, 1311 – 1312(主张简化审判程序,以严格审查所有与被告声称无罪有关的证据的可靠性).

〔2〕 "目击证人证据提出了一个独特的问题,陪审员看到了一个看似有力但暗示性的当场辨认,而交叉询问等标准工具无法显示目击证人的记忆可能是如何被不健全的辨认程序所改变的……" Brandon L. Garrett, *Eyewitnesses and Exclusion*, in Vanderbilt Law Review, 65(2012), p. 454.

〔3〕 Samuel R. Gross, *Convicting the Innocent*, in Annual Review of Law & Social Science, 4(2008), p. 173, 186.

这一原则可以粗略地借鉴平等保护条款展开分析。正如法院找到了一种方法,在最需要的情况下应用有意义的平等保护审查,而不过度侵犯传统上为行政过程保留的领域一样,法院也能找到一种方法,在最需要的情况下应用有意义的方式对证据可靠性展开审查,而不篡夺证据规则或陪审团的作用。根据"平等保护条款",最高法院创造了"嫌疑人分类"的概念,以证明加强司法审查是合理的,以立法划定的区别影响到一般行政程序没有提供足够的保护的"离散的和孤立的少数群体"。[1] 同样,确认"可疑证据类别"可以为加强对最常导致错误定罪的离散证据类型的审查提供正当理由,而普通的对抗式审判程序对这些证据没有提供足够的保障。

(二)可疑证据和自由心证

针对这类不可靠证据的有限但重要的排除规则可以回应主张自由心证的人提出的大多数反对意见。一些特别有影响力的提倡自由证明的研究者认识到,为了裁决的准确性,需要一些排除性规则。正如 Robert Burns 所言,"由于排除规则的适用一直都是绝对的,难免侵蚀陪审团衡量所排除证据所具有的全部证明价值,所以只有当我们确信对抗式审判的有力的关键手段不足以恰当地衡量证据时,我才会援引这些规则"[2]。

Burns 承认,专家证据的司法审查就是一种确保司法把关作用的例子。[3] 他提出:"至少评估一些专家证据确实是审判制度常常无法克服官僚主义和市场约束的领域之一。"[4] 法庭科学错误现在被认为是错误定罪的主要原因。2009 年 2 月,美国国家科学院(National Academy of Sciences)发布了一份改变诉讼规则的报告,震惊了法医学界。报告称,除了 DNA 分析之外,几乎所有的

---

〔1〕 "嫌疑人分类"原则最早由最高法院在著名的"脚注四"中提出,在 United States v. Carolene Products Co., 304 U. S. 144, 152 - 153 n. 4 (1938)中,斯通法官在这一脚注中建议,有理由对针对缺乏政治程序正常保护的独立和孤立的少数群体的立法适用更高的司法审查标准。

〔2〕 Robert P. Burns, *A Short Meditation on Some Remaining Issues in Evidence Law*, in Seton Hall Law Review, 38(2008), p. 1437(着重强调).

〔3〕 Robert P. Burns, *A Short Meditation on Some Remaining Issues in Evidence Law*, in Seton Hall Law Review, 38(2008), p. 1441.

〔4〕 Robert P. Burns, *A Short Meditation on Some Remaining Issues in Evidence Law*, in Seton Hall Law Review, 38(2008), p. 1441.

个性化的法庭科学都缺乏科学基础、坚实的研究基础,或者缺乏可靠地将个人与犯罪现场的特定证据联系起来的能力。[1] 然而,由于法庭科学证据看起来是“科学的”,拥护者们在挑战它这方面做得很差,法院对它的审查较为微弱,陪审团通常缺乏批判性评估的能力。正如我们将看到的,在错误定罪中最常见的其他类型的证据——目击证人的辨认、有罪供述和监狱告密者的证词——也没有经过对抗式审判程序的有效检验。

(三)政府制造的可疑证据

针对上述每一类型的证据,其他学者最近都更强烈地主张,作为防止错误定罪的一种措施,应当由法官直接在证据可靠性审查方面发挥更大作用。[2] 例如,Sandra Guerra Thompson 主张,除了法庭专家的证词外,法庭还应发挥把关作用,评估有罪供述、告密者证言和目击证人辨认的可靠性。[3] 她认为,这样的证据应该受到司法可靠性审查,因为它本身是政府行动的产物——是“警察产生的”证据——因此必须遵守公平竞争的正当程序原则。[4] 她解释道:

证据一方面可以被看作是个人和侦查人员之间相互作用的产物。这类证据并不像在犯罪现场发现凶器那样简单地“发现”。相反,警方提供的这类证人

---

〔1〕 National Research Council, *Strengthening Forensic Science in the United States: A Path Forward*, Washington D. C.: National Academies Press, 2009, p. 4(“在一些案件中,基于错误的法庭科学分析的实质性信息和证言可能导致无辜的人被错误定罪。这一事实表明,过分重视来自不完善测试和分析的证据和证词的潜在危险。此外,不准确或夸张的专家证据有时会导致错误或误导性的证据采纳”).

〔2〕 See Sandra Guerra Thompson, *Judicial Gatekeeping of Police-Generated Witness Testimony*, in Journal of Criminal Law & Criminology, 102(2012), p. 329(认为法院应该在警方提供的证据中扮演积极的把关人角色);Brandon L. Garrett, *Eyewitnesses and Exclusion*, in Vanderbilt Law Review, 65(2012), p. 451 –452(认为司法介入评估目击证人辨认是倒退的);Alex Stein, *Constitutional Evidence Law*, in Vanderbilt Law Review, 61(2008), p. 69(发展出司法控制证据的理论). 以一种相关的方式,已故的 Bill Stuntz 批评了在刑事诉讼中普遍强调程序而不是实体的做法,William J. Stuntz, *The Uneasy Relationship Between Criminal Procedure and Criminal Justice*, in Yale Law Journal, 107(1997), p. 37 –41。

〔3〕 Sandra Guerra Thompson, *Judicial Gatekeeping of Police-Generated Witness Testimony*, in Journal of Criminal Law & Criminology, 102(2012), p. 331.

〔4〕 See Sandra Guerra Thompson, *Judicial Gatekeeping of Police-Generated Witness Testimony*, in Journal of Criminal Law & Criminology, 102(2012), p. 331.

证言可以被比作微量证据,因为必须仔细收集和处理,才能作出准确的判断。调查人员与提供证言的个人的互动最终产生了相关证据,处理不当可能会污染或破坏证据。[1]

虽然这个概念有很多,但不清楚将这类证据与其他证据区别开来的独特特征是否仅仅是因为它是"警察制作的"。从某种程度上说,所有用于起诉的证据都是"警方提供的",或者更准确地说,是"政府提供的"。物证甚至比证人证言更能构成典型的"微量证据",传统观点认为这种证据容易受到污染。警察通常在犯罪现场收集物证,如果他们收集不当,就会污染物证,从而"产生"假证据。同样,几乎所有的证人都要接受警察(和检察官)的询问,他们的记忆或证言可能会被这些互动所干扰。[2] 事实上,所有控方的证词在呈交给陪审团之前都要经过检察官的审查;不出意外的话,它是在证人准备过程中被构建和塑造出来的。[3] 因此,就像供述、举报人的证言和目击证人的辨认一样,政府向陪审团提交的几乎所有证据材料都受到 Thompson 所指出的可靠性问题的同样担忧:"最终产生相关证据的是调查员(或检察官)与提供陈述的个人之间的相互作用,处理不当可能会污染或破坏证据。"[4]

然而,她的观点有一些令人信服的地方,即这类证据的来源为司法可靠性审查提供了一个独特的案例。事实上,就授权最高法院对证据的可采性进行宪

---

〔1〕 Sandra Guerra Thompson, *Judicial Gatekeeping of Police-Generated Witness Testimony*, in Journal of Criminal Law & Criminology, 102(2012), p. 331.

〔2〕 的确,Thompson 承认这三种证据并不是排他性的,"很明显,警方可能还会提供其他类型的证据"。Sandra Guerra Thompson, *Judicial Gatekeeping of Police-Generated Witness Testimony*, in Journal of Criminal Law & Criminology, 102(2012), p. 331.

〔3〕 See generally Randolph N. Jonakait, *The Ethical Prosecutor's Misconduct*, in Criminal Law Bulletin, 23(1987), p. 550. 在其他地方,Jonakait 指出,"警员和其他调查人员在审判前询问证人,而这些询问,正如许多心理学研究表明的那样,影响证人的记忆和联系"。Randolph N. Jonakait, *Making the Law of Factual Determinations Matter More*, in Loyola of Los Angeles Law Review, 25(1992), p. 673, 676. 正如 Dan Simon 解释的那样,"犯罪事件中目击者所看到的'原始证据'经常经过编辑、修饰和修改。"Dan Simon, *More Problems with Criminal Trials: The Limited Effectiveness of Legal Mechanisms*, in Law and Contemporary Problems, 75(2012), p. 167, 168.

〔4〕 Sandra Guerra Thompson, *Judicial Gatekeeping of Police-Generated Witness Testimony*, in Journal of Criminal Law & Criminology, 102(2012), p. 331.

法审查而言,它认为在政府参与获取证据时这样做是最合适的。例如,在一系列案件中,法院认为检察官故意使用伪证违反了正当程序。[1] 从这些案件中可以看出,至少在一定程度上,由于政府串通获取或提供虚假证据,才出现了违反正当程序的情况。[2] 最近,在退出对证据进行宪法可靠性审查的同时,最高法院承认,它所认可的宪法权利的动力,在很大程度上是基于对政府在提供虚假证据方面的作用的担忧。在 Crawford 案中,斯卡利亚大法官为最高法院写道:"政府官员为了审判而参与提供证词,这有可能导致检察官滥用职权——这一事实在制宪者非常熟悉的历史中一再得到证实。"[3] 在 Connelly 案和 Perry 案中,法院明确指出,政府在提供证据方面的不当行为是违反宪法的必要条件,分别与有瑕疵的供述和目击证人的辨认有关。因此,虽然目击证人的辨认、供述、告密者的证言等可能不是唯一由警察提供的,但它们可能具有特殊的宪法或证据问题,因为它们往往比刑事诉讼中政府提供的其他类型的证据更明显地由警察提供。

(四)通过对抗检验可疑证据的危险性和无效性

正如笔者所主张的,由于另外两个原因,这些类型的证据产生了特殊的可靠性问题。首先,它们与我们现在所知的导致错误定罪的最常见因素紧密相关。对过去错误定罪的研究告诉我们,口供、告密者的证言和目击证人的辨认——以及法庭科学证据(Thompson 承认,但没有讨论,尽管这些证据也几乎

---

〔1〕 See Mooney v. Holohan, 294 U. S. 103, 112 (1935)(按法院规定)(认为通过故意使用伪证获得的定罪违反了正当程序,因为它"与通过恐吓获得类似结果一样不符合司法的基本要求");Napue v. Illinois, 360 U. S. 264, 269, 272 (1959)(裁定检察官未能纠正已知的虚假证言违反了正当程序);Pyle v. Kansas, 317 U. S. 213, 215 –216 (1942)(同样).

〔2〕 然而,可以提出这样一种论点:当真正的虚假证据在审判中被使用时,正当程序条款不仅关注政府的不当行为,还关注引入虚假证据本身所造成的危害。In Giglio v. United States, 法院认为,当检察官允许证人作伪证时,即使检察官本人并不知道这个谎言,但这也违反了正当程序。405 U. S. 150, 154 (1972). 在该案中,一名控方证人作了错误的证言,说他没有得到豁免作为作证的交换条件。该检察官不知道的是,另一名检察官给予证人豁免权。法院发现了宪法错误,理由是,"无论不披露信息是疏忽还是故意设计的结果,都是检察官的责任"。检察官办公室是一个实体,因此它是政府的发言人。为了这些,一名律师作出的承诺必须归于政府。405 U. S. 150, 154 (1972).

〔3〕 Crawford v. Washington, 541 U. S. 36, 56 n. 7 (2004).

总是由政府产生的)——是在刑事案件中最常见的导致事实错误定罪的证据类型。[1]

此外,这类证据确实是传统的对抗程序已证明无法充分处理的证据。陪审员用社会常识来评估证据的可靠性,比如目击者的指认,但社会科学研究已经令人信服地证明,这种常识往往是灾难性的错误。[2] 而且,由于错误的目击者通常不是撒谎,而是诚实地弄错了,对此,传统的程序工具,如交叉询问制度在很大程度上是无效的。科学是如此复杂和违反直觉(例如,目击者的确定性与

---

〔1〕 See Brandon L. Garrett, *Convicting the Innocent: Where Criminal Prosecutions Go Wrong*, Harvard University Press, 2011, p. 6 – 10; Jim Dwyer, Peter Neufeld & Barry Scheck, *Actual Innocence: Five Days to Execution, and Other Dispatches from the Wrongly Convicted*, Doubleday, 2000, p. 246; Samuel R. Gross & Michael Schaffer, *Exonerations in the United States*, 1989 – 2012, in Scandinavian Journal of Plastic & Reconstructive Surgery & Hand Surgery, (2012), available at http://papers.ssm.com/sol3/papers.cfm?abstract_id=2092195.

〔2〕 See Keith A. Findley, *Innocence Protection in the Appellate Process*, in Marquette Law Review, 93(2009), p. 623 – 629; see also Elizabeth F. Loftus, James M. Doyle & Jennifer E. Dysart, *Eyewitness Testimony: Civil and Criminal*, Kluwer, 4th ed. 2007, § 6 – 4(将目击证人证言的准确性与其他形式的证据进行比较); Elizabeth F. Loftus, *Eyewitness Testimony*, Harvard University Press, 1996, p. 9 – 11(解释目击证人证言中的错误); John C. Brigham & Robert K Bothwell, *The Ability of Prospective Jurors To Estimate the Accuracy of Eyewitness Identifications*, in Law and Human Behavior, 7(1983), p. 19, 20(潜在陪审员通常不知道目击者识别证据的不可靠性); Kenneth A. Deffenbacher & Elizabeth F. Loftus, *Do Jurors Share a Common Understanding Concerning Eyewitness Behavior?*, in Law and Human Behavior, 6(1982), p. 15, 24(大学生和华盛顿特区市民低估了与身份鉴定可靠性相关的问题); R. C. L. Lindsay et al., *Can People Detect Eyewitness-Identification Accuracy Within and Across Situations?*, in Journal of Applied Psychology, 66(1981), p. 79 – 80(模拟陪审员“过度相信”目击证人在低准确性目击者场景); Richard S. Schmechel et al., *Beyond the Ken? Testing Jurors' Understanding of Eyewitness Reliability Evidence*, in Jurimetrics Journal, 46(2006), p. 177, 195 – 204(调查数据显示,潜在陪审员误解了记忆的一般运作方式,以及特定因素如何影响目击者证词的准确性); Sandra Guerra Thompson, *Judicial Blindness to Eyewitness Misidentification*, in Marquette Law Review, 93(2009), p. 639, 657(根据研究表明陪审员愿意相信目击证人的指认,批评司法容忍暗示性的辨认做法); Gary L. Wells & Michael R. Leippe, *How Do Triers of Fact Infer the Accuracy of Eyewitness Identifications? Using Memory for Peripheral Detail Can Be Misleading*, in Journal of Applied Psychology, 66(1981), p. 682(模拟陪审员错误地认为准确识别和记忆周边细节之间存在正相关关系).

准确性几乎没有关系,[1]暴力犯罪的压力不会集中和提高目击者的感知,反而会使其更不可靠,[2]等等),以至于充分教育陪审团关于决定目击者准确性的实际过程几乎是徒劳的任务。相反,证人证言(以及供词、告密者的证言和法庭科学证据)“对陪审团有很大的影响”,以至于“陪审团——只运用‘常识’来评估这些证据的可靠性是无效的”。然而,正如笔者之前所论证的那样,作为经验丰富的重复参与者,法官有机会在这些问题上受到教育,以便推动他们应用相关的社会科学知识,如果判例法能够在这一过程中帮助他们,[3]他们就能作出关于证据可靠性的明智决定。[4] 因此,将这种审查角色赋予法官可能不仅仅是家长作风;这可能是法官制度能增强的反映。

---

〔1〕 See Steven Penrod, Elizabeth Loftus & John Winkler, *The Reliability of Eyewitness Testimony: A Psychological Perspective*, in Norbert L. Kerr & Robert M. Bray eds., the Psychology of the Courtroom, Academic Press, 1982, p. 119, 155; Gary L. Wells & Donna M. Murray, *Eyewitness Confidence*, in Gary L. Wells & Elizabeth F. Loftus eds., Eyewitness Testimony: Psychological Perspectives, Cambridge University Press, 1984, p. 155, 169.

〔2〕 See Kenneth A. Deffenbacher et al., *A Meta-Analytic Review of the Effects of High Stress on Eyewitness Memory*, in Law and Human Behavior, 28(2004), p. 687, 694; Charles A. Morgan III et al., *Accuracy of Eyewitness Memory for Persons Encountered During Exposure to Highly Intense Stress*, in International Journal of Law and Psychiatry, 27(2004), p. 265, 274 – 277; Tim Valentine & Jan Mesout, *Eyewitness Identification Under Stress in the London Dungeon*, in Applied Cognitive Psychology, 23(2008), p. 151, 159; Richard S. Schmechel et al., *Beyond the Ken? Testing Jurors' Understanding of Eyewitness Reliability Evidence*, in Jurimetrics Journal, 46(2006), p. 196 – 197; Nancy Mehrkens Steblay, *A Meta-Analytic Review of the Weapon Focus Effect*, in Law and Human Behavior, 16(1992), p. 413, 420 – 421.

〔3〕 See Sandra Guerra Thompson, *Judicial Gatekeeping of Police-Generated Witness Testimony*, in Journal of Criminal Law & Criminology, 102(2012), p. 385 [引用 Keith A. Findley, *Innocence Protection in the Appellate Process*, in Marquette Law Review, 93(2009), p. 624].

〔4〕 See Keith A. Findley, *Innocence Protection in the Appellate Process*, in Marquette Law Review, 93(2009), p. 623 – 624. 甚至有经验证据表明,“至少在某些情况下,知识更渊博的人相对而言更不容易受到各种认知偏见的影响”。Jonathan J. Koehler, *Decision Making and the Law: Truth Barriers*, in Gideon Keren & George Wu eds., Wiley-Blackwell Handbook of Judgment and Decision Making. Malden, MA: Wiley-Blackwell, forthcoming [引用 Richard E. Nisbett et al., *The Use of Statistical Heuristics in Everyday Inductive Reasoning*, in Psychological Review, 90(1983), p. 339; K. E. Stanovich & R. F. West, *Individual Differences in Rational Thought*, in Journal of Experimental Psychology-General, 127(1998), p. 161; K. E. Stanovich & R. F. West, *Individual Differences in Reasoning: Implications for the Rationality Debate*, in Behavioral and Brain Sciences, 23(2000), p. 645; K. E. Stanovich & R. F. West, *On the Relative Independence of Thinking Biases and Cognitive Ability*, in Journal of Personality and Social Psychology, 94(2008), p. 672].

幸运的是,一个用于指导法官的以经验为基础的判例法正在浮现,使司法对目击证人证言的可靠性审查远不像斯卡利亚大法官担心的那样模糊和主观。[1] 值得注意的是,新泽西州和俄勒冈州的法院在将社会科学研究纳入目击者证言证据规则方面做得最多。在 State v. Henderson 案中,[2] 新泽西州最高法院采取了不同寻常的步骤,任命一名特别专员主持听证会,以充分探讨适用于辨认案件的科学原则。[3] 特别专员听取了该领域众多知名专家的意见,积累了包括 200 多份关于人类感知和记忆的出版物在内的记录。[4] 最后,新泽西州最高法院大幅修改了美国最高法院在 Biggers 案和 manson 案中制定的适用于证据可靠性审查的标准——科学研究在很大程度上证明,这些标准作为可靠性的审查指标是无效的——并用科学表明的与可靠性更密切相关的详细标准取代了它们。[5]

甚至在最近,俄勒冈州最高法院也类似地——实际上更激进地——将新的社会科学研究纳入其重新制定的评估目击者证言可靠性的标准中。在 State v. Lawson 案中,[6] 俄勒冈州法院注意到,目前已有超过 2000 项关于目击者指认可靠性的研究,并得出结论:

> 关于目击者感知和记忆的科学知识和实证研究已经取得了足够的进展,足以保证将这些不同来源中的数据作为立法事实予以司法注意,我们可以参考这些数据,以帮助确定我们现有的对目击者证言的可采性审查的有效性。[7]

尽管这是州证据法而非正当程序的问题,但法院随后根据这项研究重新设计了这类证据可采性的可靠性测试。在不同程度上,许多其他司法管辖区的法

[1] Crawford v. Washington, 541 U.S. 36, 61-62, 67 (2004).

[2] 27 A.3d 872 (N.J. 2011).

[3] 27 A.3d 877 (N.J. 2011).

[4] 27 A.3d 884 (N.J. 2011).

[5] Henderson, 27 A.3d at 918-922.

[6] 291 P.3d 673 (Or. 2012).

[7] 291 P.3d 685 (Or. 2012).

院已经开始在科学研究的基础上发展证据可靠性的判例法。[1]

类似的分析也适用于其他导致错误定罪的主要原因。令人惊讶的是,在 DNA 检测发现的错误定罪案例中,有近 1/5 存在虚假供述。[2] 目前已有大量研究探讨了这种虚假供述发生的方式和原因。研究人员已经发现了审讯中导致虚假供述的常见模式。这些模式包括心理策略,包括孤立嫌疑人,打断对嫌疑人犯罪的否认,让嫌疑人相信他或她是命中注定的——通常是通过出示虚假或夸大的犯罪证据(虚假证据策略)——并或含蓄或明确地威胁如果没有招供的可怕后果。为了诱供,警方会采用最小化策略,比如提出可以减轻罪责的同情理由,让被告人更容易接受认罪,暗示招供将减轻不可避免的定罪的后果。[3] 这项研究还提供了可靠客观的标准,可用于评估供词的可靠性,其中包括检查审讯中是否存在这种心理胁迫策略,以及电子记录的供词是否与已知的犯罪事实"相符"——也就是说,检查供述中所引申出的事实是否与其他证据所证实的事实一致,更重要的是,犯罪嫌疑人是否能够向警方提供连警方都不知道、后来经调查证实属实的犯罪细节。[4]

---

〔1〕 See State v. Ledbetter, 881 A. 2d 290, 316 (Conn. 2005)(强加了一个基于证据的要求,即陪审团被告知,真正的犯罪者可能不会出现在队列或照片传播中); Brodes v. State, 614 S. E. 2d 766, 771 (Ga. 2005)(依靠科学研究来消除作为信度测试一部分的证人确定性的考虑); State v. Dubose, 699 N. W. 2d 582, 592 - 594 (Wis. 2005)[放弃最高法院基于科学研究的"出庭"案件(一对一鉴定)的可靠性标准]; Commonwealth v. Johnson, 650 N. E. 2d 1257, 1261 (Mass. 1995)(放弃 Manson 案的可靠性检验); State v. Ramirez, 817 P. 2d 774, 780 - 781 (Utah 1991)(调整 Manson 测试,使其更符合科学原理);People v. Adams, 423 N. E. 2d 379, 384 (N. Y. Ct. App. 1981)(放弃 Manson 案的可靠性检验).

〔2〕 Understand the Causes: The Innocence Project. Accessed January 31, 2013. http://www.innocenceproject.org/understand/False-Confessions.php; see Brandon L. Garrett, *Convicting the Innocent: Where Criminal Prosecutions Go Wrong*, Harvard University Press, 2011, p. 18(发现16%的 DNA 无罪证明涉及虚假供词).

〔3〕 See generally Gisli H. Gudjonsson, *The Psychology of Interrogations and Confessions: A Handbook*, Wiley, 2003, p. 10 - 21; Amina Memon et al., *Psychology and Law: Truthfulness, Accuracy and Credibility*, Wiley, 2003, 2nd ed., p. 58 - 65; Richard A. Leo, The Third Degree and the Origins of Psychological Interrogation in the United States, in G. Daniel Lassiter ed., Interrogations, Confessions, And Entrapment, Springer, 2004, p. 37, 72 - 73.

〔4〕 See Richard A. Leo et al., *Bringing Reliability Back In: False Confessions and Legal Safeguards in the Twenty-First Century*, in Wisconsin Law Review, 2006, p. 520 - 522.

虽然陪审员当然可以通过培训了解这些因素,但值得怀疑的是,陪审员在实际评估供述的可靠性时,是否真的将这些信息纳入决策过程。研究表明,陪审员能够理解和识别暗示性和强制性的审讯策略。但陪审员并没有将这些强制手段与虚假供词的可能性联系起来。笔者之前是这样解释这个问题的:

> 调查数据显示,潜在的陪审员们不相信虚假供述是存在的;他们认为这两者都是违反直觉和不可能的。他们认为,即使嫌疑人受到了心理胁迫的审讯策略,也不太可能出现虚假招供。事实证明,这种审讯策略会导致无辜者的虚假招供。陪审员认识到,心理压力和说服可能具有心理上的胁迫作用,但他们并没有认识到,这种技巧和胁迫能够产生并实际上与虚假供述有关。换句话说,普遍的看法是,人们不会错误地招供,除非他们受到刑讯逼供或患有精神疾病。潜在陪审员们还对一些问题抱有严重的误解,比如微妙的审讯压力、容易让人做出错误供述的特征,以及警察"不熟练"的事实……因此,如果几乎完全听从陪审团和认为他们会带来虚假供述的非专业人士的理解,就不利于寻求真理。[1]

监狱里的告密者或告密者的证言——另一个导致错误定罪的主要因素,出现在大约16%的DNA洗冤案件中[2]——也没有什么不同。尽管有明显的理由怀疑告密者的证言,但研究表明,这种证言通常对陪审团有说服力,因为它听

〔1〕 See Keith A. Findley, *Innocence Protection in the Appellate Process*, in Marquette Law Review, 93(2009), p. 628 – 629 [引用 Iris Blandon-Gitlin, Kathryn Sperry & Richard A. Leo, *Jurors Believe Interrogation Tactics Are Not Likely To Elicit False Confessions: Will Expert Witness Testimony Inform Them Otherwise?* in Psychology, Crime and Law, 17(2011), p. 239, 242 – 257; and Danielle E. Chojnacki, Michael D. Cicchini & Lawrence T. White, *An Empirical Basis for the Admission of Expert Testimony on False Confessions*, in Arizona State Law Journal, 40(2008), p. 1, 5].

〔2〕 Understand the Causes: The Innocence Project. Accessed January 31, 2013. http://www.innocenceproject.org/understand/False-Confessions.php; Brandon L. Garrett, *Convicting the Innocent: Where Criminal Prosecutions Go Wrong*, Harvard University Press, 2011, p. 129.

起来像认罪的证据。[1] 证言通常包括举报人作证,在与被告人关在一起时,被告人承认了审判中涉及的罪行。就像其他招供一样,陪审员很难想象为什么有人会承认他或她没有犯过的罪行。此外,尽管来源可疑,但举报人的证言往往听起来可信,因为举报人可能是非常熟练的骗子。[2]

最后,伴随科学和专家证据而来的可靠性风险已经为证据规则和法院所熟知和承认。在造成错误定罪的主要因素中,专家证据的问题本质在联邦证据规则 702 中的证据规则中得到了明确解决。[3] 最高法院在 Daubert v. Merrill Dow Pharmaceuticals, Inc. 案中解释了 702 规则,表面上要求严格审查这些证据的科学基础和可靠性。[4] 这种对法庭专家证据的独特处理在一定程度上是可以解释的,因为证据规则明确地处理了这类证据,但该规则的存在并不能单独解释为什么法院选择将其解释为(理论上)如此强大的把关规则。对可靠性的苛求绝不是证据规则的语言所规定的。事实上,许多多年来规则相同的司法管辖区对其规则的解释是,对专家证据的可采性采用一种更为尊让的做法。[5] 更有可能的是,最高法院对专家证据要求苛刻的做法,是因为"垃圾科学"是作为高风险民事诉讼而不是刑事诉讼中首先和最突出的一个问题提出的(事实

---

〔1〕 See Jeffrey S. Neuschatz et al., *The Effects of Accomplice Witnesses and Jailhouse Informants on Jury Decision Making*, in Law and Human Behavior, 32(2008), p. 137, 142(讨论一项实证研究,该研究发现,举报人的证言会影响陪审员定罪,而陪审员知道举报人作证是在有动机的情况下,陪审团的判决不受影响).

〔2〕 加拿大对 Thomas Sophonow 被误判一案的调查结论是,监狱里的线人都是"精心设计的、令人信服的说谎者",陪审员对"供述"极为重视,陪审员对"监狱里的线人的供词,就像他们对警察的'供述'一样重视"。The Inquiry Regarding Thomas Sophonow: Jailhouse Informants, Their Unreliability and the Importance of Complete Crown Disclosure Pertaining To Them, Manitoba Justice, Accessed April 20, 2013, http://www.gov.mb.ca/justice/publications/sophonow/jailhouse/what.html.

〔3〕 See Federal Rules of Evidence. 702(详细说明专家证据标准).

〔4〕 509 U. S. 579, 589 – 596 (1993).

〔5〕 在道伯特案之前,许多司法管辖区采用了著名的弗莱"普遍接受"测试方法, based on Frye v. United States, 293 F. 1013 (D. C. Cir. 1923), 这基本上把可靠性问题以及由此产生的可采性问题推迟到相关科学界的集体判断。少数司法管辖区对 702 规则的解释甚至更为恭敬,得出结论认为,它允许任何专家证词的可采性,只要它与事实发现者相关并有帮助,而实际上没有赋予法院独立的把关职能。See State v. Watson, 595 N. W. 2d 403, 412 (Wis. 1999).

上,Daubert 案本身就是这样一个案例)。[1] 对巨额资金的担忧迫使这个问题浮出水面。

实证记录表明,民事诉讼中垃圾科学的问题确实是 Daubert 标准把关的主要焦点。几项关于 Daubert 标准的有影响力的研究得出结论,它对限制民事案件中有缺陷的专家证据有重大影响,但对刑事案件几乎没有影响,至少就控方提供的专家证据而言。[2] Daubert 标准提出的排除国家提供的专家证据的动议几乎总是失败的,尽管这些证据在科学上的不足已经得到了公认;相比之下,被告人提供的证据在 Daubert 法下经常被排除在外。[3]

然而,有缺陷的法庭科学证词是刑事案件中的一个严重问题,也是导致错误定罪的主要原因之一。Brandon Garrett 和 Peter Neufeld 对 DNA 无罪案件的分析发现,大部分错误定罪中都有法庭科学证据,而在那些涉及这类证据的案件中,60% 的证据无效。[4]

考虑到这些新的理解,法院不再直接关注证据可靠性,也就是实质上的公正,这是值得反思的;这是有史以来第一次有一种觉醒的、基于经验的认识,即现有的程序规则没有很好地防止不可靠的证据被采纳并导致司法误判。20 世纪 80 年代末,随着司法鉴定 DNA 分析技术的出现,第一次有(越来越多的)大量案件表明,司法系统将一个无辜的人定罪,对这些案件的审查使人们了解是

---

〔1〕 See Peter W. Huber, Galileo's Revenge:Junk Science In The Courtroom (1991)(在各种民事诉讼的背景下讨论"垃圾科学"的兴起).

〔2〕 See Keith A. Findley, *Innocents at Risk: Adversary Imbalance, Forensic Science, and the Search for Truth*, in Seton Hall Law Review, 38(2008), p. 893, 939 – 943 [总结这个数据并且引用 D. Michael Risinger, *Navigating Expert Reliability: Are Criminal Standards of Certainty Being Left on the Dock?*, in Albany Law Review, 64(2000), p. 99, 135; Paul C. Giannelli, *The Supreme Court's "Criminal" Daubert Cases*, in Seton Hall Law Review, 33(2003), p. 1071, 1076; Brandon L. Garrett, *Judging Innocence*, in Columbia Law Review, 108(2008), p. 55, 76, 81; Jennifer L. Groscup et al., *The Effects of Daubert on the Admissibility of Expert Testimony in State and Federal Criminal Cases*, in Psychology Public Policy and Law, 8(2002), p. 339, 342].

〔3〕 See Jennifer L. Groscup et al., *The Effects of Daubert on the Admissibility of Expert Testimony in State and Federal Criminal Cases*, in Psychology Public Policy and Law, 8(2002), p. 346.

〔4〕 Brandon L. Garrett & Peter J. Neufeld, *Invalid Forensic Testimony and Wrongful Convictions*, in Virginia Law Review, 95(2009), p. 1, 9; Unreliable or Improper Forensic Science, The Innocence Project, http://www.innocenceproject.org/understand/Unreliable-Limited- Science.php(讨论法庭科学证据错误的普遍性).

什么类型的有缺陷和不可靠的证据导致了这些不公正。[1] 与此不相适应的是,正当社会进入 Marvin Zalman 所称的“无罪时代”(the age of innocence)——不可靠证据的性质和风险被前所未有地认识到的时候,最高法院对任何限制不可靠证据的宪法原则的抵制却越来越强烈。[2]

因此,错误定罪的发展记录表明,需要更直接地关注这些类别的可疑证据的可靠性,以及将正当程序可靠性审查限制在这些独立证据类别上的理由。然而,要进行这种正当程序可靠性审查,就需要对最高法院现行的判例进行重新定位,而最高法院至少还没有表示有兴趣这样做。

## 五、宪法对提供不可靠证据的警察和检察官行为的规范

如果最高法院不愿意要求将最低限度的证据可靠性审查作为正当程序事项,法院的判例显示的另一种选择是更严格地审查警察和检察官的行为。如前所述,尽管法院的宪法学说一再强调宪法在审查证据的可靠性方面没有直接作用,但它承认正当程序条款确实对国家在制作缺陷证据方面的行动施加了限制。从理论上讲,还不完全清楚为什么法院更愿意考虑宪法对警方取证过程的限制,而不愿意考虑宪法对法院在审判中使用证据进行实际决策的行为进行规范,但这无疑是最近法院裁判的发展轨迹。

仔细考量的话,这意味着如果警察或检察官的不当行为——产生不必要的暗示性的程序或行动,以某种方式“操纵”不利于被告人的证据,或过度胁迫——是违反正当程序的,如果法院不想评估可靠性,那么法院必须更积极地审查产生虚假证据的政府行为。如此一来,法院对证据可靠性的审查就无关紧要了,不应该被用来恢复通过有缺陷的程序产生的证据。也就是说,如果正当程序条款真正保护的是程序的公平性,而不是证据的实质可靠性,那么将可靠

〔1〕 See Keith A. Findley, *Learning From Our Mistakes: A Criminal Justice Commission To Study Wrongful Convictions*, in California Western Law Review, 38(2002), p. 333, 351 – 352 (呼吁借助 DNA 证据对刑事司法系统进行实证分析).

〔2〕 See Marvin Zalman, *An Integrated Justice Model of Wrongful Convictions*, in Albany Law Review, 74(2010 – 2011), p. 1465, 1499.

性保留为开脱不当行为的单行道是没有意义的，但这本身并不能保护被告人免受虚假证据的伤害。[1] 因此，在有目击者指认的案件中，基于警察或检察官的正当程序法理下的规则一致性将主张填补漏洞，允许通过法院的审查将以禁止性的暗示程序获得的证据用于定罪——利用一种本身存在严重缺陷的检验方式——证据在某种程度上足够可靠。

事实上，一些法院已经开始沿着这条路走下去。例如，威斯康星州、纽约州和马萨诸塞州的法院已经拒绝了对某些类型的暗示性辨认证据的可靠性评估。[2] 法院认识到，法院在评估证据可靠性方面做得不够好（在目前有缺陷的学说下，辨认几乎从来没有作为不可靠证据被排除[3]），而且导致辨认错误的因素在广泛的社会科学研究中已经众所周知，因此法院得出结论，唯一的要求应该是警察是否在辨认过程中有不必要和不被允许的暗示。在这些司法管辖区和这些类型的案件中，国家不再被允许使用被污染的证据。[4]

这也是正当程序原则在其他领域的发展趋势。[5] Colorado v. Connelly 案已经规范了供述的可靠性问题。警察强迫取证的策略违反了不得强迫自证其罪条款（根据美国宪法第十四修正案的正当程序条款适用于各州），不管法院可

---

〔1〕 重要的是要记住，这里使用的可靠性不同于无害的错误。这里讨论的问题是，在法院宣布行为不当而不是可靠性是关键的制度下，可靠性评估在确定警察或检察官是否侵犯了被告人的正当程序权利方面应发挥什么作用（如果有的话）。但无害的错误就不一样了，它承认发生了违反宪法的行为，但提出了截然不同的问题，即鉴于违反了宪法，这种错误造成的损害是否足以要求撤销判决。在确定是否存在违宪行为时，拒绝对宽恕警察不当行为进行可靠性评估，并不需要同样拒绝应用无害错误学说来评估是否需要对违宪行为进行新的审判。

〔2〕 See State v. Dubose, 699 N. W. 2d 582, 585 (Wis. 2005); Commonwealth v. Johnson, 650 N. E. 2d 1257, 1261 (Mass. 1995); People v. Adams, 423 N. E. 2d 379, 384 (N. Y. Ct. App. 1981).

〔3〕 See Keith A. Findley, *Innocents at Risk: Adversary Imbalance, Forensic Science, and the Search for Truth*, in Seton Hall Law Review, 38(2008), p. 917（事实上，在最初的 200 个 DNA 洗冤案件中，没有一个错误的定罪在上诉中被推翻，原因是根据比格斯和布瑞斯韦特测试对目击者的证词提出质疑，79%的案件中都出现了目击者的证据，在有了定罪后 DNA 测试，现在我们知道，每一个案件辨认都是错误的）.

〔4〕 See Jennifer L. Groscup et al., *The Effects of Daubert on the Admissibility of Expert Testimony in State and Federal Criminal Cases*, in Psychology Public Policy and Law, 8(2002), p. 346.

〔5〕 "对于正在出现的对刑事诉讼规则采用绝对方法的趋势的讨论，认定是错误的。" See Jeffrey L. Fisher, *Categorical Requirements in Constitutional Criminal Procedure*, in Georgetown Law Journal, 94 (2006), p. 1493.

能相信供词有多么可靠。[1] 同样,在 Crawford v. Washington 案中,法院不再允许可靠性评估凌驾于违反对质权条款之上。[2] 因此,虽然最高法院也开始不再使用可靠性作为调整目击证人证言的核心原则,但它继续使用可靠性审查来取代不适当和过度暗示的警察主持的辨认程序,这种做法再次导致了宪法证据法的不连贯和不一致。

法院越是关注警察在取证过程中的不当行为,它就越是制定一套宪法性的警务规则,而不是一套证据规则。但这可能是一种可以接受的——甚至是更可取的方法,来解决那些导致错误定罪的受污染证据所引发的疑虑。我们对警察调查行为的司法审查与宪法性刑事诉讼并不陌生。在 Biggers 案和 Manson 案中,最高法院在目击证人辨认的正当程序分析中加入了可靠性因素之前,最高法院审查的目击证人辨认案件表明,如果警察从事了不必要的暗示行为,就应该排除该辨认证言。[3] 法院也表示愿意在 Miranda v. Arizona 案[4]中对警察收集证据的方式施加行为规制——尽管结果显然是好坏参半的。[5]

更重要的是,由于审判程序被证明在可疑证据类别中将真实证据从错误证据区分出来并不具备选择性优势,[6]最有效的方法可能是在警方调查期间提高审判上游的证据质量。[7] 我不是第一个提出这个建议的人。例如,Randolph Jonakait 提醒我们,对于准确的判决结果来说,事实发展比简单地管理证据可采

---

〔1〕 See Richard A. Leo et al., *Bringing Reliability Back In: False Confessions and Legal Safeguards in the Twenty-First Century*, in Wisconsin Law Review, 2006, p. 479, 493 – 494.

〔2〕 541 U. S. 36, 68 – 69 (2004).

〔3〕 See Foster v. California, 394 U. S. 440, 442 – 443 (1969)(从宪法的角度评价警察主持的列队辨认); Simmons v. United States, 390 U. S. 377, 384 – 386 (1968)(讨论甄别犯罪嫌疑人的宪法限制); Stovall v. Denno, 388 U. S. 293, 301 – 302 (1965)(为证人辨认设定宪法限制); Brandon L. Garrett, *Eyewitnesses and Exclusion*, in Vanderbilt Law Review, 65(2012), p. 467.

〔4〕 384 U. S. 436 (1966).

〔5〕 当然,关于 Miranda 的文献非常多。最近关于米兰达提出的历史和问题的讨论,see Yale Kamisar, *The Rise, Decline and Fall of Miranda*, in Washington Law Review, 87(2012), p. 965。

〔6〕 Dan Simon 广泛地检查了检验过程的诊断性,并发现它在许多方面严重不足。例如,认知偏差使得事后对真相和可靠性的判断非常困难。See generally Dan Simon, *More Problems with Criminal Trials: The Limited Effectiveness of Legal Mechanisms*, in Law and Contemporary Problems, 75(2012), p. 167, 168.

〔7〕 See Keith A. Findley, *Innocents at Risk: Adversary Imbalance, Forensic Science, and the Search for Truth*, in Seton Hall Law Review, 38(2008), p. 896 – 908.

性的规则重要得多。[1] 他指出,排除证据规则可能导致排除不可靠或不真实的证据,但更好的调查可以通过将不可靠的证据替换为可信的证据,从而更好地获取真相。[2]

此外,Michael Risinger 等人主张将经验证据与良好的常识结合起来,为改革目击证人证言审查程序制定标准。[3] 他指出,这些改革解决了"审判上游"的证据收集问题。[4] 但他接着指出了我在这里提出的与基于可靠性的排除规则之间的联系:"一旦我们确定了(获取目击证人证言的)强制程序,那么审判时的排除规则(严格的法律证据规则)就必须落实,以保护审前程序的法定要求——最好的最佳证据规则的适当形式。"[5] 如果侦查程序产生了更可靠的证据,那么对抗式审判程序寻求真相功能的压力就会减至最低,无论主张自由证明还是司法把关都是如此。

只有当法院真正要求良好的警察调查实践时,这种方法的好处才能实现。[6] 如果重点是警察的行为,那么法院必须鼓励"最佳措施"。也就是说,正如 Brandon Garrett 所建议的那样,"对目击证人辨认的审查应从以下基本要求开始:执法部门在进行初次辨认程序时应遵循最佳措施原则,它本身可以包括排除在先前辨认之后的法庭辨认"[7]。

在确定最佳措施的过程中,法院并没有随波逐流,缺乏指导,因为大量的社

---

〔1〕 Randolph N. Jonakait, *Making the Law of Factual Determinations Matter More*, in Loyola of Los Angeles Law Review, 25(1992), p. 675.

〔2〕 Randolph N. Jonakait, *Making the Law of Factual Determinations Matter More*, in Loyola of Los Angeles Law Review, 25(1992), p. 675.

〔3〕 D. Michael Risinger, *Inquiry*, *Relevance*, *Rules of Exclusion*, *and Evidentiary Reform*, in Brooklyn Law Review, 75 (2010), p. 1361.

〔4〕 D. Michael Risinger, *Inquiry*, *Relevance*, *Rules of Exclusion*, *and Evidentiary Reform*, in Brooklyn Law Review, 75 (2010), p. 1366 n. 45.

〔5〕 D. Michael Risinger, *Inquiry*, *Relevance*, *Rules of Exclusion*, *and Evidentiary Reform*, in Brooklyn Law Review, 75 (2010), p. 1366 n. 45(2010).

〔6〕 请注意,Miranda 案是这种监管方法的一个实验,至少在某些人看来,这种方法并没有那么有效。

〔7〕 Brandon L. Garrett, *Eyewitnesses and Exclusion*, in Vanderbilt Law Review, 65(2012), p. 497. 关于可用于改善调查过程中产生的证据质量的许多"最佳措施"的描述,see Keith A. Findley, *Toward a New Paradigm of Criminal Justice*: *How the Innocence Movement Merges Crime Control and Due Process*, in Texas Tech Law Review, 41(2008), p. 133, 147 – 171。

会科学研究阐明了有经验支持的最佳措施。事实上,一些具有前瞻性的执法机构、法院甚至立法机构已经将这些措施作为指导方针。[1] 在采纳了这些做法的地方,法院已开始根据这些做法来衡量警察在个别案件中的行为是否适当。[2]

在目击证人辨认的案件中,最佳措施指南涵盖了一系列事项,包括队列的正确形式,如"陪衬人员"的正确选择,在指认程序中对证人进行适当的指示,双盲执行程序(在进行辨认的过程中,嫌疑人和执行程序的警探事先都不知道哪个辨认人员是嫌疑人),以及按顺序呈现陪衬材料和嫌疑人(而不是传统的同时呈现,研究表明这种方式会产生更多的虚假的辨认结果)。[3] 在其他问题上,比如供述,也有一些指导规则——从要求对审讯进行电子记录,到尽量减少向嫌疑人透露犯罪细节对审讯过程的影响。[4]

即使在这种书面规则不充分或警察机构没有采用的情况下,法院也有能力制定最低限度的审查标准。俄勒冈州和新泽西州的最高法院最近已经指明了方向,通过深入审查事实调查程序,旨在获取关于这些主题的大量实证研究,并制定我们提出的"最佳措施"要求。要提高审判证据的质量,进而提高结果的可靠性,恐怕没有比要求警方采用这种最佳措施更好的办法了。如果警察行为确实是正当程序要求的焦点,那么如果不考虑研究这些问题的广泛的社会科学成

---

〔1〕 See generally International Association of Chiefs of Police, *Training Key 600: Eyewitness Identification*; *Eyewitness Evidence: A Trainers Manual for Law Enforcement*, U. S. Department of Justice, Office of Justice Programs, National Institute of Justice, September 2003. Accessed February 22, 2023, http://www.nij.gov/pubs-sum/188678.htm; State of Wisconsin, Office of the Attorney General, *Model Policy and Procedure for Eyewitness Identification* (2010), available at http://www.doj.state.wi.us/media-center/2009-news-releases/november-05-2009.

〔2〕 See Henderson, 27 A.3d at 913-14; see also State v. Shomberg, 709 N. W. 2d 370, 376 (Wis. 2006). But see State v. Drew, 740 N. W. 2d 404, 406 (Wis. Ct. App. 2007) [明显赞同地指出,初审法院认为,"虽然(司法部长的)示范政策中的一些程序没有被遵守,但这是一个需要交叉询问审查和陪审团权衡的问题"].

〔3〕 See generally Gary L. Wells, *Eyewitness Identification: Systemic Reforms*, in Wisconsin Law Review, 2006, p.615.

〔4〕 正如Brandon Garrett所说,一种面向可靠性的方法可能……看看一份供述是否被披露的事实所污染,它可能排除了审问的部分内容,如果嫌疑人不是自愿回答问题,而只是重复警方提供的信息,或者它可能只是排除了审问中没有电子记录的部分内容。Brandon L. Garrett, *Eyewitnesses and Exclusion*, in Vanderbilt Law Review, 65(2012), p.495-496.

果,就无法充分评估警察行为。

总之,只要审查是基于科学合理的标准,就可以将作为正当程序问题的可靠性用于审查本文所概述的可疑证据类别中的证据的明确性基础。或者,如果最高法院不愿意根据这些可疑证据类别的可靠性来建立正当程序的审查框架,它可以使用正当程序条款要求警察实施公平可靠的调查措施,从而将污染证据的风险降至最低。法院不应该做的是继续回避将证据的可靠性作为正当程序的要求,然后转向可靠性评估为有可能产生虚假证据风险的不适当调查技术开脱。

## 六、证据规则下的可靠性审查

证据规则不受正当程序原则的约束,这些原则可能会将重点限制在警察或检察官在收集证据方面的不当行为上,它为保护证据的可靠性和准确的审判结果提供了一种更现实和更灵活的机制。我们对有缺陷的证据和错误定罪的崭新阐释可以通过证据规则来解决——要么是大多数司法管辖区目前起草的规则,要么是可能修订的规则。证据规则已经提供了一种机制,如果不是一种现实,至少是对其中一些证据——最明显的是法庭科学证据——进行司法审查。[1] 但是,这些规则在专门审查其他类型的证据方面很少起作用,我们现在知道,这些证据最常导致错误定罪。没有专门针对目击证人证言、告密者证言

---

〔1〕 See Federal Rules of Evidence. 702; Daubert v. Merrell Dow Pharms., Inc., 509 U.S. 579, 589 – 596 (1993). 然而,许多评论员观察到,尽管司法审查控方提供的法庭科学证据的承诺,法院很少对控方证据严格适用 Daubert 标准(尽管数据表明,他们确实严格适用道伯特法来排除辩方提供的专家证词)。See Margaret A. Berger, *Expert Testimony in Criminal Proceedings: Questions Daubert Does Not Answer*, in Seton Hall Law Review, 33(2003), p. 1125; Keith A. Findley, *Innocents at Risk: Adversary Imbalance, Forensic Science, and the Search for Truth*, in Seton Hall Law Review, 38(2008), p. 934 – 935, 939 – 945; Peter J. Neufeld, *The (Near) Irrelevance of Daubert to Criminal Justice and Some Suggestions for Reform*, in American Journal of Public Health, 95(2005), p. 107 – 110; D. Michael Risinger, *Navigating Expert Reliability: Are Criminal Standards of Certainty Being Left on the Dock?*, in Albany Law Review, 64(2000), p. 99, 131 – 132, 143 – 149.

或供述的不可靠性的审查规则。[1] 对于一套明确地旨在实现“查明真相和确保公正裁决的目的”的规则来说,[2]这样的遗漏令人感到奇怪,尤其是在一个此类证据在经验上被认为是有问题丛生的时代。

许多学者已经注意到这一漏洞,并呼吁进行更严格的审查,包括开展审前证据可靠性听证会,不仅针对目击证人的辨认和专家意见证据,也针对供述[3]和监狱告密者的证词[4]。与此同时,Sandra Thompson 指出,虽然《美国联邦证据规则》没有明确处理这类证据,但其中已经包括一些条款,可用于规范不可靠的目击证人辨认、供述和监狱告密者(以及专家)证言的可采性。[5] 为了使规则更明确地适用于这些问题,她建议对《美国联邦证据规则》进行一系列微小的修改。[6] Richard Leo、Peter Neufeld、Steven Drizin 和 Andrew Taslitz 将这一建议更进一步,提出了一项关于建立与有罪供述相关的审前可靠性听证会的新规则的详细建议。[7]

---

[1] 根据普通法,以及各州现行法律在不同程度上,供述都需要证实——这一要求旨在确保至少在一定程度上的可靠性。但是确证事实要求,通常被称为不法行为主体规则,通常只要求犯罪行为确实发生的证据。关于侵权行为主体规则的讨论,see State v. Morgan, 61 P. 3d 460, 464 - 467 (Ariz. Ct. App. 2002)。

[2] Federal Rules of Evidence. 102.

[3] See Richard A. Leo, *Police Interrogation and American Justice*, Cambridge: Harvard University Press, 2008, p. 289 - 291; Richard A. Leo et al., *Bringing Reliability Back In: False Confessions and Legal Safeguards in the Twenty-First Century*, in Wisconsin Law Review, 2006, p. 486 - 487; Richard A. Leo et al., *Promoting Accuracy in the Use of Confession Evidence: An Argument for Pre-Trial Reliability Assessments to Prevent Wrongful Convictions*, in Temple Law Review, 85(2013), http://papers.ssm.com/sol3/papers.cfm? abstract_id = 2215885.

[4] See Alexandra Natapoff, *Snitching: Criminal Informants and the Erosion of American Justice*, 2009, New York University Press, p. 194 - 195; The Justice Project, *Jailhouse Snitch Testimony: A Policy Review*, 2007, p. 3 - 4. 伊利诺伊州现在根据法律要求,在死刑案件中,对告密者的证言进行审前可靠性听证会。See Alexandra Natapoff, *Snitching: Criminal Informants and the Erosion of American Justice*, 2009, New York University Press, p. 194.

[5] Sandra Guerra Thompson, *Judicial Gatekeeping of Police-Generated Witness Testimony*, in Journal of Criminal Law & Criminology, 102(2012), p. 379 - 389.

[6] Sandra Guerra Thompson, *Judicial Gatekeeping of Police-Generated Witness Testimony*, in Journal of Criminal Law & Criminology, 102(2012), p. 394 - 395.

[7] Richard A. Leo et al., *Promoting Accuracy in the Use of Confession Evidence: An Argument for Pre-Trial Reliability Assessments to Prevent Wrongful Convictions*, in Temple Law Review, 85 (2013), http://papers.ssm.com/sol3/papers.cfm? abstract_id = 2215885.

俄勒冈州最高法院在 State v. Lawson 一案中的判决为以这种方式使用该规则创造了蓝图。[1] 俄勒冈州最高法院在 Lawson 一案中裁定,即使正当程序原则仅限于警察的不当行为或禁止性的暗示行为,证据规则也不受同样的限制。法院观察到,“这是国家证据法的问题……然而,没有理由通过对暗示性的和其他不可靠来源的证据进行无目的区分,从而阻碍对目击证人证言可之靠性的分析”[2]。

因此,俄勒冈州最高法院在 Lawson 案中拒绝了联邦宪法的正当程序审查,而是构建了一种基于规则的新方法,展示了如何更有效地利用证据规则来排除不可靠的目击证人证言。Lawson 案的审查方式着眼于现有俄勒冈州证据规则(与《美国联邦证据规则》相对应)这一框架,作为审查目击证人证言的工具:[3]

《美国联邦证据规则》第 602 条要求目击证人具备个人知识,包括观察的机会。如果目击证人观察的机会因犯罪时的条件而过于模糊,目击证人的证言可能不符合这一要求。[4]

《美国联邦证据规则》第 701 条和第 104 条(a)款规定,非专业意见的提出者必须通过大量证据证明该意见“既合理地基于证人的感知,又有助于事实的审理”。[5] 法院的理由是,“当有事实证明,证人可以依靠他或她自己的感知以外的东西来辨别被告(比如存在暗示),国家作为证人辨认的支持者,必须通过大量证据证明证人辨认是建立在一个允许的基础上,而不是一个不允许的基础上,例如暗示性的辨认程序”[6]。

当然,《美国联邦证据规则》第 403 条赋予了法院裁量权,即使是具有相关性和证明作用的证据,如果其证明价值大大超过引发不公平偏见的风险,法院也可以排除这些证据。法院在 Lawson 案中提出的理由是:“作为一种独立的证

---

〔1〕 See generally James M. Doyle, *Oregon's Eyewitness Decision: Back to Basics*, The CRIME Report (Dec. 13, 2012, 10:52 AM), Accessed December 13, 2012, http://www.thecrimereport.org/viewpoints/2012-12-oregons-eyewitness-decision-back-to-basics.

〔2〕 State v. Lawson, 291 P.3d 673, 688-689 (Or. 2012).

〔3〕 State v. Lawson, 291 P.3d 749-763 (Or. 2012) (explaining court's test for admissibility of eyewitness evidence under Oregon's evidence code).

〔4〕 State v. Lawson, 291 P.3d 744 (Or. 2012).

〔5〕 State v. Lawson, 291 P.3d 754 (Or. 2012).

〔6〕 State v. Lawson, 291 P.3d 755 (Or. 2012).

据类别,经过暗示性调查程序的目击证人证言特别容易受到不公平偏见的影响。因此,在目击证人接触到带有暗示性的警方程序的案件中,审判法院作为证据把关者的作用更大,因为'传统'的审查可靠性的方法——如交叉询问——在评估不可靠或不准确的目击证人证言方面可能无效。"〔1〕其他法院和评论员也同样认识到,《美国联邦证据规则》第 403 条有可能被用来排除不可靠的目击证人证言,即使这种不可靠不是由警察的不当行为引起的。〔2〕

因此,证据规则确实可以被用来确保更大的证据可靠性,但前提是它们必须注意到社会科学研究的教训。

## 七、超越全有或全无的审查规则

### (一)司法剪裁

严格审查可疑证据的最大挑战之一是,人们担心排除这些证据往往会使陪审团在个别案件中得不到真实和准确的证据,从而使罪犯逍遥法外。虽然法官能够意识到虚假证据的风险,但当面对涉及严重犯罪的实际案件时,即使证据有缺陷,对法官来说也是非常有说服力的。当面临排除证据(可能让被告人自由)或忽略证据中的缺陷之间的选择时,强烈的冲动是让陪审团听到证据并加以整理。在什么都不做和完全禁止证据之间的二元选择,使排除性规则往往是一种无效的方法。结果是,即使证据的缺陷非常严重的可疑的证据也几乎从未被排除。〔3〕

同样,当法院确实采用了严格的标准来采纳这类证据时,严格执行的承诺几乎总是很快被理论学说的剪裁所打破。例如,当最高法院第一次处理目击证

---

〔1〕 State v. Lawson, 291 P. 3d 758 (Or. 2012).

〔2〕 See State v. Hibl, 714 N. W. 2d 194, 205 – 206 (Wis. 2006)(认识到威斯康星州与《美国联邦证据规则》第 403 条相对应的法规"在目击证人辨认证据的可靠性方面发挥作用");Richard A. Leo et al., *Promoting Accuracy in the Use of Confession Evidence: An Argument for Pre-Trial Reliability Assessments to Prevent Wrongful Convictions*, in Temple Law Review, 85(2013), p. 49, 62(将《美国联邦证据规则》第 403 条确定为可靠性测试的"实质性法律基础").

〔3〕 See Keith A. Findley, *Innocence Protection in the Appellate Process*, in Marquette Law Review, 93(2009), p. 596 – 601; Brandon L. Garrett, *Judging Innocence*, in Columbia Law Review, 108(2008), p. 81, 85, 86, 90.

人证言错误的问题时,它宣布了一项规则,要求律师在审前辨认程序中在场。[1] 当出现实际需要排除目击证人证言的案件时,法院迅速作出让步,认为律师在场的权利只适用于出庭作证的人,而不适用于照片,[2] 另外还强调该权利只适用于起诉后出庭作证的人。[3] 法院要求律师在场的理由是——目击证人的辨认、证言充满了错误的风险,这些风险在审判时无法纠正,但在辨认过程中律师的在场可能会将其降到最低——这同样适用于照片辨认和起诉前列队辨认,但在这些案件中排除证据的后果太严重了。然而,由于绝大多数的辨认审查程序涉及照片排列问题,而不是现场列队辨认问题,而且是在起诉或指控之前进行的,因此这种剪裁使律师在场权的补救功能实际上毫无用处。

当法院求助于正当程序条款寻求解决方案时,也出现了类似的剪裁。如前所述,法院首先宣布,使用不被容许的"导致不可挽回的错误辨认的高度可能性"的暗示性程序将违反正当程序。[4] 但当该规则的含义变得清晰时——排除了大量的辨认,其中肯定包括一些准确的辨认——法院认为有必要缓和它的规则,允许政府补正有缺陷的证据,同时证明这些证据是"可靠的"。[5] 考虑到可以选择完全排除证据,也可以选择让陪审团听取证据并判断其是否可信,特别是考虑到法院构建的可靠性审查存在很大缺陷,法院认为几乎所有的辨认都足够可靠;根据现有的正当程序审查并排除目击证人辨认几乎是闻所未闻的。[6]

即使法庭对目击证人错误的问题已经变得更加开明,在接受证据和完全排除证据之间的二选一面前,限缩已经很普遍了。依靠社会科学研究,并认识到 Biggers-Manso 案正当程序可靠性审查的缺陷,威斯康星州最高法院在 State v. Dubose 案中完全放弃了正当程序审查证据的可靠性。[7] 回到 Stovall v. Denno

---

〔1〕 United States v. Wade, 388 U.S. 218, 228-229 (1967).

〔2〕 United States v. Ash, 413 U.S. 300, 320-321 (1973).

〔3〕 Kirby v. IHinois, 406 U.S. 682, 691 (1972).

〔4〕 Simmons v. United States, 390 U.S. 377, 384 (1968).

〔5〕 Neil v. Biggers, 409 U.S. 188, 198-199 (1972); Manson v. Brathwaite, 432 U.S. 98, 112 (1977).

〔6〕 See Timothy P. O'Toole & Giovanna Shay, *Manson v. Brathwaite Revisited: Towards a New Rule of Decision for Due Process Challenges to Eyewitness Identification Procedures*, in Valparaiso University Law Review, 41(2006), p.110.

〔7〕 State v. Dubose, 699 N.W.2d 582, 592 (Wis. 2005).

案中最初制定的正当程序审查规则,[1] Dubose 案的法院认为,警察有责任使用非暗示性程序,如果警察使用不必要的暗示性手段,证据将不被采纳,不会有基于可靠性的事后评估。[2] Dubose 案的证据是通过一次当面辨认生成的——案件刚刚发生,警察就在街上将唯一的一名犯罪嫌疑人提供给证人辨认。法院认识到这种程序固有的暗示性,宣布除非紧急情况需要这种程序,否则不再受理出示的证据。否则,这种不必要的暗示会导致证据被排除。[3]

单从逻辑上讲,这一理由意味着任何其他类型的不必要的暗示性程序(如有缺陷的列队辨认或照片排列辨认)也应导致排除证据,而不考虑其司法上认为的可靠性。但当面临排除暗示性照片辨认的必要性时,威斯康星州法院犹豫了。威斯康星州上诉法院裁定,Dubose 规则只适用于当庭辨认嫌疑人;所有其他的辨认证据都将继续按照 Biggers-Manson 案两项审查规则进行评估,Dubose 案的法庭曾严厉批评过这种审查方式。[4] 这一裁决在原则性上没有对暗示性的当面辨认程序和暗示性的照片排列辨认进行区分,但威斯康星州最高法院拒绝复审,并维持了这一裁决。[5] 排除的影响显然超出了法院的承受能力。

所有这些都表明,尽管排除仍然是解决方案中至关重要的一部分,但只让法院在完全采纳和完全排除之间作出选择,可能会导致防范可疑证据的广泛措施失败。与直觉相反的是,没有完全排除的中间措施最终可能加强对不可靠证据的保护,因为这些措施实际上可能被执行。

### (二)部分排除

中间措施至少有两种形式:(1)部分排除;(2)专家证言和陪审团指示。部分排除仅指法院可能排除某一辨认的某些细节,而允许证人以一般用语陈述该辨认。[6] 例如,如果一名证人最初无法提供对犯罪者的详细描述,但在受到暗

[1] 388 U. S. 293 (1967), overruled on other grounds by Griffith v. Kentucky, 479 U. S. 314, 326 (1987).

[2] Dubose, 699 N. W. 2d at 593 – 595.

[3] Dubose, 699 N. W. 2d at 599.

[4] State v. Drew, 740 N. W. 2d 404, 409 (Wis. Ct. App. 2007).

[5] See State v. Drew, 744 N. W. 2d 297 (Wis. 2007)(否认审查的请求).

[6] See Brandon L. Garrett, *Eyewitnesses and Exclusion*, in Vanderbilt Law Review, 65(2012), p. 451, 488(解释并准备回归到部分排除方法).

示后,他能够回忆并描述了与嫌疑人相匹配的细节,法院可能会排除这些细节,因为这些细节最有可能是暗示的产物。同样,正如俄勒冈州最高法院在Laivson一案中所指出的,"初审法院可以采纳目击证人的辨认,但发现由暗示性的警方程序所产生的确定性陈述的有害影响大大超过了其有限的证明价值。"〔1〕法院解释说,这种方法完全符合《美国联邦证据规则》第403条规定:"从本质上说,部分排除令不过是根据规则第403条认定某些证据的有害影响大大超过其证明价值。"〔2〕

部分排除也可以为其他类型的可疑证据提供补救措施。例如,面对有罪供述的质疑,法院提出如果特定细节是由警察提供给嫌疑人的,就可以排除供述中的这些细节,那么供述就会更有说服力。〔3〕类似的方法也可以用在审查监狱告密者的证言上。一些法院已经开始对有争议的法庭科学证据采取这种做法,例如,允许弹道专家、指纹专家和笔迹专家就观察到的犯罪现场证据与被告人参考样本之间的相似性作证,但禁止专家宣布"匹配"或提出犯罪现场样品证据是由被告人制造的意见,因为没有真正的科学可以得出这种基于概率的结论。〔4〕虽然不完善,但如果在处理可疑证据不可靠的问题上更明确地将这些

---

〔1〕 State v. Lawson, 291 P.3d 673, 695 (Or. 2012).

〔2〕 State v. Lawson, 291 P.3d 673, 695 (Or. 2012).

〔3〕 这样的规则将使审讯的电子记录变得更加必要,因为如果没有记录,就几乎不可能确定在审讯过程中哪些事实被泄露给了嫌疑人。Richard A. Leo et al., *Promoting Accuracy in the Use of Confession Evidence: An Argument for Pre-Trial Reliability Assessments to Prevent Wrongful Convictions*, in Temple Law Review, 85(2013), p.83, http://papers.ssm.com/sol3/papers.cfm? abstract_id=2215885.

〔4〕 宣布匹配——可以理解为嫌疑人很可能是证据中发现的模式的来源——需要参考有效的人口数据库,以确定发现的模式的唯一性和与这些模式随机匹配的统计机会。但是,除了DNA检测之外,没有一种所谓的法庭科学为这种分析或结论奠定了科学基础。See National Research Council, *Strengthening Forensic Science in the United States: A Path Forward*, Washington D.C.: National Academies Press, 2009, p.3, available at(注意到NAS研究提出的批评).因此,许多法院以本文所述的方式限制了专家证词。See United States v. Willock, 696 F. Supp. 2d 536, 572 (D. Md. 2010)(限制火器检验员对子弹特征匹配的重要性作证的程度);United States v. Glynn, 578 F. Supp. 2d 567, 574-575 (S.D.N.Y. 2008)(阻止枪支分析师说"枪支匹配'更有可能'"以外的话);United States v. Green, 405 F. Supp. 2d 104, 108-109 (D. Mass. 2005)(认为枪械分析师可以"描述和解释"这些弹壳与枪支"相似"的方式,但不能"断定这些弹壳来自特定的……手枪,排除了世界上所有其他武器");United States v. Hines, 55 F. Supp. 2d 62, 70-71 (D. Mass. 1999)(允许笔迹专家证明笔迹样本之间的相似和不相似之处,但不排除所有其他样本的精确匹配).

解决方案作为工具库的一部分,法院实际上可能会实施这些解决方案。

(三)专家证言和陪审团指示

其他中间措施包括通过专家证言和陪审团指示,试图让陪审员了解使可疑证据可疑的反直觉特征。这种补救措施是有局限性的,因为经验证据表明,陪审员即使接受过告密证言和有罪供述等知识的教育,仍然会觉得它们很有说服力。而且存在这样一种风险,即法院将抓住无效的陪审团指示作为不使用更有效的排除命令的借口。但是,如果应用得当,并且不允许滥用其他补救措施,专家证言和陪审团指示都可以发挥作用。

虽然从历史上看,法庭对目击证人辨认等问题的专家证言持抵触态度,但目前已经开始认识到这类教育性证据的重要性。越来越多的法院开始采纳这样的证言,有些甚至发现在某些情况下排除这种证言是错误的。[1] 至少就目击证人辨认的专家证言而言,经验证据表明,专家证言可以帮助陪审员就可靠性做出更明智的决定。[2] 虽然法庭一般不太接受专家在虚假供述和告密证据方面的证言,但这些证据的可疑性——既因为它们在促成错误定罪方面的既定作用,也因为它们背后的因素具有违反直觉的性质——强烈支持在这些领域也接受专家证据。

其他法院则将陪审团的指示作为教育陪审员的一种方式,并对警察和检察

---

〔1〕 See People v. McDonald, 690 P. 2d 709, 727 (Cal. 1984)("当目击证人对被告人的指认是控方案件的关键因素,但没有充分的证据证实其独立的可靠性,而被告人就记录显示的可能影响指认准确性但陪审团不太可能完全知道或理解的特定心理因素提供合格的专家证词时,排除该证词通常是错误的). See also State v. Guilbert, 49 A. 3d 705, 735 (Conn. 2012)(发现不承认关于目击证人辨认可靠性的专家证词的可逆错误); Minor v. United States, 57 A. 3d 406, 409 (D. C. 2012)(裁定排除专家目击证人辨认证言可撤销);State v. Clopten, 223 P. 3d 1103, 1112 (Utah 2009)(推翻法庭对证人专家证据可采性的事实推定); People v. LeGrand, 867 N. E. 2d 374, 379 (N. Y. 2007)(发现排除"关于目击证人辨认的可靠性的专家证词"的错误);State v. Copeland, 226 S. W. 3d 287, 302 (Tenn. 2007)(在死刑谋杀审判中,当禁止专家就目击证人辨认的可靠性问题作证时,发现了错误).

〔2〕 See Brian L. Cutler & Steven D. Penrod, *Mistaken Identification: The Eyewitness, Psychology, and the Law*, Cambridge: Cambridge University Press, 1995, p. 250, 264 (从经验证据得出结论,专家证词通过帮助陪审员关注可靠性的良好预测因素,而不是准确性的糟糕指标,提高了陪审员对影响目击证人证言可靠性的因素的敏感性,但不会压倒陪审员或导致他们太容易拒绝目击者的指认); Jacqueline McMurtrie, *The Role of the Social Sciences in Preventing Wrongful Convictions*, in American Criminal Law Review, 42(2005), p. 1271, 1276(引用研究表明,专家证据在"使陪审员对目击者的错误敏感"方面是有效的).

官使用暗示性程序的行为予以制裁(检察官不喜欢指示告诉陪审团警察可能已经污染了证据)。这是新泽西州最高法院在2011年State v. Henderson案中采用的方法的核心部分。[1] 过去的其他判决也曾涉及陪审团指示,但Henderson案的不同之处在于,它在调查和整合社会科学研究的基础上,提出了特定的、科学支持的陪审团指示,适当警告陪审员暗示性程序产生的污染和错误的真正风险。[2] 此前对陪审团的指示所做的尝试,与对陪审团的这种有用指导相去甚远。例如,许多法院都效仿或引用的著名的Telfaire指令是如此模糊,而且在某些方面具有误导性,以至于它在防止目击证人证言被滥用方面几乎没有起到什么作用;事实上,这可能使情况变得更糟。[3] 就法院诉诸陪审团指示的范围而言,他们必须牢记,陪审团指示本质上只有有限的效用,因此不可能是应对可疑证据的唯一举措;就法院确实使用陪审指示的程度而言,它们必须是基于经验的和具体的,以便它们可以成为有意义的决策信息来源。

---

〔1〕 27 A. 3d 872 (N. J. 2011).

〔2〕 See 27 A. 3d 928 (N. J. 2011)(解释促使陪审团指令框架发生变化的背景和推理).

〔3〕 See United States v. Telfaire, 469 F. 2d 552, 558 – 559 (D. C. Cir. 1972)(概述模型说明)。例如,Telfaire的指令告诉陪审团,除其他事项外,证明的价值"取决于证人在决斗时观察罪犯的机会,并在随后做出可靠的证明"。See United States v. Telfaire, 469 F. 2d 552, 558 – 559 (D. C. Cir. 1972). 在558年。说明书详细说明:证人在犯罪时是否有足够的机会观察罪犯,这将受到以下因素的影响:时间的长短、证人在多远或近的地方、照明条件的好坏,以及证人过去是否有机会见到或认识此人。See United States v. Telfaire, 469 F. 2d 552, 558 – 559 (D. C. Cir. 1972). 有道理,但这很难让陪审团知道他们不知道的事。更有问题的是,它完全没有告诉陪审团它需要什么,但很可能不知道一鉴定程序中的暗示实际上会夸大证人对他或她有机会查看嫌疑人的感觉,因此影响关于查看机会的自我报告(这可能是在这一点上提出的唯一证据),使关于该问题的证词本身令人怀疑。虽然说明书包含了一些有用的信息,但它也包括如下的语言:"您可以同时考虑目击证人辨认的强度和进行辨认的情况。" See United States v. Telfaire, 469 F. 2d 552, 558 – 559 (D. C. Cir. 1972). 这一语言表明,证人的信心或确定性是评估可靠性的有用工具。但科学研究表明,目击证人的确定性实际上是一个非常弱的准确性指标。See Siegfried Ludwig Sporer et al., *Choosing, Confidence, and Accuracy: A Meta-Analysis of the Confidence-Accuracy Relation in Eyewitness Identification Studies*, in Psychological Bulletin, 118(1995), p. 315, 324(强调信心作为准确性指标的局限性); Gary L. Wells & Amy L. Bradfield, *Good, You Identified the Suspect: Feedback to Eyewitnesses Distorts Their Reports of the Witnessing Experience*, in Journal of Applied Psychology, 83(1998), p. 360(表示与信心相关的扭曲).

## 八、结　论

可疑的证据类型——包括目击证人的辨认、监狱告密者或线人的证言、有罪供述和法庭科学专家证据——对刑事审判寻求真相功能的可靠性和准确性提出了独特的问题。根据经验研究,现在人们知道,它们是造成对无辜者错误定罪的最常见的证据类型,而且在审判中对抗制的检验和应用陪审团常识进行补救并未起作用。正当程序和证据规则都为纠正刑事司法制度在处理这些问题方面的缺陷提供了机会。为了使正当程序发挥作用,最高法院将必须重新审视正当程序的框架,允许将可靠性作为对这一有限的证据群的宪法关照对象,或者必须将重点放在警察和检察官在产生有缺陷证据方面的作用上,并要求其更严格地执行最佳取证措施。除此之外,法院可以也应该使用证据规则(无论是目前起草的还是已经修订的),要求严格的、基于经验的审前程序的证据可靠性审查,并构建法院可能实际执行的补救措施。越来越多关于冤枉无辜者的实证数据要求我们采取这些审查措施;不知情的自满和盲目相信陪审团的"黑箱"将不再起作用。

# 法庭科学证据的宪法规制*

Brandon Garrett** 著
丁铁珍*** 译

**内容摘要**：随着科技的进步，法庭科学证据对刑事诉讼的意义越发重要，促进了案件事实的查明，但相关问题也日益凸显。根据美国宪法第六修正案和正当程序条款，法庭科学证据可靠地适用于刑事诉讼是犯罪嫌疑人或被告人的基本权利。获得专家证人、交叉询问法庭科学分析员、合理的实验室技术、充分披露法庭科学证据的优势和局限性以及谨慎的诉讼等，是保障法庭科学证据可靠适用于刑事诉讼的基本举措。结合 Strickland v. Washington 案确立的无效辩护标准，被告人对于辩护律师关于法庭科学证据构成无效辩护的情形有权获得法院救济。Brady v. Maryland 与 Joseph Giarratano 等案的裁决表明，美国宪法第六修正案和正当程序条款，逐渐成为保障犯罪嫌疑人或被告人在法庭科学证据方面获得公正审判的诉讼权利的依据。

**关键词**：法庭科学证据　无效辩护　正当程序　定罪后救济

## 一、概　　述

宪法越来越多地被用于调整刑事案件中法庭科学证据的使用。这是一个

---

* 本文系中国政法大学博士研究生创新实践项目（2020BSCX38）的研究成果。本翻译获得了 Brandon Garrett 教授和 *Washington and Lee Law Review* 的授权。原文信息为：Brandon L. Garrett, *Constitutional Regulation of Forensic Evidence*, in Washington and Lee Law Review, 1147（2016）。

** 弗吉尼亚大学法学院 Justice Thurgood Marshall 杰出法学教授。

*** 中国政法大学证据科学研究院博士研究生。

显著的转变。在过去几十年里,美国最高法院拒绝对防止法庭科学证据遭到破坏提供有力的正当程序保护。[1] 最高法院还拒绝承认与专家进行独立辩护的明确的正当程序权利,[2]以及最近拒绝承认针对定罪后 DNA 证据的独立的非程序性正当程序权利。[3] 在 Maryland v. King[4]案中,法院通过解释美国宪法第四修正案,允许从被捕者身上广泛收集 DNA 证据。[5] 与此相反,近年来,法院一系列对抗性条款裁决加强了在法庭上提供现场证词的要求。[6] 我认为,或许更重要的是,法院强化了辩护律师对法庭科学证据进行诉讼的义务,两次强调鲜引人注意的观点:"在刑事案件中,会出现唯一合理且可用的辩护策略需要咨询专家或引入专家证据这一情况。"[7]本文提到,尽管数十年来错失了充分规制法庭科学证据的机会,但在最近的裁决中,最高法院和下级法院越来越重视与法庭科学证据相关的合理诉讼。在辩诉交易时代,相比之下,法庭科学分析的准确性远不取决于庭审中的交叉询问,而更多地依赖于合理的实验室

---

〔1〕 See Arizona v. Youngblood, 488 U. S. 51, 59 (1988)(认为"除非刑事被告人能够证明警方有恶意,否则未能保存潜在有用的证据并不构成对正当法律程序的否定"). 关于 Youngblood 裁决的讨论, see Peter Neufeld, *Legal and Ethical Implications of Post-Conviction DNA Exonerations*, in New England Law Review, 35(2001), p.639, 646。

〔2〕 See generally Ake v. Oklahoma, 470 U. S. 68 (1985). 参见本文第五部分,讨论被告方接触专家以及律师无效辩护的问题; see Erin Murphy, *The New Forensics: Criminal Justice, False Certainty, and the Second Generation of Scientific Evidence*, in California Law Review, 95(2007), p.721, 743("1985 年的 Ake v. Oklahoma 案,是最高法院最后一次处理向穷人提供专家协助的宪法要求的案件,在该案中,最高法院只承认获得专家意见的最基本权利").

〔3〕 See Brandon L. Garrett, *DNA and Due Process*, in Fordham Law Review, 78 (2010), p.2919, 2925–2926 [解释说,第九巡回法庭在 Osborne v. District Attorney's Office, 521 F. 3d 1118 (9th Cir. 2008)一案中,承认了获得潜在无罪证据的正当程序权利,其依据是正当程序裁决,比如 Brady v. Maryland, 373 U. S. 83 (1963),该裁决赋予被告人在州羁押状态下获得无罪证据的权利].

〔4〕 133 S. Ct. 1958 (2013).

〔5〕 133 S. Ct. 1958 (2013), at 1965("对被告人 DNA 样本的 CODIS 位点的处理,并没有侵犯其隐私以至于使 DNA 鉴定违宪。这些位点来自非编码的 DNA 部分,并不显示被捕者的遗传特征,也不可能显示任何私人医疗信息"); see also generally Kerry Abrams & Brandon L. Garrett, *DNA and Distrust*, in Notre Dame Law Review, 91 (2016), p.757(讨论 DNA 检测的宪法意义).

〔6〕 See generally Williams v. Illinois, 132 S. Ct. 2221 (2012); Bullcoming v. New Mexico, 131 S. Ct. 2705 (2011); Melendez-Diaz v. Massachusetts, 557 U. S. 305, 311 (2009).

〔7〕 Hinton v. Alabama, 134 S. Ct. 1081, 1088 (2014) [引用 Harrington v. Richter, 562 U. S. 86, 106 (2011)].

技术、向检察官和辩护人充分披露法庭科学证据的优势和局限性以及谨慎的诉讼。美国宪法第六修正案和正当程序条款有望成为改善法庭科学证据规制的宪法依据,包括律师无效辩护和 Brady v. Maryland 案[1]侧重于调查和辩诉交易的裁决,以及保障公正审判的一般性正当程序条款。

法庭科学证据在刑事案件中的作用不仅变得越发重要,而且许多传统法庭科学技术缺乏足够的可靠性与有效性,这种新认识使对刑事案件中法庭科学证据宪法意义的理解不断发生变化。法庭科学经历了 10 年或更长时间的危机,由于有缺陷的法庭科学证据导致一些引人注目的错误定罪、不断发生的丑闻和对数十个罪证实验室的大规模审查,以及科学界宣称——目前许多法庭科学技术是不科学的,(法庭科学证据)必须建立在更坚实的研究基础上。[2] 因此,"法律界的期望"发生了变化,犯罪嫌疑人的律师有望就法庭科学证据潜在缺陷提起诉讼。[3]

在以前,如果在刑事案件中使用了不准确或不可靠的法庭科学证据,宪法性刑事诉讼几乎无能为力。过去,美国宪法第六修正案对抗性条款裁决——从 Melendez-Diaz v. Massachusetts 案[4]到 Bullcoming v. New Mexico 案[5],再到 Williams v. Illinois 案[6]——法官之间产生分歧,并加强了美国宪法第六修正案在刑事庭审中规制专家证人提出法庭科学证据的功能[7]。然而,正如批评者指出的那样,法院对抗性条款裁决对于加强刑事案件中法庭科学证据的可靠性几乎未发挥作用。实践中,对法庭科学分析员交叉询问的权利的实践作用

---

〔1〕 373 U. S. 87 (1963).

〔2〕 See Nat'l Research Council, Commission On Identifying The Needs of The Forensic Sciences Community, Strengthening Forensic Science In The United States: A Path Forward 7 (Nat'l Acads. Press 2009)("然而,除核 DNA 分析外,没有任何法庭科学方法被严格证明能够始终如一地、高度肯定地证明证据与特定个体或来源之间的关联性"); see generally Brandon L. Garrett, *Convicting the Innocent: How Criminal Prosecutions Go Wrong*, 2011, Ch. 3.

〔3〕 See Hinton, 134 S. Ct. at 1088(指出无效申诉实际取决于律师根据总体情况所作的努力是否合理).

〔4〕 557 U. S. 305 (2009).

〔5〕 564 U. S. 647 (2011).

〔6〕 132 S. Ct. 2221 (2012).

〔7〕 关于这一点的学术探讨, see Jennifer Mnookin & David Kaye, *Confronting Science: Expert Evidence and the Confrontation Clause*, in The Supreme Court Review, 99(2012), p. 101。

有限,因为进入审判的案件非常少,而且交叉询问可能无法发现法庭科学中的潜在缺陷。[1] 一个回应是:宪法对此几乎无能为力,必须通过改进公共政策、基础科学研究,或者改进法庭科学证据庭审规范,以在实验室实现对法庭科学的规制。[2] 在不完全否定这些判断或者对策的情况下,本文探索如何通过美国宪法第六修正案规定的获得辩护律师有效辩护的权利以及正当程序条款,使宪法性刑事诉讼比以往更能发挥作用,这适用于刑事案件的所有层面,包括起诉、罪证实验室和辩护。

学界关于法庭科学证据的律师辩护权鲜有研究。[3] Strickland v. Washington 案[4]标准是灵活和宽松的;它只要求律师的表现在律师广泛权限范围内低于客观理性标准,并且表明辩护失败对案件结果产生了实际损害。[5] 最高法院许多重要的 Strickland 裁决所涉及的主题差异性很大,包括辩护律师充分准备减轻罪责证据的义务,在死刑案件审判的量刑阶段,这可能依赖于大量的专家

---

〔1〕 See Brandon L. Garrett, *Constitutional Law and the Law of Evidence*, in Cornell Law Review, 101(2015), p. 57, 112(我们不知道法院的"对抗条款"裁决是否真的提高了实验室法庭科学工作的质量,我们完全有理由认为没有提高); David A. Sklansky, *Hearsay's Last Hurrah*, in The Supreme Court Review, 1(2009), p. 82(认为法院最近审理的对抗条款案件可能会转移"司法与立法部门的注意力,使其无法用其他更有希望的方式来赋予对抗条款意义").

〔2〕 关于审查这其中每一种潜在方法的工作, see Nat'l Research Council, Commission On Identifying The Needs of The Forensic Sciences Community, Strengthening Forensic Science In The United States: A Path Forward 7 (Nat'l Acads. Press 2009); Simon A. Cole, *Acculturating Forensic Science: What is' Scientific Culture, and How can Forensic Science Adopt It?*, in Fordham Urban Law Journal, 38 (2010), p, 435; Jennifer L. Mnookin et al., *The Need for a Research Culture in the Forensic Sciences*, in UCLA Law Review, 58 (2011), p. 725; Michael J. Saks & David L. Faigman, *Failed Forensics: How Forensic Science Lost Its Way and How It Might Yet Find It*, in Annual Review of Law and Social Science, 4 (2008), p. 149。

〔3〕 关于此主题的卓越研究, see generally Paul C. Giannelli & Sarah Antonucci, *Forensic Experts and Ineffective Assistance of Counsel*, in Criminal Law Bulletin, 6(2012), art 8. See also Brandon L. Garrett, *Validating the Right to Counsel*, in Washington and Lee Law Review, 70 (2013), p. 927, 955(注意到需要研究"辩护律师是否正确理解专家证据或法庭科学证据——以及该证据是否有助于改变辩护策略——如果是,如何改变?")。

〔4〕 466 U. S. 668 (1984).

〔5〕 466 U. S. 668 (1984), at 690(法院在裁定实际无效的申诉时,必须根据具体案件的事实,从律师行为发生时的情况来看,判断律师受到质疑的行为是否合理).

证据[1]。最近,重点是辩诉交易期间的辩护义务,而不是定罪阶段的专家或科学证据[2]。然而,近年来,法院已着手重启辩护律师在定罪阶段的义务(尤其是法庭科学证据)。下级法院也发布了重要裁决,承认辩护努力对法庭科学证据进行诉讼的重要性,在本文第三部分,我将详细探讨这些裁决。此外,其他裁决将关注重点扩大到辩诉交易阶段,可能会进一步提高法庭科学证据实践权的相关性。

这可能是律师界和法院对科学证据在刑事案件中发挥更大作用的更广泛认识的一部分,因此律师有义务对科学证据进行妥善处理,本文第三部分讨论了这一点。先前研究中,我发现在因 DNA 证据而免责的案件中存在无效的、夸大的或错误的法庭科学证据,"在这些案件的审理中,辩护律师很少对无效法庭科学证词提出异议,也很少对提供无效科学证词的法庭科学分析员进行有效交叉询问"[3]。Peter Neufeld 评论道:"辩护律师通常无法通过适当的证人和新数据来提出质疑。因此,即使辩护律师可能提出 Daubert 挑战,他们也缺乏获得挑战成功所必需的知识、技能和资金。"[4]由于裁决是偶发性的,而且通过定罪后挑战,可能在定罪后数年甚至数十年才作出裁定,因此,辩护律师是否会达到适当严格的标准,仍有待观察。

本文第四部分,我从律师主张和法庭科学证据的无效辩护转向正当程序条款与其他四种宪法理论,随着律师和法官意识到法庭科学证据在刑事案件中的重要性,这些理论可能变得更加突出:(1)正当程序条款下的一般公正审判权;(2)充分披露控方证据的权利,或者包含辩诉交易期间在内的 Brady v. Maryland 正当程序权利;(3)关于伪造证据相关的正当程序权利;(4)获得专家证据的权利。我在本文结尾部分指出,辩方是否会获得对法庭科学进行诉讼所需的充分的证据开示和专家协助;以及检察官和罪证实验室是否会因未能准确

---

[1] See Wiggins v. Smith, 539 U.S. 510, 523 (2003)(我们关注的是支持律师决定不引入 Wiggins 背景的罪轻证据的调查本身是否合理).

[2] See generally Lafler v. Cooper, 132 S. Ct. 1376 (2012).

[3] Brandon L. Garrett & Peter J. Neufeld, *Invalid Forensic Science Testimony and Wrongful Convictions*, in Virginia Law Review, 95 (2009), p. 1, 89.

[4] Peter J. Neufeld, *The (Near) Irrelevance of Daubert to Criminal Justice: And Some Suggestions for Reform*, in American Journal of Public Health, 95(2005), p. 107, 110.

表达法庭科学证据而在宪法上负有责任,均有待观察。[1] 尽管如此,宪法性规制的合理位置存在于法庭科学分析员、警察、检察官和辩方的交汇点。通过开示的信息流最容易由辩护方依据第六修正案提供有效辩护,以及警察和检察官根据正当程序条款提供开脱罪责和弹劾证据的义务来加以规制,两种义务相伴而生、相互促进。未来几年,法院如何有意义地使第六修正案和正当程序的双重保护措施(尤其在辩诉交易领域)发挥重大意义,将是对我们确保刑事司法准确性的关键考验。

## 二、最高法院、法庭科学证据和律师无效辩护

本次研讨会聚焦于 Joseph Giarratano 案,本案对刑事案件中法庭科学证据诉讼问题进行了详尽的介绍。该案是一个死刑案件,但其庭审律师却进行了非常无效的辩护,未能对定罪阶段的任何证据进行质疑,其中包括口供和法庭科学证据,也未尽力提供试图避免死刑处罚的关于精神问题的辩护。[2] 1979 年,也就是距离美国 DNA 测试无辜者除罪计划开展的 10 年前,当时很少对传统法庭科学证据进行审查,存在不少对法庭科学证据局限性的研究。在上诉和定罪后阶段,律师似乎也没有认识到法庭科学证据有任何值得质疑的地方。

该案庭审中存在法庭科学证据,但部分法庭科学证据未在庭审中提出。Giarratano 对谋杀供认不讳,不过后来推翻了先前供述;当时,犯罪现场调查人员发现血迹斑斑的鞋印与他的鞋子不符,但并未向辩方披露该信息。[3] 他的靴子底部或衣服上也没有血迹,尽管案发后不久对此就有详细描述,并且案发

---

〔1〕 参见本文第四部分。

〔2〕 See generally Richard J. Bonnie, Mental Illness, *Severe Emotional Distress and the Death Penalty: Reflections on the Tragic Case of Joe Giarratano*, in Washington and Lee Law Review, 73 (2016), p. 1445(描述 Giarratano 的定罪细节).

〔3〕 See June Arney, Joseph M. Giarratano, Virginia-Pilot, June 26, 1994, at A15(早在庭审开始之前,测试 Giarratano 靴子鞋底的控方专家就已经知道没有血迹,但过了好几年他的辩护团队才知道这些信息及其全部含义).

现场非常血腥,受害人被残忍地刺伤。[1] 血型物质的血清学鉴定结果与一名受害人相同,精子完好无损,但在1979年却无法进行DNA检测。[2] 犯罪现场分析人员还发现Giarratano靴子上的血渍为O型,与该受害者相同,但该血型也为多数人所共有;此外,该血型与被勒死的受害人相符,而不是被刺伤的受害人。[3]

犯罪现场调查人员从受害人尸体上收集到大量毛发,除了一根据说与Giarratano毛发"一致"(consistent)的阴毛外,包括阴毛在内的所有毛发均与Giarratano不匹配。[4] 最初并不清楚也没有在庭审中调查这些毛发出现在犯罪现场的位置。分析员在交叉询问中谨慎地承认,其他人与被告人具有相似毛发特征是"可能的"(possible)。[5] 分析员认为,毛发比对"不同于指纹科学"(not like the science of fingerprints)[6],相比之下,据说指纹基本具有确定性——指纹分析员现在不会发表这样的声明。

在犯罪现场发现17个潜在指纹,但警方指纹分析员认为只有一个潜在指纹确信是"同一个人留下的"(made by the same person),基于"15~20个鉴定特征"(over 15 to 20 characters of identification)的发现,确定指纹来源于Giarratano。[7] 如今已不再使用这样的特征点系统。该枚指纹发现于与犯罪无关的卧室壁橱门把手上。[8] 指纹分析员不仅对所发现的单一匹配指纹作出了夸大性结论,而且从未解释其他大量指纹不匹配的事实。尽管如此,Giarratano就曾居住在该公寓中,因此这种法庭科学证据的证明力绝不会特别高。

---

〔1〕 See Giarratano v. Commonwealth, 220 Va. 1064, 1066-67 (1980)(描述Toni和Michelle Kline谋杀案).

〔2〕 See Giarratano v. Commonwealth, 220 Va. 1064, 1066-67 (1980), at 1072(描述在受害人躯体上方发现的法庭科学证据).

〔3〕 Transcript of Record at 77, Commonwealth v. Giarratano (May 22, 1979)(说明在右脚靴子的前部与左部发现O型血迹).

〔4〕 Transcript of Record at 77, Commonwealth v. Giarratano (May 22, 1979)(证物中的一根问题阴毛与标准样本阴毛在种族、颜色和显微特征上一致).

〔5〕 Transcript of Record at 77, Commonwealth v. Giarratano (May 22, 1979), at 81.

〔6〕 Transcript of Record at 77, Commonwealth v. Giarratano (May 22, 1979).

〔7〕 Transcript of Record at 77, Commonwealth v. Giarratano (May 22, 1979), at 34-35.

〔8〕 See June Arney, Joseph M. Giarratano, Virginia-Pilot, June 26, 1994, at A15.

无论如何,辩方律师在庭审中未对法庭科学证据进行质疑,其本应提出这些问题——除没有向辩方披露的鞋印证据外。没人提出定罪后没有这样做的无效辩护主张,也没有对鞋印证据提出 Brady 主张,因为那项证据显然是在人身保护诉讼结束后才出现的。[1] 定罪后主要关注 Giarratano 接受审判和进行供认的能力,以及由此导致他无法与庭审律师进行沟通。[2] 第四巡回上诉法院在审查联邦人身保护申请时指出,他的定罪后律师"明确否认在审判定罪阶段律师无效代理的任何指控"。[3] 法庭科学证据不存在争议,尽管它们用来证实 Giarratano 的供认。

如今,诸如毛发等比对证据可能会引发严重问题,因为科学界已经质疑这类比对证据是否真的能与个体可靠地联系起来。[4] 联邦调查局以及多个州和罪证实验室正在对数十起涉及毛发比对的案件进行全国性审查。[5] 可以肯定

〔1〕 See June Arney, Joseph M. Giarratano, Virginia-Pilot, June 26, 1994, at A15.

〔2〕 See generally Giarratano v. Procunier, 891 F. 2d 483 (4th Cir. 1989); Richard J. Bonnie, Mental Illness, Severe Emotional Distress and the Death Penalty: Reflections on the Tragic Case of Joe Giarratano, in Washington and Lee Law Review, 73 (2016), p. 1445.

〔3〕 Giarratano, 891 F. 2d at 489.

〔4〕 See See Nat'l Research Council, Commission On Identifying The Needs of The Forensic Sciences Community, Strengthening Forensic Science In The United States: A Path Forward 7 (Nat'l Acads. Press 2009) at 160 – 161(指出委员会"发现在核 DNA 缺失的情况下,使用毛发比对进行个体鉴定欠缺科学依据").

〔5〕 See FBI, *Clarifies Reporting on Microscopic Hair Comparisons Conducted by the Laboratory*, FeD. Bureau of Investigation (July 13, 2012), https://archives. fbi. gov/archives/news/pressrel/press-releases/fbi-clarifiesreporting-on-microscopic-hair-comparisons-conducted-by-the-laboratory (last visited Aug. 30, 2016)(根据最近的案件,联邦调查局和司法部承诺对常规使用线粒体 DNA 检测之前发生的历史案件进行审查,以确保庭审中的联邦调查局证词正确反映基础科学的边界)(on file with the Washington and Lee Law Review); see also Texas Hair Microscopy Case Review, Tex. Forensic Sci. Comm'n, http://www. fsc. texas. gov/texas-hairmicroscopy-case-review (last visited Sept. 14, 2016)(讨论联邦调查局的审查程序对 Texas 案件审查的影响)(on file with the Washington and Lee Law Review). 我注意到,学者 David Kaye 教授在该法律评论中写了一篇在线文章,认为这些启示不应该使我们过度劳心费力,毕竟,即使法庭科学分析员在刑事审判中夸大了毛发证据的价值,但有时毛发证据仍可能具有"轻微的证明力"。See generally David H. Kaye, *Ultracrepidarianism in Forensic Science: The Hair Evidence Debacle*, in Washington and Lee Law Review Online, 72 (2015), p. 227. 那些案件中的辩护律师如果知道他们可以对听起来很机密的联邦调查局分析员进行交叉询问,告诉联邦调查局分析员,他们的证据充其量也就是"稍微有点证明力",辩护律师一定会很兴奋。然而 Kaye 教授却奇怪地声称毛发检验员确实具有"一些专业知识"。See generally David H. Kaye, Ultracrepidarianism in Forensic Science: The Hair Evidence

的是,Giarratano 案的分析员在交叉询问过程中,确实对结论进行了修饰。然而,今天人们担心的是,底层技术是否太容易出错而无法可靠地适用于庭审。相比之下,指纹比对在提出时则被视为一种绝对性鉴定。而如今,不允许指纹证据的提出过于结论化。也存在不匹配的证据。辩方专家本来能够得出不同的结论,或者更仔细地研究指向 Giarratano 以外的其他人的证据。

如今,许多犯罪现场证据都可以进行 DNA 检测,包括采集的精液样本、受害者身上咬痕处的唾液,如果有足够的遗传物质,还可能是毛发、靴子上的血滴。最近,针对案件争议焦点提起诉讼,并找到此类证据以进行 DNA 检测的尝试均未取得成功。显然,犯罪现场的证据材料已被销毁,尽管该案的上诉审仍

---

Debacle, in Washington and Lee Law Review Online, 72 (2015), p. 232. 他引用了 2002 年联邦调查局的一项研究,也即用线粒体 DNA 测试来审查毛发的视觉比对是正确还是错误的。See generally David H. Kaye, Ultracrepidarianism in Forensic Science: The Hair Evidence Debacle, in Washington and Lee Law Review Online, 72 (2015), p. 242; see also generally Max M. Houck & Bruce Budowle, *Correlation of Microscopic and Mitochondrial DNA Hair Comparisons*, in Journal of Forensic Sciences, 47 (2002), p. 1. 那项研究是众所周知的,主要涉及由经验丰富的检验人员进行的已知与嫌疑人匹配的案件,作者仍然发现假阳性率很高。Kaye 教授甚至恢复了 20 世纪 70 年代加拿大的一项不可靠的研究,该研究声称可以生成用于毛发比对的统计数据。See David H. Kaye, Ultracrepidarianism in Forensic Science: The Hair Evidence Debacle, in Washington and Lee Law Review Online, 72 (2015), p. 236 – 237. 现在,联邦调查局审查的目标是发现刑事案件中的科学错误,而不是进行学术研究。虽然如 Kaye 教授所建议的那样,学者们阅读联邦调查局的编码协议,或者更好的做法是,阅读这些案件中发生的情况,以便更好地了解问题的全部范围,这可能是有价值的,但最重要的目标是尽可能迅速地为潜在的成千上万的人伸张正义。Kaye 教授还声称,联邦调查局可能对所审查的一些证词进行了错误的描述。See David H. Kaye, Ultracrepidarianism in Forensic Science: The Hair Evidence Debacle, in Washington and Lee Law Review Online, 72 (2015), p. 247 – 252. 也许他没有读过实际的记录。例如,在 Santae Tribble 案中,Kaye 教授引用了网上的说法;在阅读了实际证词之后,人们很快就会发现联邦调查局会正确地认为这是一个夸大证词的例子。联邦调查局分析人员解释说,“只有在非常罕见的情况下”,他曾看到两个人的毛发具有相同的特征。具体而言,他的结论是:“我发现这些毛发在所有微观特征上都与 Santae Tribble 提交给我的头部毛发样本相吻合。”Transcript of Record at 70, 73, U. S. A. v. Santae Tribble, No. F 4160 – 78 (Sup. Ct. D. C., Jan. 17, 1980). Tribble 被判处 20 年有期徒刑至终身监禁,服刑 23 年后,DNA 证据才为他洗脱罪名。将整个领域谴责为“垃圾科学”,这似乎一点都不夸张。美国国家科学院在其具有里程碑意义的报告中指出,由于有证据表明“错误率如此之高”,以及缺乏“统一的标准”等缺陷,“没有任何科学依据支持使用毛发比对进行个体鉴别”。See Nat'l Research Council, Commission On Identifying The Needs of The Forensic Sciences Community, Strengthening Forensic Science In The United States: A Path Forward 7 (Nat'l Acads. Press 2009), at 160 – 61. 可耻的是,允许此类证据在法庭上使用如此之久。

在进行中。[1] 有关 Giarratano 案中犯罪现场证据的问题,如今可以得到更彻底的解决。新法庭科学技术的发展并没有使检察官与辩护律师几十年前的工作受到质疑,但它表明保存犯罪现场证据的重要性,以及不断变化的科学需要支持新的法律补救措施的必要性。以下各节将探讨 Giarratano 案审理以来的数十年间,围绕法庭科学证据进行诉讼的判例法发生了怎样的变化。

(一)Harrington v. Richter[2]

由于获得律师有效辩护权与“现行专业规范下的理性”[3] 相关联,随着法庭科学证据在刑事诉讼中发挥越来越重要的作用,该权利也必须得到发展。美国最高法院不得不投入更多精力来解释刑事诉讼权利如何影响检察官和辩护律师使用此类证据时的行为。明确辩护律师责任的裁决是受到高度推崇的。近年来,这种情况逐渐发生了变化,最高法院和下级法院已几乎不再容忍律师对法庭科学的无知,也许是因为在 CSI(犯罪现场调查)时代,辩护律师对刑事案件中检控方倚重的法庭科学证据核心内容的无知,看起来更像是故意视而不见。

在 Harrington v. Richter 案中——最高法院将其推崇的 Strickland 标准[4] 应用于一件涉及血液证据的案件上。该案因其解释联邦人身保护条例以扩大其适用范围,在诉诸囚犯主张的案情时限制对案情的救济而受到关注。[5] 检控方专家展示了对谋杀现场一滩血迹的血液喷溅分析和血清学检测结果。[6] 控方认为,一名关键证人站在门口等待警察的到来,并且该血迹的一部分属于他。为了支持 Richter 对枪击事件的描述,辩方需要证明血迹属于受害者,枪击发生在公寓内其他地方。然而辩方并没有引入任何专家证据来支持这一说法。

---

[1] Virginia Bureau of Forensic Science, Certificate of Analysis, 2 (Feb. 21,1979).

[2] 562 U. S. 86 (2011).

[3] Strickland v. Washington, 466 U. S. 668, 688 (1984).

[4] Strickland 标准是指根据美国宪法第六修正案,评判律师是否在审判或量刑过程中提供了有效协助的一种标准。

[5] See Harrington v. Richter, 562 U. S. 86, 105(2011)(将争点界定为“是否有合理的论据,认为律师满足了 Strickland 案的恭敬标准”).

[6] See Harrington v. Richter, 562 U. S. 86, 95(2011)(注意到控方血清学专家作证说,“在卧室门边的水池边采集的血液样本可能来源于 Johnson,而不是 Klein”).

辩护律师显然认为检控方在庭审中不会有任何专家——在一起凶杀案中得出该结论实属怪异,而且执法人员随时可以接触罪证实验室分析人员。[1] 最高法院指出:"Richter 的律师错误地认为检控方不会提供法庭科学证据。"[2]辩护律师在审前没有咨询任何专家,也没有在审前提供任何证据。还有什么比这更无效的呢?

最高法院推翻了第九巡回法庭根据美国宪法第六修正案关于律师辩护无效辩护的主张给予救济的裁决。[3] 首先指出,"检控方本身并不希望作出该陈述,在审判前也没有为此做任何准备。单凭这一原因,律师的错误是否如此根本以至于使审判的公正性受到怀疑,这至少是值得商榷的"[4]。控方在庭审中突击使用法庭科学证据,是否降低了辩方调查该问题的必要性?法院补充道:"即使律师本应预见到控方会提供专家证据,Richter 仍需证明 Strickland 标准要求他的律师根据该认知来行事是无可争议的。"[5]然而,辩护律师必须知道,如果没有任何证据佐证,被告人对谋杀发生原因的解释是不可信的。还有什么合理策略不会试图通过法庭科学证据来证实被告人的说法?

最高法院确实指出,法庭科学证据在某些刑事案件中至关重要,"在这种情况下,唯一合理且可用的辩护策略是需要与专家进行磋商或引入专家证据,无论是[审前]还是[庭审]过程,或两者兼而有之"[6]。这是法院首次发表的一项重要声明,即有效调查法庭科学证据越来越成为辩护律师必须要做的工作的重要组成部分,而要做到有效调查法庭科学证据,律师可能需要咨询专家。然而,法院补充道:"Strickland 标准并不根据牛顿第三定律提出证据,要求辩方提供与检控方专家平等的、对立的专家……在许多情况下,交叉询问足以暴露专家

---

〔1〕 See Harrington, 562 U. S. at 110(讨论辩护律师错误地认为控方不会提供关于法庭科学证据的专家证言).

〔2〕 Harrington v. Richter, 562 U. S. 86, 110(2011).

〔3〕 See Richter v. Hickman, 578 F. 3d 944, 955 (9th Cir. 2009)(在辩护方如此明显地依赖门口血迹来源的情况下,律师决定在采取排除使用专家证词的辩护策略之前,不咨询任何血迹证据方面的法庭科学专家,这无疑不符合 Strickland 的谨慎标准).

〔4〕 Harrington v. Richter, 562 U. S. 86, 110(2011).

〔5〕 Harrington v. Richter, 562 U. S. 86, 110(2011).

〔6〕 Harrington v. Richter, 562 U. S. 86, 106 (2011).

证言的缺陷。"[1]

可以肯定的是,Strickland 标准相当灵活,并赋予律师"广阔的空间",以便采取不同的策略。[2] 法院强调,Richter 案的律师"精力充沛地为他辩护,并进行了巧妙的交叉询问",包括阐明在犯罪发生很长时间以后,他们的分析是如何进行的。[3] 但交叉询问何时"足以"(sufficient)揭露这些缺陷?法院是否对其对抗性条款裁决足够信任,以至于认为交叉询问可以有效地"揭露缺陷",而无须向陪审团提供与证据相反的专家意见?

本案中,辩护律师没有进行有意义的调查,以评估其当事人的陈述是否准确,或是否能够得到法庭科学证据的支持或反驳,更不用说通过交叉询问来揭露缺陷的战略决策了。法院似乎还担心,聘请专家可能会导致发现有害的法庭科学证据,这种证据与其说是"徒劳无功",倒不如说"对辩方有害"。[4] 法院补充道:"专家证词可能将注意力转移到法庭科学的深奥问题上,使陪审团无法专心判断 Johnson 所说是否属实,或者把案件变成了一场专家之战。"[5] 最后,法院强调,还有相当多的其他证据表明被告人有罪,这可能"掩盖"了对法庭科学证据进行更有力攻击的所有益处。[6]

该分析与刑事审判现实是不符的。控方并不认为辩方没有提供任何肯定性法庭科学证据是无关紧要的,反而在结案陈词中着重强调了这一点,并公开嘲笑辩方:

Bob Bell[检控方血液飞溅专家]是一名拥有 22 年血液飞溅检验经验的专

---

〔1〕 Harrington v. Richter, 562 U.S. 86, 111 (2011).

〔2〕 See Strickland v. Washington, 466 U.S. 668, 689 (1984)(指出,由于"在评估方面存在固有的困难,法院必须作出强有力的推定,即律师辩护行为属于合理专业辩护的广泛范围").

〔3〕 Harrington, 562 U.S. at 111.

〔4〕 关于提出这类观点的其他下级法院的裁决,see Woodfox v. Cain, 609 F.3d 774, 810 – 11 (5th Cir. 2010)(解释说,辩方将"冒着可能揭露破坏性信息的风险,这取决于所聘请的专家的发现")。

〔5〕 Harrington v. Richter, 562 U.S. 86, 108 – 109 (2011).

〔6〕 See Harrington v. Richter, 562 U.S. 86, 113 (2011)(California 最高法院有充分的依据认为,Richter 被无罪释放的任何真实可能性,都被其他指向有罪的证据所掩盖). 第九巡回法庭在证明这种分析的难度与延展性时,发现并不完全是一种恰当的无害错误分析,第九巡回法庭曾对此非常不同意,认为"案件双方都有弱点"。Richter v. Hickman, 578 F.3d 944, 966 (2009).

家,所有这些都没有任何意义。嘿,[辩护律师]说,血液在这里。Bob Bell,嘿,他错了,相信我。我不会去找专家的。我不会带人来告诉你,因为我不需要这么做。我将在结案陈词中做到这一点。我就这么说。如果你愿意相信我,嘿,那将会起作用的。[1]

当考虑到辩方专家本来应该说些什么时,问题就变得更加严重。正如第九巡回法庭所描述的那样,被告人在审后人身保护诉讼中确实保留了专家,这将表明血清学证词是完全不准确的。[2] 实际观察到的血型"不能排除"(could not exclude the possibility)被告人血液是混合物一部分的可能性。[3] 一位创建旧金山罪证实验室犯罪现场调查组(the Crime Scene Investigations Unit of the San Francisco Crime Laboratory)的经验丰富的分析员提供了一份单独的报告,结论是"由于血滩周围没有大量的血液飞溅痕迹,因此排除了控方的说法",即控方证人当时正站在门口。[4]

现在,最高法院对定罪后主张的分析是受到高度推崇的。只有在律师出现严重过失并导致损害结果的情况下,才有可能推翻审判裁决,这是设置Strickland 标准的目的。[5] 有关法庭科学证据辩护诉讼不充分的主张通常不会因审查而被保留。此外,众所周知,联邦人身保护令对救济的限制是非常复杂的。也许一个更典型的结果是,法院在 Bradshaw v. Richey[6]案中裁定,Strickland 主张由于没有在州法院查明事实,因此须进行程序性违规分析。该主张涉及律师通过对州聘请的专家进行交叉询问,而未对法庭科学专家证据提起

---

〔1〕 Hickman, 578 F. 3d at 962(强调来源).

〔2〕 See Hickman, 578 F. 3d at 962(如果律师不愿进行必要的调查,他的努力本应取得很大成效。在州和联邦人身保护审查中,Richter 的新律师进行了调查,而初审律师没有履行这些调查,并且这些调查对案件具有重大影响).

〔3〕 See Hickman, 578 F. 3d at 963.

〔4〕 See Hickman, 578 F. 3d at 962 - 63(省略内部引文)(原文有改动).

〔5〕 See Strickland v. Washington, 466 U. S. 668, 693 (1984)(指称律师表现欠佳的无效辩护申诉必须遵守一般性要求,即被告人必须肯定地证明其受到损害).

〔6〕 See 546 U. S. 74 (2005).

诉讼,并且未提出对抗性法庭科学证据。[1] 最高法院 Cullen v. Pinholster 案[2]裁决使补充州人身保护令记录变得特别困难,例如处理庭审律师当时本应发现的新的法庭科学证据。[3] 尽管存在这些限制,最近,Hinton 裁决显示了定罪后审查如何有时救济法庭科学辩护的不足。

(二)Kulbicki v. Maryland[4]

2015 年,最高法院在 Kulbicki v. Maryland 案中发布一项一致性裁决,拒绝就另一无效律师辩护主张提供救济,但是与这项裁决相关的科学已经发生了根本性变化。该裁决强调在 1995 年,辩护律师不可能预料到法庭科学中的缺陷。[5] Maryland 上诉法院过去曾向一名囚犯授予人身保护令,该囚犯的审判律师未能对 FBI 探员关于子弹头铅比对分析(Comparative Bullet Lead Analysis, CBLA)的证词质疑。FBI 探员没有找到"精确"(exact)的匹配,但发现了足够多的相似之处,并且与他卡车上的一个碎片相匹配,从而得出谋杀受害人的子弹来自 Kulbicki 武器的结论。[6] 问题是 CBLA 子弹分析是有缺陷的科学。美国国家科学院(The National Academy of Sciences)在 2004 年的一份报告中得出结论:"现有数据不支持任何关于犯罪子弹来自特定弹药匣的说法。"[7] CBLA 分析的假设和经验基础的根本性缺陷,导致 Maryland 法院在 15 年后拒绝了 CBLA 证据,FBI 于 2005 年自行否定并停止使用该技术。[8]

---

[1] See 546 U. S. 74 (2005), at 79(结论为,第六巡回法庭的错误在于,没有首先确定"被告人对这些附属诉求的程序性违约是否可以通过显示原因与偏见,或者避免误判的需要而得到宽恕"). 第六巡回法庭后来得出结论,律师确实提供了无效辩护。Richey v. Bradshaw, 498 F. 3d 344, 364 (6th Cir. 2007).

[2] See 563 U. S. 170 (2011).

[3] See generally 563 U. S. 170 (2011).

[4] See 136 S. Ct. 2 (2015).

[5] See 136 S. Ct. 2 (2015), at 4(没有理由相信,经过认真搜索,甚至本来应该发现所谓的关键报告).

[6] See 136 S. Ct. 2 (2015), at 2.

[7] NaT'L Research Council, Committee On Scientific Assessment of Bullet Lead Elemental Composition Comparison, Weighing Bullet And Lead Evidence 7 (Nat'l Acads. Press 2004).

[8] See FBI, *Announces Discontinuation of Bullet Lead Examinations*, FBI Nat'l Press Off. (Sept. 1, 2005), https://www.fbi.gov/news/pressrel/pressreleases/fbi-laboratory-announces-discontinuation-of-bullet-lead-examinations (last visited Aug. 31, 2016)(美国联邦调查局实验室如今宣布,经过广泛研究和考虑,将不再进行子弹头检验)(on file with the Washington and Lee Law Review).

Kulbicki 的律师是否应该早在 1995 年审判时就知道该科学存在缺陷?Kulbicki 辩称,这位分析员共同撰写的一份报告显示,即使在 1991 年,FBI 分析员仍对"某些子弹中铅的成分与数月后单独装在其他子弹中铅的成分相同"表示怀疑。[1] 法院驳回了这一说法,称"Kulbicki 在 1995 年受审时,FBI 分析员认为 CBLA 被广泛接受,法院在 2003 年以前通常都会接受 CBLA 证据"[2]。此外,"考虑到 Kulbicki 受审时 CBLA 技术的无争议性本质",证明法庭科学有缺陷无疑就像"要求律师'大海捞针'"[3]。

(三)Hinton v. Alabama[4]

将法院在 Kulbicki 案的裁决与 2014 年 Hinton v. Alabama 案中法庭意见(per curiam opinion)进行比较(另一起审查律师在庭审中未能就法庭科学证据充分辩护的案件,涉及枪支和工具痕迹分析),[5]结果完全不同。在 Hinton 死刑案中,法院认定律师辩护在宪法上是无效的。[6] Hinton 被指控抢劫并谋杀餐厅经理,警方在抢劫现场发现六枚子弹壳。[7] 唯一证据是三起抢劫案之一的一名餐馆经理作出的目击证人证言,以及州弹道专家对这六枚子弹之间关系所作的关联性分析,得出这些子弹是从 Hinton 家中发现的一把枪中射出的结论。[8] 辩护律师认为,他不能以超过 500 美元的价格聘请专家,尽管审判法官曾表示法律允许追加资金,"如果有必要,我们会核查一下,看是否可以超出这

---

〔1〕 Maryland v. Kulbicki, 136 S. Ct. 2, 3 (2015).

〔2〕 Maryland v. Kulbicki, 136 S. Ct. 2, 4 (2015).

〔3〕 Maryland v. Kulbicki, 136 S. Ct. 2, 4 (2015) [引用 Rompilla v. Beard, 545 U. S. 374, 389 (2005)]. 在 In Kulbicki 案中,法院还错误地将该标准表述为"律师的错误'严重'到他无法发挥'律师'的作用,以及由此造成的损害剥夺了被告人的公正审判权"。Maryland v. Kulbicki, 136 S. Ct. 2, 3 (2015) [引用 Strickland v. Washington, 466 U. S. 668, 687 (1984)]. 这种对 Strickland 测试的描述,至少是随意的且不精确的。

〔4〕 See 134 S. Ct. 1081 (2014).

〔5〕 See generally 134 S. Ct. 1081 (2014).

〔6〕 See 134 S. Ct. 1081 (2014), at 1088(初审律师未能请求额外的资金来替换一位他明知不合适的专家,因为他误认为,根据亚拉巴马州法律规定,他已经得到了他所能得到的一切,这导致他表现欠佳).

〔7〕 See 134 S. Ct. 1081 (2014), at 1083.

〔8〕 See 134 S. Ct. 1081 (2014), at 1083(在分析了三宗犯罪中发射的六枚子弹,并测试了该左轮手枪之后,该州法庭科学部门的检验人员得出结论,即六枚子弹是由同一把手枪发射的——在 Hinton 家中发现的左轮手枪).

一范围”[1]。亚拉巴马州的法律在审理前一年进行了修订,允许为“审判法院事先批准的任何合理费用”提供资金。[2]

辩护律师确实聘请了一位视力差、资历不佳的专家。他作证说左轮手枪被腐蚀了,无法与任何子弹进行比对。该专家承认,他仅有一只眼睛可以使用,以致很难通过法庭科学显微镜进行观察。[3] 检控方在结案陈词中强调,控方经验丰富的专家之间“没有可比性”。他们都得出结论,所有六枚子弹都来自 Hinton 的左轮手枪,他们丰富的弹道专业分析工作经验“在全州得到了认可”。[4] 后来,在联邦人身保护诉讼中,新律师辩称,Hinton 的庭审律师辩护因未能聘请合格且能胜任的弹道专家而无效。新律师从一流实验室聘请了三名新的、高素质的专家,他们都认为子弹不是从 Hinton 的枪里射出来的。其中一名专家要求那位州出庭专家向他展示他是如何确定子弹可能是从 Hinton 的枪里射出来的,但该州专家不予配合。[5]

在 Hinton 案中,法院将 Strickland v. Washington 案中的律师无效辩护标准描述为“如果他的审判律师的表现低于客观的合理标准,并且存在合理的可能性,即如果没有不充分的作为或不作为,审判结果可能会有所不同”[6]。法院强调,律师“无视对他案件至关重要的法律要点,加上他未能对该点进行基本研究,根据 Strickland 裁决,这是律师不合理表现的典型例证”[7]。

最高法院引用 Richter 的话,强调并重复了这样的主张:“刑事案件将会出现于——唯一合理且可用的辩护策略需要与专家协商或引入专家证据。”[8] 换言之,根据另一种方式,该裁决相当狭隘,不把重点放在未能聘用足够合格的专家上,而是放在“不可原谅的法律错误”上,涉及未能理解“州法律提供资源”来聘请专家。[9]

---

[1] 134 S. Ct. 1081 (2014), at 1084.

[2] ALA. CODE § 15 - 12 - 21(d) (1984).

[3] See Alabama v. Hinton, 134 S. Ct. 1081, 1085 - 86 (2014)(Payne 还承认,他在控方法庭科学实验室操作显微镜是存在困难的,并曾向一名控方专家寻求帮助).

[4] See Alabama v. Hinton, 134 S. Ct. 1081, 1086 (2014).

[5] See Alabama v. Hinton, 134 S. Ct. 1081, 1086(2014).

[6] Alabama v. Hinton, 134 S. Ct. 1081, 1083(2014).

[7] Alabama v. Hinton, 134 S. Ct. 1081, 1089(2014).

[8] Alabama v. Hinton, 134 S. Ct. 1081, 1088(2014)(省略内部引文).

[9] See Alabama v. Hinton, 134 S. Ct. 1081, 1089 (2014).

即使在 Hinton 案中，最高法院本可以说得更多，以强调辩护律师的义务，即如果控方使用不可靠的法庭科学证据，辩护方必须反击。有多少律师会承认，他们未能对法庭科学证据进行充分诉讼，是由于对所适用的州法律的完全误解？为什么律师对科学的误解不会像在 Kulbicki 案或更突出的 Richter 案那样严重呢？在押候审阶段，Hinton 的定罪被撤销且无罪释放。Hinton 后来评论道："我不应该在死囚牢房[蹲]三十年。他们仅需测试这把枪即可。"〔1〕

## 三、下级法院关于 Strickland 标准和法庭科学证据的裁决

下级法院如何解释获得律师无效辩护权利？Andrew E. Taslitz 教授指出，"案例集充斥着律师未能在法庭科学报告中找到最简单且明显的可开脱罪责的证据的案例"〔2〕。下级法院拒绝就未能充分对法庭科学证据进行诉讼而提供救济的裁决不胜枚举。〔3〕 在任何情况下获得定罪后的救济都是罕见和困难的。当然，这既有程序上的原因，也由于在审判后提出实质性错误方面存在困难。然而，律师无效辩护救济权利是定罪后最常见的诉讼权利，在极少数定罪后予以救济的情况下，该权利最常导致救济。〔4〕 近年来，人们更经常看到法院在辩方未能对法庭科学证据进行充分诉讼的案件给予定罪后救济。

---

〔1〕 Abby Phillip, *Alabama Inmate Free After Three Decades on Death Row*, WASH. POST (April 3, 2015), https://www. washingtonpost. com/news/morningmix/wp/2015/04/03/how-the-case-against-anthony-hinton-on-death-row-for-30-years-unraveled (last visited Aug. 31, 2016) (on file with the Washington and Lee Law Review).

〔2〕 Andrew E. Taslitz, *Convicting the Guilty, Acquitting the Innocent: The ABA Takes A Stand*, 19 CRIM. JUST. 18 (2005) [citing, e. g., Baylor v. Estelle, 94 F. 3d 1321, 1324 (9th Cir. 1996); Troedel v. Wainwright, 667 F. Supp. 1456, 1461 (S. D. Fla. 1986)].

〔3〕 See generally Darian B. Taylor, *Adequacy of Defense Counsel's Representation of Criminal Client-Daubert or Frye Challenge to Expert Witness or Testimony*, in American Law Reports, 84(2015), p. 247.

〔4〕 See Joseph L. Hoffmann & Nancy J. King, *Rethinking the Federal Role in State Criminal Justice*, in New York University Law Review, 84 (2009), p. 791 – 811(在 Vanderbilt-NCSC 研究评估的2384 件非死刑案件中，在初审或者上诉审中提起律师无效辩护指控的案件大约占到一半)；Nancy J. King et al., *Final Technical Report: Habeas Litigation In U. S. District Courts: An Empirical Study Of Habeas Corpus Cases Filed By State Prisoners Under The Antiterrorism And Effective Death Penalty Act of* 1996, at 28 (2007), https://www. ncjrs. gov/pdffilesl/nij/ grants/219559. pdf[81. 0% (299)的死刑案件中包括至少一项主张律师无效辩护的申诉……].

(一)未能调查法庭科学证据或聘请专家

完全没有调查法庭科学证据,是通常最能支持律师无效辩护主张的情形,从而在下级法院获得救济。下级法院强调,辩方已经注意到法庭科学证据是案件的核心,或者法庭科学证据存在问题。例如,在某一案件中,人身保护令获得准许:“纵火的科学证据因此对控方案件至关重要。然而……律师几乎没有采取任何行动来确定控方的纵火结论是否不受攻击。”[1]在第八巡回法庭的一个案件中,辩护律师对控方一名专家进行了交叉询问,该专家随后承认刀上血迹的血型意见是推测性的,但发现律师未尝试“理解实验室测试的结果,以及从逻辑上可从结果中得出的推论”,因此律师此不作为在宪法上是无效的。[2] 尽管对火灾现场进行了现场视觉检查,并与控方纵火专家进行了交谈,第一巡回法庭裁决仍然维持了无效的结论,即因未能对“无纵火”进行充分调查,因此辩护在宪法层面是无效的。[3] 在辩方未能就 PCP(苯环利定)对本案目击证人的影响而召集专家的情况下,哥伦比亚特区上诉法院(The D. C. Court of Appeals)准许了定罪后救济,指出“与专家进行审前磋商”将使辩方能够就该问题形成合理的意见,这样的专家证据在审判中可能会起到作用。[4]

当律师无效辩护分析的重点是法庭科学证据时,律师的合理表现以及实质性和损害的概念可能变得更加复杂。法庭科学证据有多种形式,可以对多种证据进行分析,分析可能涉及证明力、可靠性和准确性具有相当大差异的学科。法庭科学证据可能与个体身份这一基本问题有关:罪犯是否是被告人,这个问题在案件中可能至关重要。法庭科学证据可能与死亡原因、方式,或者与犯罪是如何进行的其他特征有关。并且,法庭科学证据可能与被告人在犯罪中发挥的作用也有关。此外,不同的法庭科学分析可能具有不同程度的可靠性和准确性,因此其对律师代理案件具有不同的用途。如果法庭科学分析的对象是不太相关的证据、不太可能产生证明结果的证据、来源不确定的证据或已被污染的

---

[1] Richey v. Bradshaw, 498 F. 3d 344, 362 (6th Cir. 2007).

[2] Driscoll v. Delo, 71 F. 3d 701, 709 (8th Cir. 1995).

[3] Dugas v. Coplan, 428 F. 3d 317, 328 (1st Cir. 2005)[“从本质上讲,(律师)‘仅在从有限渠道中获得了(争议焦点)的基本知识之后,就放弃了他的调查。’”][引用 Wiggins v. Smith, 539 U. S. 510, 524 (2003)].

[4] See Kigozi v. United States, 55 A. 3d 643, 658 (D. C. Cir. 2012).

证据,辩方不进行进一步分析则可能是完全合理的。然而,如果不进行调查,辩方可能很难对这些问题形成意见。此外,律师在不完全了解他们的专家可能会说些什么时,必须了解检察官在庭审中提出法庭科学证据时可能的用途。不幸的是,辩护律师必须意识到,检察官可能会在法庭上提供相当不可靠的法庭科学证据,在庭审中甚至有过采纳无效或被夸大的法庭科学证据的传统。辩方也不可能根据控方法庭科学分析的性质或分析员作出的结论而得到有意义或详细的发现。考虑到可能存在的实际不确定性和伴随的风险,辩方可能需要更加谨慎。

在最高法院裁决强调这一点之后,辩方完全没有咨询专家,对引入或挑战法庭科学证据的可能性未进行充分考虑或调查,这将对律师的无效辩护分析造成特别严重的影响。[1] 问题是,律师对法庭科学证据不寻求诉讼,是否能够作出合理决定。第九巡回法庭这样说:"律师如果没有充分调查并将证明其当事人事实上清白的信息作为证据,或者对这个问题提出充分的怀疑,从而破坏对判决的信心,则会造成该律师表现不佳。"[2]案件还强调了法庭科学证据"显然对控方案件至关重要"和犯罪证据不明确的情况。[3] 在第九巡回法庭的另一项裁决中强调:"我们难以理解,合理称职的律师如何不承认'性侵犯案件中精液证据具有明显开脱罪责的潜力。'"[4]

对无效辩护主张给予救济的裁决,涉及广泛的法庭科学技术,包括纵火证据[5]、

---

〔1〕 See Dugas, 428 F. 3d at 328[解释说,法院重点关注"支持进行(非纵火)辩护的调查本身是否合理"].

〔2〕 Reynoso v. Giurbino, 462 F. 3d 1099, 1112 (9th Cir. 2006) [引用 Lord v. Wood, 184 F. 3d 1083, 1093 (9th Cir. 1999)]. See also Duncan v. Ornoski, 528 F. 3d 1222, 1235 (9th Cir. 2008)(因被告方未咨询血清学专家而给予人身保护救济);Draughon v. Dretke, 427 F. 3d 286, 296 (5th Cir. 2005)(因未传唤弹道学专家而许可无效辩护上诉).

〔3〕 See Elmore v. Ozmint, 661 F. 3d 783, 871 – 72 (4th Cir. 2011)(解释说,除法庭科学证据外,控方案件还依赖于证人关于"自发的监狱供词"、被告人"犯罪行为"以及"缺乏确凿的不在场证明").

〔4〕 Baylor v. Estelle, 94 F. 3d 1321, 1324 (9th Cir. 1996) [引用 Thomas v. Goldsmith, 979 F. 2d 746, 750 n. 2 (9th Cir. 1992)].

〔5〕 See Dugas v. Coplan, 428 F. 3d 317, 328 – 29 (1st Cir. 2005)(结论是辩护律师因"在本案中未能彻底调查'非纵火'证据,而使律师辩护在宪法上存在缺陷").

手机信号塔证据〔1〕、指纹证据〔2〕、与死因有关的病理证据〔3〕、关于吗啡潜在致命效应的药理学证据〔4〕,以及在目击证人辨认主体上未能聘请专家相关的裁决。〔5〕 并且还有在聘请专家的情况下,但未进行充分准备的相关裁决。〔6〕 Paul Giannelli 教授开展了一项非常有用的案例调查,发现因未能聘请专家而导致辩护不充分。〔7〕

入罪和出罪的法庭科学证据都应进行获取。在一个非常有意思的案件中,声称律师本应该反对法庭科学专家的证词,以尽量减少可开脱罪责的法庭科学证据的缺失,来应对任何潜在的所谓 CSI 效应;法院表示,律师不反驳或反对这一证词并非不合理。〔8〕 一个常见的问题是,分析员试图对出罪证据进行解释,而排除传统法庭科学证据的标准并不总是足够明确。出罪证据的威力是相当大的,法院应该更加关注对出罪法庭科学证据进行诉讼的辩护义务。相反,一

---

〔1〕 See Roberts v. Howton, 13 F. Supp. 3d 1077, 1103 (D. Or. 2014). 律师对证据的评估以及其未聘请专家,都不是基于对证据的合理调查或理解。尽管手机信号塔证据至关重要,但律师在建议其当事人承认过失杀人之前,没有采取合理的步骤收集相关数据,也没有独立评估 Verizon 技术人员初步分析的可靠性。

〔2〕 See Siehl v. Grace, 561 F. 3d 189, 196 (3d Cir. 2009) [结论是,由于指纹证据在联邦案件中的重要性,律师辩护因未能"反驳预期证词而无效,因为这实际上承认(被告人)是杀人犯"]; Schell v. Witek, 218 F. 3d 1017, 1028 (9th Cir. 2000) (认定在"唯一证据是一枚指纹"的情况下,没有寻求指纹专家的意见"可能构成律师无效辩护").

〔3〕 See Beams v. Chappell, No. 1:10 - cv - 01429-AWL, 2013 WL 5754938, at 19 - 20 (E. D. Ca. Oct. 23, 2013) (得出的结论是,如果控方的案情依赖关于死亡原因的专家证词,"[律师]没有咨询专家,以充分评估控方证据……这不是合理的策略").

〔4〕 See Showers v. Beard, 635 F. 3d 625, 634 (3d Cir. 2011) (解释说,"一位可信的、客观的专家证人的反驳证词,将对控方的案情产生严重怀疑,而且有合理的可能性,使判决结果会有所不同").

〔5〕 See Sturgeon v. Quarterman, 615 F. Supp. 2d 546, 568 (S. D. Tex. 2009) (描述了被告人基于辩护律师未能提供目击证人身份鉴定方面的专家证人证词,而主张律师辩护无效).

〔6〕 See Sturgeon v. Quarterman, 615 F. Supp. 2d 546, 568 (S. D. Tex. 2009), at 572 - 573 (结论为:律师在准备一名受期待的专家来对目击者辨认证据的不可靠性作证方面表现不佳,"表明违反了宪法规定的获得律师有效辩护的权利……").

〔7〕 See Paul C. Giannelli & Sarah Antonucci, *Forensic Experts and Ineffective Assistance of Counsel*, in Criminal Law Bulletin, 6(2012), p. 5 (提供了许多案例,其中发现辩护律师因未能召集众多学科的专家而无效,包括精神病学、枪击残留物分析、DNA 和笔迹比对分析).

〔8〕 See Jones v. Warden, Wash. Corr. Ctr., No. 12 - 1012, 2012 WL 5472553, at 20 (E. D. La. Sept. 13, 2012) (得出的结论是,没有对专家的陈述提出异议并不构成错误,而是该决定是"合理的审判策略",并且"事后不应该对律师的专业或战术决定质疑").

些法院认为,未进行法庭科学检测可能无法证明无罪,或者即使可以证明,也可能无法为被告人提供充分的辩护。可以肯定的是,在某些情况下,法庭科学技术本身可能没有特别的证明力,也可能得不到结论。[1]

随着辩诉交易已经成为刑事司法实践的主流,辩诉交易在律师无效辩护裁决方面发挥着越来越重要的作用,最高法院在辩诉交易过程中加强了辩护律师的义务。[2] 关于律师在认罪谈判前调查和对法庭科学证据进行诉讼的义务的裁决变得越来越多。例如,在某案件中,区法院强调,如果被告人知道控方手机信号塔证据的缺陷,她就不会合理地认罪。[3]

### (二)未能请求 Daubert 或 Frye[4]听证

尽管科学界已经认识到在一系列法庭科学技术[5]在方法和可靠性方面存

---

〔1〕 See United States v. Paladino, 401 F. 3d 471, 478 (7th Cir. 2005)(解释说,"没有指纹证据的意思只意味着确实不存在指纹证据,"并指出,"通常不可能在枪支上留下潜在指纹");United States v. Gary, 341 F. 3d 829, 834 (8th Cir. 2003)[称被告人关于缺乏指纹分析的主张是"具有高度推测性的"(highly speculative)];United States v. Aquino, 54 Fed. App'x 505, 507 (2d Cir. 2002)(驳回被告人以未调查指纹证据为由提出的律师无效辩护的主张);Hunt v. Vasquez, No. 92 - 16175, 1993 WL 33863, at 3 (9th Cir. Feb. 11, 1993)(指出"手提包上有其他指纹的事实"并不能证明被告人的清白,而"只是证明在测试指纹之前有其他人接触过该手提包").

〔2〕 See Missouri v. Frye, 132 S. Ct. 1399, 1407 - 08 (2012)("刑事被告人在认罪协商期间需要有效的律师辩护。'如果不这样做……可能会在被告人能够获得法律协助与咨询意见的唯一阶段,剥夺被告人获得律师有效辩护的权利'")[引用 Massiah v. United States, 377 U. S. 201, 204 (1964)]; Lafler v. Cooper, 132 S. Ct. 1376, 1385 (2012)(解释说,"在认罪的情况下,被告人必须表明,如果有适当的建议,认罪协商的结果会有所不同").

〔3〕 See Roberts v. Howton, 13 F. Supp. 3d 1077, 1103 (D. Or. 2014)(解释说,"尽管手机信号塔证据至关重要",但律师没有收集数据,也没有评估技术人员的初步分析,"如果不是律师的不当行为,上诉人有合理的可能性不会认罪,并会坚持进行审判").

〔4〕 See Frye v. United States, 293 F. 1013 (D. C. 1923).

〔5〕 See Sowell v. Morgan, No. 1:10 - cv - 02377, 2011 WL 7404718, at 20 - 21 (N. D. Ohio Dec. 2, 2011)(因未对枪弹残留物专家提出 Daubert 异议而被认定为无效); Akins v. Kenney, 533 F. Supp. 2d 935, 951 (D. Neb. 2008)(发现因未能对弹道专家提出 Frye 质疑并不构成无效辩护); Knight v. Walsh, 524 F. Supp. 2d 255, p. 301 (W. D. N. Y. 2007)(认定在律师对控方证人进行"全面的"交叉询问的情况下,没有传唤 DNA 专家并不构成无效辩护). 涉及 DNA 证据的其他案例, see Ziegler v. Secretary, DOC, No. 3:11 - cv - 1099 - J - 39JRK, 2014 WL 6608823, at 9 - 11 (M. D. Fla. Nov. 20, 2014); United States v. Benson, No. 10 - 269, 2014 WL 4113098, at 2 - 3 (D. Minn. Aug. 20, 2014); Van Hodges v. United States, No. 6:12cv322, 2012 WL 6934624, at 6 (E. D. Tex. Nov. 20, 2012); Brown v. Cain, No. CV06 - 0336 2007 WL 2478762, at 7 - 8 (W. D. La. Aug. 29, 2007)。

在重要问题的时代,这些问题应该得到认真对待,但如果不对专家证言的可采性提出 Daubert 或 Frye 异议,辩护更难取得成功。下级法院经常提到,鉴于许多法庭科学技术在法院已经被广泛接受,如果不在科学界进行努力,则很难成功应对这一挑战。尽管这样的裁决并不令人惊讶,例如,在涉及简明形式 DNA 检测的案件中,[1]法院在更令人不安的法庭科学技术背景下,对此类主张持更开放的态度。例如,2007 年,第六巡回法庭在咬痕比对证词背景下批准了这一主张。[2] 与此相似,一名联邦地区法官批准了关于纵火证据 Daubert 听证缺失的主张,因为律师知道这些证据的可靠性存在问题,以及据称能够发现纵火证据的警犬训练员的"离谱的"证词也存在问题。[3] 然而,这些裁决是相当复杂的。在一个涉及鞋印比对的案件中,第六巡回法庭着重强调辩方是如何"辛苦地工作"。但同时也强调了一个实质性的观点,即证据本身是可靠的,该证据经过同行评审且基于合理的方法。[4] 在一系列涉及指纹证据的案件中,法院也同样认为,辩护律师行为并非因未能请求举行听证会来质疑证据可采性而无效,部分原因在于法院认为证据足够可靠。[5]

还有其他裁定暗示,辩护不仅没有通过审前听证挑战证据的可靠性,而且

---

[1] See Commonwealth v. Avila, 912 N. E. 2d 1014, 1033 – 34 (Mass. 2009)(结论是,审判律师"没有对弹道学证言提出 Daubert Lanigan 质疑并非当然无效",因为"缺乏上诉法或任何判例法"来接受这种质疑);see also People v. Snell, No. 2 – 08 – 0949, 2011 WL 10088352, at 16 (Ill. App. Ct. 2d Dist. Jan. 21, 2011)(认定律师未能对摇晃婴儿综合征的证词提出 Frye 质疑并非无效,普遍认为该类证词是可采的);State v. Leibhart, 662 N. W. 2d 618, 628 (Neb. 2003)(亦如此).

[2] See Ege v. Yukins, 485 F. 3d 364, 379 – 80 (6th Cir. 2007)(认定律师存在缺陷的表现构成了宽恕程序性失误的原因和损害). But see United States v. Bourgeois, No. C – 02 – CR – 216, 2011 WL 1930684, at 93 – 95 (S. D. Tex. May 19, 2011)(认定任何错误都是无害的).

[3] See United States v. Hebshie, 754 F. Supp. 2d 89, 127 (D. Mass. 2010)("排除助燃剂实验室分析或警犬证据会破坏这一判决并对 Hebshie 造成严重偏见,如果这是一种保守说法的话。那么,根本就不存在任何案件").

[4] See Mahone v. United States, No. 03 – 93 – B – W, 2008 WL 504012, at 4 – 5 (D. Me. Feb. 20, 2008)(根据 Daubert 规则讨论证据的可采性).

[5] See Knight v. Walsh, 524 F. Supp. 2d 255, 298 – 99 (W. D. N. Y. 2007)(讨论支持对被告人定罪的证据);United States v. Mitchell, Nos. 05 – cv – 823, 96 – cr – 407 – 1, 2007 WL 1521212, at 13 (E. D. Pa. May 21, 2007)(结论是,虽然被告人律师因没有在审判中传唤专家而存在缺陷,但并不存在损害,因为他没有证明如果没有这个错误,陪审团会作出不同的裁决);Li v. Phillips, 358 F. Supp. 2d 135, 142, 145 (E. D. N. Y. 2005)(解释说,支持定罪的不利于上诉人的证据是"压倒性的").

未能通过寻求限制证词范围的动议的方式,要求在不彻底排除证据的情况下请求救济。例如,一名联邦地区法官在某案中给予了救济,他指出:“即使有充分的理由,庭审律师从未在审判前或审判中质疑[三名证人]证词的有效性或可靠性,更不用说要求对他们的证词施加任何限制。”[1]

(三)未对分析员进行交叉询问

虽然美国宪法第六修正案裁决强调了对证人进行交叉询问的辩护权的重要性,但当辩护律师在审判时有机会但未传唤证人或者进行有意义的交叉询问,定罪后的法院对仔细交叉询问的益处极不关心,他们往往把这样的裁定视为审判策略问题。[2] 关于未召集辩护专家的 Strickland 裁决经常强调,律师有效地对出庭的控方专家进行了交叉询问,并可能以这种方式对法庭上的法庭科学证据进行质疑。然而,一系列 Strickland 标准相关的判例拒绝了对未能交叉询问控方证人的案件的救济。例如,一些判例表明,未能对 DNA 分析员进行交叉询问并非(译者补充:意味着律师辩护)无效,这也许是因为交叉询问几乎无法起到任何作用。[3] 有时会对未质疑控方专家资质的情形给予救济;并且在一些臭名昭著的冤案中,法庭科学分析员过去错误地陈述了他们的资质。[4] 另一些案件将未能调查法庭科学证据与随后未能通过庭审交叉询问对其提出质疑相关联。例如,在第八巡回法庭审理的一个案件中,审判组得出结论:“至少在这种情况下,任何明智的律师都会仔细研究控方实验室报告,以便如果控

---

〔1〕 Hebshie, 754 F. Supp. 2d, at 92 – 93.

〔2〕 一个有点过时的例子, see Waters v. Thomas, 46 F. 3d 1506, 1512 (11th Cir. 1995) [“传唤哪些证人(如果有的话),以及何时传唤他们,是一个战略决策的缩影,法院很少(如果有的话)进行二次猜测”][引用 Solomon v. Kemp, 735 F. 2d 395, 404 (11th Cir. 1984)].

〔3〕 See Moeller v. Weber, 649 F. 3d 839, 846 – 47 (8th Cir. 2011)(确认 South Dakota 最高法院的裁决,即律师没有在 Daubert 听证会上进行交叉询问是出于审判策略,并且即使被告人对部分 DNA 证据的质疑获得法官支持,也没有其他证据支持排除任何其他 DNA 证据).

〔4〕 See United States v. Williams, 233 F. 3d 592, 593 (D. C. Cir. 2000). 在 Washington D. C. 的一起联邦案件中,控方专家确定被查获的证据是以经销商通常利用的方式包装的,该专家在没有任何辩方异议的情况下作证。“我也是委员会认证的药剂师。我根据处方接收与保存化合物,分发麻醉品与非麻醉品”。同上。事实证明,该专家并不是药剂师,也没有药学学位;该证词属于虚假证词。同上。然而,法院得出结论认为,没有理由进行新的审判(该申诉是根据《美国联邦刑事诉讼规则》第 33 条提出的,而不是律师的无效辩护),因为没有证据表明新审判的结果会是无罪释放,很难为携带 725 袋海洛因提供无罪的解释。United States v. Williams, 233 F. 3d 592, 594 – 595 (D. C. Cir. 2000).

方在审判时提出一个与血清学证据不符的理论,辩方可以在交叉询问中将其暴露出来。"[1]

(四)缺乏损害

在主张律师无效辩护的诉讼中,法院通常会认定律师的任何失败都没有损害被告人的利益,包括援引看似"压倒性"的有罪证据。在法庭科学证据起次要作用的刑事案件中,可能尤其如此。不过,即使在法庭科学证据确实发挥了重要作用的地方,像 Richter 案一样,一些法院也对保留其他专家可能会损害辩方表示担心,因为尚不清楚其他测试或分析可能会发现什么。[2] 与 Strickland 标准有关且联系更紧密的是,法院强调了未能进行额外法庭科学测试不构成损害。[3] 而且还有其他依赖于复杂程序和案情的裁决规制了定罪后的诉讼,例如当裁定拒绝救济时,AEDPA[4]施加的限制。[5] 通过定罪后诉讼对审判证据提出准确异议并非易事。证据性错误通常不被作为宪法问题来处理,在联邦人身保护令诉讼中可提出的主张必须在程序和事实上得到保留,严重的宪法性错误导致了审判中的真正损害。

---

〔1〕 Driscoll v. Delo, 71 F. 3d 701, 709 (8th Cir. 1995).

〔2〕 See Armstrong v. Harry, No. 09 - cv - 14808, 2012 WL 246247, at 9 (E. D. Mich. Jan. 26, 2012)(认定"辩护律师没有传唤指纹鉴定方面的辩方专家证人,并非意味着律师辩护当然无效",因为"没有依据认为指纹专家可以提供实质性辩护");Jurbala v. United States, No. 04 - 94 - GMS, 2011 WL 767175, at 6 (D. Del. Feb. 25, 2011)(确认不存在偏见损害,因为 Jurbala 无法确定能够提供反驳证据的专家证人).

〔3〕 See Rhoades v. Henry, 598 F. 3d 495, 506 (9th Cir. 2010)(结论是,鉴于被告人有罪的"有力"证据,没有进行更具体的 DNA 测试以最终排除被告人作为嫌疑人的事实,并不具有偏见损害);Dang v. Lampert, 135 Fed. App'x 13, 14 (9th Cir. 2005)(认定辩护律师拒绝进行法庭科学检验并非意味着律师无效辩护,因为被告人坚持要在 30 天内进行审判,而检验结果可能是对被告人不利的).

〔4〕 See Antiterrorism and Effective Death Penalty Act of 1996(AEDPA), Pub. L. 104 - 132, 110 Stat. 1214 (2012).

〔5〕 See Bishop v. Warden, 726 F. 3d 1243, 1257 - 58 (11th Cir. 2013)(本案适用了 AEDPA 标准,结论为,律师不会因为没有提供血迹专家证词而无效,因为该证据并没有降低被告人对犯罪的参与度);Williams v. Thaler, 684 F. 3d 597, 605 (5th Cir. 2012)(根据 AEDPA"高度遵循"标准拒绝给予救济,因为辩护律师没有获得报告并不构成损害);Gentry v. Sinclair, 609 F. Supp. 2d 1179, 1185 - 86 (W. D. Wash. 2009)(由于下级法院不存在"明显错误",因此驳回了以未能论证测试的统计学不可靠为由提出的律师无效辩护的主张).

(五)变化的辩护与起诉标准

长期以来,律师辩护无效裁决一直依赖于刑事律师界公认的理性标准。这些标准正在发生变化。众所周知,辩方有义务对案件进行独立的事实调查,而不仅仅依靠控方的证据。[1] 刑事辩护组织越来越多地提供关于法庭科学证据问题的资源与培训。[2] 美国律师协会发布了一份新的报告,提出要认真对待法庭科学证据的重要性,这些建议适用于辩护律师与检察官。[3] 虽然最高法院关于在辩诉交易期间律师有效辩护的裁决,承认我们的刑事司法系统"在很大程度上是一个辩诉交易制度",但这些裁决集中关注附带后果,并向委托人传达辩诉要约(plea offers)及其后果。今后几年中,在辩诉交易期间未能提供开脱罪责的法庭科学证据或进行充分调查,将成为更多律师无效辩护裁决的对象,这一点儿也不奇怪。[4]

刑事辩护与检控律师的这些变化在职业标准中得到进一步巩固。前联邦法官 Nancy Gertner 认为,有效刑事辩护的标准必须改变,"科学证据的标准应该有所不同"[5]。有学者提议对《职业责任示范规则》(Model Rules of Professional Responsibility)进行修订,增加律师必须"考虑案件中是否需要专家的科学与技术协助,并在有此需要的情况下告知其委托人"的内容。[6] 联邦法官 Gertner 颁布了一份常规性命令,用来指导双方律师查明并披露刑事案件预

---

〔1〕 See Rompilla v. Beard, 545 U. S. 374, 387 (2005) {"'律师有责任迅速调查案件,并探索一切途径,以获得与案情和定罪后的刑罚有关的事实'" [引用 1 Standards For Criminal Justice 4 – 4.1 (AM. BAR ASS'N 2d ed. 1982 Supp)]}.

〔2〕 See Forensics Resources, North Carolina Office of Indigent Defense Services, http://www.ncids.comlforensic/ (last visited Sept. 21, 2016)(为辩护律师提供一份法庭科学资源清单)(on file with the Washington and Lee Law Review).

〔3〕 See generally Am. Bar Ass'n Criminal Justice Section, Achieving Justice: Freeing The Innocent, Convicting The Guilty: Report Of The Aba Criminal Justice Section's Ad Hoc Innocence Committee To Ensure The Integrity Of The Criminal Process (Paul Giannelli & Myrna Raeder Eds., 2006).

〔4〕 See Missouri v. Frye, 132 S. Ct. 1399, 1407 (2012)(辩诉交易已成为刑事司法系统管理的核心,辩护律师在辩诉交易过程中负有责任,而且其必须履行这些责任,以便在刑事诉讼的关键阶段提供美国宪法第六修正案所要求的充分的律师辩护).

〔5〕 Nancy Gertner, *Commentary on the Need for a Research Culture in the Forensic Sciences*, in University of California Law Review, 58(2011), p. 789 – 793.

〔6〕 See Hannah Jacobs Wiseman, *Pro Bono Publico: The Growing Need for Expert Aid*, in Southern California Law Review, 60(2008), p. 494 – 540.

审中的"微量证据"问题。[1] 这类规则应该是例行的,用来广泛披露发现与法庭科学分析有关的完整材料,包括工作底稿与实验室报告。

## 四、正当程序与法庭科学

### (一)公正审判权

虽然证据可采性主要属于州法律问题,但最高法院长期以来一直坚持,在狭义情况下,如果庭审错误"影响到整个审判",以至于否定了基本的公正,则当事人可以提出正当程序主张。[2] 第三与第九巡回法庭认为,如果上诉人能够证明证言"损害了整个审判的基本公正性",则有缺陷的法庭科学证言可能违反了正当程序条款。[3] 在第三巡回法庭的 Lee v. Superintendent 案中[4],法院强调:区法院认定一名消防专家的证言"损害了整个审判的基本公正性",因为"判决……几乎完全依赖于目前已经被侵蚀的科学支柱"[5]。在 1990 年的审判中所依赖的各种纵火标识已不再为科学所支持,包括没有进行独立的化学测试来评估是否有助燃剂,也没有任何迹象表明专家所证实的"超过 60 加仑的汽油和燃料油"引起了火灾。[6] 在这些案件中,法院认为,该主张不同于无罪主张的新证据,因为该证据不是用来证明无罪的证据,而是削弱了科学专家证言的有

---

〔1〕 See generally Procedural Order: Trace Evidence 1 (D. Mass. Mar. 2010), http://www.mad.uscourts.govboston/pdf/ProcOrderTraceEvidenceUPDATE.pdf.

〔2〕 Cupp v. Naughten, 414 U.S. 141, 147 (1973); see also Henderson v. Kibbe, 431 U.S. 145, 154 (1977) [引用 Cupp v. Naughten, 414 U.S. 151, 147 (1973)]; Donnelly v. DeChristoforo, 416 U.S. 637, 642-43 (1974) (same). 法院曾指出,它"非常狭隘地界定了违反'基本公平'的违法行为类别"。Dowling v. United States, 493 U.S. 342, 352 (1990).

〔3〕 Lee v. Superintendent, 798 F.3d 159, 162 (3d Cir. 2015) [引用 Lee v. Glunt, 667 F.3d 397, 403 (3d Cir. 2012)]; see also Giminez v. Ochoa, 821 F.3d 1136, 1145 (9th Cir. 2016) {"我们和第三巡回法庭一样,承认人身保护上诉人可以指称在审判中引入有缺陷的专家证词的行为违反了宪法,只要他们证明引入这种证据'破坏了整个审判的基本公正性'"[引用 Lee v. Superintendent, 798 F.3d 159, 162 (2015)]}.

〔4〕 798 F.3d 159 (3d Cir. 2015).

〔5〕 Lee v. Tennis, No. 4:08-CV-1972, 2014 WL 3894306, at 15-16 (M.D. Pa. June 13, 2014). 第三巡回法庭早些时候已将此案发回重审。Lee v. Glunt, 667 F.3d 397, 403-04 & 403 n.5, (3d Cir. 2012)(发回重审,要求补充事实发现).

〔6〕 Lee, 798 F.3d at 167 (引用 Lee, 2014 WL 3894306, at 7).

效性。根据这种推理,如果法庭科学证据是审判的核心证据,而新的科学研究表明该技术是会出错的,那么可以根据普遍的基本公正理论提出正当程序主张。

(二)Brady 案与法庭科学证据

如果获得律师有效辩护的权利能够更好地与刑事诉讼程序中证据开示的正当程序裁决相联系,则可以加强宪法对法庭科学证据的规制。最高法院一再认为,警察与检察官共同负有 Brady v. Maryland 义务,即向辩方提供开脱罪责证据与控告证据。[1] 在法庭科学证据方面,这项义务是长期存在但尚不完善的。[2] 一种可能的解释是,不仅检察官与执法部门之间存在分离,而且检察官、执法部门以及经常进行法庭科学分析的罪证实验室之间也都存在分离。部分法院裁定,实验室必须向检察官传达的相关或重要信息是分析的结果,而不能是可能揭示分析中任何弱点或明显缺陷的基本方法与材料,尽管其他法院不同意,并要求同时提供所有基本的测试或程序报告,美国律师协会也同样建议

〔1〕 See Brady v. Maryland, 373 U. S. 83, 87 (1963)(我们现在认为,控方对有利于被告人且对定罪与量刑方面有实质影响的证据进行压制,违反了正当程序要求,无论起诉是出于善意还是恶意).

〔2〕 See Paul C. Giannelli, *Criminal Discovery*, *Scientific Evidence*, *and DNA*, in Vanderbilt Law Review, 44(1991), p. 791 - 809(探讨对报告开示和庭审记录的限制);Paul C. Giannelli, Bench Notes & Lab Reports, 22 CRIM. JUST., 50, 50 - 51 (Summer 2007)(讨论围绕着在证据开示过程中,未能出示载有潜在出罪证据的法庭科学庭审说明的问题);see also 2 Standards For Criminal Justice, 11 - 2. 1 (a)(iv) CMT (AM. BAR ASS'N 2d ed. 1980 & Supp. 1986)(探讨法庭科学专家材料的披露问题);Aba Standards For Criminal Justice: Dna Evidence 16 - 4. 1 at 81 (AM. BAR ASS'N 3d ed. 2007)(建议披露实验室案件分析记录);Fed. R. Crim. P. 16 advisory committee's note to 1974 amendment (指出应该对"任何结果或报告"一词进行自由的解释);United States v. Penix, 516 F. Su. p. 248, 254 - 55 (W. D. Okla. 1981)(部分批准被告方根据 Brady v. Maryland 案提出的证据开示动议);例如,数十年来一直未能披露弹道学证据材料的案件,see Jay M. Zitter, *Failure of State Prosecutor to Disclose Exculpatory Ballistic Evidence as Violating Due Process*, in American Law Reports, 95 (2002), p. 611。

提供完整的证明材料。[1] 这种方法上的分歧与对抗条款裁决中强调的由进行分析的专家提供证言(而不仅是对赤裸裸结果的证明报告[2])形成了鲜明对比。此外,关于 Giglio[3]弹劾信息,还必须提供分析员在实验室应当遵守的资质、熟练程度与标准操作程序要求的更多信息,以及允许人们辨别分析员是否实际遵守了这些要求的材料。如果欠缺对这些问题的全面发现,则检察官无法充分履行其宪法义务。

Connick v. Thompson 案[4]是关于检察官 Brady 义务的一个最重要的案例,对于整个检察机关未能对其工作人员履行该义务提供培训与监督,最高法院拒绝追究其民事责任。该案中,控方向辩方完全隐瞒了出罪的血迹证据,导致被告人被错误地判定谋杀罪。[5] 也就是说,Connick 案属于追究检控方责任的民事案件。刑事案件中对隐藏法庭科学证据提起的 Brady 诉讼可能会越来

---

〔1〕 See United States v. Iglesias, 881 F. 2d 1519, 1523 – 24 (9th Cir. 1989)[承认尽管内部实验室记录"将允许 Iglesias 提供更有效的辩护,但根据 Rule 16(a)(1)(D),政府没有法律义务移交这种非正式内部文件"];Spencer v. Commonwealth, 384 S. E. 2d 785, 791 (Va. 1989)(认为 Rule 3A:11 并不要求披露与案件有关的内部文件,而且正当程序也不要求披露);United States v. Berry, 636 F. 2d 1075, 1082 (5th Cir. 1981)[认为根据 Rule 16(a)(1),无须披露专家的"个人工作记录"]. But see State v. Cunningham, 423 S. E. 2d 802, 807 – 08 (N. C. Ct. App. 1992)(裁定州法律"必须解释为,对于刑事被告人在审前证据材料开示的范围,不仅包括结论性的实验室报告,而且还包括化学师为得出这种结论而进行的任何测试或使用的程序");State v. Schwartz, 447 N. W. 2d 422, 427 (Minn. 1989)(如果实验室在进行测试时所依赖的数据不能提供给对方进行审查和交叉询问,就会影响到公正审判和正当程序的权利);State v. Burgess, 482 So. 2d 651, 653 (La. Ct. App. 1986)(基本的公正与正当程序的目标,要求被告人在审前有机会审查专家得出结论的依据). 在底层实验室记录可能会披露本来可以进行 DNA 测试,以防止错误定罪证据的情况下,对 Brady 民事案件拒绝给予救济,see Villasana v. Wilhoit, 368 F. 3d 976, 977 – 78 (8th Cir. 2004)。

〔2〕 See Melendez-Diaz v. Massachusetts, 557 U. S. 305, 318 (2009)(提供虚假结果的分析员可能会在公开审理的法庭上宣誓后,重新考虑他的虚假证词……在对抗制诉讼中,将来要首先阻止欺诈性分析)(省略引文).

〔3〕 See Giglio v. United States, 405 U. S. 150 (1972).

〔4〕 See 563 U. S. 51 (2011).

〔5〕 See 563 U. S. 51 (2011), at 68(我们不认为检察官总是会作出正确的 Brady 决定,也不认为关于 Brady 问题的指导将不会对检察官有所帮助。但是,仅仅表明额外的培训会对困难决定的作出具有帮助,但并不能确立市政责任).

越多。事实上,整个罪证实验室都被关于实验室丑闻的系统诉讼所包围。[1] 各司法管辖区使刑事证据开示得到改善,这不仅是为了履行正当程序义务,而且还可以避免昂贵且漫长的系统审查与诉讼。对 Brady 义务进行仔细解释可以避免系统性的 Brady 缺陷,使其适用于法庭科学证据的完整文件材料开示。即使 Brady 义务通常不要求公开的文件材料开示,但也可能需要整个文件材料来理解法庭科学分析的构成,而不仅是赤裸裸的结果。

辩诉交易期间披露潜在出罪法庭科学证据,以及与法庭科学分析员工作相关的控告证据的义务,有望在今后几年得到加强。根据最高法院的 Ruiz 裁决,[2] 检察官在辩诉交易期间必须在多大程度上提供出罪证据,仍然是不清晰的。[3] 在辩诉交易制度中,可以完全对辩方掩盖出罪的法庭科学证据,这将是最不公正的想象。

最近,西弗吉尼亚州最高法院在对各权力部门进行调查后得出结论,认为检察官有义务在辩诉交易中向被告人提供出罪法庭科学证据。[4] 在 Buffey v. Ballard 案[5] 中,控方声称,2002 年年初产生的有利于被告人的 DNA 结果不必在当年晚些时候的认罪前提供。[6] 被告人律师的报告指出,他们"非常希望"看到 DNA 测试结果,但却被告知"尚未完成"测试结果;控方曾向 Buffey 提供了限时的认罪提议,在未向其告知 DNA 测试结果于六个星期前已经排除他的

---

[1] See Commonwealth v. Charles, 992 N. E. 2d 999, 1003 – 04 (Mass. 2013)("2012 年 10 月,高等法院首席大法官指派 7 个县的专职法官,主持特殊的'毒品实验室会议'……从 10 月 15 日到 11 月 28 日,主持毒品实验室会议的法官共举行了 589 次听证会,这给高等法院带来了巨大的负担").

[2] See United States v. Ruiz, 563 U. S. 622 (2002).

[3] See United States v. Ruiz, 563 U. S. 622 (2002), at 633(认定"《宪法》不要求政府在与刑事被告人达成辩诉协议之前披露重要的弹劾证据"). 关于在辩诉协商过程中是否必须提供出罪证据而不是弹劾证据这一未决问题的讨论,see Samuel R. Wiseman, *Waiving Innocence*, in Minnesota Law Review, 96(2012), p. 952, 992。

[4] See Buffey v. Ballard, 782 S. E. 2d 204, 216 (W. Va. 2015)("在仔细研究了其他司法管辖区的推理之后,该法院认为,有更合理的权威支持这样的结论,即在辩诉交易阶段,被告人有权获得宪法规定的出罪证据").

[5] See 782 S. E. 2d 204 (W. Va. 2015).

[6] See 782 S. E. 2d 204 (W. Va. 2015), at 219 – 20(驳回控方的论点,即由于控方不知道 DNA 测试的状况,其没有违反 Brady 义务。因为有证据表明,在认罪之前,控方已被告知可开脱罪责的 DNA 检测结果).

情况下,Buffey 最终接受了这一提议。[1] 虽然 DNA 测试明确排除了 Buffey 是强奸案中精子的来源之一,控方坚称,无论检测结果是否具有实质性影响,Buffey 都会认罪,而且该结果并不能最终排除他的参与。[2] 西弗吉尼亚州最高法院驳回了这些论点,认为这些论点未能"削弱 DNA 测试证据的出罪本质或实质性"。[3]

也可以出于对立目的而适用 Brady 与 Strickland 主张,法官有时会为控方的不当行为开脱,认为辩护律师本应知道法庭科学证据是可用的或不可靠的。[4] 为了更好地理解双方的道德义务,应当减轻法官造成的左右为难的困境,即定罪后的法官以牺牲罪犯为代价而指责其他律师,从而为辩护律师或检察官的失败辩解。[5] 例如,出于 Brady 主张以外的更广泛的正当程序原因,应要求该州同意辩方提出的提供或测试法庭科学证据的请求,或在执法数据库中进行数据库搜索,以便可能找到另一名罪犯。[6]

(三)伪证与法庭科学证据

最高法院还可以重新审查其关于销毁或伪造法庭科学证据的正当程序裁决。关于销毁证据,法院的 Youngblood[7]裁决允许过失销毁关键的法庭科学证据,只要不是出于故意或"恶意"。[8] 根据 Napue v. Illinois 案,也许应该对虚假证据展示(如法庭科学分析员的庭审虚假陈述)的救济给予支持。[9] 至少在 2009 年《美国国家科学院报告》(the National Academy of Sciences Report)发

---

〔1〕 See 782 S. E. 2d 204 (W. Va. 2015), at 208.

〔2〕 See 782 S. E. 2d 204 (W. Va. 2015), at 220["控方严重依赖其主张,即无论有利于被告人的 DNA 测试结果如何,上诉人都会认罪……(辩护律师)特别指出,如果他获得有利的测试结果,他将建议上诉人不要认罪"].

〔3〕 See 782 S. E. 2d 204 (W. Va. 2015), at 220.

〔4〕 See John H. Blume & Christopher Seeds, *Reliability Matters: Reassociating Bagley Materiality, Strickland Prejudice, and Cumulative Harmless Error*, in Journal of Criminal Law and Criminology, 95 (2005), p. 1153(认为,"法院在评估有罪判决或死刑判决是否可靠时,应综合考虑违反 Brady 规定与 Strickland 规定的影响,而不是割裂或对立地看待这类问题").

〔5〕 See Brandon L. *Garrett*, *Claiming Innocence*, in Minnesota Law Review, 92(2008), p. 1629, 1664 – 1665.

〔6〕 关于辩方要求进行 DNA 数据库搜索的方法分工问题, see Brandon L. Garrett, Claiming Innocence, in Minnesota Law Review, 92(2008), p. 1659 – 1660。

〔7〕 See Arizona v. Youngblood, 488 U. S. 51 (1988).

〔8〕 See Arizona v. Youngblood, 488 U. S. 51 (1988), at 57.

〔9〕 See 360 U. S. 264 (1959).

布以前,法庭科学分析员经常在法庭上提出无根据与虚假的主张,例如潜在指纹比对的错误率为零,或者用统计数据来支持那些尚未进行统计研究的学科。根据 Napue 案,可以且应该更仔细地审查支持法庭科学结论的错误主张。一些联邦法院也在 1983 年民事诉讼中讨论了此类主张,这些诉讼是由被非法定罪的个人(包括 DNA 出罪者)对法庭科学分析员提起的,有时还同时包括伪造证据与 Brady v. Maryland 主张。[1]

州法院可能具有平行的州法律标准,实际上,包括西弗吉尼亚州和马萨诸塞州在内的州法院已经对受虚假法庭科学证言污染的案件进行了大规模的审核与重新审理。[2] 关于新发现证据与改变科学认识的州法律,以及基于变化的科学证据给予救济的裁决,继续影响着定罪后法庭科学证据的诉讼方式。州法律可能会发挥越来越重要的作用,因为加利福尼亚州与得克萨斯州等州制定了专门的法规,允许对发生变化的科学证据进行定罪后诉讼。在这种情况下,使用的不是像 DNA 测试这样的全新技术,而是对支持刑事定罪证据可靠性的理解发生了变化。[3]

---

〔1〕 See Gregory v. City of Louisville, 444 F. 3d 725, 739 (6th Cir. 2005)(解释说,对于"非证词性的审前行为",比如伪造证据等,"其不享受绝对豁免,尽管这些行为可能与后来的证词有联系");Atkins v. County of Riverside, 151 Fed. App'x 501, 505 – 06 (9th Cir. 2005)(解释说,侦查人员在侦查期间捏造证据的事实,将"立即破坏警方其他调查的可信度",压制这种事实是"Brady 主张成立的充分依据");Pierce v. Gilchrist, 359 F. 3d 1279, 1300 (10th Cir. 2004)(注意到上诉人声称,检察官制定了使用虚假证据的政策,并且"故意漠视其下属引入虚假证据的风险……");Hunt v. McDade, No. 98 – 6808, 2000 WL 219755, at 4 (4th Cir. Feb. 25, 2000)(描述了基于 Hunt's § 1983 Brady 的主张,该主张未披露可供选择的 DNA 测试方法以及多项文件);Brandon L. Garrett, Claiming Innocence, in Minnesota Law Review, 92(2008), p. 1663(指出,法院在 DNA 案件中适用 Brady 规则的问题上存在分歧,并比较了两个结果明显不同的类似 DNA 检测主张的案件).

〔2〕 See supra note 147(讨论为解决药物实验室测试不准确的问题而举行的特别庭审).

〔3〕 See Cal. Penal CODE § 1473 (West Supp. 2015)(解释说,"虚假证据"指的是被否定的专家意见,或者"已被后来的科学研究或技术进步所破坏"的证据);Tex. Code Crim. Proc. Ann. Art. 11.073 (b), (d) (West 2015)(允许根据目前可获得的、审判时没有的科学证据提供人身保护救济。并解释说要考虑到自审判或以前的人身保护救济申请以来,科学知识或方法是否发生了变化). 关于科学和刑事案件变化的精彩讨论, see Jennifer E. Laurin, *Criminal Law's Science Lag: How Criminal Justice Meets Changed Scientific Understanding*, in Texas Law Review, 93(2015), p. 1751; see also David S. Mitchell, Jr., *Comment*, *Lock' Em Up and Throw Away the Key: "The West Memphis Three" and Arkansas's Statute for Post Conviction Relief Based on New Scientific Evidence*, in Arkansas Law Review, 62(2009), p. 501, 531(解释说,新的法庭科学测试揭示了对被告人罪行提出合理怀疑的证据,使他有权根据 Arkansas 法律进行新的审判,该法律根据科学证据的新发现提供了定罪后救济)。

毕竟,如果当时证据确凿,但后来的研究却否定了判决的科学基础,那么,证据诉讼未必构成无效,也未必是隐瞒或伪造了证据。正当程序或州法律新发现的关于转移科学的证据理论,可能更适合于诸如 Kulbicki 案子弹头分析之类的情形。[1]

虽然伪造证据仍然是可行的救济理论,但如果关注的是在实验室进行的分析,实际的挑战是证明法庭科学证据被故意篡改。为此,辩方可能需要获得实验室报告等方面的开示信息,了解法庭科学分析员遵循的程序以及是否存在对证据的恶意处理情形。但是辩方通常不会获得这样的证据开示。Brady v. Maryland 案裁决并未赋予辩方获得可开脱罪责的法庭科学结论的权利,而是允许辩方获得一整套实验室报告与工作记录,并用该材料对实验室分析员进行有意义的弹劾或对抗,如果是可归罪的结论,则应提供同样的材料,该裁决远比法院的对抗条款裁决更为重要。相反,如果伪造证据理论涉及专家证人庭审证言中的错误,那么虚假陈述的证明可能相对简单,而且仅仅基于庭审记录即可。

(四)辩方获取法庭科学证据

关于 Dist. Attorney's Office v. Osborne[2]一案中寻求被告人获得法庭科学证据的独立的实体性正当程序后主张,虽然最高法院对此拒绝接受,但被告人必须在达成认罪协议或接受审判之前获得这类证据,这一点至关重要并且已经得到很好的确立。因此,正如许多评论员所建议的那样,法院最终应重新考虑该点在 Ake[3]这类案件中的适用问题,即尽管法庭科学证据对案件具有核心作用,但在这些案件中,经常拒绝辩方接触法庭科学专家。[4] 随着时间的推移,当法院更充分认识到法庭科学证据在哪些案件中发挥着核心作用,法院可

---

〔1〕 关于该问题的讨论, see generally Caitlin M. Plummer & Imran J. Syed, *Shifted Science Revisited: Percolation Delays and the Persistence of Wrongful Convictions Based on Outdated Science*, in Cleveland State Law Review, 64(2016), p. 483; Caitlin Plummer & Imran Syed, "*Shifted Science*" *and Post-Conviction Relief*, in Stanford Journal of Civil Rights & Civil Liberties, 8 (2012), p. 259。

〔2〕 See 557 U. S. 52 (2009).

〔3〕 See Ake v. Oklahoma, 470 U. S. 68 (1985).

〔4〕 See Paul C. Giannelli, *Ake v. Oklahoma: The Right to Expert Assistance in a Post-Daubert, Post-DNA World*, in Cornell Law Review, 89(2004), p. 1305, 1320 – 1324(描述了专家证言的增加,并指出辩护律师"面对的是不熟悉的不同种类的专业知识"); see also Caldwell v. Mississippi, 472 U. S. 320, 323 n. 1 (1985)(认定主审法官拒绝接触指纹和弹道专家的决定,没有剥夺被告人的正当程序权利).

能会更加开放地考虑法庭科学证据是否能够支持或攻击定罪证据的充分性。[1] 正当程序的证据充分性主张尽管很难获得支持,但应给予仔细考虑,特别是在涉及核心证据的情况下。

## 五、结 论

目前刑事法院对法庭科学证据规范太少的困境不仅是源于对宪法某个领域的解释,还源于对刑事诉讼中多个重叠领域的解释。美国最高法院在对抗性条款判例中彻底改变了这一做法,并强调了辩方对抗法庭科学专家的权利。尽管这可能会促使罪证实验室内部职能的进一步分离,并在某些情况下改善与分析员在法庭上的接触,但对法庭科学证据可靠性的影响是非常微弱的。更有希望的是,法院在美国宪法第六修正案与获得律师有效辩护的公正审判权领域的裁决,结合正当程序条款,特别是 Brady v. Maryland 案裁决,未来可能会更全面地规制法庭科学证据。宪法性刑事诉讼程序不是规制法庭科学证据的主要来源,但随着法庭科学证据在我们刑事司法系统中的重要性日益提高,刑事诉讼程序会逐渐跟上州法院与联邦法院乃至美国最高法院发展的步伐。毕竟,有效辩护与合理控诉都取决于定罪证据的准确性。

---

〔1〕 See McDaniel v. Brown, 558 U. S. 120, 128, 132 (2010)(讨论性侵犯罪定罪中的 DNA 证据和相互矛盾的专家证据);see also Cavazos v. Smith, 565 U. S. 1, 7 – 8 (2011)(拒绝了关于证据充分性的主张,但描述了医学研究中的争议,并称关于被告人是否有罪的“怀疑”“是可以理解的”).

# 法律为何应被遵守*

Hans Kelsen 著
张书友** 译

法律之效力根据(reason for validity)何在？欲对林林总总的答案作一评价，必先澄清相关术语。“法律”是指实在法(positive law)，包括国内法与国际法；“效力”则是指法律之拘束力(binding force)，即“其行为受法律规制(regulated)者应守法”之观念。那么现在的问题便是：法律为何应被遵守？

不必追问实在法是否有效，其效力已为实在法理论所预设(presupposed)；效力乃是实在法之本质特征。创制实在法规范(如规定或命令)之行为的主观意义必为“应遵守规范中之规定”。但是且慢，何以此行为之主观意义亦为其客观意义？须知并非所有行为之主观意义皆同时为其客观意义。譬如，劫匪要你交出钱包之命令便不会被解释为一条有拘束力或效力之规范。则上述问题便可重述为：为何要将那些创制实在法规范之行为解释为不仅具有主观意义且具有客观意义之行为？

人们通常接受之答案是，之所以应遵守实在法，乃是因为后者符合道德原则。此类涉及法律制定与适用行为之道德原则构成了正义理想；据此，法律之效力依据即正义。然则此类道德原则如何确定？典型的回答是，据说其蕴含于自然，可通过研究自然界而发现之，此即自然法(natural law)；自然法优于实在法即人定法(man-made law)。

---

* Berkeley & Los Angeles: *What's Justice: Justice, Law and Politics in the Mirror of Science*, University of California Press, 1957, p. 257 – 265.

** 西北政法大学法治学院副教授，法学博士。

上述观点构成了自然法学说,该学说以自然为立法权威。据此,实在法从自然法中获得效力。之所以应服从实在法,则是由于自然法命令如此;而自然法只有在实在法与之相符时才会如此命令。

即使接受此说(能够从自然中引出规制人之行为的规范),为何应服从此类规范之问题仍然存在。对此追问,自然法学说并未作出回答。其仅仅预设——或许这本是不证自明的——应服从自然之命令。这便是该学说的基本假设(fundamental hypothesis)、基础规范(basic norm)及其给予法律之效力根据。

然此基本假设却无法为实在法理论所接受,因为根本不可能从自然中获得规制人之行为的规范。规范乃意志之表达,而自然并无意志。自然本是由因果律(causality)联系起来的事实体系,将其想象为一个规范性权威(normative authority),即具有创造规范之意志的超人存在,实乃泛神论之迷信,或是将自然当作上帝意志造物之神学解释。

此处尚有另一层原因:自然法学说认为实在法因符合自然法而有效,将不可避免地导致下述两个结果之一,而此二结果皆难为实在法理论所接受。

其一,若承认实在法有效,则每一实在法——依自然法学说——便必须被认为因符合自然法而公正(just),则一切人定法皆可通过诉诸超人权威而获得正当化(justified)——不少自然法理论家就在有意无意地干着此类营生。然而,若实在法皆公正,则法律便等于正义;那么,说法律因公正而有效便无异于是说:法律之效力根据即法律;法律之所以应被遵守则是因其应被遵守。

其二,若将法律等同于正义,将实在法等同于自然法,则正义或自然法之概念便毫无意义了。此类概念唯有在正义或自然法与实在法之间存在对立之可能时方有意义。一旦确立正义原则或自然法之内容,此种对立便不可避免地存在。事实上,自然法学说之突出代表就宣称,那些具有正义或自然法名目之原则不仅与实在法对立,且直接反对许多实在法秩序。不存在任何不与此类原则冲突之实在法;也没有哪个实在法秩序能够声称自身比其他实在法秩序更符合此类原则。这些原则无不体现了不同学者对其认为公正者与自然者高度主观之价值判断(highly subjective value judgement)。若实在法唯有符合正义或自然法时才有效,而不符合后者便无效的话,一切实在法在以某原则衡量时都会被其认为无效。譬如,洛克(Locke)的理念是,民主制乃是唯一自然与公正之政体,则对君主专制政府所谓法律之服从便无从谈起。而按照菲尔默(Filmer)之自然法学说,民主制却是最不公的政体,因为其与上帝之意志冲突——上帝并不以民主的方式统治世界,则民主法律便全无效力根据,立法只能是专制君主之特权。毫无疑问,相较于第一个结果而言,实在法科学尤其不能接受自然法学说的第二个结果。

因此不难断言,实在法因公正而有效之说根本未能回答上述问题。若实在法须从自然法中获得其效力,前者便根本不具备自身之效力,人们便只应服从自然法规范。自然法学说所回答的并非实在法何以有效,而是另一个截然不同的问题:自然法何以有效。即使对后者的回答也仅仅是一个假设,即应服从自然命令之预设性规范(presupposed norm)。此即自然法学说之基础规范。

另一学说——天主教神学——亦为此问题提供了答案。圣保罗(St. Paul)说:

> 在上有权柄的,人人当服从他;因为没有权柄不是出于上帝,凡掌权的都是上帝所命的。所以抗拒掌权的,就是抗拒上帝的命令;抗拒必自取刑罚。做官的原不是叫行善的惧怕,乃是叫作恶的惧怕。你愿意不惧怕掌权的吗?你只要行善,就可得他的称赞。因为他是上帝的佣人,是于你有益的。(《圣经 · 罗马书》Ⅷ:1 及以下)

这是对任何权威所发布之实在法的正当化。应服从任何实在法,因为此服从乃上帝之命,而立法者正是上帝之代表。其既然被上帝赋予立法权,则此法律便不仅是人定法,更是来自上帝意志之法。由此可知,人之服从是因上帝,而非由于实在法。

然则,应当因上帝之命而服从实在法之说,并非实在法何以有效问题之最终答案。由于规范之效力只能得自另一更高规范(higher norm),那么圣保罗之答案的真正含义便是:之所以应服从实在法,乃是由于应服从上帝之命,正是后者令我们服从实在法。若某一权威发布之规范规定人们应服从某人之命令,前者必具有发布命令之权威,因此规范之授权而具有发布命令之权威者亦如命令之服从者一般服从此规范。那么,发布此规范之权威就必然被认为高于上述双方。然而上帝本身即最高权威,其不可能发布一个授权自身发布命令之规范。执是之故,应服从上帝之命这一规范不可能出自某一权威,而只能为神学所预设。此规范乃形而上学(metaphysical)之假设,即天主教神学之基础规范。根据此神学理论,其便是法律之效力根据。

此假设唯有出于宗教立场方可接受;而上帝命人服从实在法这一事实,只有从圣保罗建立之天主教的观点出发才可不假思索地承认;而即便如此,该假设也是颇值得怀疑,因其很难与早期基督教教义相符。此假设及其事实当然不能为广义科学与狭义法律科学所接受。科学从不依赖形而上学之假设——对于某实体或事实超越人类经验尤其是人类理性之可能的假设——来解决问题。

天主教神学的答案,与自然法学说的答案如出一辙,在高于实在法的神圣秩序或自然秩序中为前者寻找效力根据。据此二说,实在法自身却并无效力。其所关注者乃是神圣秩序或自然秩序之效力;此类秩序之效力根据并非由秩序本身之权威所发布,而是由该学说作为假设而预先设立之基础规范。

对此二说之分析表明:首先,其假设不为实在法科学所接受。其次,若法律之效力,即其内在效力存疑,则不应于另一更高秩序中为其寻找根据,实在法必须被视为最高之主权秩序(a supreme, a sovereign order)。

此秩序具有等级结构(hierarchical structure)之特征。基石为成文或不成文之宪法;其上是立法机关之制定法;然后便是法院与行政机关为适用制定法而创制之个别规范(individual norm)。之所以应服从法官之判决或行政机关之命令,归根结底是因为应遵守宪法。若追问为何应遵守现行宪法中之规范,答案则是一部已被现行宪法以合宪之方式取代之旧宪法;如此一来,最终便会回溯到历史上的首部宪法。对于为何应遵守宪法这个问题,实在法科学只能回答:假如基于此宪法建立之强制秩序(coercive order)在实际中得到行为受其规制者之遵守与适用,若欲将此强制秩序解释为拘束后者之有效法律秩序,则必须将其作为一个假设而预先设定;若受法律规制者之间的关系欲被解释为法律义务、法律权利和法律责任,而不仅仅是单纯的强力关系(power relations)的话;若欲区分何为合法权利,何为非法过错,尤其是区分对强力的合法与非法使用的话,便必须如此预设。此即实在法秩序之基础规范,即其最终效力根据,至少在实在法科学看来便是如此。其理由在于:不能假设自然或上帝命人服从历史上首部宪法之条款,同样不能假设宪法之父(Fathers of the Constitution)因获自然或上帝之授权而制宪。应服从此宪法这一基础规范并非法律权威之造物,其本身并非依宪法而制定之实在法规范;预设此规范之目的——实在法科学如是说——在于将那个实际有效地(effectively)规制人之行为的强制秩序解释为在一国领土范围拘束其居民的规范秩序。此预设并非自由想象之产物,其所涉及的乃是客观上可确定之事实:宪法的确令此类行为之主观意义的客观化获得了合法性。此乃实效(effectiveness)原则之应用,作为一条规范性原则,其在法律王国中所起的作用非同小可。

无论此假设能否被接受,法律实证主义(legal positivism)毕竟通过此预设回答了法律何以有效之问题——换言之,其对守法之正当化是有条件的。因此,这个答案常常不能令人满意,于是人们便求助自然法学说或神学的解决方案。然而,在这个意义上,法律实证主义与自然法学说或神学却异曲同工。三者均将法律之效力根据建立于一个假设的基础规范之上。正如法律实证主义之基础规范并非由立法权威发布而系法学思维预设一样,自然法学说与神学之基础规范也并非出于自然或上帝,而由其学说作为假设而预先设立。因此,后者对守法之正当化同样是有条件的。区别仅仅在于,法律实证主义基础规范之效力根据植根于实在法的内在效力之中,而自然法学说或天主教神学基础规范之效力却寄生于自然秩序或神圣秩序之上。

上文关于法律效力根据之讨论被局限于国内法。若国际法唯有获得国内法立法权威基于宪法之承认——用通常术语表述即为主权国家之政府所承认时——始具有效力,则国际法之效力根据也不过是同一预设的基础规范:国内法之效力根据已包含了作为其组成部分之国际法的效力根据。然而,若将国际法视为高于国内法律秩序之另一法律秩序,情况便大相径庭了。国内法基础规范所适用之实效原则本是实在国际法中之规范。据国际法,有效控制其领土内人民之独立政府——哪怕此政府不以合宪方式而是经革命而建立——合法政府;此政府治下之社会即国际法意义上之"国家";其借以实施此有效控制之强制秩序即该国有效之法律;创造与适用此秩序中规范之行为即法律行为(legal action)。圣保罗曾谓,一切政府皆上帝所立。无独有偶,法律实证主义亦宣称,一切政府皆国际法所立。据实效原则,一旦自某宪法中获得效力之强制秩序大体上具有实效,该宪法便具有效力。此即国内法之效力根据。该规范虽高于国内法,却也如国内法(主权秩序,即通常所谓之主权国家之法律)一般具有同样的假设基础,即预设的基础规范。恰恰由于国内法之效力根据乃一国际法规范,后者便可被认为高于前者。然此国际法规范亦非国内法效力之终极根据。如此一来问题便产生了:何以此国际法规范具有效力?最后问题就变为:作为整体之国际法何以有效?既然将国际法而非国内法设想为一主权秩序,便不难回答此问题了。若国内法("家")仍被视为主权者,此"主权"也仅意味着国家或构成国家之国内法秩序不屈从于其他法律秩序而只服从国际法秩序——此即"国家"之独立。欲知国际法何以有效,须先回答 A 国所实施涉及 B 国之行为何以合法或非法。答案或许是:该行为符合或违反了两国间某一条约,而根据某国际法规范,国家应遵守其签订之条约,即条约必须遵守(pacta sunt servanda),此乃国际习惯法之规范。充任国内法效力根据之国际法规范亦为国际习惯法规范。国际法由习惯法规范与条约法规范构成——后者乃是条约基于习惯法创造之法律。故而国际法之效力根据——其基础规范——便是以习惯为造法事实(law-creating fact)之规范,即要求国家在相互关系中依习惯而行为之规范。

然此规范本身不可能由习惯创造,否则便会犯如"自然授权给自然,上帝授权给上帝"一般的逻辑错误。授权国际习惯创造拘束各国之法律的规范只能为人所预设:其将国际关系解释为义务、权利与责任等法律关系而不仅仅是强力关系,并据此判断国家行为合法与否,换言之,其令国际关系受有效法律秩序之调整。唯有如此,方能作出上述解释。由是不难推知,此假设(国际法之基础规范)亦为国内法秩序之效力根据。

# 法律与事实二分的迷思*

Ronald J. Allen** Michael Pardo*** 著
张嘉源**** 译

**内容摘要**:法律与事实二分问题因其重要性与理论、实践对其区分的困难性引起了许多讨论。美国司法判决中对于这组区分的使用,充分体现了该区分的普遍性、理论上的重要性以及区分所造成的分析混乱。法律—事实二分在涉及惩罚性和补偿性损害赔偿、专利、美国宪法第一修正案和刑法的案件,以及诸如过失、合同和上诉审查等传统领域的分析中都起着关键的作用,但也使我们对于法律和事实这对范畴的理解更加混淆。长期以来,无论是本体论、认识论抑或分析论的解释都无法准确界分二者,将一个问题贴上"法律"或"事实"标签的决定是基于不同主体根据相应标准对该问题进行判断的一种功能性决定,而非基于该问题的性质作出的决定。

**关键词**:法律问题 事实问题 本体论 认识论 分析性区别 功能分配

## 引 言

法律—事实二分的重要性只有其神秘性才能超越。一方面,它是法律制度

---

* 本文系西北大学法学院暑期师资研究项目成果。感谢罗伯特·伯恩斯、克雷格·卡伦、安德鲁·科普曼、理查德·波斯纳、亚历克斯·斯坦、艾德里安·祖克曼以及西北大学教师研讨会的参与者们对早期文稿的有益评论。

** 美国西北大学法学院约翰·亨利·威格摩尔讲席教授。

*** 西北大学法学院客座助理教授,法学博士。本文的初稿是作为西北大学高级研究项目的一部分提交的。

**** 中国政法大学证据科学研究院博士研究生。

中基础和关键的区分。一个问题是否被标记为“法律的”或“事实的”将会导致许多重要后果,如是否由法官或陪审团对该问题作出决定;以何种标准接受上诉审查;该问题是否受证据排除和开示规则的约束;是否适用诸如举证责任等程序性手段;以及该决定是否具有先例价值。另一方面,这种区分继续困扰着法院和注释法学者。最近,联邦最高法院认为这种区分是“难以捉摸”[1](elusive)和“棘手的”[2](slippery),并且还具有“令人烦恼的性质”[3]。同时,联邦最高法院承认其裁决“没有指出完全明确的方向”[4](not charted an entirely clear course)以及没有规则或原则能准确地区分出事实认定和法律适用。[5]

对于这种情况有一个简单的解释和一个更为简短的解释。简单的解释是,在实践中,法律与事实的区分是由三个相关且基本上连续的变量派生而来的,这三个变量就像引力物理学中的三体问题一样,产生了巨大的复杂性。这三个变量是:(1)关于“法律”和“事实”含义的习惯约定;(2)法官与陪审团的关系;[6](3)一般意义事项与高度具体和局部现象之间的区别。当这三种二分法的前半部分都被充分认识到,而后半部分被最小化时,某些问题被贴上“法律”标签的可能性就会上升。如果一个问题按惯例被认为是法律的,而且通常由法官决定,以及涉及诸如适当的行为标准等高度一般性的问题,它就很可能被认为是一个“法律”问题,反之亦然。

对于上述混乱的法律图景更为简短的解释是——将事物恰当地描述为法

---

〔1〕 Miller v. Fenton, 474 U. S. 104, 113 (1985).

〔2〕 Thompson v. Keohane, 516 U. S. 99, 111 (1995).

〔3〕 Pullman-Standard v. Swint, 456 U. S. 273, 288 (1982).

〔4〕 Williams v. Taylor, 529 U. S. 362, 385 (2000); *Thompson*, 516 U. S. at 110 – 11; *Miller*, 474 U. S. at 113.

〔5〕 See *Pullman-Standard*, 456 U. S. at 288.

〔6〕 法官或陪审团是否应决定某一特定问题的实际裁决是将该问题归类为法律或事实的主要原因和后果。关于法官—陪审团关系和裁决权力分配的一般情况,see John Kaplan, *Of Mabrus and Zorgs—An Essay in Honor of David Louisell*(《关于马布鲁斯和佐格斯——一篇纪念大卫·路易斯维尔的文章》), in California Law Review, 66(1978), p. 987; Fleming James, Jr., *Sufficiency of the Evidence and Jury—Control Devices Available Before Verdict*(《判决前证据的充分性以及可使用的陪审团控制机制》), in Virginia Law Review, 47(1961), p. 218。

律或事实问题的大部分努力,都是基于这样一种观点:“法律”和“事实”这两个术语指定了不同种类的实体,它们之间存在定性或本体论上的区别。然而这种观点却是错误的,因为“法律”和“事实”之间根本就没有本质区别,二者之间只存在语用上的差异,体现在术语的传统意义、法官—陪审团关系和一般—特定的范围这三种二分法上。所以寻找两者之间本质区别以便于对随之而来的“法律”和“事实”问题进行分类的努力从一开始就注定会失败。

本文论证了“法律”与“事实”的概念并非不同的本体论范畴,相反,法律问题是更一般的事实问题之一,且这两个概念之间也没有显著的认识论或分析上的差异。通过否定“法律”与“事实”在根本上存在差别的错误观点,使得围绕“法律”和“事实”之区别的模糊性消失,从而明确功能上的考虑是决定将任何给定问题贴上“法律”或“事实”标签的基础。同时,本文还澄清了其他相关问题。例如,一种公认的看法是由于法官有时会制定新的法律,所以导致在“法律”与“事实”二分关系的认识上出现了一些相当大的混乱。如果法官是在“制定新法律”,那么很明显,把目前不存在的法律说成是“事实”将是奇怪的。当然,把可能因为火山爆发所形成的火山口说成是“事实”同样很奇怪。然而并非如此,这只是一种可能性,法律也是如此。自然中存在的不可预测之创造力并不会使我们放弃朴素实在论(比如,一种有充分根据的主张认为世界独立于我们的感官而存在,并且在这个意义上是“事实的”),因为它是我们对宇宙的最佳解释。[1] 同样,制定法律的行为也不会否定先前存在的法律实际上确实“先存在”,并且它的存在一旦产生就是事实。

本文第一部分论述了法律—事实二分的法理基础。通过对一系列领域的研究,笔者发现了这种区分在分析中起着关键的作用,论证了这种区分的普遍性、理论上的重要性以及这种区分所造成的分析混乱。首先,从联邦最高法院最近的案件库珀诉莱瑟曼(Cooper v. Leatherman)案开始讨论。[2] 库珀案的裁

---

〔1〕 这种观点(有时被称为“直接实在论”或“常识实在论”),顾名思义,并不是一个复杂的形而上学理论;相反,“这是我们日常生活中固有的信念,即在经验上,我们会立即意识到树木和建筑物等常见物体,更不用说其他人了”。Hilary Putnam, *Pragmatism and Realism*(《实用主义和实在论》), in Cardozo Law Review, 18(1996), p. 153.

〔2〕 See Cooper Indus., Inc. v. Leatherman Tool Group, Inc., 532 U.S. 424 (2001).

决提供了联邦最高法院于最近以一种公认一致的方式使用这一区别的范例。然而,联邦最高法院对法律—事实的分析在与一般的法律—事实原则相对照时,是存在问题的。在对库珀案的判决进行分析之后,笔者转而对法律—事实二分结构在许多不同领域的理论角色进行了讨论——例如,最近涉及惩罚性和补偿性损害赔偿、专利、美国宪法第一修正案和刑法的案件,以及诸如过失、合同和上诉审查等传统领域。这种无处不在的区别,尽管在理论上扮演了许多关键角色,却混淆了这一概念并使其毫无意义。

本文第二部分则阐述了造成学理混乱的原因。正如法院和评注法学派所假设的那样,关于这一问题的学说并不能识别出不同问题的类型。相反,法律问题与事实问题在本体论上并非截然不同,法律问题也是事实问题。如果不能有效地分析某一问题的性质是"法律"还是"事实",就只会导致本文第一部分所述的问题出现。笔者在此解释了法律和事实问题在本体论和认识论上的相似性。最后,笔者讨论了一个融贯的、分析性区别存在的可能性,并得出结论:不存在有用的分析性区别。将一个问题贴上"法律"或"事实"标签的决定是基于不同主体根据相应标准对该问题进行判断的一种功能性决定,而非基于该问题的性质作出的决定。

## 一、法律—事实的二分

### (一)库珀工业公司 v. 莱瑟曼工具集团有限公司

在库珀案中,联邦最高法院判决认为上诉法院在对惩罚性赔偿进行违宪审查时,必须适用一种全新的审查标准。联邦最高法院的推理很好地说明了其通常如何使用法律与事实的区别,以及此情形下的问题性质。本章将首先对库珀案的背景进行介绍,然后对联邦最高法院的法律—事实分析进行评价。

1996 年初夏,在大约一个月的时间里,[1]联邦最高法院对北美宝马公司诉戈尔案[2]和加斯佩里尼诉人文中心案[3]作出了判决。在宝马案中,联邦最高

〔1〕 宝马案和加斯佩里尼案分别于 1996 年 5 月 20 日和 6 月 24 日作出判决。

〔2〕 See 517 U. S. 559 (1996).

〔3〕 See 518 U. S. 415 (1996).

法院认为惩罚性赔偿金额过高是违反正当程序的表现。[1] 之后,在加斯佩里尼案中,联邦最高法院认为,联邦上诉法院可以根据美国宪法第七修正案,对过高的补偿性损害裁决的挑战进行审查,只要这种审查仅限于滥用自由裁量权的标准。[2] 而在库珀案中,这两起案件的判决基本上发生了冲突。

在宝马案中,联邦最高法院复审了州法院的一项判决,认为惩罚性赔偿"严重过度",因此违反了美国宪法第十四修正案的正当程序条款。[3] 为确定某项裁决是否"严重过度"违反正当程序,联邦最高法院指示初审法院审查下列三个因素:(1)行为应受谴责的程度;[4] (2)实际或潜在损害与惩罚性损害赔偿之间的差距;(3)这一补救办法与类似制裁之间的差别。[5] 这一保障提供了一层保护,使被告免受任意的惩罚性损害赔偿裁决,特别是如果州法律不允许根据某种合理标准审查惩罚性损害赔偿裁决。然而,宝马案的判决并没有明确说明它是如何增加联邦法院的程序机制以使该案进行重新审查的,因为联邦法院已经赋予地方法院减少不合理惩罚性损害赔偿裁决的权力。[6] 如果某个特定的惩罚性损害赔偿裁决是不合理的,那么它的数额将被减少,如果惩罚性损害赔偿裁决是合理的,则不存在宪法问题。与这一点相一致的是,联邦最高法院的每一位法官,虽然各自持有三种不同的意见,但都认识到对过高赔偿金额的适当调查必须与惩罚性损害赔偿裁决的合理性有关。[7]

---

〔1〕 See 517 U.S. at 574 - 575.

〔2〕 See 518 U.S. at 435.

〔3〕 See 517 U.S. at 574 - 575.

〔4〕 联邦最高法院解释说,这是三个因素中最重要的一个。See 517 U.S. at 575.

〔5〕 See 517 U.S. at 575.

〔6〕 See Dimick v. Schiedt, 293 U.S. 474, 486 - 87 (1935)(判决认为减免损害赔偿的做法符合美国宪法第七修正案的规定).

〔7〕 多数意见承认,没有明确的界限或公式来决定什么是过高的赔偿额,但事实确实如此,调查涉及"对合理性的普遍关切"。BMW, 517 U.S. at 582 - 583. 补充意见解释说,审查对于"防止纯粹的任意裁决"是必要的。517 U.S. at 588 (Breyer, J., concurring). 持不同意见的人认为,唯一应有的程序是由一个国家程序给予陪审团决定是否施加惩罚性损害赔偿和所需数额,以及对合理性进行某种类型的司法审查。See 517 U.S. at 598 (Scalia, J., dissenting); 517 U.S. at 610 - 611 (Ginsburg, J., dissenting). 此外,在最近一个适用宝马案判决的州法律案件中,联邦最高法院的多数法官再次强调,一个赔偿裁定额非常过分的原因在于它是不合理的。State Farm Mut. Auto. Ins. Co. v. Campbell, 123 S. Ct. 1513, 1526 (2003).

加斯佩里尼案源于一桩联邦异籍案件。在这起案件中,地方法院驳回了根据州的过高金额标准对补偿性损害赔偿提出的质疑,而联邦上诉法院则以滥用自由裁量权为由,对这一驳回行为进行了复审。[1] 之后,联邦最高法院对上诉法院的复审进行了审查,看其是否违反了美国宪法第七修正案的复审条款,该条款不仅控制了法官和陪审团之间裁决权力的分配,而且还控制了初审法院和上诉法院之间的关系。[2] 联邦最高法院认为,当适用美国宪法第七修正案时,对过高的补偿性损害赔偿之质疑可以"作为公平司法的必要和适当控制"进行审查,但审查仅限于滥用自由裁量权的调查。[3] 这样一来,多数意见是依靠惩罚性损害赔偿案件而得出,而整个联邦最高法院都认为,就美国宪法第七修正案的目的而言,惩罚性损害赔偿和补偿性损害赔偿是不可区分的。[4] 这一裁决,再加上宝马案,提出了一个问题:在何种标准下,联邦上诉法院应该审查针对惩罚性赔偿的宪法挑战?联邦最高法院试图在库珀案中澄清这一问题。

莱瑟曼工具集团有限公司是一家工具制造商,它控告其竞争对手库珀工业公司不公平竞争、虚假广告以及库珀公司在广告中将一种莱瑟曼的产品冒充作为自己的产品后引发的商标侵权。[5] 陪审团作出了有利于莱瑟曼公司的裁决,判决库珀公司向其支付5万美元的补偿性赔偿和450万美元的惩罚性赔偿。[6] 在被指示可以作出惩罚性赔偿之前,陪审团首先必须肯定地回答下列问题:

---

〔1〕 See 518 U. S. at 418 -419.

〔2〕 See 518 U. S. at 432. 之所以产生这个问题,是因为美国宪法第七修正案适用于联邦法院,而不适用于州法院,而复审问题在伊利原则(Erie doctrine)下被视为程序性问题。See 518 U. S. at 418 -419.

〔3〕 See 518 U. S. at 435.

〔4〕 加斯佩里尼案在讨论一桩惩罚性赔偿案件中的自由裁量权滥用审查时,Browning-Ferris, Inc. v. Kelco Disposal, Inc., 492 U. S. 257 (1989), 多数意见表示,"然而,我们同意第二巡回上诉法院的意见,即……补偿性损害赔偿的裁决是否超过法律允许的范围的问题同惩罚性损害赔偿的裁决是否超过法律允许的范围的问题并无实质区别"。518 U. S. at 435 n. 18 [引用 Consorti v. Armstrong World Indus., Inc., 72 F. 3d 1003, 1012 (2d Cir. 1995)]. 史蒂文斯法官在他的异议中表示,美国宪法第七修正案没有限制对补偿性或惩罚性赔偿的审查。See 518 U. S. at 439. 在另一项反对意见中,斯卡利亚法官、首席法官伦奎斯特和托马斯法官表示相反意见,认为美国宪法第七修正案限制了对补偿性和惩罚性赔偿的审查。See 518 U. S. at 461.

〔5〕 See Cooper Indus., Inc. v. Leatherman Tool Group, Inc., 532 U. S. 424, 426 -427 (2001).

〔6〕 See 532 U. S. at 426.

莱瑟曼公司是否有明确而令人信服的证据表明,库珀公司从事虚假广告或假冒产品的行为是出于恶意,或是对极其不合理的伤害风险表现出鲁莽和无耻的漠视,并有意漠视莱瑟曼公司的权利?[1]

在陪审团作出了损害赔偿裁决之后,库珀公司要求地方法院减少赔偿金额,理由是这一金额超出了宪法规定。地方法院根据宝马案的判决,驳回了这一请求。之后,库珀公司对这一裁决提出上诉,第九巡回上诉法院以地方法院没有滥用自由裁量权为由,维持了地方法院的裁决。[2] 库珀公司随后提交了一份调卷令的申请,主张第九巡回上诉法院应该对地方法院的裁决进行重新审查,并应当因为该裁决之赔偿金额严重过度而予以减少。联邦最高法院批准了调卷,认为第九巡回上诉法院应该重新审查此案,并发回重审。[3] 联邦最高法院的意见是决定法律—事实问题结果的三种二分法的复杂运作的一个极好的例子。联邦最高法院明确处理了对"法律"和"事实"的传统理解,讨论了法官—陪审团关系(以及初审和上诉法院之间的关系),并分析了问题的"事实密集"之性质。

由于法律与事实的二分结构为联邦最高法院的分析提供了基础和生动的原则,其多数意见提出了三个论据来支持其决定:(1)惩罚性赔偿不属于陪审团审理的"事实";(2)金额"过高"类似于其他"与事实相互牵连"(fact sensitive)的流动概念,如合理怀疑和合理根据,这些概念只有在特定的语境中应用才能知晓其具体含义;(3)上诉法院与初审法院一样,在决定特定的裁决金额是否过高的问题上具有同样的制度能力。[4]

1. 这并非一个"事实"争议。联邦最高法院将补偿性损害赔偿与惩罚性损害赔偿区别开来,认为前者在性质上是事实,而后者则不是。这一区别使联邦最高法院得以绕过加斯佩里尼案,而且将这一问题从美国宪法第七修正案的严

---

〔1〕 See 532 U. S. at 429.

〔2〕 See Leatherman Tool Group, Inc. v. Cooper Indus., Inc., Nos. 98 - 35147, 98 - 35415, 1999 U. S. App. LEXIS 33657 (9th Cir. Dec. 17, 1999).

〔3〕 See Cooper, 532 U. S. at 443.

〔4〕 See 532 U. S. at 431 - 441.

格规定中移除,尽管惩罚性赔偿评估一直是陪审团的一项传统职能。[1] 联邦最高法院认为惩罚性损害赔偿不像补偿性损害赔偿那样涉及历史性或预测事实的问题。[2] 联邦最高法院没有解释为什么美国宪法第七修正案中的"陪审团审理的事实"只涉及历史性或预测的事实。此外,正如金斯伯格法官在异议中所指出的,不清楚为什么100万美元的痛苦和苦难在世界上是一个"事实",而相同数额的惩罚性赔偿却不是。[3] 然而,联邦最高法院将这个问题排除在美国宪法第七修正案之外,认为惩罚性损害赔偿不同于补偿性损害赔偿,其不是事实问题。

首先,在主张惩罚性赔偿不是"陪审团审理的事实"时,联邦最高法院着重于作出惩罚性赔偿判决的两个理由是:道德谴责和威慑。联邦最高法院认为,与补偿性损害赔偿不同,惩罚性损害赔偿涉及道德谴责行为。但很难看出这一论点如何支持重新进行的上诉审查。道德谴责是赋予陪审员审理惩罚性赔偿这一职能的传统历史理由之一——陪审员作为社会的代表,而不是法官,更有能力作出这些决定。[4] 如果这些判决确实涉及道德谴责行为,那么是什么让上诉法官在查看冷冰冰的记录时更容易作出这些判决的呢?

其次,联邦最高法院将重点放在惩罚性赔偿的威慑方面。联邦最高法院承认,如果能够计算出最佳威慑量,这方面的决定就可以成为事实,但这一论点遭到了否定,因为"陪审团通常不会进行如此精心调整的威慑校准工作……"[5] 即使承认这是真的,也很难看出事实是如何建立在分析是否"微调"的基础上的。猫是否在垫子上的问题就是一个事实,不管你是看着垫子回答它,还是问

〔1〕 See Barry v. Edmunds, 116 U. S. 550, 565 (1886); Day v. Woodworth, 54 U. S. 363, 371 (1852).

〔2〕 See Cooper, 532 U. S. at 437("与实际损失的衡量不同,这是一个历史问题……事实上……惩罚性赔偿的数额并不是由陪审团真正'审判'的'事实'")。"事实"问题也是加斯佩里尼案的核心(库珀案的多数意见借用了上面的一些论断)事实上,在库珀案中,多数意见声称,他们是通过分析陪审团和法官的相对制度能力来捍卫自己对事实的结论,而不是反过来。此外,陪审团可以而且确实决定了不一定具有历史意义或预测性的事实;例如,心理事实,与被告人目前是否受伤有关的事实,或与当事人目前的能力或限制有关的事实。

〔3〕 See 532 U. S. at 446 (Ginsburg, J., dissenting).

〔4〕 See BMW of North America, Inc. v. Gore, 517 U. S. 559, 600 (1996) (Scalia, J., dissenting).

〔5〕 Cooper, 532 U. S. at 439.

正在看着垫子的人,是靠猜测还是扔硬币来回答,它都是一个事实。[1]

2. 类比案例论证。一旦惩罚性赔偿被从美国宪法第七修正案调整的对象中排除,联邦最高法院可以考虑是否有必要重新进行上诉复审。联邦最高法院认为,他们这样做是因为赔偿金额过高的问题类似于接受重新审查的其他问题,如合理的怀疑、合理根据和过高的刑事罚款。[2] 联邦最高法院认为,"过度"这一概念,就像"合理怀疑"和"合理根据"一样,是一个动态的、流动的概念,只能从特定的语境中获得实质性的内容(事实)。[3] 因此,联邦最高法院承认,这些"与事实相互牵连"的法律概念只会在具体情况下的适用中形成。[4] 此外,联邦最高法院强调,重新开始的上诉审查将统一先例,并使由这些具体适用而产生的法律稳定下来。

这一论点之所以令人不安,原因有很多。这显然不符合上文所讨论的联邦最高法院的论点,即过度惩罚性损害赔偿的问题不是事实性的问题。如果概念是如此的特定事实或密集型事实,以至于它只能从特定的语境中获得内容和得到形塑,那么人们如何能够始终如一地认为这个问题不是事实性的呢?如果这一概念是从特定的语境中形成,那么在特定的情况下更改概念就必须重新审视或重新解释特定的潜在语境。然而,联邦最高法院坚持认为,上诉法院在决定惩罚性赔偿是否过高时,仍必须尊重陪审员的事实认定结果,[5]但很难看出上

[1] 如果惩罚性赔偿要在一个存在执法缺陷的体系中充当一种奖励纠正工具,它们显然涉及事实问题。在这种制度下,如果 D 是实际损失,q 是执法的(事实已知的)概率,那么败诉的被告人应向索赔人支付 1/qD,即 D/q。See A. Mitchell Polinsky & Steven Shavell, *Punitive Damages: An Economic Analysis*(《惩罚性损害赔偿:一个经济分析》), in Harvard Law Review, 111 (1998), p. 870; A. Mitchell Polinsky & Steven Shavell, *Punitive Damages*(《惩罚性损害赔偿》), in The New Palgrave Dictionary of Economics and the Law 3(Peter Newman ed., 1998), p. 192, 193 – 194.

[2] See Cooper, 532 U. S. at 433 – 437 [discussing United States v. Bajakajian, 524 U. S. 321 (1998) and Ornelas v. United States, 517 U. S. 690 (1996)]. 虽然这些问题在这方面是相似的,但有明显和重要的区别。这些问题产生于犯罪背景,因此产生于美国宪法第七修正案之外,也不涉及对陪审团调查结果的重新审查。在其他情况下,上诉法院将会审查司法和立法决定。

[3] See 532 U. S. at 436.

[4] See 532 U. S. at 436; see also 532 U. S. at 437 n. 11(惩罚性损害赔偿的认定"是一项与事实相互牵连的工作").

[5] See 532 U. S. at 440 nn. 12 & 14. 此外,如果陪审团不回答质询,上诉法院将如何获得具体的事实认定结果还不清楚。

诉法院如何能做到。假设陪审团,就像库珀案的陪审团一样,认定被告人的行为带有恶意,并附加了一笔惩罚性赔偿金额,以反映这一认定。由于该赔偿裁决额反映了陪审团对恶意程度的评估,减少该赔偿裁决额似乎也会重新审查和减少陪审团对被告人行为的恶意性质的评估。[1]

与联邦最高法院其他论点一样不能令人信服的是,它认为重新审查是有根据的,因为这一问题是特定语境下产生并取决于对其形式的适用。除了对语境是否会使一个问题的属性贴上事实的标签之关注以外,还有许多其他法律概念是语境特定且与适用相关,并且没有接受重新审查(例如,合理的照顾、[2]歧视[3]和《美国联邦民事诉讼规则》第11条的制裁[4])。事实上,任何对一个人的动机或精神状态的探究(如意图或知识)都必然是复杂的、特定语境的,并且取决于对其形态的适用。联邦最高法院依赖需要重新审查的具体例子,而忽视了类似要求遵从性审查其适用的概念。

最后,联邦最高法院对统一和稳定的关切也同样是有问题的。联邦最高法院力求确保“对处境相似的人给予统一的一般待遇……”[5]然而,对统一和稳定的渴望可以用在任何法律概念上,联邦最高法院没有解释为什么这个概念需要重新审查,而其他概念则不需要。此外,联邦最高法院强求一致的方法似乎回避了这一问题。如果像联邦最高法院承认的那样,这个概念依赖于特定的情形,那么在重新审查赔偿额裁决时,上诉法院如何能清楚地表明,它们是“类案同判”,而非对不同案件也作出相同判决。[6]

3. 制度能力论。联邦最高法院还审查了上诉法院或初审法院是否更适合

---

〔1〕 唯一不准确的是,如果上诉法官不知何故知道陪审团认定被告人行为的恶意程度,而且知道陪审员在作出赔偿额裁定时对被告人恶意程度的评估是错误的。

〔2〕 参见文章原文第1781~1783页。

〔3〕 See Pullman-Standard v. Swint, 456 U. S. 273, 293 (1982).

〔4〕 See Cooter & Gell v. Hartmarx Corp., 496 U. S. 384 (1990).

〔5〕 See Cooper, 532 U. S. at 436 [引用 BMW of N. Am., Inc. v. Gore, 517 U. S. 559, 587 (Breyer, J., concurring)].

〔6〕 See Thomas v. Gen. Motors Acceptance Corp., 288 F. 3d 305, 307 (7th Cir. 2002)(将法律规则或标准适用于特定案件的特定事实,将根据个别案件的事实产生不同的结果。因此,结果的一致性是无法实现的;由于法律与事实的不同涵射不会扰乱法律原则,因此在这些案件中,为了确保法律的清晰和融贯,没有必要动用大量的上诉力量).

决定这一问题。[1] 事实上,我们认为这种切实分配责任的方法是唯一明智的;尽管如此,联邦最高法院的讨论并不令人满意,也许部分原因是它没有看到分配是唯一有关的问题。

联邦最高法院讨论了初审和上诉法庭在适用宝马案三要素方面的相对能力。第一个因素——谴责的程度——倾向于遵从性的审查,因为初审法院可以直接观察证词和证据,并可以评估可信度和行为举止问题。[2] 地方法院和上诉法院都能很好地评估第二个因素——补偿性和惩罚性赔偿之间的比例。[3] 而上诉法院可以更好地评估第三个因素——可比较的制裁——因为这需要广泛的法律比较。[4] 从这次讨论中,联邦最高法院没有讨论宝马案的指令,即第一个因素是最重要的因素,从而简单地得出结论:“因此,对制度能力的考虑未能改变平衡以有利于实行遵从性的上诉审查。”[5] 于是,联邦最高法院依据法律—事实的二分结构,认为上诉法院必须采用一种全新的标准重新审查这些挑战,[6] 而且在这个过程中,几乎没有提及的是其明显地对宝马案的裁判要旨进

〔1〕 See Cooper, 532 U. S. at 438 - 441.

〔2〕 See Cooper, 532 U. S. at 441.

〔3〕 See Cooper, 532 U. S. at 441 - 442.

〔4〕 See Cooper, 532 U. S. at 442 - 443.

〔5〕 Cooper, 532 U. S. at 440. 这种说法似乎也暗示了一种有利于重新审查的假设,即那些希望通过遵从性审查来证明其合理性的人要承担责任。换句话说,当问题处于平衡状态时,重新审查的主张就会胜出。

〔6〕 我们这里的重点是法院使用法律—事实的区别来证明结果的合理性,而不是从实践的角度来看重新进行上诉审查是否值得。此外,从实践的角度来看,还不清楚这个判决是否会产生很大的影响,因为最近的经验证据表明,法官和陪审团在设定惩罚性赔偿金额方面并没有太大的不同。See Theodore Eisenberg et al., *Judge, Juries, and Punitive Damages: An Empirical Study*(《法官、陪审团与惩罚性损害赔偿:一项实证研究》), in Cornell Law Review, 87 (2002), p. 743; see also Cass R. Sunstein et al., *Predictably Incoherent Judgments*(《可以预见的不融贯判断》), in Stanford Law Review, 54 (2002), p. 1153; Theodore Eisenberg et al., *Reconciling Experimental Incoherence with Real World Coherence in Punitive Damages*(《惩罚性损害赔偿中实验的不一致与现实世界的一致性之调和》), in Stanford Law Review, 54 (2002), p. 1239. 自该判决以来,联邦最高法院已撤销并发还了州法院在评估惩罚性损害赔偿时给予遵从的上诉裁决。See Time Warner Entm't Co. v. Six Flags Over Georgia, LLC, 537 S. E. 2d 397 (Ga. Ct. App. 2000), vacated by 534 U. S. 801 (2001); Textron Fin. Corp. v. Nat'l Union Fire Ins. Co., No. G020323, 2002 Cal. App. Unpub. LEXIS 6131 (June 28, 2002), vacated by 534 U. S. 947 (Oct. 9, 2001)(2001 年 1 月 29 日下级法院最初所作的判决无效).

行了实质性的修改。[1]

我们并不声称任何具有持久价值的东西来自库珀案或我们对它的批评。恰恰相反,这只是一系列务实裁决中的最新一个,这些裁决伪装成必要的分析结果,在一个地区而不是另一个地区承担特定裁决的责任。联邦最高法院采用了上文提到的三种二分法:"事实"和"法律"的传统意义、法官—陪审团关系和调查的具体程度。或许最有趣的是,联邦最高法院使用了宝马案中第三个因素——可比较的制裁——来支持其结果,尽管多数注释法学家认为,法律问题和事实问题之间的关键分析性区别在于相关调查的普遍性。[2] 这体现了概念的可操作性。

(二)法律—事实二分学说:变幻无常及变迁

法律—事实问题的区分出现在宪法中,[3]传统上有助于分配作出决策的权力。[4] 考虑到这一区别的来源和用途,人们可能会认为,利用这一区别的法院(如库珀案中的联邦最高法院)是在寻求一个相对安全的基础。然而,事实并非如此,原因如今已为人熟知:法律体系打着原则性分析的幌子,作出了务实的分配选择。

传统观点认为,法律问题涉及适用的规则和标准;事实问题涉及基础交易或事件,换句话说,"谁做了什么,在哪里做的,何时做的,如何做的,为什么做,其有什么动机或意图"[5]。但是,即使是这些简单的陈词滥调也不能反映在案例中——法律和事实之间的界限并不清晰,因此,决策权并没有沿着这些界限

---

〔1〕 在还押候审方面,法院的判决确实产生了重大影响。第九巡回上诉法院最初支持在遵从性标准下的惩罚性赔偿金额,但在进行重新审查后,将赔偿金额从450万美元降至50万美元。Leatherman Tool Group, Inc. v. Cooper Indus., Inc., 285 F.3d 1146, 1146 (9th Cir. 2002).

〔2〕 参见文章原文第1797~1806页。

〔3〕 See U.S. CONST. art. III, § 2(联邦最高法院对法律和事实问题都有上诉管辖权);U.S. CONST. amend. VII(陪审团审理的事实不得重新审查).

〔4〕 科克勋爵经常引用这样的格言:"法官不回答事实问题,陪审团不回答法律问题"。See Roscoe Pound, *Jurisprudence*(《法理学》), Eagan: West Publishing Company, 1959, p.547[引用 Co. Lit. 155b (1628); Isack v. Clark, 1 Rolle 125, 132 (1613)]; see also Stephen A. Weiner, *The Civil Jury Trial and the Law-Fact Distinction*(《民事陪审团审判与法律—事实二分》), in California Law Review, 54(1966), p.1867.

〔5〕 Richard J. Pierce, Jr., *Administrative Law Treatise*(《行政法》), Boston: Aspen Law & Business, 2002, p.732.

清晰地划分。此外,当法院面临所谓的“混合”问题时,即涉及将规则或标准应用于基本事件时,缺乏可识别的模式的情况就明显增加了。这些不同领域的并置表明了这种区别的重要性及其难以驾驭的性质。

1. 美国宪法第七修正案。美国宪法第七修正案规定了在民事案件中设立陪审团的权利。[1] 从该修正案的措辞来看,其并没有创造一项新的权利,而是保留了一项既有的权利。[2] 修正案保留了陪审团审理“事实”的权利,并保护这些事实不受复审。虽然这使得“事实”没有得到定义,但修正案被解释为只适用于普通法所保留的那些事实问题。相比之下,在民事案件中不存在让陪审团审理法律问题的权利。[3]

美国宪法第七修正案中的“保留”一词显然意味着其所指的是修正案通过时所存在的任何权利,因此,历史调查对确定其范围至关重要。[4] 然而,时代变了,历史并不总是能提供答案。因此,联邦最高法院对有关的历史和所寻求的补救办法的性质进行了两方面的调查,以确定修正案是否适用于某一特定问题。[5] 历史调查部分提出的问题是,当 1791 年宪法修正案被批准时,基于普通法审判的陪审团是否审理了特定的问题(或类似的问题)。[6] 因为在普通法中,陪审团只在普通法院存在,而不适用于衡平法院,因此,补救分析要探讨所寻求的补救是合法的还是公平的。[7] 如果这两项调查没有确定答案,则明确

---

[1] 具体而言,修正案规定:“在普通法的诉讼中,其争执价额超过二十美元,由陪审团审判的权利应受到保护。由陪审团裁决的事实,合众国的任何法院除非按照普通法规则,不得重新审查。” U. S. CONST. amend. VII.

[2] See U. S. CONST. amend. VII. 在普通法中,陪审团作出惩罚性赔偿的裁决。See Barry v. Edmunds, 116 U. S. 550, 565 (1886); Day v. Woodworth, 54 U. S. 363, 371 (1852).

[3] 或者,它可能表明,如果陪审团确实决定了一个“法律”问题,其仍然可能被重新审查。这可能是联邦最高法院在库珀案中所做的一种解释。

[4] See Chauffeurs Local 391 v. Terry, 494 U. S. 558, 564 (1990).

[5] See Tull v. United States, 481 U. S. 412, 417 - 418 (1990).

[6] See Tull v. United States, 481 U. S. 412, 417 - 418 (1990).

[7] See Tull v. United States, 481 U. S. 412, 417 - 418 (1990).

且务实的考虑将决定这一问题,如陪审团的实际能力和局限性。[1] 在进行这些调查时,联邦最高法院认识到保护陪审团的权利的重要性,并认识到在其他条件相同的情况下,支持陪审团审判的有力假设是存在的。[2] 例如,联邦最高法院认为,美国宪法第七修正案禁止法官在涉及普通法和衡平法上的诉讼中审理衡平法上的诉讼请求,因为如果这样做,就会剥夺当事人由陪审团审理普通法诉讼请求的权利。[3] 联邦最高法院还认为,在跨州案件中,尽管各州的做法相反,但美国宪法第七修正案和有利于陪审团的政策要求将有争议的事实问题提交给陪审团决定。[4]

虽然联邦最高法院关于决定何时适用修正案的原则比较明确,但事实证明很难适用。[5] 第一项调查——历史分析——将法院置于业余历史学家的困难角色,在最近制定的法定权利和普通法诉因之间往往没有明确的类比。[6] 此外,许多传统问题本可以在普通法和衡平法庭上审判。[7] 第二项调查——寻求的救济是合法的还是公平的——也很难实施。不仅普通法救济和衡平法救济之间的界限并不总是明确的,[8]而且联邦最高法院自己的案件也混淆了事

---

〔1〕 See Ross v. Bernhard, 396 U. S. 531, 538 n. 10 (1970). 这种务实的评估甚至可能导致美国宪法第七修正案的“复杂性例外”。See In re Boise Cascade Sec. Litig., 420 F. Supp. 99 (W. D. Wash. 1976)(他们认为,这些案件可能非常复杂,以致陪审员无法以一种知情和有能力的方式决定事实,因此,如果陪审团不能以对证据的合理理解作出合理的决定,那么美国宪法第七修正案的权利就会被正当程序权利所取代);In re Japanese Elec. Prods. Antitrust Litig., 631 F. 2d 1069 (3d Cir. 1980). But see In re U. S. Finan. Sec. Litig., 609 F. 2d 411 (9th Cir. 1979).

〔2〕 See Ross, 396 U. S. at 539 – 540.

〔3〕 See Beacon Theatres, Inc. v. Westover, 359 U. S. 500 (1959).

〔4〕 See Simler v. Conner, 372 U. S. 221, 222 (1963); Byrd v. Blue Ridge Elec. Co-Op, 356 U. S. 525(1958).

〔5〕 See Gulfstream Aerospace Corp. v. Mayacamas Corp., 485 U. S. 271, 284 (1988)(然而,自普通法与衡平法合并以来的经验表明,这两个问题往往是困难的,有时是无法解决的。涉及不同的索赔和要求不同形式的救济的诉讼往往不易归类为衡平法或普通法).

〔6〕 关于其困难性,see Crocker v. Piedmont Aviation, Inc. 49 F. 3d 735, 745 (D. C. Cir. 1995)(考虑到20世纪中期美国人对国家适当角色的观念与18世纪英国盛行的观念之间的根本差异,这种困难就不足为奇了)。

〔7〕 See Crocker v. Piedmont Aviation, Inc. 49 F. 3d 745 – 746(D. C. Cir. 1995)(在这个背景下讨论这个问题和其他与历史分析相关的问题);see also Great-West Life & Annuity Ins. Co. v. Knudson, 534 U. S. 204, 212 – 214 (2002)(在法官意见不一的时代,在某些案件中可以在普通法上得到赔偿,而在另一些案件中则可以在衡平法上得到赔偿).

〔8〕 See Crocker, 49 F. 3d at 746 – 749(讨论确定补发薪酬是普通法救济还是衡平救济的困难).

情,因为它们解释说,某些救济(如赔偿)既合法又公平,[1]而另一些救济(如宣告性判决)既不合法也不公平。[2]

尽管有这些困难,美国宪法第七修正案仍然依靠法律—事实的区分来划分决策权。也就是说,修正案提供了明确的宪法授权:如果一个问题是事实性的,并且属于修正案的范围,那么它必须提交给陪审团,而不能重新审查。[3] 在这些案件中,我们看到三种二分法中的两种在起作用:联邦最高法院使 18 世纪末关于法官—陪审团关系的传统观点符合宪法,但也增加了制度能力的实用问题。因此,为了使法官决定一个问题或使上诉法院重新审查该问题,法院必须以该问题不是"事实"或不属于修正案的范围为理由,将该问题从修正案的框架内删除。而库珀案的多数派法官就选择了前者。

2. 过失侵权与合同案件:两种关于事实与法律区分的观点。在过失责任原则和合同法理论中,法律—事实的区分在法官和陪审团之间的决策权分配中起着至关重要的作用;然而,它是以一种相当不可预测的方式做到这一点的。[4] 虽然美国宪法第七修正案没有赋予陪审团决定过失案件中的行为是否合理的权利(由于在 1791 年时缺乏历史实践),但有一条根深蒂固的规则,即陪审团应决定基本事实以及这些事实是否构成过失。早在 1873 年,联邦最高法院就在苏城诉斯托特(Stout)一案中裁定,即使基本事实不存在争议,陪审团也应裁定过失问题。

我们可以设想,某些事实是可以清楚地确定的,一个明智的、不偏不倚的人会从这些事实中推断出,行为人没有采取适当的注意,存在疏忽;另一个同样通情达理、不偏不倚的人则会推断出,行为人采取了适当的谨慎,没有疏忽大意。正是这类案件以及与之类似的案件,法律才对陪审团的决定作出承诺。[5]

---

〔1〕 See Great-West, 534 U. S. at 212 - 215.

〔2〕 See Gulfstream, 485 U. S. at 284(宣告式判决既不合法也不公平).

〔3〕 然而,地方法院保留根据法律作出判决、批准新的审判以及降低不合理的高额判决之权力。See Federal Rules of Civil Procedure 50, 59.

〔4〕 由于陪审团在侵权和合同诉讼中所扮演的不同角色,引发了一场有趣的讨论,see Mark P. Gergen, *The Jury's Role in Deciding Normative Issues in the American Common Law*(《美国普通法中陪审团在决定规范性问题中的作用》), in Fordham Law Review, 68(1999), p. 407。

〔5〕 See R. R. Co. v. Stout, 84 U. S. 657 (1873).

联邦最高法院在斯托特一案确定了以下理由将行为的合理性问题分配给陪审团:(1)陪审员与社会情绪之间更为一致;(2)陪审团由社会各界人士组成;(3)陪审员代表普通人的观点;(4)陪审员具有非专业知识;(5)十二个人总比一个人强。[1] 这一一般规则的唯一例外是当上诉法院已确定在同样情况下行为的合理做法时,或当立法机关通常以刑法的形式确定在这种情况下行为人的注意标准时。[2]

过失原则将大量的决策权分配给了陪审团,而合同法则依赖于法律与事实的区分而未将大量的决策权分配给陪审团。一般来说,法官根据事实适用法律,并决定合同的构成和意义。[3] 尽管在回答这些问题时得出的推论与基础

---

〔1〕 See 84 U. S. 657(1873). 这一观点也不乏批评者,最著名的是霍姆斯大法官。他认为应该由法官而不是陪审团来决定过失问题。See Oliver Wendell Holmes, *Law in Science and Science in Law*(《科学中的法律和法律中的科学》), in Harvard Law Review, 12(1899), p. 443; see also Loper v. Morrison, 145 P. 2d 1, 6 –7 (Cal. 1944) (Traynor, J., dissenting)(如果事实是无可争议的,那么法律问题就是责任是否源于这种事实). 此外,理查德·波斯纳法官解释说,过失可以归结为纯粹的事实问题。波斯纳在美国诉卡罗尔拖船公司案中引用了汉德的疏忽公式,United States v. Carroll Towing Co., 159 F. 2d 169, 173 (2d Cir. 1947), 解释所有三个组成部分(伤害的可能性、伤害的大小、避免的代价)及其关系涉及纯粹的事实问题。See Thomas v. Gen. Motor Acceptance Corp., 288 F. 3d 305, 308 (7th Cir. 2002); Richard A. Posner, *Frontiers of Legal Theory*(《法律理论的前沿》), Cambridge: Harvard University Press, 2001, p. 379. 波斯纳法官认为过失行为涉及事实认定,这可能是对的,但他认为过失行为可以归结为经验公式,这是错误的。See Ronald J. Allen & Ross M. Rosenberg, *Legal Phenomena, Knowledge, and Theory: A Cautionary Tale of Hedgehogs and Foxes*(《法律现象、知识和理论:一个刺猬和狐狸的警示故事》), in Chicago-Kent Law Review, 77(2002), p. 683.

〔2〕 See Geier v. Am. Honda, 529 U. S. 861 (2000)(认为遵守法律可以防止过失行为); Stephen A. Weiner, *The Civil Jury Trial and the Law-Fact Distinction*, in California Law Review, 54(1966), p. 1885. 韦纳的研究表明,尽管在过失案件中倾向于让陪审团决定合理注意事项,但法院常常将商业案件中的"合理时间"和恶意起诉以及虚假监禁案件中的"合理理由"视为法院的法律问题。See 529 U. S. at 1876. 因此,韦纳对这种矛盾提出了质疑,他指出,陪审团作出行为合理性的裁决无论有什么好处,其都与在过失案件中相同。See 529 U. S. at 1914.

〔3〕 Charles Alan Wright & Arthur A. Miller, Federal Practice And Procedure § 2588, at 603. 这个规则的例外情况发生在外在证据或口头证据被接受时,在这种情况下,陪审团通常享有问题决策权。See 529 U. S. at 1914; West v. Smith, 101 U. S. 263, 270 (1879). See generally Williams C. Whitford, *The Role of the Jury (and the Fact/Law Distinction) in the Interpretation of Written Contracts*(《陪审团在解释书面合同中的作用(以及事实与法律的二分)》), in Wisconsin Law Review, 2001, p. 931; Charles T. McCormick, *The Parol Evidence Rule as a Procedural Device for Control of the Jury*(《口头证据规则作为控制陪审团的程序手段》), in Yale Law Journal, 41(1932), p. 365.

事实事件有关,而与传统意义上的法律无关,但法官保留了决策的权力——通常是在误导人的标题下,即这些问题是法律问题。[1] 这种做法的理由通常是历史的和行政的。虽然法院往往依赖于历史实践,[2]但历史实践的主要原因往往被忽略——陪审员是文盲。[3] 虽然这是一个很好的理由把一个问题从陪审团中移除,但它与这个问题是"法律的"还是"事实的"没有任何关系,这只是我们的观点——在作出务实的分配决定后,标签才会被应用。此外,这些问题往往要求确定处于当事人地位的普通正常人能从合同的语言中了解到什么,而陪审团往往决定与合理性和精神状态有关的问题。

这种规则—管理关系的第二个基本原理涉及对经常重复出现的事实模式的一致性和可预测性的需要。再一次,第三个二分法出现了——对适用于一系列案件的一般规则的渴望使这个问题成了"法律"问题。但是,为什么这只适用于合同法,而不适用于其他领域,如过失侵权或任何其他领域,对此没有给出任何理由。在任何情况下,这种基本原理只有在很有可能再次发生的情况下才能证明规则的合理性。如果没有这一点,似乎就没有令人信服的理由不让陪审团来决定这些事实性的问题,我们也知道没有这样的迹象来区分合同问题和其他法律问题。[4]

此外,奇怪的是,在涉及显失公平原则的商业案件中,合同法也使用了法律与事实的区别。《统一商法典》宣称,显失公平是由法院决定的法律问题。[5] 这一宣言赋予法官比基本合同规则规定的由法官决定合同的构成和意义更大

---

〔1〕 See Charles Alan Wright & Arthur A. Miller, Federal Practice And Procedure § 2588, at 601. 塞耶认为这种现象是法官保留对事实问题的决定权的"明显例证"之一。See James B. Thayer, "*Law and Fact*" *in Jury Trials*(《陪审团审判中的"法律与事实"》), in Harvard Law Review, 4(1890), p. 147, 148.

〔2〕 See Markman v. Westview Instruments, Inc., 517 U. S. 370, 381 - 82 (1996).

〔3〕 See James B. Thayer, "*Law and Fact*" *in Jury Trials*, in Harvard Law Review, 4(1890), p. 161.

〔4〕 此外,如果需要一致性和可预见性,这就不需要仅通过从陪审团中排除问题来实现。正如韦纳和霍姆斯在担任州法官期间所建议的那样,陪审团的裁决可以为经常发生的事实模式的案件提供先例价值。See Stephen A. Weiner, *The Civil Jury Trial and the Law-Fact Distinction*, in California Law Review, 54(1966), p. 1924; Commonwealth v. Wright, 137 Mass. 250 (1884); Commonwealth v. Sullivan, 146 Mass. 142, 145 (1888).

〔5〕 U. C. C. § 2 - 302(1)(如果法院根据法律认为合同或合同的任何条款在订立时是不合情理的,法院可以拒绝执行合同).

的决策权,除非问题涉及外部证据。这些问题通常涉及从外部证据(如议价能力、可用的替代方案和当事人的教育程度)得出的推论。《统一商法典》本身也承认允许当事人有机会提出证据。[1] 因此,与过失原则不同,过失原则既赋予陪审团事实调查的职能,也赋予其法律适用的职能,而一般的合同法,甚至是《统一商法典》,都拒绝赋予陪审团参与那些人们认为属于显而易见的基本事实认定的功能。[2]

在这些领域,实用主义考虑决定分配问题的程度是显而易见的。也许法官在商事诉讼中是更好的事实认定者——因为案件的复杂性、法官对法典或商业惯例的知识,或者对一致性和可预测性的渴望——但这并不能使"法律"问题脱离事实问题,除非这个术语只是指那些由一个裁决者比另一个裁决者更好地决定的问题(实际上,这是笔者的观点)。[3]

3. 专利。在马克曼诉韦斯特维尤仪器公司一案中,联邦最高法院裁定,专利的索赔范围(多年来由陪审团作出的决定)现在应由法官决定。[4] 具体来说,联邦最高法院认为法官应该解释专利中的条款,而这些决定属于法律问题。[5] 联邦最高法院解释说,历史分析表明,美国宪法第七修正案赋予陪审团的权利适用于专利侵权案件,但有关解释专利的具体问题却不那么明确。由于历史分析并没有对这个狭窄的问题提供明确的答案,于是联邦最高法院对法官和陪审团的能力进行了功能分析,并得出结论,认为法官"更适合找到专利术语的获得性含义"。[6] 联邦最高法院提到了一般合同原则,即传统上由法官对文

---

〔1〕 U. C. C. § 2 – 302(2)(当合同或合同的任何条款被认为是不合理时,双方应得到合理的机会,就合同的商业背景、目的和效力提出证据,以帮助法院作出裁决).

〔2〕 事实上,法院认为这是一个可更改的错误,甚至可以作出指示,并允许陪审团来决定这个问题。See Landsman Packing Co. v. Cont'l Can Co., 864 F. 2d 721, 729 (11th Cir. 1989)(陪审团被指示认定保证期限的合理性);Arkwright-Boston Mfrs. Mut. Ins. Co. v. Westinghouse Elec., 844 F. 2d 1174, 1184 (5th Cir. 1988); Martin v. Joseph Harris Co., Inc., 767 F. 2d 296, 299 (6th Cir. 1985).

〔3〕 还有其他方法来处理这些问题,比如指示判决。See Ronald J. Allen & Robert A. Hillman, *Evidentiary Problems in-and Solutions for-the Uniform Commercial Code*(《〈统一商法典〉中的证据问题及解决办法》), in Duke Law Journal, 33(1984), p. 104 – 105.

〔4〕 See 517 U. S. 370(1996). 因此,此案也可以被视为库珀案的前身。

〔5〕 See U. S. 370(1996) at 388 – 391.

〔6〕 See U. S. 370(1996) at 377 [引用 Bramah v. Hardcastle, 1 Carp. P. C. 168 (K. B. 1789)].

件进行解释。[1] 联邦最高法院随后提出一长串理由，说明为什么法官应履行这一职能：(1)法官接受过法解释学的训练；(2)法官将更善于保持内部的一致性；(3)专利需要技术和复杂的分析；(4)对专利处理的一致性的渴望。[2]

马克曼案的判决再次证明了“法律问题”这一在分析上空洞但实际上很重要的概念。与普通法对待合同的一般方式一样，联邦最高法院将这个问题认定为“法律”问题，尽管它涉及从外部证据中得出事实推论。此外，与一般的合同一样，第三个二分法出现在联邦最高法院对经常被引用的一致性需要的依赖上。然而，与传统的合同原则不同，这个问题长期以来一直属于陪审团的职权范围。也许最高法院的理由为这一决定提供了充分的理由，但这种理由并不局限于专利的背景，也与传统理解的法律—事实区别无关。在这种情况下，“法律”问题的标签仅仅意味着由“法官决定”。[3] 无论如何，一个传统的事实问题可以在一场官司中轻易地转变成一个法律问题，这让笔者进一步怀疑，我们在这里讨论的真是在本体论上截然不同的物种吗？我们认为，即使人们盯着狮子和斑马看了几个世纪，也有可能把它们混淆，但实际上这是不可能的。

4. 上诉审查。除了法官与陪审团的关系外，法律与事实的区分在初审与上诉法院的关系中也扮演着重要的角色。[4] 上诉法院利用这一区别来决定是重新审查问题，还是按照遵从的“明显错误”标准进行审查。[5] 法律问题则接受重新审查，而事实问题接受遵从性的审查。[6] 地方法院对某一问题所贴的标

---

〔1〕 U. S. 370(1996) at 382 n. 7. 联邦最高法院没有提供这项规则的最初理由，即陪审员不识字。See James B. Thayer, “*Law and Fact*” *in Jury Trials*, in Harvard Law Review, 4(1890), p. 161.

〔2〕 See Markman, 517 U. S. at 388 – 391.

〔3〕 如果“法律问题”只是意味着“法官决定”(换句话说，“法律问题”是实用主义分配裁决的结论)，那么法官就因为一个问题属于“法律问题”而决定某一特定问题的论点只是回避了问题。

〔4〕 就像库珀案的情况一样。

〔5〕 See FED. R. CIV. P. 52(a); United States v. Gypsum, 333 U. S. 364, 395 (1948)(尽管有证据支持某项事实认定的裁决，但复审法院基于整个案件证据的认定却坚定地认为裁决是错误的时，就称这个事实认定是“明显错误”的).

〔6〕 See Charles Alan Wright & Arthur A. Miller, Federal Practice And Procedure § 2588, at 608. 联邦上诉法院还会审查地方法院对州出台的新法律之裁决。See Salve Regina College v. Russell, 499 U. S. 225 (1991).

签不是决定性的,上诉法院经常会重新审查下级法院归类为“事实”的问题。[1] 此外,与一般的区别一样,出现问题最多的领域是法律适用或所谓的“混合”问题。赖特和米勒对相反命题作出了实质权威性的报告,即混合问题既要重新审查,也要按照明显错误的标准来审查。[2] 例如,对下列领域的混合问题需要进行重新审查:反托拉斯法、破产、合同、税收、宪法第一修正案和行政法。[3] 相比之下,法院在以下领域(有时是相同的)对混合问题进行了遵从性的审查:税法、代理、合同、入籍、商标、欺诈和管辖权。[4] 上诉审查主义以法律与事实的区分为基础,简单地反映了这种区分本身存在的问题。

5. 宪法性事实。宪法性事实原则允许法院重新审查涉及宪法权利案件的基本事实结论。该原则起源于克罗威尔诉本森(Crowell v. Benson)案中确立的管辖事实原则。[5] 克罗威尔案是一起涉及要求得到工人赔偿的行政诉讼案件。案件裁决的依据是对原告在受伤时是否被雇佣的事实认定。该案中涉及的有争议的法律——《海岸和海港雇员赔偿法》表明,对该法规定的雇员损害事实问题而言,雇员赔偿委员会依据证据所认定的事实以及在权限范围内作出的认定是终局的。[6] 然而,联邦最高法院重新审查了关于是否存在雇主雇员关系的事实问题,联邦最高法院认为这个问题值得重新审查,因为它是一个“管辖事实”,所以构成了适用该法的一个先决条件。[7] 联邦最高法院还强调,对宪法权利至关重要的事实也需要重新审查。[8]

这一原则成为法院在宪法案件中用来重新审查事实的工具。联邦最高法

---

〔1〕 See Charles Alan Wright & Arthur A. Miller, Federal Practice And Procedure § 2588, at 567 - 568(收集了22个例子).

〔2〕 See Charles Alan Wright & Arthur A. Miller, Federal Practice And Procedure § 2588, at 608.

〔3〕 See Charles Alan Wright & Arthur A. Miller, Federal Practice And Procedure § 2588, at 608(引用省略).

〔4〕 See Charles Alan Wright & Arthur A. Miller, Federal Practice And Procedure § 2588, at 608(引用省略).

〔5〕 285 U. S. 22 (1932).

〔6〕 285 U. S. 22 (1932) at 36 - 37.

〔7〕 285 U. S. 22 (1932) at 54(这里需要解决的另一个问题是事实认定在什么情况下是基本的或者说是“有管辖权的”).

〔8〕 285 U. S. 22 (1932) at 58(在这类决定中都没有触及管辖权范围的事实问题,或者按照美国宪法的限制性规定来恰当行使司法权的问题)(脚注省略).

院在一个涉及州陪审团选择中的种族歧视的案件中对这一原则的运用使其达到了顶点:

并不因为这个问题是事实问题就免除我们决定一项联邦权利是否真的被剥夺了的责任……如果这需要对证据进行审查,则必须进行审查……当州法院关于联邦权利的法律结论与事实认定如此混杂,以至于后者控制前者,则我们都有责任分析事实,以确保联邦权利的适当执行。[1]

尽管措辞如此强硬,联邦最高法院却只在选定的领域采用这一原则,其理由各不相同,[2]而且常常是临时的、不标准的方式。在实践中,联邦最高法院已选择在逼供、陪审团歧视和言论自由等领域适用这一原则,但拒绝在涉及学校和选举的领域援引这一原则。[3] 因此,该原则似乎并没有赋予上诉法院审查所有"宪法事实"的任何责任。[4] 相反,在该原则的框架下,当联邦最高法院认为这是一个好主意时,它拥有这样做的自由裁量权,尽管实际上笔者对其是否享有自由裁量权表示怀疑。[5]

6. 第一修正案。在宪法事实审查的支持下,上诉法院必须重新审查诽谤诉讼中的"真实恶意"因素。[6] 在《纽约时报》诉沙利文一案中,联邦最高法院宣

---

〔1〕 See Norris v. Alabama, 294 U. S. 587, 589 – 91 (1935).

〔2〕 这些理由包括:(1)法院有权审查混合问题;(2)法律结论与事实"混杂";(3)有必要审查证据,以确定权利在实质上没有被否定;(4)以确定是否有足够的证据。See Henry P. Monaghan, *Constitutional Fact Review*(《宪法事实审查》), in Columbia Law Review, 85(1985), p. 229, 261 – 262.

〔3〕 See Henry P. Monaghan, *Constitutional Fact Review*, in Columbia Law Review, 85(1985), p. 261, 266(collecting cases).

〔4〕 See Henry P. Monaghan, *Constitutional Fact Review*, in Columbia Law Review, 85(1985), p. 239(上诉法院唯一的法定职责是法律声明,而不是法律适用).

〔5〕 由于这些问题的事实性质在这方面是明确的,所以在证明分类的合理性时,务实的考虑变得更加透明。例如,在最近的一份意见书中,弗兰克 · 伊斯特布鲁克法官明确地根据务实的考虑(这个问题的普遍性)得出结论,认为地方法院根据经验研究得出的裁决,即州堕胎法将造成"不适当的负担",这是一个需要重新审查的宪法事实。A Woman's Choice-East Side Women's Clinic v. Newman, 305 F. 3d 684, 689 (7th Cir. 2002)(对这种事实与法律的混合,有时也被称为"宪法事实",不加考虑地加以审查的目的是防止单个法官或陪审团的个性行为产生深远的法律影响). 然而,在其他情况下,假定的本体论区别又重新出现,Wright v. Walls, 288 F. 3d 937, 953 (7th Cir. 2002)(Easterbrook, J., dissenting)(州法官认为他的自由裁量权的范围是关于世界状态的命题,而不是关于法律状态的命题)。

〔6〕 See Bose Corp. v. Consumers Union of United States, Inc., 466 U. S. 485 (1984).

布,尽管真实恶意依赖于从证据中得出的事实推断,但它却是一个法律问题。[1] 同时,在沙利文案中联邦最高法院还要求以更高的明确且有说服力的证据标准来证明真实恶意存在,而不是依据传统的民事证据优势标准。[2] 根据沙利文案的判决,在玻思公司诉美国消费者联盟公司一案中(Bose Corp. v. Consumers Union of United States, Inc.),联邦最高法院认为地方法院关于这一要素的裁决可能不会因为明显的错误而被复审;相反,上诉法院必须对记录进行重新审查,以确保按照明确且有说服力的证明标准对要点进行了证明。[3] 联邦最高法院重申了宪法事实的基本原理,即当那些受到真实恶意规则保护的重要的宪法价值处于危险之中时,则需要重新审查。[4] 因此,在这方面,地方法院和上诉法院都必须对记录进行独立审查。[5]

虽然玻思案强调了这个问题的宪法重要性——且法律—事实的区别并没有减少其重要性——但是联邦最高法院并没有解释为什么这个重要性没有延伸到所有的宪法问题。例如,在玻思案的两年前,联邦最高法院推翻了一个上诉法院对种族歧视索赔中的意图问题的重新审查。[6] 上诉法院认为,意图问题是一项有关重要宪法权利的"最终事实"。[7] 然而,联邦最高法院认为,独立审查违反了《美国联邦民事诉讼规则》第52(a)条,因为意图问题是一个纯粹的事实问题。[8] 然而并不清楚为什么会这样。

---

〔1〕 See 376 U. S. 254, 285 (1964)(我们还必须……审查证据,以确保这些原则在宪法上得到了适用).

〔2〕 See 376 U. S. at 285 – 286.

〔3〕 See 466 U. S. at 510 – 511.

〔4〕 See 466 U. S. at 502 – 508.

〔5〕 至少有一个上诉法院指出,玻思案要求重新审查事实认定的命令与美国宪法第七修正案的限制之间存在矛盾。See Nat'l Org. for Women, Inc. v. Scheidler, 267 F. 3d 687, 701 (7th Cir. 2001), *rev'd on other grounds*, 123 S. Ct. 1057 (2003). 但玻思案涉及的是地方法院而非陪审团的裁决,这一事实可能无法解释联邦最高法院为何愿意重新审查这个问题。联邦最高法院在美国宪法第一修正案的范围内,但在美国宪法第七修正案的范围外,还重新审查了陪审团的认定。See Jenkins v. Georgia, 418 U. S. 153, 159 – 61 (1974)(经过重新审查,并逆转了陪审团的一致裁定:认为电影《猎爱的人》是明显的冒犯。同时法院认识到对"明显冒犯"的认定是事实之一).

〔6〕 See Pullman-Standard v. Swint, 456 U. S. 273 (1982).

〔7〕 See Pullman-Standard v. Swint, 456 U. S. 286 (1982).

〔8〕 See Pullman-Standard v. Swint, 456 U. S. 287 – 288 (1982).

7. 其他情况。上述讨论的领域只集中在法律—事实二分结构发挥重要作用的几个比较突出的领域。因为这种区分是法律的主要和基本区别之一,它几乎出现在法律的每个领域,通常具有与上面讨论的领域相同的不透明性。例如,在刑法中,下列决定被认为是需要独立上诉审查的"法律"决定:认罪的自愿性〔1〕、合理的怀疑和合理的根据〔2〕、有效辩护〔3〕和放弃律师的权利;〔4〕与此同时,以下内容是不需要独立上诉审查的:同意无证搜查〔5〕、歧视性地使用绝对回避〔6〕和陪审员偏见。〔7〕 正如以上列举所示,法官之间对法律与事实的区别存在许多分歧。〔8〕 此外,在评估对质条款的潜在违规行为时,庭外陈述的"可信度"的法律—事实地位提供了一个更不确定的例子:在最近的一份意见中,联邦最高法院多数法官宣布这是一个需要独立审查的法律问题,而有三位法官的并存意见认为,这是一个需要尊重的事实决定,还有两位法官没有提到这个问题。〔9〕 但是,有几个领域通过同样的方式来对待法律和事实问题以避免这种法律—事实的区分所造成的一些问题。〔10〕 例如,争点排除现在既适用

〔1〕 Miller v. Fenton, 474 U. S. 104, 115 - 117 (1985). 这个案件是在人身保护令的背景下发生的,自从国会通过了《反恐和有效死刑法案》以来,法律与事实的区别就不那么重要了。而在此之前,这一区别被用来决定适用哪一种审查标准,但现在调查转向了州法院的决定是否"违反或涉及对已明确确立的"联邦最高法院判例的不合理适用。28 U. S. C. § 2254(d)(1) (2000); Williams v. Taylor, 529 U. S. 362 (2000).

〔2〕 See Ornelas v. United States, 517 U. S. 690, 699 (1996).

〔3〕 See Strickland v. Washington, 466 U. S. 668, 698 - 99 (1984).

〔4〕 See Brewer v. Williams, 430 U. S. 387, 397 n. 4 (1977).

〔5〕 See Ohio v. Robinette, 519 U. S. 33, 40 (1996).

〔6〕 See Batson v. Kentucky, 476 U. S. 79, 98 n. 21 (1986).

〔7〕 See Wainwright v. Witt, 469 U. S. 412, 428 (1985).

〔8〕 See Wright v. Walls, 288 F. 3d 937 (7th Cir. 2002), 伊斯特布鲁克法官在异议中说"州法官认为他的自由裁量权的范围是关于世界状态的命题,而不是关于法律状态的命题"。Wright v. Walls, 288 F. 3d 953 (7th Cir. 2002). 关于法律状态的命题也是关于世界状态的命题。

〔9〕 See Lilly v. Virginia, 527 U. S. 116, 136 (1999)(这个问题涉及一个"事实密集的、混合的"问题);527 U. S. 116 at 148 (Rehnquist, C. J., concurring)(但这种混合严重影响了"事实"的一面).

〔10〕 有时,无论所审查的问题被认为是事实的还是法律的,结果都是一样的。See Wainwright v. Goode, 464 U. S. 78, 83 (1983)(无论作出判决的法院对非法定加重情节的依赖被认为是一个法律问题还是一个事实问题,我们都非常确信上诉法院对佛罗里达州最高法院关于该问题的解决给予了足够的尊重).

于法律问题,也适用于事实问题,[1]而行政法虽然表面上对法律和事实的决定采用不同的标准,但却尊重法律解释和事实解释。[2]

最后,两个例子将法律—事实的区分推到了荒谬的地步。第一个例子出现在《美国联邦证据规则》第201条的司法认知中。与上面讨论的许多领域一样,司法认知原则有时依赖于法律—事实的区别来确定哪些问题应受第201条要求的约束,即该规则仅适用于"裁决性事实",不适用于法律问题。[3] 然而,有时法院把对法律问题的司法认知当作一个事实问题。换句话说,"不是作为约束案件的规则,而是作为具有证据后果的社会事实"[4]。莱特和格雷厄姆提供了一个涉及雇主保险政策的案例,在这个案例中,法院通过司法认知发现雇员的某些行为实际上构成了入室盗窃或盗窃,从而推断雇主已经注意到雇员有

---

[1] See Restatement (Second) Of Judgments § 27 – 28; see also Arizona v. California, 530 U.S. 392, 414 (2000); Burlington N. R.R. Co. v. Hyundai Merchant Marine Co., Ltd., 63 F.3d 1227 (3d Cir. 1995) (对法律问题适用攻击性的、非相关性的争点排除规则).

[2] 事实性问题根据"充分证据"标准进行审查。Administrative Procedure Act, 5 U.S.C. § 706 (2)(E) (2000) (只有"在记录中没有充足证据支持"的情况下,事实裁决才会被撤销). 这个标准介于对陪审团的尊重和《美国联邦民事诉讼规则》第52(a)条中明显错误的标准之间。See Universal Camera Corp. v. NLRB, 340 U.S. 474 (1951). 法律问题将根据Chevron, U.S.A., Inc. v. Natural Res. Def. Council, Inc., 467 U.S. 837 (1984)案件所宣布的原则进行审查。根据这一原则,法院审查国会是否对这一问题表达了明确的意图;如果国会没有这样做,那么机构的决定就会受到遵从性的审查,只要它们涉及合理的解释,就会一直有效。467 U.S. at 842 – 43. 因此,虽然这两种类型的问题在不同的标准下进行审查,但由于这两种类型的问题都接受遵从性的审查,因此法律—事实区分的重要性就减弱了。

[3] See Fed. R. Evid. 201; see also 21 Charles Alan Wright & Kenneth W. Graham, Jr., Federal Practice & Procedure: Evidence § 5103, at 473 (1977) (遗憾的是,咨询委员会没有就如何确定所注意的事项是法律还是事实提供指导;他们没有考虑到问题的困难性就简单地将司法认知排除在第201条之外). 第201条也不包括"非裁决性"事实和"立法性"事实。与法律—事实区别一样,这类事实与裁决性事实之间的区别也不明显。See generally, Charles Alan Wright & Kenneth W. Graham, Jr., Federal Practice & Procedure: Evidence § 5103, at 474 – 482. 裁决性事实和立法事实之间的区别也依赖于一般—特定范围。例如,一类常见的立法事实是与经验数据相关的事实,法院可以自由地重新审查这些事实。See Los Angeles v. Alameda Books, Inc., 535 U.S. 425 (2002); A Woman's Choice-East Side Women's Clinic v. Newman, 305 F.3d 684, 689 (7th Cir. 2002).

[4] See Charles Alan Wright & Kenneth W. Graham, Jr., Federal Practice & Procedure: Evidence § 5103, at 473 (1977).

“欺诈或不诚实的行为”,因此被排除在保险范围之外。[1] 具有讽刺意味的是法院对这一点予以了司法认知,因此将其视为裁决性事实:(1)现行的法律对入室盗窃和盗窃是怎么规定的;(2)相当于入室盗窃或盗窃的具体行为——两者都是“法律”问题的典型例子(法律声明和法律适用)。

第二个例子为这种法律—事实的区分提供了一个涉及外国法的归谬法。直到最近,关于外国法律的裁决还被贴上事实的标签,但现在,其却被视为一个法律问题。[2] 这些例子表明,法律—事实的区分可以从两个方向呈现:事实问题可以是法律问题,法律问题也可以是事实问题。当然,如果这种区分并不存在,这也不足为奇。对这一点的认识有力地打破了这样一种观念,即法律是在一个融贯的法律—事实的区别下运作的,并强烈地表明在各种类型的裁决性问题中假定的二元论是错误的。接下来,笔者会直接讨论这个问题。

## 二、法律与事实的二分:限缩和解释

法律与事实的区分,至少可以说是混乱的。这种明显的混淆来自一个错误的假设(法律和事实问题构成了离散的本体论范畴)以及影响实用分配裁决变量的巨大复杂性也加剧了这一问题。笔者将证明这个假设是错误的。这一假设的错误不仅被法律学说所忽视,而且也被试图搞清楚这种区分的法律学者所忽视。这可能是法学普遍未能从认知角度思考法律问题的一个症状。[3]

---

〔1〕 See Charles Alan Wright & Kenneth W. Graham, Jr., Federal Practice & Procedure: Evidence § 5103, at 473 (1977)[discussing Ritchie Grocer Co. v. Aetna Casualty & Surety Co., 426 F. 2d 499, 503 (8th Cir. 1970)].

〔2〕 See FED. R. CIV. P. 44.1. 在《美国联邦民事诉讼规则》第 44.1 条通过之前,外国法律问题被视为提交给陪审团的事实问题,对其的裁决只限于当事各方提出的证据。而现在对这些问题的处理类似于国内法律问题,因为这些问题是由法官提出的,法官不受限于当事各方提交的证据,但可以自行进行研究。

〔3〕 See William Twining, *Narrative and Generalizations in Argumentation About Questions of Fact*(《对事实问题进行论证时的叙述和概括》), in South Texas Law Review, 40(1999), p. 351; Ronald J. Allen, *Truth and its Rivals*(《真相和它的对手》), in Hasting Law Journal, 49(1998), p. 309; Peter Tillers, *The Value of Evidence in Law*(《证据在法律中的价值》), in Northern Ireland Law Quarterly, 39(1988), p. 167. 这三篇文章都指出,法学在认知层面上对法律问题的构想总体上是失败的。不出所料,他们都是证据法学者,因此对法学的认识论维度非常敏感。哈特的承认规则和凯尔森的“基本规范”确实以认识论的方式构想了法律命题,但这些法学问题并没有对美国法律制度的实际运作产生多大影响,也没有对美国法学界产生多大影响。

笔者首先讨论法律和事实问题的本体论地位，解释为什么以及在什么意义上，大多数法律问题是事实问题。然后转向法律和事实问题产生的认识论语境，特别是检验法律和事实问题——尽管二者存在深刻的本体论对等性——是否与认识论观点不同，以及这种差异是否为区分法律和事实问题提供了有用的方法。实际上，这种差异没有也不会提供有用的方法。最后，尽管法律和事实问题在本体论和认识论上是等价的，但笔者对"法律"和"事实"这两个概念之间是否存在一个融贯的分析区别进行了检验。笔者找不到有用的分析上的区别，因此得出唯一的区别是功能性的区别："法律"和"事实"的概念指的是哪个机构决定或应该决定一个问题，或根据什么标准审查这个问题。

（一）法律和事实问题的本体论

首先澄清一个问题，一个不必要的干扰被引入到关于法律制定的法律—事实二分研究中。有些人声称，法律显然不是"事实性的"，因为它产生于各种规范，而且往往不先于判决而存在；"法律"只是作为判决本身的结果而产生的。[1] 笔者承认，说一个还不存在的实体是一个"事实"有点奇怪。也许有点奇怪，但也不完全是这样，这里必须进一步区分。假设"过失"是指违反社区标准。这些标准要么预先存在，要么不存在。如果这些标准预先存在，那么"过失"的意思确实是一个事实；这是关于什么是相关的社区标准的事实。假设在这个案子被裁决之前，这件事真的不存在。即使我们同意把这个不存在的实体称为"事实"是奇怪的，但这也不会比我们说如果飓风袭击迈阿密将造成巨大损失是一个"事实"更奇怪。这是对未来的一种预测，但这并不减损它的"事实"性质，就像预测法律将成为什么并不一定减损它们的"事实"性质一样。

假设这些标准预先存在，同时，假设那些区分预测性和追溯性的人是正确

〔1〕 See Richard D. Friedman, *Standards of Persuasion and the Distinction Between Fact and Law*（《说服的标准和事实与法律的二分》）, in Northwestern University Law Review, 86(1992), p. 916, 918 - 923; Gary Lawson, *Proving the Law*（《证明法律》）, in Northwestern University Law Review, 86(1992), p. 859, 863 - 865; Peter Tillers, *The Value of Evidence in Law*, in Northern Ireland Law Quarterly, 39 (1988), p. 172 - 174.

的,即这两者之间有一些本体论上的区别。[1] 在这种情况下,谈论有关法律尚未形成的事实、迈阿密的损害或火山留下的陨石坑将是不适当的(参考以前的例子)。就算如此,一旦飓风来袭,火山喷发,过失行为被发现,事实就存在了。因此,在最坏的情况下,我们不得不承认,谈论尚未形成的有关法律的事实(无论是普通法的、成文法的还是宪法的)可能是没有用处的。因此,我们先把尚未形成的法律之本体论地位放在一边,并承认它与已经存在的火山并不相同。[2] 显然,当前存在的许多法律是可知的,并以直接的方式决定结果。此外,法律制度对法律—事实的区分几乎没有涉及法律制定的困难问题。例如,合同解释是否会因为口头证据的相关性而从法律问题转化为事实问题,或者显失公平是否是法律或事实问题,这些都不涉及法律上的漏洞或含混不清。因此,把法律的制定放在一边,只是移除了一个不必要的干扰,那么现在的问题是,法律的存在是否像一座火山,由于它们共有的事实性质。

法律—事实的二分,正如它经常被援引的那样,假设有两种截然不同的裁决性问题:一种是事实问题,如"在 X 发生了什么事",另一种是法律问题,如"在 X 情况下应当适用什么法律规则"或"Y 法律规则能适用于 X 情况吗"。不过,请注意,我们的语言实践表明我们对法律的事实性有很强的信念。特别是,当面对法律问题时,这种做法很常见,比如"Y 是法律,这是一个事实""适用于

---

〔1〕 See Richard D. Friedman, *Standards of Persuasion and the Distinction Between Fact and Law*, in Northwestern University Law Review, 86 (1992), p. 863 – 865; Gary Lawson, *Proving the Law*, in Northwestern University Law Review, 86(1992), p. 863 – 865; Tillers, *The Value of Evidence in Law*, in Northern Ireland Law Quarterly, 39(1988), p. 172 – 174.

〔2〕 关于法律是否存在漏洞,有着激烈的法学争论。"正确答案"理论可能意味着问题的答案是否定的。See Ronald Dowkin, *Is There Really No Right Answer in Hard Cases*? (《疑难案件真的没有正确答案吗?》), in A Matter of Principle, Cambridge: Harvard University Press, 1985, p. 119. 而哈特《法律的概念》中提及的"自由裁量权"理论又意味着法律存在漏洞。如果"正确答案"理论是正确的,那么法律在任何意义上都是事实;如果法律有真正的漏洞,那么也许这个理论就不是正确的。尽管如此,我们没有理由进入这个错综复杂的领域,并简单地规定法律的制定是非事实的。此外,将现行法律称为"规范"的集合是具有误导性的。法律只是命令人们在停车标志前停车,以及允许从事特定的活动,如成年人自愿订立合同并附加后果;法律并没有建议一种"规范",即一个人"应该"在停车标志前停车、订立合同或诸如此类。你是否"应该"在停车标志前停车取决于你自己;如果你不遵守,那么你是否会面临法律后果则不是由你自己决定。哲学家和其他人可能在法律命令中看到关于义务本质的有趣的东西,但这与法律的本质无关。

X 情况的法律规则是 Y 规则而不是 Z 规则,这是一个事实"或"法律禁止 X 行为。这是一个事实"。律师的大部分时间都花在回答这些常见的问题上。在法律咨询出现之前,律师很多日常活动都是围绕着法律的事实内容进行的,比如,在停车标志前停车,而不是实施谋杀,等等。如果说法律问题是事实问题,那么,在这个意义上,仅仅是说世界上有这样一种东西被称为"法律",法律是"存在"的,说法律问题"是"什么,指的"是一种方法而不是另一种方法",或者一个法律问题的给定答案"是真的"或"是事实"。这一点是常常被忽视的基本问题:当一个人可以说"Y 是法律"或"适用 Y 规则"时,他也可以说"Y 是法律,这是一个事实"或"适用 Y 规则,这是一个事实"。简言之,法律问题的答案是具有真值的命题陈述,因此,就像其他具有真值的命题一样,是事实性的。[1]

至少所有理智的人都这么认为。但是,这些语言实践是否被误导了呢?笔者需要更深入地研究这个问题。法律问题是"事实的"的意义可以通过比较法

---

〔1〕 劳森和蒂勒斯还认识到,法律声明的命题性质表明它们是事实。See Gary Lawson, *Proving the Law*, in Northwestern University Law Review, 86(1992), p. 863; Peter Tillers, *The Value of Evidence in Law*, in Northern Ireland Law Quarterly, 39(1988), p. 167 – 169. 然而,劳森和蒂勒斯都认为,从广义上讲,法律是"事实"的。例如,劳森指出,他所指的"法律是事实"这一概念甚至包含了一种"法律现实主义核心"的法律观,即即使人们认为法律只是 J 法官所做的事情,那么法律就是 J 法官所做事情的事实。See Gary Lawson, *Proving the Law*, in Northwestern University Law Review, 86(1992), p. 864. 蒂勒斯同样认识到这一点,但他解释说,即使是制定法律的行为也可能是事实,因为它们依赖于对世界的可靠信念,也可能依赖于证据。See Peter Tillers, *The Value of Evidence in Law*, in Northern Ireland Law Quarterly, 39(1988), p. 173 – 176. 换句话说,劳森和蒂勒斯假定世界上存在真正的命题,但可能并不存在真正的法律命题。相反,我们假定,如果真命题存在,其中一些命题可以指法律——也就是说,世界上有这样一种东西,可以用"法律"来表示,我们可以认识它,而这种认识构成了法律事实(当然,如果没有关于世界的真正命题,那么法律和事实就会再次处于同一位置)。需要说明的是,笔者并不是在权衡那些为人熟悉的实证法学派、自然法学派、德沃金学派和其他对为什么某些法律命题是正确的给出了详细的解释或叙述的学派之间的法学辩论。笔者关心的不是法律渊源本身,而是其创造了什么。See Frederick Schauer & Virginia J. Wise, *Legal Positivism as Legal Information*(《作为法律信息的法律实证主义》), in Cornell Law Review, 82(1997), p. 1080, 1083 – 1096. 笔者也不需要权衡道德命题是否具有真值。但笔者要规定这些命题不具有真值。See Alfred Jules Ayer, *Language, Truth and Logic*(《语言、真理和逻辑》), Dover Publications, 1946. 如果这一规定是错误的,那么"法律"与"事实"在本体论上的相似性命题显然将得到进一步的支持。当然,于德沃金而言,其可能认为道德命题具有真值。See Ronald Dworkin, *Law's Empire*(《法律帝国》), Belknap Press of Harvard University Press, 1986. 迈克尔·摩尔也可能持相同观点。See Michael S. Moore, *Moral Reality Revisited*(《道德现实的重新审视》), in Michigan Law Review, 90(1992), p. 2424; Michael Moore, *Moral Reality*(《道德现实》), in Wisconsin Law Review, 1982, p. 1061.

律问题和传统的法律中的“事实的”问题来证明。传统的事实问题涉及法官或陪审团试图根据提供的证据推断或重建某些部分的事实。[1] 法律问题与传统事实问题的不同之处在于,法律问题涉及宪法、成文法、司法意见书、规章条例等法律证据,同时,推断或重构的事实部分必须与法律有关。有时这个过程可能非常简单。例如,考虑本文第一部分中讨论的一些法律领域(因为某个特定问题是“法律”还是“事实”本身就是一个法律问题)。首先,根据库珀案的判决,现在的一个事实是,上诉法院在审查宝马公司诉戈尔(BMW v. Gore)案中惩罚性损害赔偿的挑战时,必须适用一种全新的标准。[2] 其次,在马克曼案之后,一个事实是,专利术语的含义是一个法律问题。[3] 最后,在《统一商法典》规定下,一个事实是,显失公平的问题是一个法律问题。[4] 就像一般的事实问题一样,在一个特定的案例中,事实是什么取决于世界是怎样的,此外,确定事实是什么的难易程度取决于现有的证据,以及这些证据是否存在,是相互矛盾的,还是模棱两可的。换句话说,说法律是事实的,就等于说法律像火山或椅子一样存在于这个世界上,而且我们对关于法律的事实之了解依赖于现有的证据。[5]

即使有人承认法律就其存在于世界上的意义讲是事实的,也可能会有人争辩说,法律和传统的事实问题仍然在本体论的立场上相互区别。例如,理查德 · 波斯纳法官认为,有关理查德三世的历史事实以及有关美国宪法第十四修

---

〔1〕 See Peter Tillers, *The Value of Evidence in Law*, in Northern Ireland Law Quarterly, 39(1988), p. 168 - 169.

〔2〕 参见文章原文第 1771 ~ 1778 页。

〔3〕 参见文章原文第 1783 ~ 1784 页。

〔4〕 参见文章原文第 1783 页。

〔5〕 See Peter Tillers, *The Value of Evidence in Law*, in Northern Ireland Law Quarterly, 39(1988), p. 168 - 169. 虽然实际上笔者是天真的现实主义者,但我们在这里和整篇文章中使用的“事实”一词并没有假定,也不应该暗示,在陈述和世界之间存在一种不可能的天真的一一对应关系。相反,“事实”在更广泛、更贫乏的意义上意味着承认事实对理论的依赖。笔者也不假设或暗示这些“事实”纯粹是主观建构的问题,或者纯粹是独立于说话者之外的世界。相反,不管“事实”是什么,它们都涉及决策者的活动智慧、社会和世界。在另一个不同的背景下,一位学者断言但没有发展出法律是事实的这一观点。Anthony D' Amato, *On the Connection Between Law and Justice*(《论法律与正义的关系》), in UC Davis School of Law-Law Review, 26(1993), p. 527, 551 - 554. 另一个学者同样断言,法律的错误是关于法律是什么的事实错误。Larry Alexander, *Inculpatory and Exculpatory Mistakes and the Fact/Law Distinction: An Essay in Memory of Myke Balyes*(《无罪的错误和事实/法律的二分:纪念梅克 · 巴尔耶的一篇文章》), in Law and Philosophy, 12(1993), p. 33, 37 - 38.

正案的范围和意义的法律问题是具有不同的“本体论地位”的。[1] 所谓的本体论区别源于这样一个事实,即历史事实往往指的是自然事物(理查德三世是否下令杀死小王子);然而法律事实是指人为的、语言上的创造,如制定法、司法意见和规章条例(美国宪法第十四修正案是否禁止公立学校的种族隔离)。[2]

即使这种区分是正确的(笔者很快就会证明它是错误的),它也不会破坏法律问题在上述意义上是事实的说法,而且它也不会提供一种融贯的方式来区分法律问题和事实问题。尽管法律是由人类制定、由语言结构所构成的,但这并不意味着法律问题不比历史事实的问题更客观。[3] 因为人们可以客观地判断篮球或国际象棋的规则是对还是错,尽管这些规则也是人为的、由语言所构建的。同样,一个人关于法律是什么或如何适用的观点,在客观上可能是对的,也可能是错的。

因此,理查德·波斯纳法官错误地认为,仅仅因为“事实”通常指的是自然事物,就能有效地将历史事实与法律区别开来。重要的是,两者都可以用具有真值的命题来描述。他还错误地认为,所谓的“历史事实”被自然事物的概念所捕获。实际上,无论是否在法律环境中,历史事实显然都涉及自然事物,如火山、狮子、斑马等,笔者承认这些确实是自然事物。但是,法律的“事实”主题所涉及的范围要比这广泛得多,包括合同中的对价、实际履行、土地上的各种不动产、各种婚姻状态、诚信责任等。这些都是人为的由语言结构构成的,同时,这些也毫无疑问都是事实。因此,理查德·波斯纳法官的论点在这两方面都是错误的。

---

〔1〕 See Richard A. Posner, *The Problems of Jurisprudence*, Cambridge: Harvard University Press, 1990, p. 198(这部法律与理查德三世统治时期的法律不同).

〔2〕 See Richard A. Posner, *The Problems of Jurisprudence*, Cambridge: Harvard University Press, 1990, p. 198.

〔3〕 See Dennis Patterson, *Normativity and Objectivity in Law*(《法律的规范性和客观性》), in William & Mary Law Review, 43(2001), p. 325, 356 – 363; Andrei Marmor, *An Essay on the Objectivity of Law*(《关于法律客观性的一篇文章》), in Brian Bix ed., Analyzing Law, Oxford: Oxford University Press, 1998, p. 3, 9 – 11; Jules L. Coleman & Brian Leiter, *Determinacy, Objectivity, and Authority*(《确定性、客观性和权威性》), in University of Pennsylvania Law Review, 142(1993), p. 549, 594 – 635; Brian Leiter, *Objectivity and the Problems of Jurisprudence*(《客观性与法理学问题》), in Texas Law Review, 72(1993), p. 187[回顾 Kent Greenawalt, *Law and Objectivity*(《法律和客观性》), Oxford University Press, 1992].

接下来,让笔者对这个问题进行更深入地讨论。正如理查德 · 波斯纳所认识到的那样,所谓的历史事实和法律事实之间的本体论区别之重要性在于,一个特定的问题是否可以是不确定的。有些涉及自然事物的问题,我们可以说它是二价的。[1] 所有这一切意味着,一个特定的答案,无论是否有人曾经发现,必须是真或伪(没有第三种情况)。不是被告人杀死了受害者就是他没有杀死受害者;芝加哥要么曾经有恐龙,要么就没有。相比之下,对于涉及那些由人类构造的问题,比如法律,并不是说给出的答案或否定该答案的结果必须是正确的——根据相关信息或证据,这些断言可能是正确的、错误的或不确定的。法律或禁止某些行为,或不禁止。或由于证据矛盾、缺乏证据,而使答案不明确。

由于有关文学文本的问题也涉及从语言结构中进行推理,因此在这方面法律文本常常与文学文本进行类比。[2] 与法律文本如法律法规或司法意见书类似,文学文本可能无法为读者提供足够的信息来解决某些问题。[3] 但是,对于某些问题,可以对文本作出事实性的说明;而且人们可以确定某些陈述是对还是错。以小说《尤利西斯》为例,我们不仅可以断言它是詹姆斯 · 乔伊斯写的;或者小说被分为 18 章,抑或小说开头的第一个字母是 S。你也可以对文本作出

---

〔1〕 二价也被称为排中律,它发端于当代哲学关于语言哲学、认识论以及科学哲学对现实主义与反现实主义的讨论中。比较 Donald Davidson, *The Structure and Content of Truth*(《真理的结构和内容》), in The Journal of Philosophy, 87(1990), p. 279 和 Michael Dummett, *Truth and Other Enigmas*(《真理与其他恩尼格码》), Harvard University Press, 1978, p. 1 – 24。最近在科学哲学中的一次讨论参见 Arthur Fine, *The Shaky Game*: *Einstein Realism and The Quantum Theory*(《摇摇欲坠的游戏:爱因斯坦现实主义和量子理论》), University of Chicago Press, 1996, p. 112 – 150。See also Hilary Putnam, *The Many Faces of Realism*(《现实主义的众多面貌》), Open Court Publishing Company, 1987. 法理学中的讨论参见 Dennis Patterson, *Law &Truth*(《法律和事实》), Oxford University Press, 1996, p. 3 – 21; Brian Leiter, *Objectivity and the Problems of Jurisprudence*, in Texas Law Review, 72(1993), p. 187。

〔2〕 See Richard A. Posner, *The Problems of Jurisprudence*, Cambridge: Harvard University Press, 1990, p. 202.

〔3〕 波斯纳举了一个例子:在莎士比亚戏剧中关于麦克白是否有孩子的问题,由于证据冲突,导致其成了一个不确定的问题。See Richard A. Posner, *The Problems of Jurisprudence*, Harvard University Press, 1990, p. 200. 伯纳德 · 威廉姆斯最近引用了同样的例子来说明,尽管麦克白夫人有几个孩子的问题是不确定的,但"这并不意味着……她在剧中被描绘成一个孩子数目不确定的女人"。Bernard Williams, *Truth and Truthfulness*(《真理和真实》), Princeton University Press, 2002, p. 53 – 54. 换句话说,即使在不确定的情况下,也会有一些对和错的陈述。

事实性的陈述,比如,在小说中,利奥波德·布鲁姆和莫莉·布鲁姆住在埃克尔斯街7号;故事发生在1904年6月16日星期四(以及6月17日凌晨)。[1] 那些断言故事发生在不同日期的人是错误的,他们的陈述是不真实的,不是事实。[2] 此外,即使在文学作品中没有明确说明,读者也可以从所提供的信息(如使用的技术、地标或街道、穿的衣服)中推断出某些问题的答案(如时间、位置、气候)。然而,对于某些问题,可能没有证据以用来推断出结论,或者证据之间相互冲突,抑或语言模棱两可。因此,与恐龙是否曾经生活在芝加哥的问题不同,后者的答案必须是对的或错的(这意味着事实是先验的证据,整个社会的陈述者都可能出错),而关于文本的事实(法律的或文学的被限制在已经被创造的东西上,一个特定问题的答案可能因为信息缺乏、冲突或含混不清而并不存在。[3]

尽管历史事实的某些问题必须是对的或错的,但在法律环境中产生的事实问题显然是在类似的对—错—不确定的立场上产生的。[4] 涉及自然事物的事实性判决以现有证据为限,以规定的说服标准为依据,在存疑或不确定的情况

〔1〕 关于作品的事实和作品中的事实之间的区别在版权语境中显然是很重要的。Castle Rock Entm't, Inc. v. Carol Publ'n Group, Inc., 150 F.3d 132, 139 (2d Cir. 1998)(《〈宋飞正传〉能力测试》中测试的每一个"事实"实际上都是由《宋飞正传》的作者虚构出来的。而且《〈宋飞正传〉能力测试》并不考察演员身份之类的事实).

〔2〕 世界各地的乔伊斯的粉丝都在6月16日庆祝"布鲁姆日",这进一步证明了小说的故事发生在6月16日。

〔3〕 正是这个结论,而不是法律和历史事实在本体论上是截然不同的结论,激发了波斯纳的讨论,因为它提供了对罗纳德·德沃金的"唯一正确答案"理论的有力批判的论点。See Richard A. Posner, *The Problems of Jurisprudence*, Harvard University Press, 1990, p. 197 – 203. 有关文学文本的本体论和其他哲学问题的更详细讨论参见 William H. Gass, *The Nature of Narrative and Its Philosophical Implications*(《叙述的本质及其哲学含义》), in Tests of Time, 2002, p. 3; William H. Gass, *Philosophy and the Form of Fiction*(《哲学与小说形式》), in Fiction and The Figures of Life, 1971, p. 3; William H. Gass, *Carrots, Noses, Snow, Rose, Roses*(《胡萝卜,鼻子,雪,罗丝,玫瑰》), in The World within The Word, 1978, p. 280 – 307。

〔4〕 法律规范对待法律问题和事实问题的另一个区别是它如何解决不确定性。事实不确定性的处理方法是让一方当事人承担说服责任;然而,法律问题却并没有这样明确的责任负担。关于这一问题更为具体的讨论参见 Gary Lawson, *Proving the Law*, in Northwestern University Law Review, 86(1992), p. 859, 863 – 865。然而,在刑法中,宽严相济原则规定,法律上的不确定性应以有利于被告人的方式解决。

下有利于被告人。[1] 但这一点并没有真正回应理查德·波斯纳的论点。我们所做的是认识到并不是所有法律中的事实问题都是与自然事物相关的历史事实问题;通常,传统的事实性问题本身涉及从语言文件中推断事实,如合同、商业记录、信函,甚至在版权案件中会涉及文学文本。在作出决定之后,我们不会说一份合同并不"意味着"它已被认定的意义(是否涉及外在证据——因此可能由陪审团认定——或由法官认定),也不会因为合同具有"意义"应由法官决定,而说它不是一个"事实"问题。法律世界的大部分都是由与法律解释(制定)标准难以区分的事实组成的。鉴于这一理论的创造性,也许不仅应当认为"事实认定"涉及既存的"事实"是错误的,关键在于,还应当认为"事实认定"在本体论上不同于"法律解释"的说法也是错误的。

因此,很明显,法律决定涉及的是人为的、语言的创造,而不是自然事物,其并不能在法律问题和事实问题之间提供一个有用的本体论上的区别,因为许多事实认定涉及的恰恰是同一件事。这就回应了最后一个论点,即"法律"和"事实"在本体论上是不同的性质。法律有时可能是不确定的,但这并不影响它在其他时候是确实存在的,而且关于法律的知识也是事实的——如同事实在某些时候出现不确定不影响它的实在性。所以恰恰相反,在每一个相关的方面,"事实"和"法律"是本体论的等价物,而不是截然不同的种类。虽然法律规范中的某些法律问题可能是不确定的或含混不清的,但这并不意味着所有法律问题都是不确定的或含混不清的。这意味着,就像所有的事实问题一样,它是一个经验问题,取决于问题的细节以及可以用来推断结论的证据或信息。此外,如果法律是不确定或模棱两可的,它就像尚未对迈阿密造成的损害。人们很难仅仅因为这场即将来临的风暴的后果尚不明朗,就认为它不是一个事实。最终,物理过程会自然发生,地面的布局也会清晰可见。法律也是如此。它现在可能以某种特定的方式变得不清楚,但它最终将澄清为一种可能被真实准确地描述的状态。更重要的是,含混不清的法律和一个含混不清的文件之间没有本体论上的区别,我们可以从中推断出关于其意义或重要性的事实推论。

---

〔1〕 考虑一下民事诉讼中最受欢迎的假设例子,在证据优势标准下,双方的证据都是五五开,因此有利于被告人。

## (二)法律和事实问题的认识论

关于法律问题是事实的以及与其他事实问题一样基于证据和推论的这一见解意味着法律问题处于一种不可阻挡的认知状态。换句话说,法律裁决产生于这样一种社会实践,在这种实践中,不仅结果,而且结果的原因(以及这些原因的原因)都很重要。与此同时,法律对准确性和合理论证的关注,将法律问题置于更大的事实裁决范畴,这些裁决具有相互交织的认识论目标,如准确裁决、裁决的正当性,以及将知识从单纯的信仰、反复无常或任意性中分离出来。

从广义上看,认识论在很大程度上是可评价的。[1] 它检视着我们应该如何达成信念或决定,以及行为人偏离理想认识实践的程度。信念和决定与行为相关:“寻求真理的行为人应该以某种方式表现自己。”某种特定的信念在行为人表现的程度上是合理的。[2] 认识实践包括证据收集和推理。[3] 现代认识论的一个主要关注点是创造真实信念或知识的特定的认识实践是否可靠。[4] 例如,阿尔文·戈德曼(Alvin Goldman)将智力上的优点(如感知数据、记忆、推

---

〔1〕 唯一的例外是纯粹描述性的“替代”归化认识论,它有时被认为是 W. V. 奎因所提。See Jaegwon Kim, *What is “Naturalized Epistemology”?*(《什么是“自然主义认识论”》), in Hilary Kornblith ed., Naturalizing Epistemology, A Bradford Book, 1994, p. 33; W. V. Quine, *Epistemology Naturalized*(《自然化的认识论》), in Ontological Relativity and Other Essays, 1969, p. 69.

〔2〕 See Hilary Kornblith, *Justified Belief and Epistemically Responsible Action*(《合理的信念和认识论上负责的行动》), in Philosophical Review, 92(1983), p. 33, 47 (合理的信念是信念,这是认识论上负责任的行为的产物;认识论上负责任的行动是由拥有真正信仰的愿望所引导的行动).

〔3〕 科恩布利斯指出了认识论中保持证据不变和注重推理的倾向。Hilary Kornblith, *Justified Belief and Epistemically Responsible Action*, in Philosophical Review, 92(1983), p. 35. 特文宁在证据法规范和证据法学的背景下讨论了这两个方面。See William Twining, *Narrative and Generalizations in Argumentation About Questions of Fact*, in South Texas Law Review, 40(1999), p. 351.

〔4〕 知识的概念本身就是一个有争议的话题。经典的关于知识的“三位一体”的概念将其定义为合理的、真实的、信念的。埃德蒙·盖梯尔的开创性论文表明,在某些情况下,即使是这三种条件也不足以建立知识。See Edmund L. Gettier, *Is Justified True Belief Knowledge?*(《正义是真正的信仰知识吗?》), in Analysis, 23(1963), p. 121. 盖梯尔证明了真理和正当性在逻辑上是独立的,两者可以巧合地实现。换句话说,我们总是可以相信那些因为错误的原因而发生的事情是真的。See also Fred I. Dretske, *Précis of Knowledge and the Flow of Information*(《知识的概要和信息的流动》), in Naturalizing Epistemology, 1994; A Bradford Book, p. 217, 218. (将知识定义为“信息产生的信念”)然而,很明显,知识和纯粹的真实信念之间的区别取决于产生信念的因素,或者决定是如何产生的。See Philip Kitcher, *A Priori Knowledge*(《先验知识》), in Naturalizing Epistemology, A Bradford Book, p. 147, 150.

理)与智力上的缺点(如猜测、忽视证据、一厢情愿)区别开来。[1] 然而,尽管有推理和收集证据的理想,但未能达到这些理想并不构成认知上的不负责任。[2] 每个裁决只能置于产生它的情景下来衡量,考虑各种对裁决形成的限制。

认识的负责性的概念考虑的是行动者可获得的证据及根据证据进行最佳推理的程度。[3] 希拉里·科恩布利斯解释说,在特定裁决的背景下,未能采用可靠的认识实践,会导致认知上的无知。[4] 因此,正如"由恶意产生的行为表现出道德上的坏品质;由认识论上不负责任的行为产生的信仰表现出认识论上的坏品格"[5]。法律和事实问题都需要认识论上负责任的裁决。[6]

尽管法律问题和事实问题在本体论上并不是截然不同的,二者是在认知情境中产生的。但认知情境本身可能在某种程度上是不同的,这为区分法律问题和事实问题提供了一种有用的方法。杰弗里·哈泽德在讨论争点

---

〔1〕 See Alvin I. Goldman, *Epistemic Folkways and Scientific Epistemology*(《大众认识论与科学认识论》), in Naturalizing Epistemology, A Bradford Book, p. 291, 293.

〔2〕 See Hilary Kornblith, *Justified Belief and Epistemically Responsible Action*, in Philosophical Review, 92(1983), p. 48.

〔3〕 See Hilary Kornblith, *Justified Belief and Epistemically Responsible Action*, in Philosophical Review, 92(1983), p. 48.

〔4〕 See Hilary Kornblith, *Justified Belief and Epistemically Responsible Action*, in Philosophical Review, 92(1983), p. 41.

〔5〕 See Hilary Kornblith, *Justified Belief and Epistemically Responsible Action*, in Philosophical Review, 92(1983), p. 38.

〔6〕 从认知的角度来思考法律问题有重要的规范性原因。See Peter Tillers, *The Value of Evidence in Law*, in Northern Ireland Law Quarterly, 39(1988), p. 170(在法律问题上,正如在事实问题上一样,得到正确的答案对我们来说非常重要……对法治理想的承诺意味着需要可靠的法律裁决). Lon L. Fuller, *The Forms and Limits of Adjudication*(《裁决的形式和范围》), in Harvard Law Review, 92(1978), p. 353, 360(将裁判的理性负担称为"理性核心",为我们的法律制度提供了稳定性和方向性); see James B. Thayer, "*Law and Fact*" *in Jury Trials*, in Harvard Law Review, 4(1890), p. 167(与其说理性是法律的一部分,不如说它是法律存在所必需的要素;那些必须执行法律的人没有法律就看不见也动不了).

排除(间接禁止反言)时提出了这样的论点。[1] 杰弗里·哈泽德教授认为,争点排除应该适用于法律问题,而不是事实问题,因为“法律问题排除的认识论依据比事实问题排除的认识论依据更有力”[2]。在杰弗里·哈泽德看来,法律问题是“通过直接的司法认知”来解决的,而事实问题则是“通过线人的媒介”来解决的,在这种媒介中,法院努力从相互矛盾的证据中为自己描绘外部世界的历史事件。[3] 杰弗里·哈泽德认为法律问题和事实问题之间的区别如下:

法院解决事实问题需要通过司法之外(extrajudicial)的资源作为媒介进行,比如证人提供的证言。对外部资源的依赖导致在法院认定的事实与实际发生的事实之间可能产生出入。与此相对,法院解决法律议题是从法院拥有直接知识的素材中建构一种语言的公式化。这些素材包括相关法律的文件性渊源,例如判例、法条。[4]

然而,杰弗里·哈泽德将他的“直接司法认知”解释为“当然,不同法官的世界观并不相同,因此他们经常无法在法律结论上达成一致”。[5]

杰弗里·哈泽德的论点很有趣,但他认为法律和事实问题的认识论地位是不同的,这是错误的。上述关于不同法官得出不同结果的陈述说明了原因。如果两名法官能够查看法律文件并得出不同的结论,他们显然不能“直接接触”任何东西——相反,他们从事的是对法律证据的推断。而且,任何引起诉讼以至

---

〔1〕 See Geoffrey C. Hazard, Jr., *Preclusion as to Issues of Law: The Legal System's Interest*(《关于法律问题的排除:法律制度的利益》), in Iowa Law Review, 70(1984), p. 81, 88. 哈泽德的文章挑战了旧的规则,即争点排除只适用于事实问题,而不适用于法律问题。哈泽德建议应该推翻这一规则。因为实践中与其恰恰相反,争点排除已经扩展到涵盖这两类问题。See Restatement (Second) of Judgments § 27–28; see also Arizona v. California, 530 U. S. 392, 414 (2000); Burlington N. R. R. Co. v. Hyundai Merchant Marine Co., Ltd., 63 F. 3d 1227 (3d Cir. 1995).

〔2〕 Geoffrey C. Hazard, Jr., *Preclusion as to Issues of Law: The Legal System's Interest*, in Iowa Law Review, 70(1984), p. 88.

〔3〕 See Geoffrey C. Hazard, Jr., *Preclusion as to Issues of Law: The Legal System's Interest*, in Iowa Law Review, 70(1984), p. 88.

〔4〕 See Geoffrey C. Hazard, Jr., *Preclusion as to Issues of Law: The Legal System's Interest*, in Iowa Law Review, 70(1984), p. 88.

〔5〕 Geoffrey C. Hazard, Jr., *Preclusion as to Issues of Law: The Legal System's Interest*, in Iowa Law Review, 70(1984), p. 88. 基于这些原因,哈泽德建议,应当对法律问题而不是事实问题适用争点排除。

需要作出决定的法律问题,都表明存在某些相互矛盾的材料,或者对同一材料的解释相互矛盾。杰弗里 · 哈泽德并没有对这种情况如何不同于一个事实问题与相互矛盾的证据或同一证据的相互矛盾的解释。然而法官可以直接接触法律材料,也可以直接接触物证和证人证言。在法律和事实问题上,法官可以直接获得证据,并必须根据这些证据提出口头表述。杰弗里 · 哈泽德的论点只表明,某些法律问题和事实问题的证据种类可能不同,而且在某些情况下,法官可能比事实问题的当事人更善于收集有关法律问题的证据。[1] 但法律和事实问题在认识论上仍然是等同的,因为两者都涉及从相关证据中推断出结论。[2]

又一次,法律制定和法律识别之间的区别变得很重要。法官可能不同意相关法律的一个原因是,它不存在先例,因此法官是在预测他们的司法上级会怎么做。我们已经规定,法律的制定在任何有趣的意义上可能都不是事实的。然而,法官不同意的原因还有其他,比如倡导者没有让法官注意到相关的案件或法规。当法官由于不了解相关的先例或法规而曲解法律时,法官就犯了事实的错误。缺少或依赖相关的案例和法规来确定案件的法律显然涉及从证据中推断出具有真值的命题。

(三)一种分析性的区分

如果法律问题和事实问题在本体论上没有形成截然不同的范畴,并且出现在类似的认识论情境中,那么,一个融贯的、分析性的法律—事实二分结构是否存在就值得怀疑了。如果法律问题是事实性问题,那么区分法律问题和事实性裁决问题的方法就不能以非循环的方式决定问题是"法律的"还是"事实的"。然而,亨利 · 莫纳什(Henry Monaghan)和理查德 · 弗里德曼(Richard

---

〔1〕 但这似乎取决于案件的具体情况。

〔2〕 这是蒂勒斯的主要观点,Peter Tillers, *The Value of Evidence in Law*, in Northern Ireland Law Quarterly, 39(1988), p. 167。他对其进行了较为详细的论述。塞耶认识到这种认识论等价性来自另一个方向。See James B. Thayer, "*Law and Fact*" *in Jury Trials*, in Harvard Law Review, 4 (1890), p. 153 – 154(因为在推理方面,法官没有排他性的职责;陪审团评议的每一步也必须推理).

Friedman)都认为,在法律问题和事实问题之间存在这样一种分析上的区别。[1]

亨利·莫纳什教授认为,概念上的混淆是与法律—事实二分结构一起产生的,因为"法律"和"事实"并不意味着"存在着静止的、截然相反的东西"[2]。相反,亨利·莫纳什认为,它们"具有节点性质;它们是在经验的连续体中休息和相对稳定的点"[3]。换句话说,在连续体这一横轴的两端去界分"事实"或"法律"的标签是清晰的,而在二者交会的中间区域却是模糊的,中间的问题(所谓的"混合"问题,或法律适用的问题,或将规则、标准与"事实"相联系的问题)造成了概念上的困难。[4] 根据亨利·莫纳什的说法,当法院试图通过将这些中间问题的案件简化为"法律声明"或"事实认定"(如连续体的融贯边缘)来进行分析,那么法院就会在法律适用过程中遇到麻烦。[5] 在涉及中间问题的案例中,"真正的问题不是分析性的,而是分配性的:即应该由哪个裁决者来决定

---

〔1〕 See Henry P. Monaghan, *Constitutional Fact Review*, in Columbia Law Review, 85(1985), p.232-239; Richard D. Friedman, *Standards of Persuasion and the Distinction Between Fact and Law*, in Northwestern University Law Review, 86(1992), p.917-919. 虽然这一问题相当复杂,但当我们理解这个术语的使用方式时,一个反例否定了分析上的区别。如果"所有的天鹅都是白色的"这一说法被认为是一种"分析性的说法",那么,如果一只黑天鹅被发现了,这种说法可能就不成立了。反驳所谓的分析性区别,并不能说明这种区别对于其他目的(如实用主义目的)的有用性。它也没有说明具有表达传统的观点或信仰之效用。显然,我们认为法律与事实的区分具有实用价值,并清楚地表达了传统观念;然而,它并没有从分析性上找到能够分离的类别。此外,我们注意到,在这种情况下,"分析陈述"并不意味着仅凭其含义(例如,"所有的单身汉都是未婚的")才是正确的,这是一个被 W. V. 奎因所攻击的概念, W. V. Quine, *Two Dogmas of Empiricism*(《经验主义的两大信条》), From A Logical Point of View, 1953, p.20。

〔2〕 Henry P. Monaghan, *Constitutional Fact Review*, in Columbia Law Review, 85(1985), p.233.

〔3〕 Henry P. Monaghan, *Constitutional Fact Review*, in Columbia Law Review, 85(1985), p.233. 莫纳什引用了一项早期的研究,该研究提出了法律和事实之间的连续统一体的概念。See Henry P. Monaghan, Constitutional Fact Review, in Columbia Law Review, 85(1985), p.233. at n.24[引用 J. Dickinson, *Administrative Justice and The Supremacy of Law in The United States*(《美国的行政正义与法律至上》)], The Lawbook Exchange, 1927, p.55(法律向下滋生进事实的根源,而事实持续不断地向上延伸进法律).

〔4〕 See J. Dickinson, *Administrative Justice and The Supremacy of Law in The United States*, The Lawbook Exchange, 1927, p.233-237.

〔5〕 See J. Dickinson, *Administrative Justice and The Supremacy of Law in The United States*, The Lawbook Exchange, 1927, p.234-235(当法官试图将这种分配决定强制纳入法律和事实的传统范畴时,困难就来了。这会导致类别的分析内容发生扭曲).

这个问题?”〔1〕

虽然亨利 · 莫纳什正确地认为,这种区别可能形成一个连续体,但这个连续体的一端不存在法律问题,另一端也不存在事实问题。他认为法律声明问题仍然是事实问题。这些法律事实可能构成法律和非法律事实之间连续体的一端。人们甚至可能认为“法律事实”有一个在分析上截然不同的子集,或者法律系统根据其自身的惯例称为“法律”的事实(但是,正如我们马上要讨论的,其实不是这样的)。但法律声明问题仍然是事实的。亨利 · 莫纳什还正确地指出,真正的问题是分配的,而不是分析的;然而,这不仅适用于既不明确是“法律”也不是“事实”的“混合”问题,而且适用于所有的判决问题。亨利 · 莫纳什主张的连续体的一端是“法律”,因为这些问题通常被法律系统自己的惯例贴上“法律”的标签,所以无论这些问题是“法律”还是“事实”,这个问题通常都不会出现。但这些问题仍然是事实的。这就是为什么,正如亨利 · 莫纳什所指出的,法院在确定这些混合问题,即那些在法律的内部标准下没有明确标签的问题,是“法律”还是“事实”时遇到了麻烦——这两者之间没有分析上的区别。因此,没有有效的测试去区分或辨别二者。法律声明的问题分配给法官也不足为奇,因为他们毕竟是受过法律训练的人。但这并不意味着法官在适用法律时没有认定事实。在考察理查德 · 弗里德曼教授关于这一区别的假定的融贯性观点时,这一点变得更加清晰。

与亨利 · 莫纳什相似,理查德 · 弗里德曼谨慎地认为,法律与事实的区别不仅仅是传统主张的那样,因为他断言,法律问题与“普通事实”问题之间存在“分析性差异”。〔2〕 理查德 · 弗里德曼承认,法律问题有时可能是事实性的,但他主张,如果是这样,它们就是“一种非常特殊类型的事实性问题,通常可以与

〔1〕 J. Dickinson, *Administrative Justice and The Supremacy of Law in The United States*, The Lawbook Exchange, 1927, p. 237; see also Miller v. Fenton, 474 U. S. 104, 113 – 14 (1985)(有时法律—事实的分类取决于一个裁决机构是否“比另一个裁决机构更适合决定问题”).

〔2〕 Richard D. Friedman, *Standards of Persuasion and the Distinction Between Fact and Law*, in Northwestern University Law Review, 86(1992), p. 917. 弗里德曼的文章是对劳森的回应, Gary Lawson, *Proving the Law*, in Northwestern University Law Review, 86(1992), p. 859, 863 – 865。

普通的事实性问题区分开来”。[1] 普通的事实性问题涉及构建现实的某个方面;然而,法律问题涉及规定适用的规范和附加于所构建的现实的后果。[2] 因此,理查德·弗里德曼认为,我们可以将“事实认定功能”(决定现实的一部分)与“法律决定功能”(规定规范和后果)区别开来。[3] 这看起来类似于亨利·莫纳什主张的连续体的末端。然而,与亨利·莫纳什不同的是,他坚持认为,在混合问题或法律适用的案例中,这种区别变得模糊了,对理查德·弗里德曼来说,混合问题都是法律的,因为它们将规范适用于普通事实,或对普通事实的后果作出了规定。[4]

然而,理查德·弗里德曼确实注意到,这种区别并没有反映到判例法中。例如,在过失案件中,陪审团对“合理性”的判定被认为是一个事实问题。[5] 理查德·弗里德曼断言:“即使法院这么说,我们也不应该被愚弄。在这种情况下,陪审团不仅仅决定了现实的一个方面。它还决定了在这种情况下适用的准则。”[6] 因此,与亨利·莫纳什一样,理查德·弗里德曼将分配功能与概念功能区别开来。他同意判例法中决策权的分配可能是一个惯例问题,但认为“法律

---

〔1〕 Richard D. Friedman, *Standards of Persuasion and the Distinction Between Fact and Law*, in Northwestern University Law Review, 86(1992), p.917.

〔2〕 See Richard D. Friedman, *Standards of Persuasion and the Distinction Between Fact and Law*, in Northwestern University Law Review, 86(1992), p.917–919.

〔3〕 See Richard D. Friedman, *Standards of Persuasion and the Distinction Between Fact and Law*, in Northwestern University Law Review, 86(1992), p.918.

〔4〕 See Richard D. Friedman, *Standards of Persuasion and the Distinction Between Fact and Law*, in Northwestern University Law Review, 86(1992), p.917–919.

〔5〕 参见文章原文第1781~1783页。此外,在合同案件中,法院将解释合同中的条款,即使这些条款涉及的是“一般事实”,而不是规范和后果。

〔6〕 See Richard D. Friedman, *Standards of Persuasion and the Distinction Between Fact and Law*, in Northwestern University Law Review, 86(1992), p.922. 他对“合理性”问题的看法与霍姆斯大法官相似。See Oliver Wendell Holmes, *Law in Science and Science in Law*, in Harvard Law Review, 12(1899), p.443.

和事实之间存在明显的分析上的区别"[1]。

虽然理查德 · 弗里德曼正确地指出了传统上所谓的"法律"和"事实"之间的区别,但理查德 · 弗里德曼头脑中的区别并不是法律和事实之间的分析性区别;相反,它介于法律事实和非法律(他称之为"普通")事实之间。换句话说,在这种观点下,法律事实构成了一个更大的事实问题类别的子集。与亨利 · 莫纳什一样,理查德 · 弗里德曼试图将"事实"与"事实的"区别开来,前者描述现实的某个方面,后者涉及重建现实的"事实"问题;然而,"法律"也描述了现实的某些方面,法律的宣告功能也涉及现实的重构过程。法律是存在于世界上的东西,是现实的一部分——就像传统事实问题所描述的现实一样。当理查德 · 弗里德曼认为法律与适用于重构现实的规范和后果相关时,通常情况下,对于构建的现实来说,规范和后果就是一个事实。当然,有时可能没有任何关于某一特定问题的法律,在这种情况下,法院(甚至是过失案件中的陪审团)可能会制定法律或者制定新的规则,但这是一个不同的功能。然而,一旦这个规则被制定,那么一个事实就产生了,即这个新规则是法律。[2]

理查德 · 弗里德曼教授可能非常赞同这一点,他的观点或许表明,法律问题"很可能被视为现实的各个方面……所以其是事实的。但这些都是非常特殊类型的事实问题"[3]。因此,也许对"分析性"区别的引用应该被理解为指定一个已定义的事实子集,而不是完全不同的东西。显然,不同之处在于"法律官员过去的行为和未来的行为在决定诉讼可能适用的法律规范方面的差异",以及

[1] Richard D. Friedman, *Standards of Persuasion and the Distinction Between Fact and Law*, in Northwestern University Law Review, 86(1992), p. 925. 弗里德曼并不建议根据这种区别来分配裁决权,但他认为这是"假定可取的"。Richard D. Friedman, *Standards of Persuasion and the Distinction Between Fact and Law*, in Northwestern University Law Review, 86(1992), p. 925. 弗里德曼提出的另一个关于概念差异的论点,将法律识别与法律制定混为一谈。他指出,不同的法律行动者"规定规范",并"制定这些规范……是与确定国家权力和自由权利时所发生的事情显然不同的。"Richard D. Friedman, *Standards of Persuasion and the Distinction Between Fact and Law*, in Northwestern University Law Review, 86(1992), p. 918. 的确,就像火山即将形成的环形山与火山不同一样,但这并没有告诉我们任何关于两者性质的有趣事情。法律制定就是一种干扰,它搅乱了几乎所有关于法律—事实二分结构的学术研究。

[2] 例如,按照库珀案的做法,上诉法院在审查惩罚性损害赔偿的宪法挑战时,现在必须采用一种全新的标准。参见文章原文第 1771 ~ 1778 页。

[3] Richard D. Friedman, *Standards of Persuasion and the Distinction Between Fact and Law*, in Northwestern University Law Review, 86(1992), p. 917.

“在国家权力与自由权利的交叉点上发生了什么”[1]。但这个例子不足以支持这一观点。它隐含地依赖于一般——特定的二分法,[2]但这种二分法不足以承受要求它承担的任务。[3]

所有人都能同意,当事各方对彼此所做的事,确实是各当事方所特有的(以合理的传统方式使用这些条件),但它们在确定“国家权力与自由权利”中所做的事,是否不是它们所特有的;同时,人们也能认同地理是一个相当普遍的事实,对所有当事方都是如此。尽管如此,这也不是一个标准,即使它是普遍的。它可能只是一种回应,但这种回应将在一个关键的方式中发生错误。诉讼发生的地点通常决定了当事人的权利和义务,因此在行使管辖权、选择审判地点和选择法律时不可避免地涉及地域问题。事件发生的地点实际上是控制案件结果的“规范”的一部分。那么,究竟是国家权力和自由权利发生了争执,还是法律问题呢?为了管辖权、审判地点和法律选择,这也许是一个法律问题;但为了解决诉讼争端,这就是一个事实问题。这种高效转化的能力让我们的观点变得更有说服力:无论这是什么样的决定,它都是同一个决定,只是被用在不同的地方。如果一个地理位置不产生一个事实问题,我们就会对可能发生的事情感到茫然。[4]

理查德·弗里德曼的观点在另一方面也存在问题。许多被认为是事实认

---

〔1〕 Richard D. Friedman, *Standards of Persuasion and the Distinction Between Fact and Law*, in Northwestern University Law Review, 86(1992), p. 917 – 918.

〔2〕 See Williams C. Whitford, *The Role of the Jury (and the Fact/Law Distinction) in the Interpretation of Written Contracts*(《陪审团在解释书面合同中的作用(以及事实与法律的二分)》), in Wisconsin Law Review, 2001(2001), p. 932(区分事实问题和法律问题最重要的标准是一般/特殊的区别).

〔3〕 See Henry P. Monaghan, *Constitutional Fact Review*, in Columbia Law Review, 85(1985), p. 235(法律的重要之处在于它产生了一个具有普遍性的命题).

〔4〕 有时地理问题甚至更复杂,被视为由法官和陪审团解决的混合问题。See United States v. Roberts, 185 F. 3d 1125, 1140 (10th Cir. 1999)(从法律上讲,地方法院可以找到一个印第安地区的地理区域或特定地点,然后指示陪审团确定犯罪是否发生在那里); United States v. Hernandez-Fundora, 58 F. 3d 802, 812 (2d Cir. 1995)(因此,我们规定,地方法院有权确定瑞布鲁克属于美国的特别海洋和领土管辖范围,并将该问题从陪审团的审议中删除). But see United States v. Stands, 105 F. 3d 1565, 1574 (8th Cir. 1997)(因此,陪审团有权推断该地图准确地代表了犯罪时的所有权状态。所以,陪审团有一个合理的基础来判定罪行发生在印第安地区).

定的,看起来却像是法律上的结论。他认识到对合理性的认定问题(可能他有类似过失案件的想法),但它的扩展范围要大得多,包括诚信交易、商业惯例等。理查德·弗里德曼对这个合理性的认定问题(这实际上是一个伪装成事实的法律问题)之回应是,其必须适用于陪审团的大量认定中,这表明两者之间的“分析性”区别(如果存在的话)并没有多大帮助。更令人不安的是,理查德·弗里德曼的论点也没有给出充分的理由让人相信,陪审团对合理性的认定或任何相关概念,在“决定该案适用何种准则”的意义上是一个法律问题。[1] 如果合理性不是陪审团的想法,而是陪审团吸纳了社区想法的结论,那么陪审团就不是“决定”应当适用何种规范,就像在猥亵案件中那样。[2]

此外,对“合理性”、“诚实信用”或“行业惯例”的认定结论源自多方对话,不仅包括陪审员的常识和经验,还包括先前的权威司法裁决。一个社会认为合理的东西,一定程度上必须反映在权威的合理性裁决中,这一过程在非法占有案件中是明确的。因此,陪审团的认定可能很好地反映了陪审员对社区群体认知的评估,这种评估是通过陪审员自身的经历过滤出来的,并受到先例的影响。除了这一点以外,我们看不到从这种复杂性中出现任何有用的分析:决策者的某些行为可能是由实际存在的世界状态决定的,在这种情况下,它是事实性的,或许在另一种情况下,它又是法律的制定。因此,有用的分析区别并不是在法律和事实之间(即使法律是一种特殊的事实);相反,它介于法律制定和事实认定之间。

这一点可以进一步讨论。考虑这样一种观点,即“合理性”的认定实际上并不是“现实的各个方面”的决定,而是“在这种情况下适用的规范”的决定。因此,陪审团“制定法律——但该法律并不明确,其只对这一个案件有利”[3]。所

〔1〕 See Richard D. Friedman, *Standards of Persuasion and the Distinction Between Fact and Law*, in Northwestern University Law Review, 86(1992), p. 922.

〔2〕 See Ashcroft v. ACLU, 535 U. S. 564(2002); Miller v. California, 413 U. S. 15(1973).

〔3〕 Richard D. Friedman, *Standards of Persuasion and the Distinction Between Fact and Law*, in Northwestern University Law Review, 86(1992), p. 922.

有的陪审团裁决都是如此。[1] 事实上，陪审团从来没有(很可能真的从来没有)直接观察到诉因的任何一个要件。它只观察到了这些诉因的证据，而且它的事实认定是“将在这种情况下适用的准则”的决定，例如，关于意图要件的证据足以得出意图实际上存在的结论。陪审员从提出的证据中推断出的任何事实，都将取决于陪审员所拥有或制定的(心照不宣地或明确地)关于什么足以触发推断的任何一般或特定规范。[2] 的确，在审判中证明过程的许多特征(如司法评论、推定、专家证词、结案陈词)可被视为试图向陪审团提供这些规范。因此，一开始是对法律和事实之间的“分析性”区别的辩护变成了对任何区别的消解，因为所有的事实认定都是隐含的规范决定，所以，在这个意义上，它是法律的。[3]

我们不能轻易地证明那种否定法律和事实之间不存在分析上的区别之说法，但正如我们已经证明的那样，所谓的区别只是短暂的。理查德·弗里德曼

---

〔1〕 关于这个结论的论证, see Adrian A. S. Zuckerman, *Law, Fact or Justice*? (《法律、事实或正义?》), in Boston University Law Review, 66(1986), p. 487。在对那篇文章的回应中，弗里德曼教授显然同意一个更普遍的观点，即所有关于最终事实的结论都是“法律的”：对于几乎每一个一般的法律规则来说，都有这样一个观点，即在特定的案件中，决定规则所规定的内容的责任必须由陪审团承担，这要么是因为陪审团被认为是完成这项任务的最合适的主体，要么是因为陪审团至少被认为是适当的，而普通的立法者不愿或不能阐明一个更具体的裁决规则。Richard D. Friedman, *Generalized Inferences, Individual Merits, and Jury Discretion*(《概括推断，个人功绩和陪审团的自由裁量权》), in Boston University Law Review, 66(1986), p. 509, 511.

〔2〕 有时，这些隐含的规范判断可能相当普遍，比如DNA、指纹、雷达或药物测试是否可靠，但它们仍然与事实相关。But see Michael J. Saks, *The Aftermath of Daubert: An Evolving Jurisprudence of Expert Evidence*(《道伯特的余波：专家证据的法理学演变》), in Jurimetrics Journal, 40(2000), p. 229, 235. (科学理论和一般应用的可靠性可与法律问题相媲美；而具体应用的可靠性就是一个事实)萨克斯教授依赖于莫纳什和沃克的研究，他们曾试图区分具体案例和更普遍的问题 see Laurens Walker & John Monahan, *Social Frameworks: A New Use of Social Science in Law*(《社会框架：社科法学的新应用》), in Virginia Law Review, 73(1987), p. 559; Laurens Walker & John Monahan, *Social Facts: Scientific Methodology as Legal Precedent*(《社会事实：作为法律先例的科学方法论》), in California Law Review, 76(1988), p. 877。另一个不幸的干扰法律—事实研究的是错误地认为事实和规范是没有联系的现象。实际上他们是相关的；规范管理涉及事实决定的推论，而关于这些规范的事实，无论它们是什么，都和其他的一样是事实。

〔3〕 实际上，隐含的规范确定过程也适用于直接观察中。一个人对直接观察的结论将取决于这个人对观察条件的信念，以及对她的感觉能力的可靠性的信念，尽管这一点对我们的论证是不必要的。See Michael S. Pardo, *Juridical Proof, Evidence, and Pragmatic Meaning: Toward Evidentiary Holism*(《法律证明、证据与实用意义：走向证据整体论》), in Northwestern University Law Review, 95(2000), p. 399, 422 - 437.

和亨利 · 莫纳什主张的是一个融贯的区别,而不是法律和事实之间的区别;这是一种事实之间,同样也是法律之间的区别,这种区分是根据其自身惯例,我们既称其为“法律”的区分,也称其为“事实”的区分。[1] 他们所看到的分析上的法律问题是那些通常被贴上“法律”标签的事实问题——法律识别的案例。此外,所谓的区别并没有解释或规定裁决权的分配——区别的主要理论功能——或其他理论功能。亨利 · 莫纳什的认识是正确的,真正的问题是分配的而不是分析的——但他认为这是所有裁决性问题的情况,而不仅仅是法律适用的情况。

## 三、结论和说明

除法律制定外,不存在两种(或三种,即法律适用)类型或种类的裁判问题。只有一些事实:一些由法官决定,一些由陪审团决定,一些由上诉法院重新审查,其他的则是遵从的。但是这并不意味着没有所谓的“法律”,相反,世界上存在法律,人们也可以了解它。实践中的法庭解决真实的法律问题时,对法律已经是什么作出了合理的解释。在此过程中,他们参与了一种不可避免的认识实践。在此实践中,他们决定什么是真实的、什么是案例以及什么是法律事实。大多数“法律”适用于法庭之外的行为,如人们在停车标志前停车、支付账单、与邻居谈判,而不是谋杀他们的邻居,所有这些行为都受到法律这种清晰、可知的“事实”的约束。

这并不意味着“法律”和“事实”在理论上的区别是不重要的;它仅意味着这种区分必须通过功能来决定,而不是通过所谓的本体论、认识论或概念之间的分析差异来决定。这正是为什么在法律—事实的区别情况下,如此明显的随意而不是有序:没有一个算法能够生成准确认定实体的结论,所以法院得过且过试图使过程合理化的主要目的是根据实体的性质进行分配。因此,是任务和

---

〔1〕 斯蒂芬 · 韦纳近从前的哀叹至今仍有意义。当面临关于某一具体问题是否应由法官或陪审团解决的争端时,今天典型的上诉意见只不过是将该问题列为法律或事实之一,也许还会引用一些同样缺乏对这一点更详细考虑的权威。Stephen A. Weiner, *The Civil Jury Trial and the Law-Fact Distinction*(《民事陪审团审判与法律—事实二分》), in California Law Review, 54(1966), p. 1868.

工具之间存在的不匹配,导致了一种围绕问题的完全可预见的混乱感。[1]

总体来说,注释法学者的研究成果也表达了同样的观点。蒂勒斯和劳森认为,"法律"和"事实"非常相似,甚至可能完全相同;[2]亨利·莫纳什和理查德·弗里德曼则认为,"法律"和"事实"是完全不同、相互分离的两个范畴,[3]但他们的观点各不相同。[4] 我们认为,这是因为强大的法律惯例与同样强烈的意识相冲突,即法律体系对这个问题的处理存在问题。这导致了蒂勒斯和劳森提出的论点应该会产生这样的结论,即法律只是一种事实,但在关键时刻,他们回避了与法律惯例之间的巨大冲突。亨利·莫纳什和理查德·弗里德曼认为,从分析的角度来看,这些惯例是合理的,但在关键时刻,他们会从自己的观察中抽身而退。

法律体系是否应该摒弃"法律"与"事实"在概念上的不同伪装?这很难给

[1] 另一个工具和任务不匹配的混乱后果的例子 see Ronald J. Allen & Ross M. Rosenberg, *The Fourth Amendment and the Limits of Theory: Local Versus General Theoretical Knowledge*(《第四修正案与理论的局限:局部理论知识与一般理论知识》), in St. John's Law Review, 72(1998), p.1149。我们的论证在某些方面与莫纳什教授的完全相反,而在另一些方面又非常相似。他认识到,分配裁决是,也应该是,通过参考其他变量来作出的,而不仅仅是"法律"和"事实"的意义,我们显然也这么做,但接着他又说:当法官试图将这种分配决定强制纳入法律和事实的传统范畴时,困难就来了。类别的分析内容发生了扭曲。如果我们把配置的用途和这些范畴的分析内容分开,这些歪曲就完全没有必要了。Henry P. Monaghan, *Constitutional Fact Review*, in Columbia Law Review, 85(1985), p.234－235. 基于我们所给出的理由,我们完全不同意这一点。的确,我们认为,造成这一问题相当一部分的原因是人们认为存在不同的类别。

[2] See Peter Tillers, *The Value of Evidence in Law*, in Northern Ireland Law Quarterly, 39(1988), p.167; Gary Lawson, *Proving the Law*, in Northwestern University Law Review, 86(1992), p.859, 863－865.

[3] See Henry P. Monaghan, *Constitutional Fact Review*, in Columbia Law Review, 85(1985), p.261－262; Richard D. Friedman, *Standards of Persuasion and the Distinction Between Fact and Law*, in Northwestern University Law Review, 86(1992), p.916, 918－923.

[4] See Peter Tillers, *The Value of Evidence in Law*, in Northern Ireland Law Quarterly, 39(1988), p.167; Gary Lawson, *Proving the Law*, in Northwestern University Law Review, 86(1992), p.859, 863－865; Henry P. Monaghan, *Constitutional Fact Review*, in Columbia Law Review, 85(1985), p.261－262; Richard D. Friedman, *Standards of Persuasion and the Distinction Between Fact and Law*, in Northwestern University Law Review, 86(1992), p.916, 918－923.

出结论。法律拟制可以发挥重要作用,[1]或许宪法也要求必须保留法律拟制。此外,肯定有一套有用的分配惯例来区分“法律”和“事实”。我们这里的观点不是要改革法律实践;它有助于法律分析。

〔1〕 See generally Lon L. Fuller, *Legal Fictions*(《法律拟制》)(pts. 1 – 3), in Illinois Law Review, 25(1930 – 1931) p. 363, 513, 877. 最近的讨论参见 Note, *Lessons from Abroad*: *Mathematical*, *Poetic*, *and Literary Fictions in the Law*(《国外经验教训:法律中的数学、诗歌和文学小说》), in Harvard Law Review, 115(2002), p. 2228。

# 挪威的法律方法教育

Hans Petter Graver* 著

刘 玥** 译

## 一、论法律方法与法律技能

在过去的几十年里，如何向法学生教授法律方法一直是挪威奥斯陆(Oslo)、卑尔根(Bergen)和特罗姆瑟(Tromsø)三所大学法学院讨论较多的主题。[1] 长期以来主要的讨论点在于，是否应该在学习的早期就向学生教授这一科目以使其具备“像律师一样思考”的必要能力，或者是正相反，学生想了解和学习复杂的法律渊源理论需要先掌握一定的法律知识。近年来，对法律方法论领域实质内容的讨论也越来越多。

法律方法不是一个在国家法秩序中具有既定含义的明确概念。“方法”既让人联想到技能，又让人联想到实践或程序。律师或法律决策者的技能可以分为认知技能和实践技能。基本的认知技能包括法律推理、分析性思维、问题解决和批判性思维。核心实践技能包括法律研究、写作、辩护和法律外语能力。许多执业律师还需要掌握会谈、咨询、谈判和调解的专业技能。

法律方法论也与职业价值和属性有关，它们是职业准备的重要组成部分。这些价值包括职业道德、促进公平和法治、以服务为导向、保护客户利益和秘密、勤勉、诚实以及协同工作。

---

* 奥斯陆大学法学教授，法学博士。

** 华东师范大学法学院与伊利诺伊大学厄巴纳——香槟分校法学院联合培养博士研究生。

〔1〕 在本文中，笔者将“法律方法”和“法律方法论”作为同义词使用。

在挪威,法律方法主要被理解为认知技巧和能力。因此,法律方法首先被看作一个理论学科。法律渊源理论,或法律方法论,与法律理论和法律哲学之间存在明显的区别。法律方法可以从实践的角度来理解,即如何将认知技能应用于法律论证和决策之中。它也可以从理论的角度来理解,例如探究法律思维的认识论、合理性和基本概念。在挪威,重点在于实践方法。这也是我在这次关于挪威法律方法教学的演讲中所强调的。

关于是否将其他技能也纳入法学生教学的讨论一直存在。在后面的几年里,法律伦理学被作为必修内容引入。院系通过要求学生到域外做一个学期的交换生,或者与域外交换生一起参加本院开设的外语课程,来提高他们的外语技能。律师协会要求开设专业技能课程,如辩护、咨询、谈判和调解。这些科目已被发展为选修科目,但除了辩护的一些内容外,院系一直抵制将这些科目引入法律教学的必修部分。之前法学生都需要参加会计学必修课,但这在 20 世纪 90 年代被取消了。在特罗姆瑟大学,四个星期的校外实习是必修课,同时还有一门为学生的实习做准备的课程。学生要写一份实习报告,该报告由教员评估并决定是接受还是拒绝。如果报告被拒绝,学生必须完成一个新的实习期。

## 二、挪威法律中的实用主义方法

如果我们回到 20 世纪 70 年代及以前,世界是简单的。掌握法律推理的认知技能对大多数类型的法律从业者来讲就足够了。法律方法的知识最好通过对不同法律学科的深入学习来获得。在学业即将结束时,学生们将接受法律渊源课程教学,他们会阅读专门的教科书。这使他们对法律方法的认知有更多的理论视角。

法律的主要渊源是制定法和习惯法,而课程和教科书的主题是如何处理这些渊源。教学方法是规范性的,描述了不同的解释方法,并表达教师和教科书作者的观点。挪威法学自 19 世纪末以来深受德国文献和探讨的影响,这也反映在挪威关于法律方法的讨论之中。

教授法律方法的目的是鼓励学生反思他们所学的知识,以便他们能够更好地将这些知识应用于他们在法律领域的实践中,像是在法院、公共行政部门或是其他行业。虽然它是一门理论性学科,但其目的和关注的重点是高度务实的。

挪威法一直是务实的,普遍承认法院和法秩序所发挥的社会功能。这种对实用主义的强调可能部分由于挪威缺乏具有强大学术基础的悠久法律职业传统。丹麦—挪威的法学历史可以追溯至1736年哥本哈根大学引入法律考试之时。[1] 19世纪,当法学作为一门学科在挪威发展起来时,法律成为建立民族国家和推进一个小型的、非常平等的农村社会向现代社会转变的重要因素。[2] 法学院在1816年成为奥斯陆大学成立的第三个学院,其最初是为立志成为公职人员的学生进行培训的地方。这强调了法律是社会工程的一种工具。

"二战"后的几年里,即斯堪的纳维亚福利国家的建设年代,社会工程得到了强调。这也是斯堪的纳维亚现实主义主导斯堪的纳维亚法律理论的时期[3] 一种关于法律渊源的新观点出现了,它强调的是经验现实主义。法律方法的目标不应再是规范地管理法律推理,而是描述称职的法律从业者在处理法律问题时是如何行为的。法律能力的巅峰体现在最高法院的裁决中,它对所有法律从业者,无论是在法院还是在公共行政部门,都起着示范和指导作用。

丹麦人阿尔夫·罗斯(Alf Ross)对此给出了一个理论解释,他将法律定义为由国家力量保证实施的规范,而法院,尤其是最高法院,是法律的最终调解者。[4] 法学包括对法院在不同事项中如何进行裁决的预测,为了作出准确预测,人们必须研究和揭示"激励法官的意识形态"。做到这一点的方法是,对他们公布的裁决进行解读。挪威的方法则更为务实。最高法院的法官被普遍认为是具有极高能力和声望的法律决策者,这会使其他法律决策者模仿他们,以便尽可能专业地从事法律工作。理论和实务的方法都导向了对法院的关注,这在法院的社会意义不断下降以利于干预主义福利国家的管理的时候,是自相矛盾的。在法院的重要性下降之时,法律理论的重要性却在增加。

---

[1] See Dag Michalsen, *Norsk Rettstenkning etter* 1800, Pax Forlag, 2013, p. 53.

[2] See Dag Michalsen, *Norsk Rettstenkning etter* 1800, Pax Forlag, 2013, p. 24.

[3] 关于斯堪的纳维亚法律现实主义, see Kaarlo Tuori, Ratio & Voluntas, *The Tension Between Reason and Will in Law*, Routledge, 2011, p. 124 – 129。

[4] See Alf Ross, *Om Ret og Retfærdighed*, Nyt Nordisk Forlag Arnold Busck, 1971, p. 47.

## 三、法律渊源的现实主义方法——托尔斯泰 · 埃克霍夫

托尔斯泰 · 埃克霍夫(Torstein Eckhoff)在其 1971 年出版的《法律渊源理论》(*Rettskildelære*)一书中非常系统地表达了这种关于法律渊源的新观点。埃克霍夫是奥斯陆大学的教授,专门研究行政法和民事诉讼。他也是 20 世纪五六十年代在奥斯陆大学所建的法律与社会和法律环境社会学学科的领军人物之一。他深受丹麦法理学家阿尔夫 · 罗斯和美国法律现实主义者的影响。

埃克霍夫的研究旨在对"优秀的法律从业者如何处理法律问题"进行描述性说明。他还有一个规范性任务,即揭示法律从业者倾向于隐藏在法律形式主义背后的宽泛的自由裁量权,并主张更公开地使用实质论据来证明这种自由裁量权的结果是正当的。他的书从几个方面描述了一种法律渊源的新方法。[1] 他将法律渊源分成不同的法律要素,引入了新的概念和分析工具,并强调了自由裁量和实质论据在法律决策中的作用。

埃克霍夫将法律渊源分为一系列"要素",定义为与法律推理相关的论证类型。他列举了七种要素,包括立法、准备工作资料、法院判例、行政裁决、习惯、法律意见和实质论据。在立法方面,他认为包括议会制定的法规,以及政府和行政部门制定的行政规章。准备工作资料包括议会的提案和讨论,也包括由政府制作的和为政府制作的所有准备资料。最重要的准备资料是政府向议会提交的文件,其中包括新的立法提案以及提案的理由和背景。通过准备工作资料,行政部门及其法律专家对议会颁布的立法的后续解释和应用具有很大影响。这有利于使用具有宽泛自由裁量权的框架立法来监管经济,并根据公众的不同需求来提供福利服务。

在法院判例中,最高法院的判例最具重要性。这是因为最高法院倾向于参考自己以前的判决,并受自己判例法的约束行事。这并不像普通法系的"遵循先例"(stare decisis)原则那样,使他们的裁决对下级法院或行政部门的其他法律应用具有约束力。然而根据埃克霍夫的说法,下级法院的法官通常会遵循最

---

〔1〕 See Dag Michalsen, *Rettshistorisk Kritikk-Tolv Studier*, Dreyers forl, 2017, p. 72 – 114.

高法院的判例法以避免其裁决在上诉中被推翻。因此,实践结果会与依据正式的先例学说作出的结果相同。[1]

埃克霍夫还为分析法律决策引入了新概念。他区分了与法律渊源有关的要素和原则。对于法律渊源,原则指导不同要素的应用,例如,对法律解释采取以文本为中心的原则,以及从个案的法院判决中推断出一般规则的原则。他还分析了包括解决各要素间冲突的原则,如众所周知的上位法(lex superior)、下位法(lex posterior)和特别法(lex specialis)原则。在他对法律推理的描述性方法中,这些原则构成了一个规范性的组成部分,他将这些原则视为属于法律秩序的规范,与法律秩序的其他规范相同。然而,这些原则大多是习惯性的,只是作为例外情况以立法的形式表现出来。有些原则,例如上位法原则,其基础是宪法所表达的合法性原则。后来,随着加入《欧洲经济区协定》和《欧洲人权公约》,执行立法对国际规则可能与国家法规产生冲突的情况作出了规定,要求对国际规则的执行要优先于对国家法规的执行。

他还引入了一个新的术语来描述决策过程中对法律渊源原则的使用。这些原则将这一过程划分为确定某一要素与当前问题的相关性、应当从要素中得出何种推论以及基于不同要素的论据的权重。

埃克霍夫理论中最具创新性的部分或许是将实质论据作为法律的一个正式渊源。他强调,这一要素与其他要素不同,因为它在诸如议会投票、法律文本、法院裁决或可观察的习惯等制度性事实中没有直接依据。实质论据是指从正义的概念和目标或意图的实现中得出的论据。通常情况下,目标会在某项法案或法案的背景中说明,但也可以由法律决策者从不同的要素中推断出来。

将实质论据作为一个开放的类别纳入法律渊源,可以被视为是引入法律推理的特洛伊木马,为纯粹的主观主义和任意性铺平道路。埃克霍夫的回答是,决策者的自由裁量权范围在任何情况下都很宽泛,鼓励决策者公开展示自己的论据比强迫他们把这些论据伪装在看似形式化的论据后面更好。他还指出,在

---

〔1〕 关于英国和挪威法律中先例学说的全面比较,see Svein Eng, *The Doctrine of Precedent in English and Norwegian Law-Some Common and Specific Features*, Stockholm Institute for Scandianvian Law, 1993。

法律这样一个同质化的行业中,每个人在行使自由裁量权方面几乎没有差异。[1]

在埃克霍夫看来,法律解释和适用中的自由裁量权的范围是在几种情况下得出的。首先,法律渊源的原则就其性质而言对决策者只具有指导性而没有约束力。其次,确定一项法规或一个案件的实际含义通常需要决策者进行评估。在决定某个案件中的各种要素可以推断出哪些论据以及如何解决不同要素之间的冲突和矛盾问题时,也是如此。最后,"实质论据"要素允许引入有关正义或目标的广泛论据。埃克霍夫认为,法律决策者被正义和目标论据所引导,无论他们是否公开承认这一点。在这种方法中,来自美国法律现实主义的启发是显而易见的;应当注意的是,埃克霍夫是通过到美国访学(1947 ~ 1948 年)开启的学术生涯,并且他回到挪威后在 1953 年出版了一本关于美国现实主义的书。[2]

## 四、对埃克霍夫的接受与发展

《法律渊源理论》很快就被引入法学生的课程,甚至到今天,它仍然是奥斯陆法学课程的主要部分。该书的实证方法使其具有巨大的说服力。任何从规范角度提出的反驳都可以得到这样的回答:该理论不是规范性的,而是对法官实际工作的描述,那些想成为优秀法律从业者的人应该注意到这一点。这对学生、辩护人和法官都很有吸引力。学生们接受了关于该书主题的课程,并参加为期六小时的指定论文笔试,论文的主题包括"论法律解释"、"论挪威法律中的合法性原则"、"论先例"或"论要素间的协调"。

该书对挪威当前法律实践和法律修辞的影响不容小觑。将法律渊源作为一组要素来得出论据的方法仍然盛行,而"实质论据"要素作为法律推理的一个重要因素被法律从业者和学者所普遍接受。埃克霍夫的分类和术语被广泛应

〔1〕 其中的讨论, see Sverre Blandhol, De Beste Grunner-Reelle Hensyn i Juridisk Argumentasjon, Gyldendal akademisk, 2013, p. 59。

〔2〕 See Torstein Eckhoff, Rettsvesen og rettsvitenskap i USA, Akademisk forlag, 1953.

用于描述和分析法律推理。[1] 一些学术著作涉及如何解释实质理由及其在法律决策和推理中的功能问题。在后来的版本中,该书得到了更新,以反映国际法对于解决国内法问题的重要性。

挪威的法律教育在20世纪90年代进行了改革。改革之一是更加重视法律方法,并认为学生应该在学习的早期就接触到法律方法。为此,一些作者出版了针对一年级学生的关于法律渊源介绍的著作。法律方法论仍然被认为是对法律渊源的学习。这些介绍性著作的理论目标并没有超出以简化的方式向学生解释埃克霍夫理论的范畴。在这种转变中,教学微妙地转向了规范性,对法律渊源的解释从描述法院如何推理变成了对学生在进行考试和以后的职业生涯中处理法律业务时应该如何推理的规定。

可以说,埃克霍夫的方法在近两代人的法律方法教学中一直占据主导地位。然而,关于法律方法和法律渊源的理论讨论并没有以埃克霍夫为终点。关于法律决策的实证方法的一个合乎逻辑的发展是质疑最高法院在既定理论中的主导地位,并研究法律秩序中其他决策者的方法。在丹麦和挪威进行了几次这样的研究之后,丹麦教授和最高法院法官亨利克·扎赫勒(Henrik Zahle)于1986年提出了他的法律多中心理论。[2] 他的观点是,不同的决策者使用不同的要素进行运作,最重要的是以不同的原则从这些要素中得出论据,而法律秩序并不包含任何压倒性的规范来对它们进行选择。法律方法取决于你选择应用的制度中心,因此法律是多中心的。后来,他以一种更加理论化的方式发展了这一观点,将法律多元主义的见解纳入其中,并得出结论:"我们不能为法律是什么构建一个抽象的定义。该定义是结合法律概念的具体应用而得出的。这个定义在不同的秩序中可能是不同的,例如从公共秩序到私人秩序,从国家秩序到国际秩序,等等。"[3]

从20世纪90年代开始,理论界对埃克霍夫及其追随者所采用的法律方法

---

〔1〕 目前的例子参见前最高法院法官、现特罗姆瑟大学教授最近写的书,Jens Edvin A. Skoghøy, Rett og Rettsanvendelse, Universitetsforlaget, 2018。

〔2〕 See Henrik Zahle, Polycentri i Retskildelæren-Nogle Bemærkninger om Retskilder og Domstolskontrol, Festsskrift til Torstein Eckhoff, 1986, p. 752.

〔3〕 Henrik Zahle, The Polycentricity of Law or the Importance of Legal Pluralism for Legal Dogmatics, 1995, p. 185.

论的反对声音也越来越大。法律渊源理论的经验基础受到了质疑。克努特·伯格(Knut Bergo)在其 2000 年的一部重要著作中研究了最高法院在推理中应用准备工作资料的方式。以埃克霍夫更全面的方法为例,他研究了 1967 ~ 1999 年的 4 万页的法律报告。在此基础上,他可以得出结论,这一要素在数量上的重要性正在增加。他的分析使我们有可能对准备工作资料在法律推理中的功能进行更细致的描述。这也使伯格有可能得出这样的结论,即最高法院的做法促成了一种政治制度和法律秩序的扩张,这与三权分立的理想相去甚远,而使一个社团化、官僚化和干预化的国家具有了合法性。[1]

伯格的工作是通过挑战埃克霍夫和斯堪的纳维亚法律现实主义经验基础来批判其看似描述性的方法的规范基础。其他人也对规范性基础进行了批判,例如艾瑞克·弗里斯·费恩(Erik Friis Fæhn),他在其 2002 年的研究成果《没有义务服从》(*Ingen Plikt Til Lydighet*)中指出,现实主义方法与社会民主党在战后对斯堪的纳维亚政治的主导地位有关。在费恩的论述中,法律现实主义是建立在法律主体要对一个家长式的、干预性的、要求服从的国家负责的观念之上的。费恩的另一种方法是将个人自由作为法律方法论的起点。

社会民主主义和法律现实主义之间的关系也是斯维尔·布兰霍尔(Sverre Blandhol)在 1999 年研究丹麦现实主义学家阿尔夫·罗斯作品时的主题。[2] 沿着这些思路,值得注意的是斯堪的纳维亚现实主义方法与法哲学家大卫·迪岑豪斯(David Dyzenhaus)所说的南非上诉法院在种族隔离时期采用的"普通事实方法"具有相似性。[3] 人们可能会说,作为专制政权的压迫性工具的同类型的法律推理,在民主福利国家却作为解放资本主义的工具而发挥作用。

卑尔根大学学者们的成果显现出强烈的规范性转向。受哈贝马斯(Habermas)和卢曼(Luhmann)的影响,哲学家戴维·德布里特(David Doublet)和法学家扬·弗里德约夫·贝恩特(Jan Fridthjof Bernt)介绍了他们的法律方

---

〔1〕 Knut Bergo, Høyesteretts forarbeidsbruk, Cappelen, 2000, p. 27.

〔2〕 Sverre Blandhol, Juridisk Ideologi-Alf Ross' Kritikk av Naturretten, Jurist-og Økonomforbundets Forlag, 1999.

〔3〕 See Hans Petter Graver, *Judges Against Justice-On Judges When the Rule of Law is Under Attack*, Springer, 2015, p. 233 - 236.

法,其基础是法律决定和法律理由的合理性这一基本要求,并立足于更广的法律交流群体。[1] 他们对埃克霍夫提出的要素进行了分类,依据是该要素的合法性是否来自:(1)民主,特别是立法和其他基于政治制度的来源,如准备工作资料;(2)传统,如判例法和习惯;(3)理性,如法学研究和实质论据。民主、传统和理性为在法律决定中考虑各种要素提供了独立而不同的理由。

1999 年,私法教授尼尔斯 · 尼加德(Nils Nygaard)在其一本新的法律方法论教科书中采用了这一框架。[2] 除了采用规范性的视角之外,他的方法还以问题为导向。他的书试图规定法律决策者应该如何去解决法律问题,如合同或行政决定的有效性、责任和赔偿或合同终止等事项。为了获得这样的法律结果,必须有规定这些条件的法律规则。决策者所寻求的规定条件的规则是主要的法律依据。法律方法是指寻找或构建这样的主要法律依据,或者决定没有这样的主要法律依据可用。埃克霍夫所列举的所有要素都可能构成某一法律问题的主要法律依据,而且这些要素可以为主要法律依据的建构和解构提供论据。与埃克霍夫理论的主要区别在于,尼加德将法律决策者描绘成问题的解决者,而他的理论是如何以正确的方法展开这项活动。法律是关于应用法律规则的,因此方法论在规定"应用法律"的正确方式方面具有明确的规范性。尼加德的书如今成了卑尔根大学和特罗姆瑟大学法学院课程的基础。

与埃克霍夫的现实主义方法不同的另一种选择是从亚里士多德(Aristotle)、西塞罗(Cicero)和昆体良(Quintilian)发展的古典修辞学的角度来看待法律决策者的活动。基于亚里士多德的说法,修辞是在任何情况下看到说服的可能性,该选择试图从古典修辞学的原旨中为法律知识构建一个新的认识论。[3] 法律是在社会互动背景下被不断创造和再创造出来的。法律不仅是法律从业者们可能视为理所当然的东西,还是他们负有共同责任去持续生产和再生产的事物。法律从业者们通过结束讨论来解决问题。其结果并不是可以被

---

〔1〕 See David Doublet & Jan Fridthjof Bernt, Retten og Vitenskapen-En Introduksjon til Rettsvitenskapens Vitenskapsfilosofi, Alma Mater,1992.

〔2〕 See Nils Nygaard, *Rettsgrunnlag og Standpunkt*, Universitetsforlaget,1999.

〔3〕 See Hans Petter Graver, Juridisk Overtalelseskunst, Fagbokforlaget, 2008; see also idem, Sense and Sensibility-Classic Rhetoric as a Model for Modern Legal Thinking, Scandinavian Studies in Law 53, 2008, p. 231 – 258.

纳入该领域专业知识的知识,而是在下次讨论时可能影响考量的例子。立法更是如此,它不像在更纯粹的技术领域解决问题那样解决法律问题。与传统的法律方法相比,视角从面向个人转变为面向社会,从作为获得洞察力和达成立场方法的法律转向作为修辞的法律。这使得我们有必要在分析法律推理时使用诸如“习惯”(habitus)和“共识”(doxa)这样的术语,以对制定特定法律秩序的法律共同体所共有的处置和默示推定的制度要素展开研究。[1]

在过去 10 年中,法律方法论最重要的变化也许是通过采用欧盟法律和加入《欧洲人权公约》而受到国际视角的影响。这些事件不仅引入了大量源于国家背景以外的法律资料制作者的法律渊源,而且引入了基于欧洲法院、欧洲人权法院和欧洲自由贸易联盟法院判例的法律思维的新视角。与挪威既定的法律方法的主要区别之一是在法律推理中强调基本权利和法律原则。根据现实主义者的方法,权利和原则被视为法律推理的产物,而不是支配法律决策的事物。因此,在法学生的法律方法论课程中没有任何涉及权利概念以及法律原则的内容和功能的理论探讨。

如今,我们不可避免地会注意到权利和原则在构建法律论证和法律推理中的地位。因此,许多学者不再坚持纯粹的现实主义方法,他们开始对法律推理和法律方法论采取规范的方法。修辞学方法也许是唯一保留现实主义者的描述态度的方法。

## 五、实践与理论的区别

法律科学(Rettsvitenskap),在埃克霍夫的书中差不多被定义为法教义学。其任务是在公认的法律渊源基础上对法律规范进行描述和系统化。这种方法论几乎被认为与法官的方法相同,唯一的区别是法律理论将其应用于一般情况,不受法官必须遵守的条件的限制。这也是一个法律学说以国家为导向的时

[1] See Hans Petter Graver, Judicial Independence Under Authoritarian Rule: An Institutional Approach to the Legal Tradition of the West, Hague Journal on the Rule of Law 10, 2018, p. 317 – 339.

代,很少参考挪威以外的资料和文献。[1]

## 六、当前方法

今天的情况是,仍然有两个不同的思想流派主导着法律方法论的教学,一个以埃克霍夫的经典著作为基础,另一个则基于尼加德的经典著作。这两者都处于挪威法律思想强烈的现实主义传统之中,并强调赋予法律决策者的自由裁量权的范围。虽然最初其因不同的经验性和规范性方法而有所区别,但今天大多数埃克霍夫的追随者都持规范性观点。因此,这两个思想流派间的差异决不能被夸大。这两本书都没有充分考虑到欧洲规范和法院对法律方法论的深远影响。不过,学生在宪法、人权法和欧洲法的科目中会接触到这一点。久而久之,意识到这一点的学术文章被引入挪威全部三个法学院的法律方法论课程中。奥斯陆大学的学生也通过其学校的埃里克·博伊(Erik Boe)教授所撰写的一本关于法律方法论的书,了解到过去几十年发生的关于法律方法论的论辩。[2]

在法学生的教学中,对法律方法的采用比以前更广泛了。所有院系在第一年都有必修课,然后在第三年再次开设。在第三年,法律方法仍然作为法律渊源的理论被重点教授。第一年的教学范围更广,方法更实用。

大学伊始,挪威所有的传统性大学都要求学生完成一个涵盖哲学史、哲学科学、论证和伦理学学习的学期。其中一半课程是由哲学系组织的,另一半课程是由各院系自己组织的。在奥斯陆大学,一般是在第二学年向学生教授法哲学的基础知识。在卑尔根大学,学生在第一学年初就开始学习这些课程。法学院负责的部分是基本的法律技能和知识。学生们学习什么是法律规则,以及规则是如何被制定和修改的。他们还学习法律规则的社会功能以及立法机构试图通过立法寻求什么。他们熟悉中央法律机构(立法、行政和司法部门)、它们之间的关系,以及国家法律机构和国际法律机构之间的关系。他们被教授"法

〔1〕 See Hans Petter Graver, *The Approach to European Law in Norwegian Legal Doctrine*, Arena, 2004, p. 11 – 26.

〔2〕 See Erik Boe, Rettskildelære under Debatt, Universitetsforlaget, 2012.

治”的概念,法律秩序和国家必须满足哪些条件才能实现法治,以及法治对法律职业和不同法律角色的期望。他们还熟悉了“合法性”和“合理性”的概念,以及法律秩序的合法性含义。在第一年的后半阶段,他们将对法律渊源理论进行学习。

在奥斯陆大学,第一周是围绕一个名为“漫步法律渊源”(A Walk through Legal Sources)的课程进行的。学生们被分成几个小组,每天与一位经验丰富的老师进行讨论。他们会得到一个案例,其中包含了对不同法律问题的叙述。他们每天以法律渊源中的不同要素为出发点来解决这些问题。第一天,他们纯粹依据自己的正义感来解决这些问题。第二天,他们被要求通过查阅法律书籍来寻找可能与案件相关的条款以做准备。第三天,他们会阅读几个法庭案例,并以此作为讨论的基础。第四天,他们会阅读法律教科书。最后,就案件中所涉及的法律问题展开一次全体会议。这一周的目的是让学生熟悉不同的法律渊源,看看可以从中得出什么论据,并发现问题的性质是如何随着不同法律要素的引入而发生变化的。在一年级的第二学期,他们会阅读关于介绍法律渊源的书籍。此外,他们还会阅读一些由最高法院法官们撰写的描述最高法院工作开展和判决书制作情况的论文。

法律伦理是所有学院课程的一部分。在特罗姆瑟大学和奥斯陆大学,伦理学是法律方法高级课程的一部分;在卑尔根大学,它是一门单独的课程。将伦理学纳入法律方法课程的目的是要超越职业行为规范,以进入法律、权威与个人责任之间的关系。在维护特定社会的法律和规范时,这种关系总是很重要的。20 世纪和 21 世纪律师和法官的经验告诉我们,伦理的含义不仅仅意味着遵守职业行为规范。

## 七、未来展望

在过去的几十年里,法律经历了深刻的变化。在 2012 年由德国大众基金会主办的法律教育研讨会上,联邦宪法法院院长安德烈亚斯 · 沃斯库勒

(Andreas Voßkuhle)表示,德国的法律教育需要改革。[1] 他认为,由于德国法律教育的不足,德国在影响欧洲法律发展方面较英国和法国的处境而言更为艰难。沃斯库勒呼吁更加重视基础学科和理论。在这一点上,沃斯库勒指出,改革的需求不仅仅是在德国,在这样一个日益全球化的社会中,这种需求与法律和法律从业者的目标及功能的变化息息相关。变化的不仅是对法律本身的认知,还有法学毕业生所面临的要求和挑战,以及对当今高等教育应该为学生提供什么的期望。

在20世纪后半叶,雄心勃勃的福利国家遭遇了表现为经济危机、失业、环境挑战等形式的效率问题。全球化导致国家以外的机构颁布了声称具有法律效力的规范,有时还声称其优位于国家法。与此同时,还出现了私有化的趋势,市场和公民社会都对国家决定行动和优先事项的权利提出了挑战。国际贸易使国际商法、合同法的一般原则和国家法管辖范围之外的国际仲裁变得愈加重要。所有这些趋势都使将法律视为完全基于国家机构颁布和应用的积极法律规范的说法变得不那么合理。机构设置和国家措施的效率不再足以作为政府行为合法性的理由。

制定法及其法律渊源的研究对法律教育而言仍然很重要,并且依旧是其主要部分。但法律的概念发生了变化。一些规范,如基本人权,被认为具有普遍性,其有效性与特定国家立法机构颁布与否无关。私人领域要求从国家干预中获得自主权,而这种自主权也构成了对法律规范的限制。公共机构必须证明其计划和行动的合法性,不仅要通过效率,还要通过论证以表明是合情合理的。

所有这些都会对未来法律从业者的教育产生影响。法律秩序合理性的基础不再是系统化和形式化的,而是基于价值观和论据。法学生必须学习如何在不同的国家和国际背景下识别支撑法律规范的基本价值,以及如何通过这些价值和规范得出令人信服的论据。这需要研究与制定国家法律的政府机构的目标和观点不同的主题。不同的法律机构,如国家法院和国际法院,以不同的方式进行论证,并以不同的价值观和目的为基础。越来越多的学生不仅要学习法

[1] See Reported by Felix Lange, Wo Bleibt Die Rechtspolitik? Frankfurter Allgemeine Zeitung, 5 April 2012, p.7.

律的内容,还要学习法律在不同关系中的限制。

伦理和道德对于法律专业人士来说变得愈加重要。当今的欧洲社会比二三十年前更加多样化。仅依靠共同的社会历史和价值观以及更加同质化的人口之间的默契规范和理解已经不能满足需要。如今,存在相互竞争的价值体系、宗教和习俗。必须在各种价值和道德之间作出选择,这些价值和道德对一些人来说是显而易见的,而对另一些人来说则是陌生的。这种情况也要求个人作出负责任的选择,因为来自社会规范的指导和约束已经减弱了。

信息社会的发展以及有可能取代许多传统法律工作的信息技术将对法官和律师的工作造成极大影响。法律工作已经在很大程度上实现了自动化。在美国,法官使用算法来计算被定罪人的刑罚。个人数据的敏感性会影响保存之前案件和裁决记录的可能性。

在国际大环境中跨越不同司法辖区经营的公司和行为的个人不能再单纯依靠遵守法律来避免苛待。许多国家缺乏运行良好的法律机构。在深陷腐败或机构运转薄弱的国家开展业务,自我要求往往必须严于有关当局的规范要求。法律顾问必须接受培训,以了解在这种环境下向在国外有企业经营的母国公司和公共机构提供建议时应如何进行推理。

与二三十年前相比,当今的年轻毕业生所面临的挑战与可能性要更具多样化。几十年前,接受法律教育意味着选择在自己的国家执业。今天,法律学位使人有资格在国际上执业。而国家秩序之外的法律知识对于选择在本国执业的法律从业者而言也越来越重要。当然,这也给法律教育带来了新的挑战,其课程必须纳入国际法律规范和思维模式对国家法和社会的考量和影响的内容。

全球化和私有化也改变了法律在社会中的形式和功能。像提供能源、通信和福利,在以前属于政府的特殊部门业务,现在都已经自由化了。法律被用来建立市场、维护市场和监管市场。以前由政府内部处理的冲突现在必须通过法律手段解决。这既导致了政治的法律化,也导致了法律的政治化。如今的法律从业者必须比过去的法律从业者对法律、政治和社会之间的关系有更深入的理解。

所有这些发展都指明了改革的方向。当然,对制定法的掌握仍然很重要,对制定法的深入研究是获得法律技能的一个重要途径。但是,除了制定法的知识之外,法学生还必须对重要部门的法律结构进行深入了解,如宪法和行政法、合同和侵权法、刑法、诉讼法和家庭法。制定的规则会随着时间和管辖权的变化而变化,但了解不同法律部门的结构、概念和目标的法律从业者可以把握这些变化。

如何以令人信服的方式对法律进行推理,正变得更具挑战性和重要性。它变得更具挑战性,是因为哪怕是在本国范围内进行论证,法律也必须在不同的环境中,对具有不同知识、传统和价值观的受众进行论证。它变得更加重要是因为有更多的问题有待商榷。这意味着法律话语以及话语分析必须成为法学院课程的重要内容。法学院的跨学科研究历来都是面向社会科学的。现在,像语言学、修辞学和与文化研究相关的人文学科,以及信息学和可能来自自然科学的其他领域的学科,都必须被纳入。未来,一个只知道法律方法的法律从业者将被边缘化。但一个对法律方法缺乏深刻认知的法律从业者将被淘汰。这的确是一个令人生畏的观点。

# 论文

# 民事诉讼电子数据交换模式初探

王晓华[*] 姚思捷[**]

**内容摘要**：电子数据的系统性和海量性特征给传统的民事诉讼证据交换模式带来了挑战，尤其是在交换范围和交换形式这两方面。适用于其他类别证据的交换模式已经无法契合电子数据的特点，不能有效完成庭前证据交换的任务，因此需要探索并构建专属于该类证据的交换模式。借鉴美国的立法和司法经验，同时考虑到电子数据的系统性、海量性等特征和证据交换这一制度设立的目的，海量电子数据的交换范围和交换形式的确定应遵循系统性原则、透明性原则、比例原则及最佳性原则。

**关键词**：电子数据　证据交换　交换范围　交换形式

## 一、电子数据特征对证据交换模式提出新要求

随着数字化及互联网浪潮的来临，大量信息以电子数据的形式生成、存储、交换，电子数据已经渗透到我们日常生活的方方面面。在诉讼中，无论是从证据数量还是从证明价值来讲，电子数据的地位都越来越重要，除了常见的电子化文档之外，程序代码、数据库信息[1]等也逐步踏入了司法活动的舞台。随着电子数据的使用越来越广泛，传统证据规则的局限性逐渐显现。

电子数据存在不同于传统证据的特征，这些特征都会对司法人员使用电子

* 华东政法大学刑事法学院讲师，法学博士。

** 华东政法大学硕士研究生。

〔1〕 叶经生等组织、领导传销活动案，载《最高人民检察院公报》2018 年第 5 期。本案证据中的网络数据库显示了会员加入时间、缴纳费用数额、会员之间的推荐（发展）关系、获利数额等信息。

数据提出新要求;司法人员对电子数据的取证、存证和认证需要更多地借助科技手段,这种科技手段对证据审查会产生怎样的影响?对电子数据信息稳定性的判断也不如传统的实物证据那么直观,到底应该如何理解和判断电子数据信息的真实性?涉及互联网和大数据类的案件中的电子数据往往还存在海量性的特点,对海量的证据使用怎样的手段才能保证取证完整性与诉讼效率之间的平衡?这些特点都对我们诉讼中的证据审查规则提出了新的要求。在众多诉讼规则中,民事证据交换规则的更新是首先需要解决的问题。诉讼当事人只有完整、有效地与对方交换证据才能为实质的诉讼对抗提供基础性保障。电子数据应当以什么形式交换?交换些什么?现有的证据交换模式存在哪些局限性?这些问题都值得我们探讨。

我国在设置了互联网法院以后出台了一些关于在线方式的证据交换的规则,《最高人民法院关于互联网法院审理案件若干问题的规定》对当事人在诉讼平台导入在线数据及转化线下证据的方式进行了规范。在2020年新冠疫情防治的大背景下,最高人民法院于2021年6月16日公布了《人民法院在线诉讼规则》,其中也规定了在线证据交换的相关内容——当事人可以以同步或非同步的方式在线交换证据。但上述规定并非专为电子数据设计的,扫描、翻拍、转录等方式与传统的交换模式没有实质上的区别,仍然可能引发诸如以何种格式上传证据、上传哪些证据等争议,这种在线证据交换模式只是将传统模式搬到了线上而已,并未考虑到电子数据的特征,我国实际上还没有为电子数据量身定做的证据交换规则,如何保证当事人和律师在有限的诉讼准备时间及有限的探明电子数据真实性的能力下充分攻击和防御是急需解决的问题。

### (一)交换规则应体现电子数据的系统性和完整性

一般认为,电子数据具有易篡改性,这种证据似乎天生就不太稳定,但随着电脑操作系统、开源软件社区的日臻成熟,电子数据所蕴含的信息不仅仅是其外在表现出来的那些形式,其本身具有较强的系统性,有学者将电子数据的系统性分解为由数据电文证据、附属信息证据、关联痕迹数据构成的"三位一体"的整体,这样的系统性反而使电子数据具有稳定性的特征,对其造假是更容易被发现的。[1] 相应地,电子数据的系统性也对该类证据的展示形式提出了新的要求。在交换证据、举证的过程中,当事人需要提供哪些证据信息才算提供了完整的证据?比如,在一起涉及软件著作权侵权认定的案件中,原告主张被告模仿其取得著作权的驾考软件,构成盗版侵权行为,但原告仅提供了软件的界面、内容和使用过程的录像,录像也仅仅展现了涉嫌侵权软件的外观界面,两款软件的核心代码及相关的数据信息无法体现,法院无法认定被告实施了侵权行为。[2] 仅凭可被人们直接观察到的信息不足以发挥电子数据的证明功能。电子数据生成时间、修改时间、最后保存时间、计算机身份等环境信息对于确定证据的真实性和完整性有着重要的意义;相似的软件在执行类似功能时可能使用的是不同的算法,提供软件代码对于判断是否存在侵权也有很大的价值。电子数据的证据交换规则需要体现这种系统性和完整性,现有的证据交换规则还不足以保障电子数据交换时体现上述特点。

在现有证据交换模式下,电子数据一般仍然以书面形式进行,证据原件由法院保管或者经法院核对后返还当事人,交换证据的主要载体是复印件或复制件,"现阶段绝大多数电子证据是以打印件、复印件、网页截屏、拍屏照片、拷贝、抄写件、笔录、公证书、刻盘、网页快照等方式提交的"[3]。这种交换模式只能触及电子数据的表面信息而无法体现其附属信息、痕迹信息等内容,双方交换的往往只是露在水面上的冰山一角而已。但附属信息和痕迹信息通常以二进制或十六进制的形式存在,即使能够直接提取,也存在信息解读以及其与表面证据信息相匹配的问题。这要求电子数据交换规则能够保证双方交换的证据直观和准确。

(二)交换规则应规范电子数据海量信息的提取

在"互联网+"时代,大数据的使用越来越频繁,案件中证据的海量性已经成为一个不可避免的问题。大数据是指无法在一定时间内用常规机器和软硬

---

〔1〕 参见刘品新:《电子证据的基础理论》,载《国家检察官学院学报》2017 年第 1 期。

〔2〕 重庆灏源科技信息有限公司与龚俊源特许经营合同纠纷案,重庆市第二中级人民法院民事判决书,(2019)渝 02 民初 2634 号。

〔3〕 刘品新:《论电子证据的理性真实观》,载《法商研究》2018 年第 4 期。

件工具对其进行感知、获取、管理、处理和服务的数据集合。[1] 这个概念直接显示出人力在大数据面前的渺小。在 e 租宝案件的侦查过程中,侦查人员提取了包括 e 租宝及芝麻金融数据、集团 OA 系统中关于会议、财务、合同的数据,涉案人员的手机数据等在内的 30TB 左右的数据。[2] 1TB 的数据相当于 5 万棵树所制造的纸张记载的文字量,30TB 的数据相当于纯文本的莎士比亚全集信息量的 600 余万倍。[3] 这么大的数据量无论是在哪种诉讼中,都是司法活动所面临的巨大挑战,我们在将这些证据提交法庭以前,势必需要对其进行整理、归纳或统计,这种整理出来的证据与最佳证据的矛盾如何解决？在民事证据交换过程中,应该提供海量的原始证据还是提供整理过的数据,这是个问题。

此外,海量证据的交换形式也是个大问题。如果以传统的打印件形式交换,上述 e 租宝案件中 30TB 的数据需要多少页纸来承载,律师又需要花费多少时间完成审查？当今的证据开示请求所需的纸张比 10 年前所需的纸张多 1 万倍,如果将 1TB 大小的硬盘中的信息打印出来,可能会淹没一个棒球场。[4] 当证据以海量数据的形式呈现时,当事人和律师显然需要借助技术手段完成证据交换,而不是被淹没在成山的打印件中。当然,我们也可以通过硬盘对拷的方式直接将数据载体复制一份交换给对方当事人,但这里又存在数据一致性的问题:任何一方的硬盘数据都有被篡改的可能,当法庭上双方当事人提出的证据不同时,法官如何判断谁动了手脚？

在这方面,美国作为互联网的诞生地,更早地在证据开示中遇到电子数据的问题,并在立法和判例中总结、发展出了一套针对电子数据交换的规则,这些经验值得我们参考和借鉴。

---

〔1〕 参见李国杰、程学旗:《大数据研究:未来科技及经济社会发展的重大战略领域——大数据的研究现状与科学思考》,载《中国科学院院刊》2012 年第 6 期。

〔2〕 参见刘品新:《论大数据证据》,载《环球法律评论》2019 年第 1 期。

〔3〕 参见何宗武:《大数据决策分析盲点大突破:我分类故我在》,台北,五南图书出版股份有限公司 2018 年版,第 25 页。

〔4〕 See J. C. Gilliland & T. J. Kelley, *Modern Issues in E-Discovery*, in Creighton Law Review, 42 (2008), p. 505.

## 二、美国民事诉讼的电子数据交换立法与实践

在1970年《美国联邦民事诉讼规则》中就将电子数据纳入证据开示的范围。最早电子数据被称为“数据汇编”(data compilations),与书证、物证并列。到了2006年,数据汇编被“电子存储信息”(Electronically Stored Information,ESI)所替代。为表述方便,下文均称为电子数据或ESI。

围绕《美国联邦民事诉讼规则》及相关判例所形成的电子数据交换体系与传统证据交换规则相比最大的区别在于交换的范围及形式。致力于反垄断法、复杂诉讼、知识产权、数据安全和隐私法等领域的法律和政策研究的塞多纳会议也在这两个方面提供了重要的参考。其中专门研究电子存储信息的工作组制定的《塞多纳原则》的第一份草案,就作为修订《美国联邦民事诉讼规则》的理由之一被采纳,推动了美国相关立法及司法实践。

美国引入证据开示制度,最主要的目的是避免证据突袭,是民事诉讼在当事人主义下追求公正的体现。在当事人主义诉讼模式下,双方当事人都被假设为理性人——在其生活目的、满足方面是一个理性最大化者。[1] 足够理性的当事人及其律师应当清楚己方对证据的需求程度,也更关心交换的成本耗费,他们比任何案外人都想在节约成本的同时进行“有效”交换。因此由当事人根据自身需求,双方协商就范围、形式等事项达成开示计划的确是最有效率的方案。

但美国的经验教训也显现了任由当事人主导开示程序的弊端:部分律师为了用高昂的开示费用拖垮对方而滥用开示程序,使诉讼耗时延长、成本激增,甚至导致谁享有更多资源谁就获得诉讼胜利的结果,这似乎与开示程序追求正义的初衷背道而驰。“由于律师利用发现程序调查和收集证据的权利过大,而法院对发现程序的管理和监督缺位,从而导致了20世纪70年代滥用发现程序的现象相当严重。这是美国民事诉讼审前程序改革的主要原因。”[2] 因此,美国

---

〔1〕 参见[美]理查德·A. 波斯纳:《法律的经济分析》(上),蒋兆康译,中国大百科全书出版社1997年版,第3~4页。

〔2〕 吴如巧:《美国联邦民事诉讼规则的新发展》,中国政法大学出版社2013年版,第38页。

不得不通过法官的干预消减以上弊端:从让尽可能多的证据进入开示程序,到通过缩小开示范围、限制开示次数、赋予法官制裁权等手段防止开示程序的滥用。电子数据的出现更是加剧了上述危险——专业的设备、程序、人员等都暗示这将是一场以资源取胜的战争。由此,针对电子数据,我们需要关注的是当当事人合意机制失灵时,法官依何判断当事人的开示请求以及针对开示请求的异议是否有合理依据。

(一)电子数据交换的范围——关联性与成本的考虑

关联性是美国证据可采性的重要前提,只有具有关联性的证据才属于交换的范围。可开示的前提必须是当事人不享有特权的证据,且证据与任何一方的主张、抗辩或案件的任何方面相关。[1] 开示方如果提交大量无关联性的电子数据,对方当事人必定会因为无法承受过多的审查成本而提出异议,法官此时该如何应对?

对于文书类证据,关联性的审查往往是由律师助理人工完成的,然而海量化的电子数据对该方式提出了挑战。在面对数以百万甚至千万计的电子数据时,律师助理的人工筛选显然已经不可能胜任,利用技术工具是必然的趋势。

关键词检索一度是筛选相关信息的首选方式,然而本质上,它只是人工检索的一种延伸而已,关键词的选择在很大程度上会影响结果的准确性,要求律师熟知案件涉及的各领域的专业术语是不可能的。而且,音频、视频、图像等非文本文件自然被排除在关键词检索的大门之外。相较之下,借助算法进行数据分析能在较短时间内实现海量数据较高精度的筛选。具有深度学习能力的算法能够突破关键词筛选的格式局限性——"深度学习的目的是通过构建一个多层网络,在此网络上计算机自动学习并得到数据隐含在内部的关系,提取出更高维、更抽象的数据,使学习到的特征更具有表达力"[2]。深度学习已经广泛应用于图像、语音、文本领域,这就使各种格式的文件都有了被识别、分析的可能。美国纽约南区地方法院对通过计算机软件筛选可开示证据的做法就采取

---

〔1〕 See Federal Rules of Civil Procedure § 26.

〔2〕 郑远攀、李广阳、李晔:《深度学习在图像识别中的应用研究综述》,载《计算机工程与应用》2019 年第 12 期。

了逐渐接受的态度:2012 年的 Da Silva Moore v. Publicis Groupe[1]案中,法官认为在合适的案件中,基于双方许可,为了证据开示查找 ESI 而使用计算机辅助工具是被允许的。该法官意见承认了在特定情况下,计算机辅助审查(Technology-assisted Review,TAR)是搜索具有相关性的 ESI 的可行方法。计算机辅助审查是使用计算机系统对一组文档进行排序或编码的过程,它利用专家对一组数量较小的文档形成的人工判断,将这些判断推广到其余的文档集中。一些 TAR 方法使用机器学习算法,以专家的判断作为训练示例,来区分具有关联性和不具关联性的文档,而其他 TAR 方法则推导出模拟专家决策过程的系统规则。TAR 过程通常包含统计模型和采样技术来指导判断过程并测试系统的有效性。[2] 本案中 TAR 的运作模式是通过预先提供给它的 2399 份文件学习哪些文件是相关的,哪些是不相关的,接着再进行 7 轮的迭代学习,每一轮审查至少 500 份来自不同概念集群的文档。通过检查计算机是否筛选出新的相关文档,确定它是否能够稳定地进行相关性筛选。

2015 年的 Rio Tinto PLC v. Vale S. A.[3]案中,法院提出在使用 TAR 方式时,诉讼各方在算法学习阶段需要有多大程度的透明性和合作是一个悬而未决的问题。在透明性方面,Da Silva Moore 案中,开示方主动将除有免证特权外的帮助算法进行学习的"种子集"文件悉数提供给要求开示方,从而完成了这一透明化的过程。在合作性方面,由于该技术并未广泛、普遍运用,开示方拒绝使用不构成不合理的程度,因此,虽然法院鼓励并支持使用此方法审查证据的关联性,但仍然需要双方当事人的共同认可。尽管还处在起步阶段,在处理海量数据时,计算机辅助审查的使用已经成为大趋势,相较于关键词筛选,具有深度学习能力的算法更为灵活,它不局限于对某一用词的搜索,而是利用样本分析、提炼得出符合关联性条件的电子数据的共同点。且部分算法能在学习过程中不断修正自身,从而达到更高的精准度。使用这种方法可以在一定程度上降低电

---

〔1〕 See Da Silva Moore v. Publicis Groupe, 287 F. R. D. 182(2012).

〔2〕 See Carroll L., *The Grossman-cormack Glossary of Technology-assisted Review*, in Federal Courts Law Review, 7(2013), p. 1. Technology-assisted review, computer-assisted review, computer-aided review, predictive coding, content-based advanced analytics 含义相同,本文译为计算机辅助审查。

〔3〕 See Rio Tinto PLC v. Vale S. A., 306 F. R. D. 125(2015).

子数据交换的成本,随着计算机辅助审查的广泛应用,也能在确保透明性的前提下得到对方当事人的认可。自 2015 年的判例后,计算机辅助审查已经在全球范围内被司法接纳,[1] 在可见的未来,这一审查方式或将成为当事人的首选,其普遍程度能够达到当事人若拒绝使用就需说明理由的地步。

《美国联邦民事诉讼规则》第 26(b)条对审前开示的范围作了笼统的限定:应当考虑争议在案件中的重要性、争议的大小、当事人对相关信息的相对可获得性、当事人的资源、开示对解决争议有多大的作用、开示的成本和负担是否会超过其带来的收益,综合衡量以上所有因素才能够确定证据开示的范围。也就是说,个案中的开示范围很可能是不同的,具体的标准和范围交由主持证据开示的法官自由裁量。同时,2006 年的修正案增加了关于 ESI 开示的特殊限制:第 26(b)(2)(B)条是专门限制 ESI 的开示范围的条款,它规定由于负担过重或费用过高而不能合理获得的 ESI 可以不必开示,但本应开示的当事人必须承担举证责任。且如果请求方提出充分理由,法院仍有可能命令通过该来源提供信息。[2] 虽然一般的证据开示规则已经有关于成本的控制条文,但立法者仍然为 ESI 单独增加这一条规定,由此可知立法原意应当是要对 ESI 的开示范围采取严格于一般证据的限制。这主要是由电子数据处理过程的高度专业化、复杂化决定的,完成一次不加限制的开示,花费成本十分高昂——除去电子数据本身的体量巨大,为获取和使用有用信息时必要的数据恢复、排序编码、搜索定位、格式转化等工作更造成了成本的指数性上升,开示过程往往也需要聘用专业人员提供技术支持。出身于哈佛大学法学院的教授兼美国最高法院大法官斯蒂芬 · 布雷耶(Stephen Breyer)在听到律师们在电子数据开示上花费的巨大成本后,指出这可能会造成法院仅向那些拥有金钱和工具的人开放的困境。[3] 可见将成本作为控制开示范围的因素之一在《美国联邦民事诉讼规则》修正案中体现是确有其原因的。

---

〔1〕 See Hyles v. New York City, WL 4077114(2016).

〔2〕 See Federal Rules of Civil Procedure § 26.

〔3〕 See John Bace, *Cost of E-Discovery Threatens to Skew Justice System*, Gartner RAS Core Research Note G00148170, 2007, p. 1 – 3.

2010 年的 Ruggles v. Wellpoint 案[1]是法院如何根据《美国联邦民事诉讼规则》第 26 条关于成本的规定具体判断开示范围的典型。该案中,322 名员工对 Wellpoint 公司提起关于该公司不支付加班工资的劳动争议集体诉讼。原告方提出的开示范围时间跨度长达 3 年:包括通过被告的电子邮件或计算机系统发送给原告或从原告发出的所有 PST 格式或其他原格式的电子邮件或其他电子信息和护士记录的电子数据。在双方无法就开示范围达成一致的情况下,被告公司就电子邮件、传真、语音邮件和电话录音、护士记录等数据类型分别选取一定的员工数量进行采样测试,再估算完成 322 名员工相关数据的开示所花费的成本,法院据此判断成本和负担是否过大再确定开示范围,从而严格控制电子数据的开示成本。该案中,衡量成本的具体因素包括数据的存储地点和方式(一些数据分布在多个数据库中)、数据是否可搜索、搜索花费的时间、数据的体量等。其中,由于对语音记录的筛选只能借助人工审查,衡量开示成本及开示带来的收益时,法院倾向于更严格地限制这种数据的开示范围,且将时间范围限于 30 日内。

当事人完成电子数据开示所花费的成本可能远高于一般文书的开示,法院需要衡量的因素也更加多元和复杂,绝不能因为某一方当事人资金雄厚、资源丰富就无限制地扩大开示范围,给开示方增加不必要的负担,加剧请求方审查证据的难度,同时也会拖延诉讼周期,不利于争议的及时解决,与《美国联邦民事诉讼规则》第 1 条确定的快速、节约成本的目标相背离。

(二)电子数据交换的形式——通常保存与合理使用

以何种形式交换电子数据不仅与电子数据的鉴真和质证有很大的关联,适当的形式还有利于当事人对证据的高效运用。传统证据的交换主要以交换复制件为主,展示原件为辅。书证、物证的复制件在不被篡改的情况下不会产生证据信息减损的结果。但电子数据从一种格式转化为另一种格式时,可能会丢失部分隐藏信息,产生信息量减损的后果,因此电子数据的系统性特征要求其交换方式能够在最大限度上呈现完整的或者必要的信息。

美国的民事诉讼立法体现了对电子数据交换形式的原则性要求。《美国联

---

[1] See Ruggles v. Wellpoint, Inc., WL 11570681(2010).

邦民事诉讼规则》第 34(b)(1)(C)条规定,开示的请求“可以”指定 ESI 开示的一种或多种形式。第 34(b)(2)(E)条规定,如果请求方未指定开示 ESI 的形式,则开示方必须以该信息的通常保存形式或能够合理使用的形式来出示。开示方不需要以一种以上的形式提供相同的电子储存信息。同时,第 34(a)(1)条又要求开示方允许请求方能对其开示的证据进行检查、复制、测试或取样,这实际上又对开示的形式进行了限定。[1] 总结上述立法,当双方当事人无法就电子数据的开示形式达成一致时,开示方必须满足“通常保存形式或能够合理使用的形式”的要求,而在实践中对这一要求的理解需要我们通过具体案例来构建。

在 Bray & Gillespie Mgmt. LLC v. Lexington Ins. Co. 案[2]中,法院认为被请求方 B&G 公司在日常的经营和管理中以电子形式存储请求方要求的证据,因此,B&G 以完成证据开示为唯一目的转化而成的 TIFF 格式的电子数据不符合“通常保存形式”的要求。同时,如果开示方选择以“能够合理使用的形式”开示,也不意味着其可以自由转换电子数据的格式来给请求方更大的审查困难和负担。在该案中,开示方 B&G 公司在通常的业务活动中就是以可搜索的格式存储电子数据,那么他就不得将这些数据转化为消除或减损可搜索性这一重要特征的静态格式,否则就不能被认为是“能够合理使用的形式”。因此,电子数据的原始格式是法院判断开示形式是否满足《美国联邦民事诉讼规则》的重要依据,美国的做法是尽可能地保留电子数据的重要特征,如可复制性、可检索性等。

除此之外,电子数据开示的形式是否应当体现元数据也是美国司法实践中一个争议极大的问题。在得克萨斯州最高法院审理的 In re State Farm Lloyds 案[3]中,主要争议点在于,请求开示方要求电子数据以原格式的形式开示是否合理?被请求方可搜索的但是静态的 PDF、TIFF 以及 JPEG 格式完成了 ESI 的披露。与原格式相比,这些静态格式不再保留源文件的元数据。而元数据(metadata)[4]——意为数据的数据,是隐藏在电子数据开示形式后的重要因

---

[1] See Federal Rules of Civil Procedure § 34.

[2] See Bray & Gillespie Mgmt. LLC v. Lexington Ins. Co., 259 F. R. D. 568(2009).

[3] See In re State Farm Lloyds, 520 S. W. 3d 595(2017).

[4] See National Information Standards Organization, *Understanding Metadata*, NISO Press, 2004, p. 1.

素:元数据包含许多有关文件的变更、注释等信息,涉及证据的真实性、关联性问题,能在很大程度上影响质证活动。解决了元数据是否应当开示的问题也就解决了是否必须以能使请求方获取元数据的形式完成开示的问题。法官意见称:请求开示方必须指定其需要的开示形式,但不能够直接命令被请求方以该形式完成开示,所有的开示都必须受制于开示规则中的比例原则以及电子开示规则中的合理性标准。如果没有特殊要求,被请求方只需以合理可使用的形式提供在一般业务中可合理获得的资料。本案中,初审法院法官不管是否有更方便、更便宜和"相当可用"的格式,而直接要求被告方依原告要求以原格式提供ESI的做法显然是不适当的。法官意见认为元数据并非一定需要开示,同其他数据一样,应适用《美国联邦民事诉讼规则》第26(b)(2)(B)条,需要依据比例原则个案裁量。也就是说,仅仅以要求获取元数据为理由指定对方以原件形式开示ESI并不一定会得到法院的支持。在Aguilar v. Immigration & Customs Enforcement Div. 案[1]中,法院认为大多数系统元数据因不具有相关性而缺乏证据价值。但如果文件的真实性受到质疑,或者当确定"谁在什么时候收到了什么信息"对一方的主张或抗辩很重要时,则系统元数据是有相关性的,也就属于开示的范围。

《塞多纳原则》2007年第2版第12条指出,根据信息的性质和案件的需要,开示的形式需考虑披露可合理获取的元数据,使接收方在必要的情况下,具有与开示方相同的访问、搜索和显示信息的能力。[2] 同时,ESI开示的形式应以双方事先达成的合意为原则,如未达成一致,则应根据ESI的性质和案件的需求,以普遍存储的或合理可用的形式提出。[3]

上述规定权衡了当事人对电子数据的使用需求和成本花费。原格式的文件往往被认为包含最完整、最丰富的信息,既有应用元数据(application metadata)——可以体现对文件的任何修改,又有系统元数据(system

---

[1] See Aguilar v. Immigration & Customs Enforcement Div., 255 F. R. D. 350(2008).

[2] See The Sedona Conference, *The Sedona Principles: Second Edition*. (Aug. 31, 2021), https://thesedonaconference.org/node/194.

[3] See The Sedona Conference, *The Sedona Principles: Third Edition*. (Aug. 31, 2021), https://thesedonaconference.org/node/291.

metadata)——能够反映文件生成的时间及生成该文件的电脑"身份"。相对而言,静态文件的优势在于可对其编码、便于搜索和归类、可编辑,但同时由于缺失了元数据,在某些情形下不能够达到开示的目的。实践中也有当事人在提交静态图像格式的同时附上包含"文本内容和相关系统元数据"的加载文件,使数据仍可与原格式的文件进行比对,发挥与元数据同样的作用。但这种做法的缺点在于,开示方需额外支出格式转换的成本。电子数据的完整性、可用性固然重要,但过分求全的开示要求可能造成诉讼成本的浪费,给当事人增加额外负担,随之产生的收益却不成比例。当耗费在证据开示上的成本高于诉讼本身争议的利益时,苛求这样的开示形式可能与当事人的诉讼目的相悖。双方合意为原则,法院在例外时介入,决定是否准许请求方的开示请求、是否授予开示方保护令是平衡诉讼受益与成本的恰当做法。

从美国各州的判例中,我们可以总结出当事人双方在开示形式上无法达成一致时,"通常保存形式或能够合理使用的形式"是原则性的要求,对"合理使用"的理解要考虑数据的原始格式和请求方的实际需求,比如能体现元数据的格式只有在请求方质疑数据真实性或元数据本身对案件信息有重要意义时才是必要的。

## 三、我国民事诉讼电子数据交换的模式构建

电子数据在诉讼中的应用不断扩大是全球的共同趋势,为保证电子数据在交换中的系统性和完整性,应对电子数据的超大体量,从而保障当事人的诉讼权利及诉讼效率,我国也有必要确立电子数据交换的规则。

虽然我国的证据交换使用率较低〔1〕——其背后原因是证据适时提出主义使证据交换并不能有效提高庭审效率,因而在实践中被认为是不必要的程序。但在一些涉及电子数据的复杂诉讼中,电子数据的庞大体量、高技术性使其交换的要求不同于其他证据的交换。跳过证据交换程序而让当事人当庭核实电子数据并提出质证意见是不切实际的。充分的证据交换可以有效防止证据突

〔1〕 参见许少波:《民事诉讼证据交换制度的立法探讨》,载《法律科学(西北政法大学学报)》2012 年第 3 期;陈昶屹:《试论构建法官指导型民事证据交换程序》,载《法律适用》2015 年第 3 期。

袭,保证庭审不因对证据的审查要求而中断。因此建立我国民事诉讼的电子数据交换规则对完善我国证据交换制度是非常必要的。由于电子数据的系统性特征和海量化趋势均具有普遍性,我国民事诉讼也极有可能遇到上述美国司法实践中面对的问题,笔者认为可学习借鉴美国民事诉讼近年来在立法上和实践中就电子数据交换程序积累的经验。

民事诉讼中的处分原则明确了在不损害公共利益、他人合法利益的前提下,当事人对自己的实体权利和诉讼权利均可自由处分,因此证据交换也以当事人自决为原则,无论是交换范围抑或形式,双方能达成一致的,法院一般均予以认可。只有合意机制失灵时,法官才依职权介入。我国的民事诉讼程序虽然大量吸收了当事人主义的内容,但仍保留职权主义的特征,实践中依旧是法官引导整个诉讼过程。《最高人民法院关于民事诉讼证据的若干规定》第 57 条也规定了"证据交换应当在审判人员的主持下进行"。法官的程序指挥权能够有效弥补当前我国律师代理率不高、当事人诉讼能力不足的现状。美国证据开示程序被滥用的经验教训也提醒我们职权介入的必要性。因此法官在证据交换程序中依职权介入既有法律依据,也有现实需要。构建我国电子数据交换模式时,重点应关注当事人合意机制无法运行时的职权介入。笔者总结,法官在裁决电子数据交换程序的事项时至少应遵循以下原则:透明性原则、比例原则和最佳性原则。

(一)透明性原则

当诉讼涉及海量的电子数据时,适用于传统证据的人工审核模式不适宜甚至不可能应对关联性审查的工作,借助以算法为代表的技术是不可避免的趋势,尤其在筛选具有关联性的证据时,算法可以保证更高准确性和完整性的同时节约大量诉讼成本。笔者建议参考美国司法实践,引入计算机算法等技术辅助当事人在庞大的数据库中筛选出与案件有关的电子数据。算法既可以通过分析电子数据的生成时间、创作者等附属信息计算出数据与案件的匹配度,也可以通过分析数据电文内容得出相关与否的结论。而且在复杂的诉讼中,使用分析软件来降低发现成本可能是确保各方履行其交换义务的唯一方法。[1] 当

---

〔1〕 See Conor R. Crowley, *Digital Discovery & E-Evidence!*, Communications of the ACM, 10 (2010), p. 28 – 29.

我们比较人工审核和技术辅助审核时,不难发现实际上后者的成本更低。在确定相关性时充分利用元数据能够降低成本、提升效率:根据系统元数据,按文件生成时间筛选便可得出在与案件相关时间段内产生的数据。算法相较于人工审核,能够在更短时间内处理更多文件,其速度是人力无法企及的,且得出的结果也更加准确。[1]

在利用算法对证据关联性进行筛选时,法官对证据交换范围的审查转变为对筛选证据的算法的审查,因此我们必须保证法官对算法的审查能够与其自身的专业能力、证据的完整性和系统性检验程度相适应,要避免算法黑箱和算法暴政,保证法官和当事人的主体地位,也即保证电子数据交换的透明性原则。

算法仅仅作为辅助工具帮助法官自由裁量,最后证据是否具有关联性仍由法官作出判断。我们不能否认人类天生是有缺陷的,技术的发展正是为了弥补这些缺陷,"人对技术天生的依赖性使得裁判者在应用智能系统时,它们之间所形成的并非一种'法官—辅助工具'的二元关系,而是法官与刑事审判辅助系统协作互补的一体关系"[2]。技术的参与并不必然会剥夺人类的主观能动作用,关键在于是人类利用技术还是技术主导了人类。"司法中,准确认定案件事实、实现裁判公正,无疑是价值理性的体现;而允许裁判者借助有专门知识者的力量提升自己的认识能力,则是工具理性的表达。"[3]工具理性和价值理性可以互相弥补。在鉴定意见作为证据的情境下法官也会面对相似的问题:如何保证是法官定案而非鉴定意见定案,杜绝"以鉴代审"?法官听取质证意见就是一种防止鉴定意见一旦作出即被采纳的手段,在充分质证后,如无减损鉴定意见三性的理由,法官才予以采纳。同理,在电子数据交换中,可以要求使用软件、程序等工具分析电子数据的一方解释、说明其背后的原理,并允许对方当事人提出有事实依据的合理的异议,如针对算法的合理性、软件运行的稳定性、数据库

---

〔1〕 See Maura R. Grossman & Gordon V. Cormack, *Technology-assisted review in e-discovery can be more effective and more efficient than exhaustive manual review*, Richmond Journal of Law and Technology, 17 (2010), p. 1.

〔2〕 卫晨曙:《刑事审判人工智能的权力逻辑》,载《西安交通大学学报(社会科学版)》2021 年第 3 期。

〔3〕 李学军:《诉讼中专门性问题的解决之道——兼论我国鉴定制度和法定证据形式的完善》,载《政法论坛》2020 年第 6 期。

的完整性等问题的异议。双方均可委托专业人员进行上述活动,法官在充分听取双方的陈述后作出支持或驳回异议的裁定,并且要以书面或口头的形式告知依据和理由。在必要时,法官可委托中立的第三方专业机构或人员,辅助其理解双方陈述中的技术性问题,但最终判断仍由法官作出。

关于算法黑箱问题,算法透明的支持者有保障使用者知情权、避免算法歧视、算法暴政等理由;反对者则认为披露的计算机语言对于一般使用者来说毫无意义、算法属于商业秘密、披露可能带来结果失真的危险等。[1] 笔者认为,在关联性筛选的过程中使用算法,需要达到一定程度的透明。透明化的目的在于让双方均接受算法输出的结果,让法官可在理解算法逻辑的基础上形成判断。算法的使用者无须将源代码全数提供,而是应当提供对对方当事人有意义的信息,如算法模型是以事先设定规则还是以深度学习的方式生成的、算法提取了哪些数据中的有效信息、这些信息的权重如何等。除了对算法机制的解释,供算法学习的数据本身也需透明化外,还包括数据来源、内容和处理的透明,[2] 防止因数据本身的错误、歧视等导致算法运行结果的偏差。

(二)比例原则

电子数据的海量特征及高技术性都会给有限的司法资源带来不小的冲击,因此控制成本也是法官在组织电子数据交换时需要考虑的重要因素。当一方的证据交换要求给另一方带来不合理的负担时,法官应基于比例原则驳回申请或缩小请求范围。

美国的证据开示就因经常被滥用而饱受诟病,为了控制电子数据这一类更需要成本耗费的证据的成本,《美国联邦民事诉讼规则》对 ESI 开示作出了特殊限制——开示方不必出示由于花费过多成本而难以获取的证据。可以参照 Ruggles v. Wellpoint 案中通过采样等手段估算全案电子数据开示所需成本再决定开示范围。民事诉讼程序应当兼顾公正价值和效率价值,尤其当案件涉及电子数据时,由于数据的专业性和海量性,往往给当事人带来较传统证据数倍的成本,参与证据交换的双方都要负担提供和获取电子数据的成本,法院也要

---

〔1〕 参见徐凤:《人工智能算法黑箱的法律规制——以智能投顾为例展开》,载《东方法学》2019 年第 6 期。

〔2〕 参见刘友华:《算法偏见及其规制路径研究》,载《法学杂志》2019 年第 6 期。

在依职权介入时投入相应的人力和物力。因此,为了保障民事诉讼的效率、控制成本,法院有权在一方对对方的交换要求提出异议时,充分审查异议的理由和依据,考虑该要求是否会给当事人造成不合理的成本负担,通过诉讼标的的价值、当事人的取证能力、申请人所要求开示的信息与案件事实的关联度大小等决定是否驳回该申请或缩小原申请的范围,成本过高的说明责任由提出异议方负担。

一方面,电子数据证据交换的范围必须受制于成本的花费;另一方面,随着技术的更新和普及,对成本的估算也应当与时俱进,将技术在节约成本上的作用考虑进去。估算成本时应充分考虑上述新技术的普及程度以及双方当事人对相关资源的可获取程度。法条的规定只是原则性的,双方计算成本的方式是否准确,法院如何判断是否“过高”,是依当事人实际支出还是依相同经济能力、资源获取能力的当事人的支出等问题都无法以固定的条文确定下来。只能采取灵活变通的方式,赋予法官自由裁量权,法官根据其生活经验形成判断。在适当的时候,也可以借助专业人员的帮助,由专业人员向法官解释、说明当事人计算成本的方法。当事人还可聘请专业人员,向法官陈述基于专业测试或计算得出的交换范围的意见。

(三)最佳性原则

进行电子数据交换时,如果双方就交换形式存在争议,法官应依何判定支持哪方?是以电子数据原始的格式?还是经转化的可显示的格式?如何理解电子数据的原件?笔者认为,法官行使自由裁量权时应充分考虑数据类别、数据通常存储的方式以及是否能被合理利用等因素来决定最终呈现的形式。

如何对电子数据适用最佳证据规则,如何认定电子数据的“原件”在各国均有不同的规定,包括功能等同法、拟制原件说、混合标准说、复式原件说、结合打印说等。[1] 我国立法融合了原始载体说和拟制原件说。《最高人民法院关于民事诉讼证据的若干规定》第15条第2款规定:“当事人以电子数据作为证据的,应当提供原件。电子数据的制作者制作的与原件一致的副本,或者直接来源于电子数据的打印件或其他可以显示、识别的输出介质,视为电子数据的原

〔1〕 参见刘品新:《论电子证据的原件理论》,载《法律科学(西北政法大学学报)》2009年第5期。

件。”从此规定来看,打印件等电子数据的输出转化物也可作为原件提交。司法者认为在调查收集证据时,电子数据的原件是指最先生成的电子数据及其首先固定所在的存储介质。而在举证、质证和审核认定证据时,应适当地变通,因为发挥证明作用的是其转换形成的可识别形式,与原始载体无涉。[1]

证据的最佳性并不能简单地与证据的原始性画等号,尤其是在电子数据中,载于原始载体的数据和复制后的数据可能在信息量上是一致的,我们需要关注的是如何确定不同电子数据的不同载体形式的最佳性问题。打印件等可显示形式作为原件使用时,对方如何就证据的真实性发表质证意见?何以得知其与原件一致或者是直接源于原始电子数据的?对方要求获取元数据时,法院如何裁决?仅仅规定“应当提供原件”,仍无法解决电子数据交换中可能存在的问题。笔者认为,打印件等输出形式要作为原件使用时应当由提供证据方承担一定程度的举证责任,证明该形式的电子数据与其生成时是一致的、未经篡改的。此时,对方当事人才有可能依据这些证据就电子数据的真实性问题展开攻击,或者要求对方提供更充足的证据证明电子数据的完整性。

电子数据的稳定性源于其系统性,数据电文证据、附属信息证据、关联痕迹数据“三位一体”可重现电子数据的最初面貌。附属信息证据和关联痕迹数据都属于元数据的范畴,可作为审查证据的真实性的重要依据,因此包含了元数据的电子数据具有更高的证据价值,在考虑交换形式时应当充分考虑是否能够体现元数据。但并非在所有案件中元数据都是必要的,即使需要当事人提供,也并非要提供所有元数据。根据美国法院的判例,视案件具体情况不同,特定元数据的内容可能至关重要,也可能完全不相关。因此,当一方当事人以不能体现元数据为理由对对方提出电子数据的形式表示异议时,法官应就其提出异议的具体理由谨慎审查,根据比例原则决定是否支持。在确定交换形式的目的上,《塞多纳原则》为我们提供了指导:要使接收数据在必要时具有与提供数据方相同的访问、搜索和显示信息的能力。在面对海量数据时,接受证据一方对数据的可搜索性、可编码性有合理的现实需求,否则即使获取了数据,实际上也

---

[1] 参见最高人民法院民事审判第一庭编著:《最高人民法院新民事诉讼证据规定理解与适用》(上),人民法院出版社2020年版,第195页。

没有能力处理、审核、利用它们。法庭在裁决前必须将此类需求纳入考虑的范围,只有双方平等武装,才能保证诉讼的公正,这与证据交换程序的设立初衷也是一致的。笔者认为,还可以参考 Aguilar v. Immigration & Customs Enforcement Div. 案中法官的意见,即只有当电子数据的真实性受到质疑,或者当确定“谁在什么时候收到了什么信息”对一方的主张或抗辩很重要时,才需要当事人以包含元数据的格式完成证据交换,提供与上述质证意见相关的元数据。此外,法官应考虑一般情况下哪些元数据是会被保留的、元数据与争议的潜在关联性、元数据在多大程度上有助于当事人审查和使用证据[1],作出是否要求当事人以能够体现元数据的形式完成证据交换的裁决。体现元数据的形式在美国的司法实践中有两种,均有其优劣:原始格式虽然最大限度保留了元数据,但不如静态格式那样便于对方编码和编辑;静态格式(如 PDF 格式)再附上元数据的方式便于对方处理,却增加了提供证据方的格式转化成本。具体采取哪种形式应当与对方当事人的质证需求相匹配,且提供数据方只需以一种形式完成证据交换,对方不得要求多种形式。在当事人对电子数据的真实性无异议且元数据体现的信息与质证无关时,纯粹静态格式的交换形式也是可行的,只要当事人认为该方式(如打印后显示的方式)能够满足其诉讼准备的需求,该格式就是经济又实用的最佳形式。

---

〔1〕 See The Sedona Conference, *The Sedona Principles: Second Edition*. (Aug. 31,2021), https://thesedonaconference.org/node/194.

# 从资格到适格：民事诉讼中证据能力定义的本土化调适

王璨璨*

**内容摘要**：既有理论定义对证据能力的阐释呈现出来源差异、内容差异和要素差异。这些分歧将造成我国民事证据规范在理论基点和话语体系上的冲突。在溯源对比大陆法系证据能力概念、英美法系证据可采性概念以及我国法中“作为认定案件事实的根据”之制度差异的基础上，区分证据资格与证据的适格性能够蕴含对上述分歧的抉择。我国民事诉讼语境下的证据能力等同于证据的适格性。具有证据能力的民事证据既要符合法律明确规定的抽象资格，又与具案中的法官裁量有关。法官裁量的内容包括证据是否具备最低程度的关联性和立证价值，裁量要素既包括证据方法也包括证据资料。

**关键词**：证据能力　证据可采性　证明力

我国证据规范体系面临着“证据法理论话语来源众多但彼此杂糅、互不兼容”之困境。[1] 产生该困境的原因之一是在借鉴域外概念时未能协调于我国宏观诉讼制度。证据能力并非我国本土语境下的产物，但在域内民事证据研究中已广为使用，与证明力一起构成证据规范体系的核心范畴。然而，学界未能在术语运用一致地同时在术语内涵上达成共识。既有理论定义对证据能力的诠释呈现出来源差异、内容差异和要素差异等分歧。这些分歧造成我国民事证据规范在理论基点和话语体系上的不协调，并进一步影响制度实践。

---

* 华东政法大学公共法律服务学院师资博士后，法学博士。

〔1〕 参见吴洪淇：《证据法体系化的法理阐释》，载《法学研究》2019 年第 5 期。

## 一、证据能力既有理论定义之分歧

### (一)来源差异:"能力"来自法律还是法院

在我国当前民事诉讼法学和民事证据法学的教科书与学术著作中,证据能力与证据资格、证据适格为同义词,编撰者往往围绕"资格""条件""适格"等关键词阐释证据能力。表 1 将列举与对比若干著作中对证据能力作出的定义。

**表 1　证据能力既有代表性定义**

| | |
|---|---|
| 定义① | 证据能力"是指一定的事实材料作为诉讼证据的法律上的资格,或者说,是指证据材料能够被法院采纳,作为认定案件事实依据所应具备的法律上的资格。"〔1〕 |
| 定义② | "证据能力,又称证据资格或证据的适格性、适格证据,是指特定的证据材料所具有的作为认定事实的资格。"〔2〕 |
| 定义③ | "证据能力,又称证据资格、证据的可采性、证据的适格性,是指作为法院认定事实根据的证据所应具备的属性、要件或资格。"〔3〕 |
| 定义④ | "由法律明确规定的,证据可以在法庭审理过程中出示并成为认定案件事实依据的基本条件。"〔4〕 |

表 1 中四个对证据能力的定义,分别映射出"法律 + 法院"、"法院"和"法律"三种不同的定义证据能力之角度。具言之,定义①是二者兼采的,在阐释证据能力时既提及"法律上的资格",又指出"能够被法院采纳",但并没有区分这两种视角,法律视角与法院视角以"或者说"的方式等同了起来,且整个概念更侧重强调证据能力是"法律上的资格"。定义②并未点明法律或法院,而是以

〔1〕 江伟、肖建国主编:《民事诉讼法》(第 7 版),中国人民大学出版社 2015 年版,第 166 ~ 167 页。

〔2〕 张卫平:《民事证据法》,法律出版社 2017 年版,第 17 页。

〔3〕 江伟、邵明主编:《民事证据法学》(第 2 版),中国人民大学出版社 2015 年版,第 27 页。

〔4〕 纪格非:《证据能力论——以民事诉讼为视角的研究》,中国人民公安大学出版社 2005 年版,第 12 页。

“认定事实”为证据能力获得的场域。定义③则从法院和司法的场域诠释证据能力。与之相反,定义④则主要从法律的角度定义证据能力,认为其首要含义为“由法律明确规定”。

上述定义的角度差异带来的困惑:如果说证据能力是证据被赋予的某种特质,那么赋予证据以“能力”的,究竟是法律还是法院?从差异中提炼出来的这一疑问是阐释我国语境下的证据能力内涵时必须回答的问题。原因在于:界定清楚“能力”是来自法律还是来自法院至关重要,这决定了一个国家证据能力制度模式是“法定主义”还是“裁量主义”,亦塑造了主要诉讼参与人(包括法院与当事人)在证明活动中的权能分配和行为模式。具言之,这一界定决定了证据能力需要在统一立法还是具案司法的层面解决。如果认为证据能力由法律来赋予或是剥夺,那么就有必要以立法的方式构建体系化、明确化的证据能力规则。如果认为证据能力由法院决定,那么它将不再是一个纯粹法律适用的问题,而是偏向于由具案中的裁判者自由裁量。相应地,双方当事人就需要在这一事项上承担起主张和说服法官的责任,并享有展开辩论等的程序权利。如果认为证据能力是以“法律+法院”的模式双重设置,那么构建本土证据能力体系的重点就在于明确法律与法院的分工,探索证据能力的什么要件或是在什么情形下由法律来给出统一且确定的答案,什么要件或什么情形下则由法官个人来斟酌证据能力的有无。

(二)内容差异:证据能力与证明力的边界何如

既有定义对证据能力来源上的分歧,将进一步导致证明能力内容上的分歧,并影响证据能力和证明力在证据认定过程中的畛域分野。我国台湾地区学者李学灯从“证据之受容许性”来解读证据能力,指出证据能力“谓证据方法或证据资料,可用为证据之能力,自证据之容许性言之,亦即可受容许或可被采用为证据之资格”[1]。虽然从字面上看,“证据之受容许性”与“证据资格”仅是语态上的不同——前者中的证据为被动语态中的承受者。但实际上,两种对证据能力的内容划定有着些许差别。差别在于“证据之受容许性”比“证据的资格”更多了一层立证价值上的基本要求。在具备证据资格的情形下,有时因法官之

---

〔1〕 李学灯:《证据法比较研究》,台北,五南图书出版股份有限公司1992年版,第438页。

自由裁量(如已有充分之证据,所请调查之证据,立证价值轻微,已无必要时),亦不予容许,容许与否,属于法官之职权。[1] "证据之受容许性"之定义下的证据能力判断可参考"容许法则":"适格(competent)而有关联(relevant),且属必要(material)而可获得(available)之证据,可予容许(admissible)。否则不予容许(inadmissible)。"[2]

由此可见,"证据之受容许性"与"证据资格"这两种可能与证据能力画等号的表述存在内容差异。而证据能力的定义决定了一国语境下的证据能力内容等同于"证据之受容许性"还是等同于"证据资格"。例如,如果完全以"法律上的资格"或"由法律明确规定"的属性来定义证据能力,那么证据能力在内容上就等同于证据资格,而非证据之受容许性。原因在于,如果认为证据能力包含对立证价值、关联性等因素的考量,那么证据能力的判断就必须在具体案件中锁定待证事实之后才能确定,而不是仅由法律直接规定。如果将证据能力的内容等同于"证据之受容许",那么在证据能力的定义中,其来源只可能是"法律+法院"或仅法院这两种方式。

从以上论述可见,采取不同的证据能力定义影响其实质内容。证据能力的内容进一步决定了证据能力和证明力的畛域分野。在内容等同于"证据之受容许性"的证据能力定义下,证据最低限度的立证价值属于证据能力的判断标准,基本的关联性和必要性等因素亦是如此。如果将证据能力纯粹定义为一种法律资格,那么立证价值、关联性等内容则完全属于证明力评价的领域。因为法律无法对证据的价值和关联性进行预先规定。

(三)要素差异:证据方法与证据资料的选择

过往研究成果中对证据能力进行定义时,亦会参照证据方法和证据资料进行理解,但对于两个证据要素的选取呈现出不同的观点。整体而言,既有定义皆认可证据能力的判断要素包含证据方法,但在证据能力是否涉及证据资料上有所差异。

"可作为调查对象的有形物叫作证据方法";"通过调查证据方法而感知的

---

〔1〕 参见李学灯:《证据法比较研究》,台北,五南图书出版股份有限公司 1992 年版,第 468 ~ 469 页。

〔2〕 李学灯:《证据法比较研究》,台北,五南图书出版股份有限公司 1992 年版,第 469 页。

资料叫作证据资料”。[1] 由定义可见,证据方法侧重证据存在的形式或外观,而证据资料则强调其实质性内容。在德日等主要大陆法系国家的证据理论中,证据方法的区分较为宽泛,可分为人的证据(人证)与物的证据(物证)两大类。[2] 其中物证为广义,包括文书和检验物。人证则可以进一步区分为证人、鉴定人及当事人本人。日本学者兼子一认为证据能力仅与证据方法相关,证据资料则属于证明力(证据力)判断的范畴。该学者指出“证据资料对认定要件事实能否起作用的影响力叫作证据力或证据价值”,并将证据能力定义为“某种有形物可作为证据方法的法律上的正当性”[3]。新堂幸司亦将证据能力定义为“有形物能否作为证据方法予以使用的资格”[4]。在我国学者所著的日本民事诉讼法比较研究的书籍中亦认可证据能力概念与证据方法紧密相关,而证据资料则与证明力、证明价值等概念相连。[5] 此外,在我国学者对证据能力的定义中,亦有观点认为证据方法、证据资料都与证据能力相关,指出证据能力具有两重含义,一重是“作为特定的证据资料,能够认定事实的资格或适格性”;另一重是“作为证据调查的对象的有形物,能否作为证据方法加以适用”[6]。

证据能力是仅与证据方法相关,还是与证据方法、证据资料双重相关之问题,亦与前文所述的证据能力定义方式一脉相承,并且同样影响证据能力和证明力的分野。具言之,以某书面形式的证据为例,文书为其证据方法,而审查文书后得知的记载内容是为证据资料。如果认为证据能力仅与证据方法相关,那么在法律层面就能统一回答文书能否具有证据能力的问题,而经文书得知的记载内容将完全属于证明力的判断领域。但如果将证据能力的含义视为与证据

〔1〕 [日]兼子一、竹下守夫:《民事诉讼法(新版)》,白绿铉译,法律出版社1995年版,第100页。

〔2〕 参见[日]新堂幸司:《新民事诉讼法》,林剑锋译,法律出版社2008年版,第370页。

〔3〕 [日]兼子一、竹下守夫:《民事诉讼法(新版)》,白绿铉译,法律出版社1995年版,第100页。

〔4〕 [日]新堂幸司:《新民事诉讼法》,林剑锋译,法律出版社2008年版,第370页。

〔5〕 参见王亚新:《对抗与判定——日本民事诉讼的基本结构》(第2版),清华大学出版社2010年版,第129~130页。

〔6〕 张卫平:《论讯问、询问笔录在民事诉讼中的证据效力》,载《清华法学》2011年第1期。

资料和证据方法双重相关,一是导致证据能力与证明力的界限有所改变,拓展了证据能力的考察领域;二是导致这一书面证据的证据能力不再是仅依靠法律就能够判断,还必须结合在具体诉讼程序中的待证事实。因此,证据能力是否与证据资料相关的分歧,可以随着来源差异和内容差异的解决而解决。

## 二、证据能力域外制度定义的差异溯源

上文分析的证据能力定义之差异,皆属于理论领域的分歧。而理论话语的分歧源于制度架构的不同。表达证据准入门槛之术语在不同法系、不同国家的法规范语境下呈现出较大的内涵差别。下文将以英美法系证据可采性和大陆法系证据能力为例,为寻找契合我国民事诉讼语境的证据能力定义寻找比较法样本与经验。

### (一)英美法系证据可采性概念

英美法系中与证据能力相匹配的概念为证据的可采性。根据《布莱克法律英语词典》的解释,具有可采性的证据(admissible evidence)也可称为适格的证据(competent evidence;proper evidence),意指"具有相关性,并且依其性质(如不源于传闻、不存在不公正的偏见和特权等)法庭应予接受的证据"[1]。英美法偏重法定主义方式解决证据可采性问题,追求客观性、稳定性,非常强调证据能力规则的设置,并发育出极为庞大、细密的证据可采性规则。[2] 精致化、体系化的证据可采性规则与其二元化审判机制下事实裁判者的非专业性高度相关,适应于陪审团的审理构造。可采性规则的意义侧重设定证据的法庭准入资格来防止陪审员被不具有可采性的证据误导。[3]

然而,不能片面认为英美法中的证据可采性完全依赖于立法解决。实际上,英美法系国家在可采性事项上也赋予了法官一定的裁量空间,在特定情形下法官享有排除证据的自由裁量权。从可采性的定义中,可以观察到英美法上

---

〔1〕 Bryan A. Garner, *Black's law dictionary*, 9th ed., West Publishing Company, a Thomson Reuters business, 2009, p. 635.

〔2〕 参见肖建国:《证据能力比较研究》,载《中国刑事法杂志》2001 年第 6 期。

〔3〕 参见樊传明:《证据排除规则的陪审制基础》,载《人大法律评论》2018 年第 1 期。

的证据可采性与关联性密切关联,而关联性必须要置于具体案件中才能判断。以英国为例,英国法上的证据可采性不仅非常强调关联性的有无,而且还包含对关联性的程度要求。有一些证据即使构成关联性,但关联性遥远或产生枝节争执点的证据以及容易虚构的证据也会被排除,这些证据被统称为关联性不足够的证据。[1] 是否具有关联性以及关联性是否能达到法律要求都需要依赖法官的经验和理性进行裁量。又如,《美国联邦证据规则》第403条规定,"如果相关证据的证明价值为以下一个或者多个危险所严重超过,则法院可以排除该证据:不公平损害、混淆争点或者误导陪审团、不当拖延、浪费时间或者不必要地出示重复证据"[2]。从这一规则可知:在美国证据规范中,证明价值亦是证据可采性的判断因素之一。而是否因缺失证明价值而排除证据,则属于法官自由裁量权的行使范围。

(二)大陆法系证据能力概念[3]

有别于英美法系周密的证据规则体系,大陆法系"原则上对证据能力没有限制"[4],而主要通过对自由心证的限制和约束来回应证据能力问题。大陆法系国家和地区大多没有形成独立的针对证据本身的规定,而是通过对证据调查、收集、辨认和采纳等阶段进行程序性、动态性的规定来为证据成为法官心证的资格设立门槛。在自由心证主义的投射下,"大陆法系国家和地区证据能力规则的核心内容是法官有采纳或排除证据的自由裁量权"[5],除非法律作出了明确限制,原则上由法官依据理性和良心来决定证据的取舍。大陆法系的证据能力概念同样与其宏观诉讼制度相关。与英美法系二元化的审判机制不同,

---

〔1〕 参见沈达明编著:《英美证据法》,对外经济贸易大学出版社2015年版,第83页。

〔2〕 王进喜:《美国〈联邦证据规则〉(2011年重塑版本)条解》,中国法制出版社2012年版,第66页。

〔3〕 此处主要指日本和我国台湾地区。大陆法系主要国家和地区在是否使用证据能力概念上有所区别。日本和我国台湾地区的民事诉讼学理中惯常使用这一术语,但德国民事诉讼的学理与判例更常用的术语是证据合法与证据禁止这一组对立概念,并不使用"证据能力"的表述。参见周翠:《民事非法证据排除的规范解释与实务观察》,载《中国法学》2020年第3期。

〔4〕 [日]新堂幸司:《新民事诉讼法》,林剑锋译,法律出版社2008年版,第386页。

〔5〕 纪格非:《证据能力论——以民事诉讼为视角的研究》,中国人民公安大学出版社2005年版,第103页。

“大陆法系的事实裁判者多为职业法官”[1],因此对在庭审之前就排除不适格证据的需求并不十分明显。但由于自由心证原则的存在,大陆法系国家和地区又十分重视证据能成为法官心证基础的资格。因此,大陆法系证据能力的功能主要体现在限制法官对证据的自由裁量权。[2]

虽然大陆法倾向于以裁量方式解决证据能力问题,但证据能力同样具有法律问题的性质,而非纯粹的事实问题。法官在证据取舍上有较大的权能,“但证据取舍的标准及决定的程序在相当范围内受法定规则的制约”[3]。在法律层面,大陆法系国家和地区的证据能力一般被设置积极和消极两个角度的要件,既要具有合法的证据形式,又不能触犯法定的证据禁止事项。另外,大陆法系证据能力的判断内容亦包括最低限度的关联性和必要性等立证价值。以日本为例,日本法上法官在裁量证据能力时,“作为取舍根据的就是两种不被法定的基准,即关联性与重要性(非重复性)”[4]。亦即与待证事实无内在关联性的证据无证据能力。并且,即使是满足关联性的证据,也可能因为证据重复等原因而被法官以诉讼效率为由加以排除。[5]

(三)证据能力定义之比较法差异的启示

如果将第一节讨论的我国证据能力定义分歧代入英美法证据可采性,可以认为证据可采性采纳的是“法律为主,法院为辅”的来源方式。英美法系国家既以立法的方式来规定证据能够进入法庭的资格,又在一定程度上赋予法官结合具体的案件情形来裁量证据可采性的自由。关联性和立证价值亦是可采性的

[1] [美]米尔吉安·R.达马斯卡:《比较法视野中的证据制度》,吴宏耀、魏晓娜译,中国人民公安大学出版社2006年版,第252页。

[2] 参见纪格非:《证据能力论——以民事诉讼为视角的研究》,中国人民公安大学出版社2005年版,第11页。

[3] 肖建国:《证据能力比较研究》,载《中国刑事法杂志》2001年第6期。

[4] 王亚新:《刑事诉讼中发现案件真相与抑制主观随意性的问题——关于自由心证原则历史和现状的比较法研究》,载《比较法研究》1993年第2期。

[5] 参见王亚新:《刑事诉讼中发现案件真相与抑制主观随意性的问题——关于自由心证原则历史和现状的比较法研究》,载《比较法研究》1993年第2期。

衡量内容。可采性在要素上既涉及证据方法,亦涉及证据资料。[1]

同样将定义分歧代入大陆法系证据能力,可以看出证据能力同样遵循“法律+法院”的来源方式,但以“法院为主,法律为辅”。在内容上,大陆法系的证据能力亦以“证据之受容许性”来与证明力的判断分野。最低限度的关联性和立证价值亦是大陆法系中证据能力的衡量内容。虽然日本学界通说认为证据方法是关于证据能力的概念,而证据资料则是证明力定义的题中之义。[2] 但是从实际的证据能力制度运行上看,证据能力的判断要素同样既涉及证据方法,亦涉及证据资料。因为脱离了证据资料,就无法从立证价值的层面判断证据能力的有无。

从以上论述可见,虽然英美法系证据可采性与大陆法系证据能力在制度背景和概念定义上差异巨大,但亦存在一定的相通之处,并且呈现出“相互借鉴与渗透的迹象”[3]。以本文第一节总结的证据能力定义在理论上的差异为标准,可以观察到,虽然在赋予或排除证据能力的方式上侧重点有所不同,但大陆法系和英美法系整体上都采取了“法律+法院”的模式,即法定规则与自由裁量相结合。在证据能力的判断内容上,都更偏向于包含最低限度的立证价值与关联性的要求,以“证据之受容许性”的方式与证明力分野。在要素上,英美法系证据可采性与大陆法系证据能力都既涉及证据方法,又涉及证据资料的考察。

比较法上的差异与共鸣给定义本土语境下的证据能力带来的启示:对表达证据准入门槛之术语的定义必须协调于本国诉讼制度。证据能力作为民事诉讼程序中较为细小的规范,无法洗脱宏观诉讼制度的底色,并且需要服务于宏观诉讼制度的价值和目的。因此在界定证据能力概念时,不能脱离中国的民事诉讼宏观范式。故下文再将目光转至我国实定法视野下与证据能力相关的表述与规则,以求得所做定义的本土适应性。

---

〔1〕 当然,证据资料与证据方法是大陆法系主要国家和地区采用的术语,英美法系中一般不做此区分。本文此处援用证据资料与证据方法的概念来分析英美法系中的可采性,仅仅出于与不同的证据能力定义进行对比之目的。

〔2〕 参见[日]新堂幸司:《新民事诉讼法》,林剑锋译,法律出版社2008年版,第370页。

〔3〕 肖建国:《证据能力比较研究》,载《中国刑事法杂志》2001年第6期。

## 三、中国民事证据规范对证据能力定义的映照

证据能力能够得以嵌入我国诉讼证据体系的前提是证据概念已经由“事实说”转向“材料说”,使“证据三性”(合法性、客观性和关联性)不再被认为是所有证据的固有属性,而演变为筛选和评价证据的标准。与域外证据规范有所区别的是,中国法上的证据能力面临“法庭准入资格”和“定案根据资格”两个阶段的审查。〔1〕 考察中国法视域下的证据能力,无法绕开“作为认定案件事实的根据”之条款与“证据三性”之标准。

### (一)“作为认定案件事实的根据”之条款

就证据的准入门槛而言,“作为定案的根据”是中国特色的本土概念。〔2〕我国民事证据实定法中没有采用“证据能力”、“证据资格”或“证据可采性”等概念,与其语义较为匹配的表述为证据可以或不得“作为认定案件事实的根据”。“作为认定案件事实的根据”条款在内容上实际上杂糅了证据能力与证明力,与大陆法系证据能力与英美法系证据可采性的概念具有一定的差异。有学者将我国“不得作为定案根据”比喻为一个“大杂烩”,指出我国将证据能力定位于作为认定事实的根据的资格,“要解决的是证据最终能否作为定案根据的‘出口’问题,而不是解决能否进入诉讼程序的‘入口’问题”〔3〕。但毋庸置疑的是,是否能“作为认定案件事实的根据”包含对证据能力的判断。并且,我国视域下证据能力不仅侧重在庭审的门外排除不良证据,而且将证据能力的判断场域延续到了质证等环节。

### (二)证据能力的客观性、合法性与关联性标准

除了“作为认定案件事实的根据”之条款外,中国法视域下的证据能力亦与“证据三性”密切相关。在我国民事诉讼法学和证据法学的教科书中,基本达成共识的是证据能力的判断标准包括证据的真实性标准、关联性标准与合法性标

〔1〕 参见陈瑞华:《刑事证据法》,北京大学出版社 2018 年版,第 124 页。

〔2〕 参见吴洪淇:《证据法体系化的法理阐释》,载《法学研究》2019 年第 5 期。

〔3〕 纵博:《“不得作为定案根据”条款的学理解析》,载《法律科学(西北政法大学学报)》2014 年第 4 期。

准(包括主体合法、形式合法和程序合法)。[1] "通常情况下,同时具备关联性、真实性和合法性的证据才具有证据能力。"[2]以下将围绕"证据三性"探讨我国视域下证据能力的内涵与标准:

其一,虽然在立法中使用的是"真实性"一词,但学界有观点认为"客观性"更贴合与证据能力阶段对证据的属性要求。真实性的要求高于客观性,不仅要求形式上的客观存在,亦包含对内容之可靠性的考量。证据能力阶段的审查主要在于要求证据具有法律上或形式上的真实性,而实质内容的可靠性则更大程度上属于判断证明力的标准。

其二,合法性标准包含对取证手段、证据形式、证据调查、认定程序等方面的法律资格考察,证据合法性评价不能等同于证据能力。我国最高人民法院曾这样解释:证据的合法性包含双重要求"一是证据应符合法定的证据形式,二是证据应通过合法方式取得"[3]。除了这两种要求之外,证据的合法性亦包括"证据程序的合法性",而程序合法性进一步包括证据取得或调查手段的合法性和证据审查和认定程序的合法性。[4] 在"证据三性"中,"合法性最为鲜明地体现了证据的法律意义,且这种法律上的性质甚至可以限制'发现真实'的认识论目的"[5]。在以审判为中心的法治模式中,证据的合法性甚至优先于证据的相关性和真实性标准。[6] 虽然有学者认为"证据合法性评价,即判断证据是否具有证据能力或法律资格"[7],但不能将证据能力等同于证据的合法性。证据合法性并不能构成具有证据能力的充分条件。[8] 原因在于,如果将证据能力等

---

〔1〕 参见何家弘、刘品新:《证据法学》(第5版),法律出版社2013年版,第112~116页;江伟、肖建国主编:《民事诉讼法》(第7版),中国人民大学出版社2015年版,第167页。

〔2〕 张卫平:《"民事证据裁判原则"辨识》,载《比较法研究》2021年第2期。

〔3〕 最高人民法院民事审判第一庭编著:《最高人民法院民事诉讼证据规定理解与适用》,人民法院出版社2020年版,第556页。

〔4〕 参见张卫平:《论讯问、询问笔录在民事诉讼中的证据效力》,载《清华法学》2011年第1期。

〔5〕 王亚新、陈杭平、刘君博:《中国民事诉讼法重点讲义》,高等教育出版社2017年版,第71页。

〔6〕 参见陈林林:《法学基本范畴研究:证据》,载《浙江社会科学》2019年第8期。

〔7〕 陈贤贵:《论民事诉讼中自由心证的客观化制约》,载《法律科学(西北政法大学学报)》2020年第4期。

〔8〕 参见毕玉谦:《证据适格性与证据排除:三大诉讼间的比较与检视》,载《证据科学》2013年第4期。

同于证据合法性,那么证据能力的制度功能仅限于构建非法证据排除规则,这难以实现对证据调查范围予以限制的目的,并且缺乏说服力。[1]

其三,证据的关联性“是指民事诉讼中的证据应与其证明的案件事实有内在的联系及联系程度”[2]。虽然在我国证据法学界曾有观点认为证据能力仅需要考察“证据三性”中的客观性与合法性,而关联性是证明力阶段才需要考察的内容。实则不然,在我国民事诉讼中,证据能力阶段亦需要考量关联性。证据的关联性根据语境的不同可以分为逻辑上的关联性和法律上的关联性。证据与待证之事实首先必须有逻辑上之关联才能具有证据能力,至少不能是风马牛不相及的事物。原则上具有逻辑上关联就具有法律上之关联,但法律上之关联性还需要受排除法则[3]的筛选。显著无关联的证据没有证据能力,无须进一步展开证据的调查、审查等相关程序。将最低限度的关联性视为证据能力的判断标准,既符合人的认识规律,也有助于提升诉讼的效率。

(三)证据能力理论定义差异在中国法上的投射

将前文总结的证据能力定义的理论差异投射于中国实定法视域中与证据能力相关的规制,可以总结出我国既有民事证据制度对证据能力的要素作出了以下选择:

其一,在来源上,或者说从证据能力的判断场域上看,我国亦采用了“法律 + 法院”的方式,以法定规则与司法裁量相结合来决定证据能力的有无。在“法律”与“法院”的主次关系上,我国更接近于大陆法系以裁量为主的方式。这与我国事实裁判同样交由职业法官的一元化司法模式相匹配。申言之,一方面,我国民事诉讼和证据规范没有像英美法系一样建立起体系化、严密化的证据排除规则,但也不是全然缺失,仍然存在非法证据排除等法定规则。另一方面,我国将证据能力的判断场域延续到诉讼中的质证等环节,并最终交由具案中法官来斟酌裁量。

---

[1] 参见蒲一苇:《证据的适格性探析——以民事证据为视角》,载《河北法学》2005 年第 5 期。

[2] 最高人民法院民事审判第一庭编著:《最高人民法院民事诉讼证据规定理解与适用》,人民法院出版社 2020 年版,第 556 页。

[3] 我国当前民事诉讼规范中没有类似于英美法系中针对部分意见证据与传闻证据的排除法则。在排除法则执行时,即使证据与待证事实在逻辑上有所关联,但因符合排除法则而在法律意义上不视为有关联,并进一步被认为没有立证价值。

其二，在内容上，中国实定法中的证据能力亦包含对最低限度的立证价值和关联性之考量。在我国诉讼法视域下，即使是符合合法性标准的证据，也可能因为导致诉讼拖延、增加诉讼成本或混淆争议焦点等缺陷而被法官裁量排除。[1]这些因素都属于对立证价值的要求。因此，我国实定法语境下的证据能力亦是以“证据之受容许性”的范围来与证明力分野，而非等同于“证据资格”。

其三，在要素上，我国民事诉讼中的证据能力亦不止步于证据方法，包含对证据资料的审查。有学者曾指出合法性、客观性和关联性是判断某一证据资料是否具备证据能力的相关标准，并进一步指出合法性在判断证据能力时“是指某特定证据资料运用的合法性，并非指该作为证据信息载体的证据资料的合法性”[2]。可见，中国民事诉讼体系中的证据能力亦对证据资料作出要求，并且这种要求是动态性的、全程性的。

## 四、中国民事诉讼语境下的证据能力定义重述

通过观察既有证据能力定义在理论层面的差异，参酌法系与制度层面上的分歧与共鸣，考量我国实定法对证据能力的映射，可以提炼出界定我国民事诉讼语境下的证据能力时必须要回应和选择的若干标准：第一，“能力”是源于法律还是法院？亦即，证据能力是法律上的抽象资格，还是与具体案件中的裁量有关？第二，证据能力的内容是否包含对最低限度之立证价值的考察？亦即，证据能力与证明力的界限在哪里？第三，证据能力是仅针对证据方法作出要求，还是亦包含对证据资料的考察？第四，在中国民事诉讼的宏观体系下，什么样的证据能力的定义能够融洽地内嵌于宏观诉讼程序之中？

笔者认为，“证据的适格性”与“证据资格”之区分能够蕴含和提炼上述四个问题的抉择。下文将以此为切入点，阐述证据能力在我国民事诉讼语境中的定义。

### （一）“证据资格”与“证据的适格性”的区别

证据能力的既有定义往往会将其等同于“证据资格”，又等同于“证据的适

---

〔1〕 参见毕玉谦：《证据适格性与证据排除：三大诉讼间的比较与检视》，载《证据科学》2013年第4期。

〔2〕 张卫平：《论讯问、询问笔录在民事诉讼中的证据效力》，载《清华法学》2011年第1期。

格性”。例如,表 1 中摘自证据法学教科书的定义②与定义③就将三者画了等号。在学术论文中也时常出现“证据能力,亦称证据资格,或称证据适格性”[1],“证据适格性,又称为证据资格、证据能力”[2]等将证据能力、证据资格和证据适格性三者等同的论断。但笔者认为,“证据资格”与“证据的适格性”是不一样的概念。参照民事诉讼法中“当事人资格”与“当事人适格”的区别,不难理解“资格”与“适格”在词义上的差异与识别过程中的递进关系。“证据资格”是法律上对证据的抽象要求,但“证据的适格性”离不开具体的案件。结合前文从差异中提炼出的标准,“证据资格”与“证据的适格性”区别如下:

其一,在来源上,“证据资格”由法律明确规定,属于法律适用的问题,不包含具体的要求,具有抽象性、稳定性和统一性的特征,个案中的法官并无斟酌裁量的空间。但“证据的适格性”是在具备抽象资格的基础上,进一步在具体案件中对证据提出要求。“证据的适格性”无法脱离具案中的待证事实,与证明对象相关。对于一些证据而言,或许其针对某一证明对象时并不适格,“然为另一目的提供证明,则与待证之事实为有关联,而依他一法则,仍为适格之证据”[3]。故而必须经由裁判者依据经验和逻辑进行裁量之后才能确定。其二,在内容上,“证据资格”不包含对证据最低限度的立证价值与关联性的要求,只要符合“法律上的正当性”,不违背法律之排除规定的证据就具有证据资格。但“证据的适格性”在内容上更接近于我国台湾地区学者李学灯总结的“证据之受容许性”,需要考量证据的基本关联性、必要性、可获得性等与立证价值相关的标准。其三,在要素上,“证据资格”可以仅面向证据方法,在形式上对证据作出要求。但“证据的适格性”必定与证据方法和证据资料双重相关,因为只有在考察证据实质内容的基础上,才能判断其与待证事实是否具有最低限度的关联性与立证价值。其四,“证据资格”是以较为孤立的姿态和静止的眼光筛选证据,但“证据的适格性”将证据置身于系统性的司法裁判与动态性的证据与证明规则之中。

(二)围绕“适格性”展开的证据能力二阶定义

在厘清“证据资格”与“证据的适格性”之内涵差异的基础上,笔者认为我

[1] 肖建国:《证据能力比较研究》,载《中国刑事法杂志》2001 年第 6 期。

[2] 蒲一苇:《证据的适格性探析——以民事证据为视角》,载《河北法学》2005 年第 5 期。

[3] 李学灯:《证据法比较研究》,台北,五南图书出版股份有限公司 1992 年版,第 443 页。

国民事诉讼语境下的证据能力等同于“证据的适格性”而非“证据资格”。并将证据能力定义为:证据能力,或称为证据的适格性,是指特定的证据材料具有作为诉讼证据的法律上的资格,并在此基础上能够被法院采纳为认定案件事实之依据的属性。作出这一定义的原因和内涵如下:

其一,这一定义采用了“法律+法院”的证据能力判断方式。但与既有定义不同的地方在于,“法律上的资格”与“能够被法院采纳”不再是混同的关系,而是二阶化的递进关系。满足法定资格要求是证据适格性的前提。该定义下的证据能力既包含法律明确规定的抽象资格要求,又在此基础上赋予法院根据具体案件裁量证据是否适格的权力。其二,在这一定义之下,证据能力不仅在证据的形式上而且在证据的实质内容上展开审查。证据能力的考察内容包含对最低限度的立证价值要求,涉及证据资料。这是由立法规定和法院裁量共同判断证据适格之模式下的必然结果。某些证据虽然具备了法律上的资格,但允许法官在考虑证据与事实证明之间的形式关联性、必要性和可获得性等方面来最终决定这一证据的证据能力。其三,这一定义之下的证据能力具有一定的弹性、灵活性和动态性。围绕适格性证据能力规则在证据制度中不是孤立的,并顺应于奉行自由心证主义的民事诉讼程序。这一定义契合于我国一元化、事实裁判者专业化的宏观司法制度,并且能够与我国民事证据法律体系中根深蒂固的“证据三性”之标准融贯不悖。

这一定义可能招致的质疑:如果将证据能力的判断标准延伸至具体案件中,包含对立证价值和关联性等因素的裁量,可能会构成对证明力的僭越。笔者认为不然。原因在于:

首先,通过前文论述的大陆法系证据能力、英美法系证据可采性,可以看出在域外理论、立法和司法实践中,证据能力普遍需要经过必要程度的关联性审查,这是理性主义在证据领域的投射。“禁止法院接受无关联的,在逻辑上不起证明作用的任何东西”之规则是理性证据制度的前提。[1] 实际上,在符合法律明定之资格要求的基础上进一步从关联性、必要性和可获得性等方面来决定是否采纳证据是一种溯源已久的证据理念。除了前文列举的当前域内外做法之

〔1〕 参见张卫平主编:《外国民事证据制度研究》,清华大学出版社2003年版,第190页。

外,中国古代的民事证据制度中就已经对这种证据审查与排除的理念有朴素体现。在清代,律例中虽然没有正式的证据排除规则,但从这一时期官员遗留的公文和判词观之,清朝司法官员在实践中会依据关联性来判断证据的取舍,并且会考虑到收集证据的难易、远近等与可获得性相关的要素来判断证据在诉讼中能否被采用。〔1〕其次,关联性和立证价值并不是证明力的绝对领域。通过证据能力制度将不具备基本的立证价值和关联性的证据排除能够避免在诉讼中浪费当事人与法官的时间与精力,避免拖沓迟延,效率低下。最后,在这一定义下,证据能力与证明力依然是有边界可循的。对于证据的立证价值与关联性等因素而言,法官在证据能力阶段解决的是有无的问题,在证明力阶段则评估大小、强弱等程度性问题。

综上所述,我国民事诉讼语境下的证据能力等同于证据的适格性,系指证据材料具有作为诉讼证据的法律上的资格,并在此基础上能够被法院采纳为认定案件事实之依据的属性。具有证据能力的民事证据既要符合法律明确规定的抽象资格,又与具体的案件相关。法院有权在具备法定资格的基础上裁量证据是否具有证据能力,裁量要素既包括证据方法也包括证据资料,裁量内容包括是否具备最低限度的关联性和立证价值等因素。

## 五、结　语

引入域外概念的最终目的在于通过分析、对比来进行自我反思,衔接比较理论和本土现状,从而对本国制度有更为客观的认知。因此,在引入域外证据理论概念时需要注意语境追溯,“需要透过规范和话语的表象去追问背后的本源性原理,并将其放置在一个整体中加以理解”〔2〕。在引入并适用相关概念之后,也需要将其置于宏观诉讼体系中,寻求本土语境下的协调与适应。由此,才能实现民事证据法领域的话语、规范和体系的融贯。

---

〔1〕参见蒋铁初:《原则与例外——清代民事证据制度的表达与实践》,载《现代法学》2007 年第 6 期。

〔2〕吴洪淇:《证据法体系化的法理阐释》,载《法学研究》2019 年第 5 期。

# “优化营商环境”命题的内在逻辑
## ——基于企业守法可预期性的视角

刘　睿*

**内容摘要**:党的二十大报告中明确的“优化营商环境”命题包含丰富的内在逻辑,保障企业在营商过程中的可预期性,是其中的重要方面。“法治化”视域中的企业可预期性主要是指守法预期的确定性,包括自身守法利益的确定性、相对方守法行为的确定性、法律制度及其实施的确定性。企业守法预期不确定性营商困境内含着法律制度确定性的提升要求,后者也构成了营商环境优化的应有内容。同时,营商环境不断优化还能够为守法主体赋能,提升其守法方面的自主嵌入能力。企业守法预期确定性的不同类型,分别对应四种不同的营商环境发展状况:失序型、寡头型/寻租型、环境依赖型、良性发展型。我国当前营商环境优化正在推动企业守法预期确定性由环境依赖型向可持续型发展,由此实现良性发展型营商环境。

**关键词**:优化营商环境　守法预期确定性　嵌入能力

近年来,优化企业营商环境一直是我国经济治理、市场改革的重要政策方针与目标之一。党的二十大报告明确指出,在构建高水平社会主义市场经济体制和高水平对外开放过程中,要“优化营商环境”,“营造市场化、法治化、国际化一流营商环境”。作为新时代推动国家高质量发展的重要命题之一,“优化营商环境”有着多维度的理论内涵与丰富的制度逻辑,市场化、法治化与国际化只是对其做出的整体性勾画,它们各自更加细致的内在逻辑仍然需要进一步地挖掘

* 上海师范大学哲学与法政学院讲师。

与分析。2017 年 7 月,习近平总书记在重要会议上强调:“要营造稳定公平透明、可预期的营商环境。”[1] 可见,“可预期”被认为是我国营商环境的重要属性与内在逻辑。那么,如何理解这种“可预期性”呢?

“制度在社会中的主要作用,是通过建立一个人们互动的稳定结构来减少不确定性。”[2] 现代市场经济中,主要的经济治理规则、市场秩序规则都以正式的法律制度为表征和建构,[3] 法律体系的各个部门都与市场经济活动密切相关。[4] 因此,“法治是最好的营商环境”[5],营商环境的“可预期性”首先指向了法律制度环境或营商法治环境的确定性问题。其次,优化营商环境与企业营商需求是一体两面的关系,[6] 营商法治环境的“可预期性”也意味着要在真正意义上实现企业守法预期的确定性要求。那么,企业守法预期确定性与营商法治环境可预期性之间是什么关系?如何从企业守法预期确定性的视角理解营商环境优化问题?从这一问题出发,我们就可以对党的二十大提出的“优化营商环境”命题给出更深层次的理解,从而更为细致地刻画出其内在逻辑的一个侧面。

## 一、守法预期确定性:一种法律的制度功能

随着现代市场经济的快速发展,复杂的经济活动建构与经济交往秩序越来

---

〔1〕 新华社:《习近平主持召开中央财经领导小组第十六次会议》,载中华人民共和国政府网,http://www.gov.cn/xinwen/2017-07/17/content_5211349.htm。

〔2〕 [美]道格拉斯 · C. 诺思:《制度、制度变迁与经济绩效》,杭行译,格致出版社、上海人民出版社 2016 年版,第 6 页。

〔3〕 “现代理性的资本主义需要的不仅是生产的技术手段,同时还需要一个可靠的法律体系和依照规章制度办事的行政机关。”[德]马克斯 · 韦伯:《新教伦理与资本主义精神》,马奇炎、陈婧译,北京大学出版社 2012 年版,第 15~16 页。

〔4〕 See Avinash Dixit, *Lawlessness and Economics: Alternative Modes of Governance*, Princeton University Press, 2004, p. 2.

〔5〕 新华社:《习近平主持召开中央全面依法治国委员会第二次会议并发表重要讲话》,载中华人民共和国政府网,http://www.gov.cn/xinwen/2019-02/25/content_5368422.htm。

〔6〕 参见刘刚、梁晗:《外部性视角下营商环境的优化——基于企业需求导向的研究》,载《中国行政管理》2019 年第 11 期。

越离不开现代法律制度的保障,现代商业需要"其功能可以预期的法律制度"[1]。现代法律制度的形式理性化、系统性、一般性以及强制性特征也保证了法律系统的"可被预期性""可被计算性";这一特性也许不是绝对的,但一定是客观的、普遍的。守法者期望自己依照公开的法律进行社会交往,并能够产生相应的法定的行为效果。尤其对于面对市场风险和市场不确定性的企业而言,法律制度的确定性更是他们营商活动可筹划性的前提和基础。具体而言,这种遵守法律、依循法律制度规定行动时产生的守法预期,包括三个方面:第一,对自己遵守法律后所实现的法律所赋予的权益的合理预期,即自身守法利益的预期;第二,在社会交往过程中,自己遵守法律的同时,也合理预期他人会遵守法律,即对相对方守法行为的预期;第三,对法律制度规定及其实施效力的合理预期。

(一)自身守法利益的预期确定性

社会主体关于自身守法利益的预期包括三个方面:法律制度所规定和保护的权益;守法行为完成后附随的有利的事件后果;遵守法律所减少的社会交往成本。其中前两点描述的是一种积极利益(增加的利益),第三点描述的是一种消极利益(降低的成本)。不过,第二点所描述的利益并不是能够由守法行为及相关法律制度单独决定,还会受到其他相关事件要素的影响,因此不能算作纯粹的守法利益。

1. 法律制度所规定和保护的权益

法律规范是利益的载体,"利益是人们寻求满足的需求、欲望或期望"[2]。法律权利虽不能等同于利益,但是权利人可以通过对法律权利的行使实现某些法律规范所承载的利益。[3] 法律影响着人们的生活,一个动态的、不断提出要求的生活世界,利益就是其中各种各样的生活要求;法律结合自身的价值目标,

[1] [德]马克斯·韦伯:《经济与社会》(第1卷),阎克文译,上海人民出版社2010年版,第456页。有学者指出,韦伯认为,现代(西方)资本主义的产生,有三个与法律相关的先决条件,其中之一就是"可计算的法律秩序",其他还包括"发达的商业契约"与"现代法人团体的法律概念"。参见[瑞典]理查德·斯威德伯格:《马克斯·韦伯与经济社会学思想》,何蓉译,商务印书馆2007年版,第135~143页。

[2] [美]罗斯科·庞德:《法理学》(第3卷),廖德宇译,法律出版社2007年版,第14页。

[3] 参见张恒山:《法理要论》(第3版),北京大学出版社2009年版,第369~370页。

关注并表达生活中的本质利益。[1]

法律制度对于相关利益的规定与表达是守法利益期待合理存在的前提。未经法律评价、认定的利益是不具有可普遍化与可期待性的,也难以要求大家统一遵循,彼此尊重对方的利益;[2]而经过法律统一评价、认定的利益,就能够在规范上要求他人对自己的利益主张予以尊重,这时对自身守法利益的期待才能具有社会性与规范性。

但是,这种规定与表达有时并不要求一定是明确的、面面俱到的。法律是动态发展的,法律的文本表达不一定是完美无缺的;利益概念所指代的"生活要求"意味着,即使某种生活上的利益要求由于立法的疏漏或滞后,还没有正式表述进制定法中,但只要它依据相关法律价值或法律原则,或类比已有的法律规定,被认为应当属于法律性的利益,那么这种情况也是守法者所应享有的法定利益。

2. 守法行为完成后附随的有利的事件后果

实际上,并不存在一个专门的、纯粹的守法行为,社会主体都是在完成某个社会活动的同时,其行为依照法律实施。因而,守法行为都是发生在某个特定的事件中,在这个事件中,当事主体有其专门追求的事件后果。因此,守法者所期待的利益不仅包括特定情境中法律规范具体规定的当事人权益的实现,同时还包括当本应取得的法定效果实现后,事件本身所附随的行动利益的获取。例如,在一次经济合作中,双方依照合同约定,履行了各自的权利义务后,各自基于合同规定所享有的权益都得到了保障,同时,因为该合同的顺利履行,双方的经济合作取得了成功,进而促进了各自的生意业务、经济绩效的发展,从而带来了双方预期的经济收益。前者(守法权益保障)是只要双方遵守了法律就能实现的(各自享有了合同明文规定的权益),后者(进一步的经济收益)建立在前者的基础之上(双方通过履约成功进行了合作),但同时还受到其他市场因素、各自能力因素等的影响,并不是由单一的守法行为就可以决定,但确实是可以在守法过程中预先筹划与期待的。由此可见,企业营商中的守法利益并不等同

---

[1] 参见[德]菲利普 · 黑克:《利益法学》,傅广宇译,商务印书馆 2016 年版,第 13 页。

[2] 参见刘睿、张继成:《立法评价方法初探——立法过程中价值评价的理性分析》,载《法制与社会发展》2018 年第 6 期。

于其在事件中获得的全部经济利益,前者只是后者的一部分或必要条件之一。对此,韦伯也有类似的区分,他将法律效力实现为市场主体带来的利益(机遇)分为两类:其一,规范为某种个体或某类主体明确提供了一种保障,即赋予了他们一种可享有的"权利",这些权利就承载着一种具体的利益;其二,是规范有效实施的副产品,一种规范良好实施后的"溢出"效果——该规范体系并没有明确承诺或保障这一机会。[1]

3. 遵守法律所减少的社会交往成本

制度能够"模式化"社会主体的行为,法律制度通过强制力进一步保证了其所规定的行为方式与模式的稳定性,这在某种程度上就减少了社会主体彼此之间的交往成本。社会主体在具体交往情境中不必再进行个别性的衡量与猜测,也无须额外建立情境性的交往规则,只需要依据一般性的法律规定,就可以实施相应的行动,并期待对方相应的行动反应。这个过程中,守法者实际上减少了因为法律制度存在而需要付出的认知、交往成本。这在某种程度上就是一种潜在的消极利益的获得。

另外,守法行为本身也需要守法者付出相应的成本,包括遵循相关法律程序、法律规定时所要付出的时间、精力(人力)、金钱成本等。例如,依照法律规定办理相关的企业资质证明或产权证明时,企业都需要专门派人、花时间、准备相关材料去相关部门完成相关程序。这种守法成本对于守法者而言也是一种"支出"。但是,换个角度来看,法律的确定性保证了守法者在完成相关法律程序时,只需要依照法律规定付出确定的守法成本,而无须反复"折腾",减少了额外的不确定成本的付出。这时,因为制度确定性而节省下来的额外的、无法预估的守法成本就可以理解为一种守法者消极利益的获得。这种消极的守法利益主要体现在守法主体与法律实施主体(政府及其官员)交往时,由于法律实施主体(政府/官员)所规定的法律程序不明确,使守法主体无所适从、反复交涉,进而导致的企业守法利益的损失(守法成本的额外增加)。

(二)相对方守法行为的预期确定性

社会主体的守法行为是发生在社会关系交往过程中的,作为经济交往关系

---

〔1〕 参见[德]马克斯·韦伯:《经济与社会》(第1卷),阎克文译,上海人民出版社2010年版,第433页。

的营商活动亦是如此。守法不仅是个体的行为,也受到社会关系互动中其他主体行为的影响,因而,守法者往往还期望着交往相对方也同时遵守相应的法律,即对相对方守法行为的预期。在现代社会中,广泛存在的法律简化了社会交往过程中的复杂性,让人们能够依据法律的规定对交往中他人的行为产生理性的预期,并对其做出这种预期行动抱有合理的期待与要求,从而能够安排自己的行为与生活。

在人类解决共存过程中的意义取向问题时,伴随着一种偶在性与复杂性,即出现一些指向其他可能性的迹象。因此,社会行动与交往过程中,既要形成共同的世界认知,建构各类不同意义(事物、人、事件、符号、价值、概念、规范等)的同一性,还要同时考虑他人的视角、他人的体验,以及预见他人的期望,即对(他人的)期望进行期望;以此类推,复杂交往中甚至还有对期望的期望,或更多重的偶在性问题。为了控制这种复杂性与偶在性带来的过度负荷,以及因此而不断增大的出错风险,人们需要简化和减负,发展出期望结构予以控制。[1] 这一过程既包括心理系统层面的,即由心理系统自身执行对他人的期望进行期望的、对其环境做出的反应;也包括社会系统层面的,即在客观上稳定化有效的期望,从而使人们可以据此引导自己。于后者而言,期望可以被转换为应然的语言形式,还可以依附于特征界定、行动定位和经验法则等,在此过程中,化简是通过概括性缩略而实现的(如"此处不可抽烟");同时,这些规则也是匿名的,因而是非人格的,无须考虑谁期望谁没有期望的问题。由此,便创造出期望的确定性,并产生了自我行为的确定性与他人行为的可预见性。社会系统层面建构出的社会规范体系,形成了"匿名符号复合体",指向规则的取向取代了指向期望的取向,并在很大程度上吸收了源于期望的出错风险。此时,违反规则的人就是行动上出错的人,违反规则现象的发生就不再是某人自身的期望出错,而是他人的行为出错。[2]

---

〔1〕 参见[德]尼克拉斯·卢曼:《法社会学》,宾凯、赵春燕译,上海人民出版社 2013 年版,第 70 ~ 76 页。

〔2〕 参见[德]尼克拉斯·卢曼:《法社会学》,宾凯、赵春燕译,上海人民出版社 2013 年版,第 77 ~ 78 页。

### (三)法律制度及其实施的预期确定性

社会交往过程中总是存在其他可能性,因而也会出现期望落空、遭遇失望的可能。如果一旦遭遇失望就去适应现实,根据眼下令人失望的现实进行调整,这种反应或态度就体现为一种认知性期望;与此相对的还有一种是规范性期望,即某人没有依照期望行事时,面对这种失望仍继续维持期望。规范构成了后一种期望的基础,规范的有效性与制度化使即使它在现实中没有被遵守,人们仍然可以对该行为继续保持期望。法律是一种典型的被制度化的规范性期望结构,[1]守法者对自身守法利益的期望以及对相对方守法行为的期望,都来源于、依赖于法律这一被制度化的规范性期望结构。这就转向了守法者对法律制度本身的预期确定性问题。作为一种社会结构的法律(制度),依赖于规范性期望的一致性的一般化;并且,法律的一般化相较于其他社会规范更为重要和独特:它在时间维度既是稳定化的(能够超越当下对未来行为产生期望),也是制度化的(能够通过第三方制度化地生产),还通过文本化、程序化等方式在事实维度对意义同一性进行外在固定。[2]

守法者对法律制度及其实施的预期确定性,本质上是对法律制度的应有特性、"品质"或"内在道德性"[3]的预期,期待法律制度能够稳定、充分具备相关特性并且有效实施。具体而言,法律要以令人易懂的方式表达出来,以合适的方式予以公布,要具有能被人获取并清晰掌握的可能,从而在社会交往中提供清晰的指引与明确的行为预期。[4] 法律体系的内容还要具有可行性与效率性。法律的可行性决定了守法的成本,对于法律适用对象来说,法律规范的要求是能够被接受、被具体执行的。法律的效率性也会影响行为主体对法律的选择,如果被要求遵守的法律过于繁复、耗费精力,从而效率过低甚至无效率,守

---

〔1〕 即得到被期望的第三方共识(如现代社会中的国家、议会、人民代表大会等)的支持,从而转化为一种对假定的第三方的期望。参见[德]尼克拉斯·卢曼:《法社会学》,宾凯、赵春燕译,上海人民出版社 2013 年版,第 80~82 页、第 101 页。

〔2〕 参见[美]费雷德里克·肖尔:《依规则游戏:对法律与生活中规则裁判的哲学考察》,黄伟文译,中国政法大学出版社 2015 年版,第 23~24 页。

〔3〕 [美]富勒:《法律的道德性》,郑戈译,商务印书馆 2005 年版,第 40 页。

〔4〕 参见[德]托马斯·莱塞尔:《法社会学导论》(第 6 版),高旭军等译,上海人民出版社 2014 年版,第 232 页。

法者可能会选择“逃逸”至其他社会规范,失去对法律的认同。[1] 此外,法律不仅是静态的书面条文,还依赖于一整套法律制度的正常运转。立法要能够制定出合理、正当的法律规范,建构科学、完备的法律体系。司法与执法机构要有效实施法律,并为法律得到遵守提供了国家强制力,对违法行为进行制裁,产生法律威慑力。法律实施产生的威慑也有利于社会守法信任的产生与发展,违法受到纠正、守法得到保护自然会提高法律的信用,提升人们对法律的预期与认可,进而促进人们对法律的遵守意愿。[2]

## 二、作为企业营商困境的守法预期不确定性

企业在营商守法过程中存在预期确定性的需求,反过来,当一些企业守法预期面临、存在不确定时,这就会成为他们遭受的一种营商困境,而营商环境的优化则需要有针对性地解决这种困境的发生。

### (一)企业守法预期不确定性营商困境之内涵

“不确定性”是“确定性”的否定形式,表达了客体发展的不稳定状态以及主体对客体发展状态认知的不肯定、不明确。“不确定性”意味着事物发展存在两种无法判断的可能性:正向的与负向的。[3] 对于主体而言,一方面畏惧、烦恼不确定性认知状态本身的存在,另一方面更是恐怕不确定性所可能指向的负面发展后果的出现。“不确定性”困扰行动者的一个重要原因就是因为其指向了一种未预期的、负面后果发生的可能性。

守法预期不确定性描述的则是,守法者对于自己依据客观有效的法律规范而形成的合理守法预期存在一种不确定的状态。当守法预期不确定性出现时,一方面意味着行动主体处在了一种守法认知上的不确定状态,另一方面还意味着守法过程中出现了预期之外的负面结果的发生。对于企业而言,这两方面都是守法预期不确定性成为一种营商困境的表现:(1)一种不确定的守法预期状

---

〔1〕 参见李娜:《守法社会的建设:内涵、机理与路径探讨》,载《法学家》2018 年第 5 期。

〔2〕 参见李娜:《守法社会的建设:内涵、机理与路径探讨》,载《法学家》2018 年第 5 期。

〔3〕 参见文军、刘雨航:《不确定性:一个概念的社会学考评——兼及构建“不确定性社会学”的初步思考》,载《天津社会科学》2021 年第 6 期。

态无法让企业做出确定的营商筹划;(2)营商过程中发生了企业选择守法却无法实现法定守法效果、获得法定守法利益的负面结果。实际上,对于守法企业而言,恰恰是因为遭遇了多次守法利益受损、守法预期落空的不利后果之后,其原本依据法律规定所形成的合理预期才出现了不确定性。法律制度原本应当为守法营商者提供了合理的守法预期,但是实践中守法预期落空、守法利益受损等负面情形的发生却破坏了这种本应普遍享有的守法预期确定性,进而让他们遭遇了守法预期不确定性困境。因此,守法预期的不确定性困境也可以理解为一种遵循制度时的风险,一种"守法风险"。[1]

(二)企业守法预期不确定性营商困境之内容

结合前面针对守法预期具体内容的讨论,守法预期不确定性困境也可以从以下三个方面进一步讨论:

第一,企业营商过程中自身守法利益预期的不确定性。当这种不确定性现实发生时,意味着守法者的守法利益遭受了实际的损失:(1)守法者的相关法律权益没有得到保障或受到了实际的侵害,如前文所述,这里的"法律权益"既包括制定法规范明确规定的法律权利中的相关利益,也包括虽没有明确规定,但是依据法律原则或类比已有法律权益而应受到保护,应当被视为法律利益;(2)由于守法权益没有得到保护,而导致整体事件中不利后果的发生,由此产生了其他相关利益的损失,对于企业而言,就是相关的经济活动、生意合作中潜在的经济利益的损失;(3)守法成本或负担的额外增加,这种情形往往与权威性法律程序(如法律监管、处罚)等的不当实施有关,如果一个要求过高的法律程序或者错误实施的法律程序施加到守法主体身上,那么造成的时间成本、精力成本、经济成本等都会引发额外的守法负担,这也是一种利益损失。

第二,经济交往相对方守法行为的不确定性。关系交往相对方守法行为不确定性指向的负面现实后果是,他们并没有实际遵守法律,而是利用了法律的漏洞或者说违反了法律。这种不预期的行为往往会造成守法一方的利益的损

[1] 参见郭忠:《守法风险与守法信任》,载《南京社会科学》2015 年第 10 期;汪全军:《论公民守法风险的负担——以"失独"为例》,载《西北大学学报(哲学社会科学版)》2017 年第 2 期。

失,会让守法者一方的法律权益以及由此产生的利益无法实现,同时也造成了相关的生活、经济安排出现混乱,需要改变原有的计划,进而产生额外的成本与负担。

第三,法律制度及其实施的不确定性。法律制度实施状态不确定性的负面结果发生,指向的是法律制度规定及其运行状态存在相关的制度性问题,法律规定不够完备,法律实施没有发挥出应有的效力,从而无法有效规制不守法的行为,同时无法保障守法者的守法利益。制度是能力有限的人类所建构的解决环境复杂性的重要工具,因此,面对现实世界的复杂性,人类往往会对制度抱有一定的期待与信任;这也意味着,人们对环境复杂性的主观感知也会"影响着人类对制度环境的理解,甚至影响着人们对制度环境是否公正的感觉"[1]。

如图 1 所示,这三者之间,"自身守法利益的损失"是守法预期不确定性困境的直接的现实后果;"相对方未遵循法律规定"是该现实后果发生的表面原因或直接原因;"法律制度及实施的不确定性"则是上述困境关系形成的结构性原因。因为结构性因素的存在,所以相对方未预期的守法行为在某些类案中会普遍性发生,所以企业守法利益不确定性的发生存在主体自身不可控的因素(尤其对于需要在市场中追求经济筹划确定性的企业而言,这种"不可控"更具有问题张力),由此便构成了企业守法预期不确定性的营商困境。

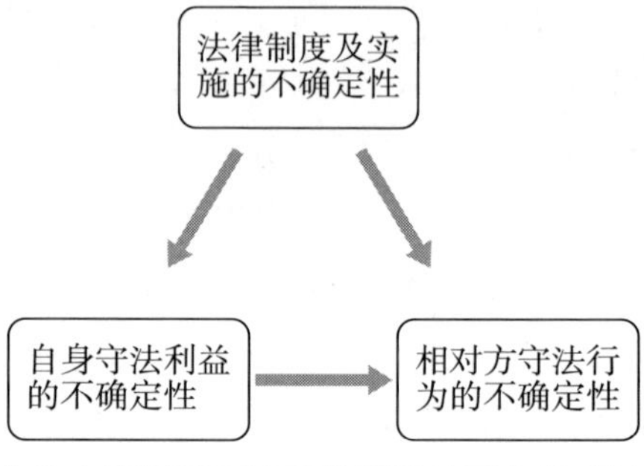


**图 1 企业守法预期不确定性困境的三个维度及其关系**

〔1〕 [美]道格拉斯 · C. 诺思:《制度、制度变迁与经济绩效》,杭行译,格致出版社、上海人民出版社 2016 年版,第 30 页。

（三）企业守法预期不确定性困境与营商环境优化

通过分析企业守法预期确定性/不确定性的理论内涵与内容维度，我们可以看出企业守法权益与法律制度之间的内在关系，企业守法预期不确定性营商困境内含着法律制度确定性的提升、优化要求，从而也成为企业营商环境优化（法治化）的重要内容。

首先，由于守法的强制性，公民在理论上并不具有选择守法或者违法的自由，也就是说，法律制度为公民施加了一种"守法义务"。〔1〕与这种守法义务同时存在的，自然就是公民对法律制度更高的期待甚至依赖。这也意味着，当包括企业在内的社会主体遭遇守法预期不确定性困境时，公民对法律制度的"失望"也会更大，造成的实际影响也会更大。〔2〕因此，作为法律制度的制定、实施者，国家具有优化法律制度、保证法律制度确定性的义务，这种义务的履行是守法强制性的道义来源，也构成了法治的内在道德。

其次，现代性的法律制度离不开国家的理性建构，其目标之一就在于建立稳定可预期的行为秩序，而守法者守法预期的不确定性，则是国家有意图行为（法律秩序的建构）所造成的未预期后果（unintended consequences）。〔3〕这种国家政策的有意图性与实践后果的未预期性之间的张力与冲突，在社会发展的各个具体领域都不同程度地存在，〔4〕因此需要有针对性的具体改革优化措施。从这个意义上来说，企业守法预期不确定性困境的存在，进一步说明了我国优化营商环境的必要性。

再次，制度在降低人类交往活动的不确定性方面，包含一种潜在的悖论：制度的规定与实施本身也存在一种不确定性，制度在降低社会复杂度的同时，也

---

〔1〕当然，公民的守法义务也不是绝对的，而是有限的。人们有权利改造甚至推翻不正义的腐朽制度；在一个接近正义的社会，面对确实发生的对正义的严重侵犯，公民可以不服从。参见［美］约翰·罗尔斯：《正义论》（修订版），何怀宏等译，中国社会科学出版社2009年版，第284～288页。

〔2〕这同时也与现代法律制度所蕴含的信任机制有关，法律制度所包含的象征标志和专家系统的建立，都离不开信任的存在。参见［英］安东尼·吉登斯：《现代性的后果》，田禾译，译林出版社2011年版，第23页。

〔3〕参见［英］安东尼·吉登斯：《现代性的后果》，田禾译，译林出版社2011年版，第39页；［英］安东尼·吉登斯：《社会的构成：结构化理论纲要》，李康、李猛译，中国人民大学出版社2016年版，第5～13页。

〔4〕参见文军：《城市化建设与居民生活结构的未预期后果》，载《重庆社会科学》2004年第1期。

作为一个不确定因素而可能增加社会交往的复杂度。更何况,制度的建立与运作都离不开相关主体的实施。现代法治所要求的法律制度的公正、有效、自我约束的运行原则,以及法治所施加给公民的守法义务,都在为公民提供社会交往确定性的同时还承担着社会主体更高的信任与期待。因此,法律制度确定性的建构不会是一劳永逸的,而是需要在面对不确定性的过程中不断追求、建立法律制度的确定性,即一种法制/法治的自我优化过程。

最后,国家(政府)作为现代性社会系统中高度能动的治理主体,具有一种经济治理的政治性责任与驱动力,例如对营商环境政策的优化,就是一种公共服务型政府的重要职责,而实施“优化”的责任主体就是国家。[1] 因此,对于作为一种制度环境的营商环境而言,建构、优化制度的国家的“能动性”是不应当忽视的,作为法律实施者与经济治理者的国家的视角也是不能忽视的。从这一角度出发,国家既是实施制度、建构制度的主体,也是受到制度约束的主体,引发守法预期不确定性的制度环境因素,本身就需要通过制度建构者的行动进行优化。这也是“优化营商环境”的隐含前提与应有之义。

## 三、通过增强企业守法预期确定性的营商环境优化

从上文分析可以看出,法律制度及其实施的确定性在根本上影响了企业守法预期的确定性。反过来,守法预期的不确定性,对于企业而言是一种影响自身经济效益、商业筹划的营商困境;这时,国家作为法律制度的建构者、实施者,有必要、有义务解决这一困境,这就指向了对营商法治环境进行优化的问题,即营造“可预期的营商环境”。在本节,笔者将进一步指出,企业守法预期的确定性不仅取决于法律制度的确定性,同时还要考虑企业自身的守法能动性,以及营商环境优化如何能够提升这种能动性?在此基础上,我们能够对营商环境优化问题提出一种新的认识。

---

〔1〕 参见张国勇、娄成武:《基于制度嵌入性的营商环境优化研究——以辽宁省为例》,载《东北大学学报(社会科学版)》2018 年第 3 期。

## (一)企业营商守法的嵌入能力

市场中企业的经济行为是一种社会行为,[1]其所处的经济系统也属于更大的宏观社会系统,[2]因而,企业经济行为也被认为是"嵌入"社会之中的,[3]社会环境中的其他因素(如法律制度)都会深刻影响经济行动的实施,这些社会因素都可以看作一种广义的营商环境。[4] 但同时,企业自身的主体性因素也会影响其嵌入社会环境的自主能力:主体的规模与发展程度决定了其资源获取的方式与能力,这些资源不仅是与生产经营相关的物质资源,同时包括各类社会资本与制度性资源。

法律制度作为国家提供的"公共产品",具有非排他性与非竞争性,只要国家供给了相应的法律制度,不论其意愿如何都不能排除其他人对该产品的消费和使用;并且,将法律制度分配给一个法律"消费者"的边际成本为零,只要法律制度建立,新增的"消费者"也不需要额外增加法律制度的供给。[5] 因而,法律制度就构成了企业所能拥有的"社会资本",一种个人可以作为资本财产所拥有的"社会结构资源"。[6] 虽然,法律并不是唯一可以借助的资源,不同的企业自身还拥有其他的资源,例如,依靠自身雄厚的经济资本自行"消化"风险,利用社

---

〔1〕 马克斯·韦伯认为,"经济行动本身未必就是社会行动"。如果一个个人的经济活动在主观态度上并没有针对他人,那就不能算作是一个社会行动;但是企业的经济行为在财产占有、生产经营行为上总是与"他人"相关的,因此也同时是一种社会行动。按照韦伯的界定,现代社会的经济行动一般都是社会行动。(参见[德]马克斯·韦伯:《经济与社会》(第1卷),阎克文译,上海人民出版社2010年版,第111~112页、第156~157页)严格来说,经济理论所分析的经济行动与作为经济社会学分析单位的经济社会行动之间还是存在区别,后者的范围大于前者。参见[瑞典]理查德·斯威德伯格:《马克斯·韦伯与经济社会学思想》,何蓉译,商务印书馆2007年版,第12页、第45~52页。

〔2〕 参见[美]塔尔克特·帕森斯、尼尔·斯梅尔瑟:《经济与社会——对经济与社会的理论统一的研究》,刘进等译,华夏出版社1989年版,第276页;[德]N.卢曼:《社会的经济》,余瑞先、郑伊倩译,人民出版社2008年版,第63~64页。

〔3〕 参见[英]卡尔·波兰尼:《巨变:当代政治与经济的起源》,黄树民译,社会科学文献出版社2017年版,第93~122页;[美]马克·格兰诺维特:《镶嵌——社会网与经济行动》,罗家德译,社会科学文献出版社2007年版,第8页。

〔4〕 参见张志铭、王美舒:《中国语境下的营商环境评估》,载《中国应用法学》2018年第5期。

〔5〕 参见程浩、管磊:《对公共产品理论的认识》,载《河北经贸大学学报》2002年第6期;周义程、闫娟:《什么是公共产品:一个文献评述》,载《学海》2008年第1期。

〔6〕 参见[美]詹姆斯·S. 科尔曼:《社会理论的基础》,邓方译,社会科学文献出版社1999年版,第354页。

会关系网络进行谈判或者反制,利用媒体资源施加压力,利用政治资源求助政府部门或者影响立法,等等。但是,这些资源的拥有和获得完全依赖于企业自身的经济规模与资源禀赋,法律制度资源却是对所有社会主体平等开放的。当然,利用法律资源本身也需要相应的成本,市场也提供了不同价位的利用法律资源的法律服务。不过,一方面,法律制度所提供的行为指引性与拘束力、国家公权救济等制度内容都是非歧视性的,每个守法者都可以要求他人按照法律行事,同时在受到利益侵害时寻求国家公权力救济;另一方面,获取法律资源的途径是公开、开放的,是每个人都可以付出相应的代价就可以得到的,而其他类型的资源却往往可能是想要支付获取都"无门可循"。因此,如果一个企业发展规模有限,那么它往往缺少个体的社会资本获取渠道与能力,而更多地依赖于社会公共资源的使用,这决定了他们会相对更加深入地嵌入进法律制度等社会结构中,并且因此而缺乏一定程度的行动自主性。

由此可以看出,企业并不是被动"嵌入"环境之中,完全由制度环境的确定性决定自身守法预期的确定性,而是在制度环境中保持着自身的"嵌入能力"。嵌入能力强调了主体嵌入进制度环境之中时的自主性,这种自主性是一种目的性而非程度性的衡量;其"目的"指的就是主体在制度环境中获取自身需要的制度性资源,提升自己遵循制度、抵御制度性风险的能力。这种嵌入能力虽然由企业经济规模、资源禀赋所限制,但也会被外部制度环境所影响。如果营商环境中存在各种"赋能制度",那么就会进一步提升企业的嵌入能力,并且减小不同企业因自身原因而造成的嵌入能力的差距。

从守法预期确定性的角度来看,企业在营商环境中的嵌入能力具体可以总结概括为三个方面:守法能力、法律资源获取能力和法律风险承受能力。第一,守法能力是企业在进行守法时所要付出的必要的金钱、时间、人力成本。[1] 例如,依法纳税需要企业有相应的人员花费相应的时间准备相关材料,履行相关程序;要达到法定排污标准,就要购买相应的排污设备。正如前文提到的,如果法律制度及其实施具有确定性,那么会增强企业的守法确定性,减少不必要的制度履行成本。此外,如果相关制度能够通过优化降低守法的复杂性,并且建

〔1〕 参见李娜:《守法社会的建设:内涵、机理与路径探讨》,载《法学家》2018 年第 5 期。

立相关的法律服务制度指导企业更加熟悉相关程序,那么也能够进一步提升企业(特别是中小企业)的守法能力。[1] 第二,法律资源获取能力是指企业获取外界法律服务的能力,这一方面需要企业有专业的法务人员、法务部门,以及购买法律服务的资金;另一方面也需要外部环境中存在高质量、可获取的法律服务供给,这种供给主要由市场上的法律服务机构提供,但也包括专门针对中小企业的政府公共法律援助、帮扶、指导项目。第三,法律风险承受能力是指企业遭受法律风险时的承受度,这一能力建立在前两个能力的基础之上,一般来说与前两个能力成正比。

"嵌入能力"概念更有利于分析面对相同的法律制度环境时,不同企业之间的差异。因为企业的经营规模、资源禀赋不同,从外部环境所能够购买的人力资源与法律资源也会有所不同。缺少专业的法务资源,企业就更容易遭遇相关的市场风险,也会因为缺乏专门的人员而在面对相关法律监管程序时花费更多的精力与守法负担,相应地,他们防范、应对、承受守法预期不确定性风险的能力也会越弱。与此同时,企业越是资源禀赋有限、针对守法预期不确定性等法律风险的应对、承受能力也就越有限,就会越依赖法律公共产品——正式的法律制度体系,依赖于法律制度运行的确定性;并且,他们即使遭受权益损失、面临不确定性风险,也往往会选择继续遵循法律制度规定,否则连公共法律资源的支持都可能会失去。可见,这种依赖性既意味着获取法律资源的便利性,同时也意味着遭受守法预期不确定性的风险性。由此,如图 2 所示,在守法预期不确定性的生成过程中就形成一种逻辑上的循环困境:企业的规模和资源越有限,其制度资源获取能力也越弱、法律风险承受能力也越弱,同时又越是依赖法律资源、坚持遵守法律,忍受法律预期不确定性困境,进而限制企业守法利益的获得、经济规模的增长。此时,如果企业在自身规模、资源禀赋不变的情况下,想要打破这种循环困境的最佳方法就是增强企业在守法方面的嵌入能力。所以,营商环境需要不断优化的另一重意义在于,营商环境优化能够为守法主体赋能,提升其在营商环境中的自主嵌入能力。

---

〔1〕 参见刘本:《合规:从法律和社会学角度的解读》,载蒋姮主编:《合规——全球公司发展新趋势》,中国经济出版社 2012 年版,第 97 ~ 98 页。

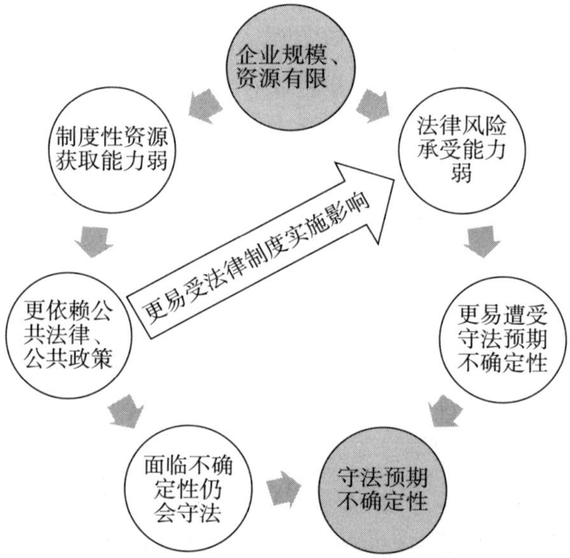


**图 2　嵌入能力与守法预期不确定性的生成**

(二)企业守法预期确定性与营商环境的类型分析

通过以上研究,本文指出,营商环境的优化要能够提升企业的守法预期确定性,企业自主嵌入能力与法律制度的确定性,都影响了企业营商的守法预期。如图 3 所示,依据两个因素之间的强弱关系,可以划分出四种不同的企业守法预期确定性类型,不同的守法预期确定性类型又分别对应着四种不同的营商环境发展状况。

第一,环境依赖型。如果法律制度的确定性比较强,但是营商主体的嵌入能力比较弱,则说明制度环境通过国家推动、优化而不断提升了确定性,但是营商主体的嵌入能力相对较弱,还需要制度环境的赋能。此时,企业营商的守法预期确定性依赖于法治环境的确定性程度以及营商环境的赋能。同时,不同区域的营商环境发展水平也存在级差,国家营商环境优化建设相对深入的领域或地区,守法预期确定性就更强。企业营商的守法预期确定性依赖于营商环境的建设水平,而某地或某领域的营商环境建设水平也同时依赖国家和地方政府的推动、改革的程度。

第二,良性发展型。如果主体嵌入能力较强,其所嵌入的制度环境确定性也强,则意味着营商主体拥有明确的守法预期确定性,并且这种确定性是可持续的。因为强嵌入能力与强制度环境确定性之间能够互相影响,形成良性互动,进而形成守法预期确定性的再生产机制;同时还意味着制度环境在持续优化,在动态发展中提升自己的制度确定性,并且持续为营商主体赋能,提升其嵌入能力。因此,这种守法预期确定性类型对应的是一种能够持续优化发展的营商环境状态。

第三,失序型。如果在一个营商环境中,企业的嵌入能力弱,法律制度确定性也弱,那么企业营商的守法预期确定性实际上是缺失的,这不同于本文所论述的守法预期的不确定性,因为后者意味着既有确定性的一面,又有不确定性的一面,而前者则意味着几乎不存在一种守法的确定性。这种情况下相应的法律制度实际上是完全失效的,所对应的营商环境可以说是一种完全缺失法律秩序的状况。

第四,寻租型/寡头型。如果法律制度确定性弱,但是企业嵌入能力强,就意味着法制/法治环境也无法为企业的嵌入能力赋能,企业只能依靠自身资源、实力来确保自己的嵌入能力。这种情况下,往往只是部分经济实力强或拥有其

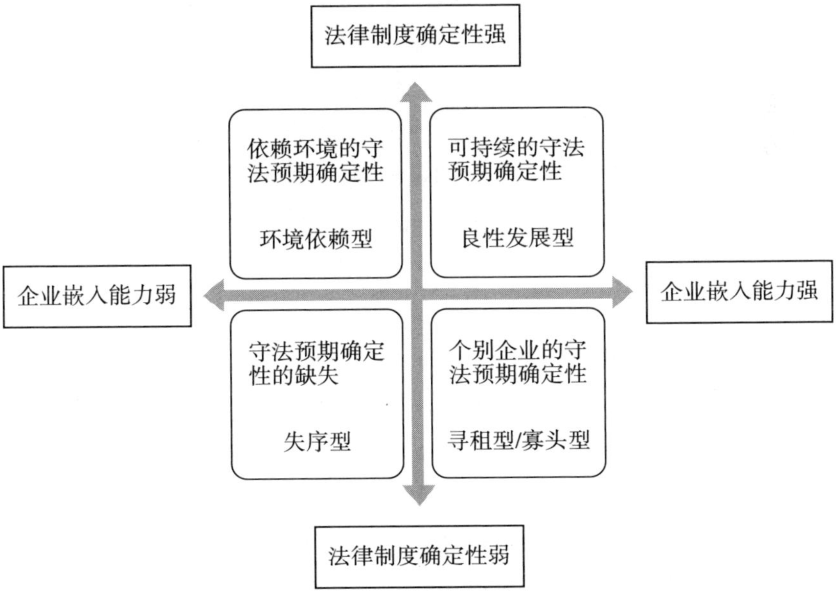


**图 3　守法预期确定性与营商经济类型坐标系**

他社会、政治资源的企业,因为自身的个体性因素而在弱确定性的法律制度环境中拥有了一种强嵌入能力。此时的守法预期确定性类型就只是一种“个别企业的守法预期确定性”,其所对应的往往是一种寡头型(个别拥有超强经济实力或垄断性市场地位的企业)或寻租型(通过非正式的政治关联而获取经济资本的企业)营商环境状况。

以上划分只是一种“理想类型”,实践中相应的营商环境发展状况更多是在整体上表现为接近其中某种类型的趋势。总体来说,我国当前的企业守法预期确定性依赖法律确定性的提升,整体的营商环境状况也表现为环境依赖型。伴随着我国市场经济制度、法律体系的建立与完善,当前我国的营商制度环境已经具备了整体的制度框架与制度实施水平,各个企业所关注的制度预期不再是:是否允许市场经济、是否允许民营企业经济、是否允许某个行业存在、是否能够顺利注册成立公司等关乎企业存在、生存的制度预期问题。在此基础上,在发展过程中,企业更加关注的是如何进一步获得良好的发展环境的问题。他们关于制度的可预期性问题是个别性的而非普遍化的,是关于个别类型的法律问题以及相关的制度问题,而非整体的法治体系与制度性质问题;是更加关注到了自身权益的保障与平等对待问题,而非权益的有无问题。在这个过程中,各区域之间营商环境优化的程度不同,会影响企业守法预期确定性的实现程度。并且,以中小企业为代表的大部分企业都没有充分形成自身的自主嵌入能力,国家相关的“赋能”制度(如政企协商机制、法律服务机制、多元纠纷解决机制、企业合规制度等)还没有建设成熟。因此,当前营商环境优化、企业守法预期确定性提升,突出表现为以国家推动为主,取决于政府的优化建设水平、建设程度。

当然,党的二十大报告也回应了这一现实问题与实际需求,明确提出了要“构建高水平社会主义市场经济体制”,包括优化民营企业发展环境,依法保护民营企业产权和企业家权益,深化简政放权、放管结合、优化服务改革,完善产权保护、市场准入、公平竞争、社会信用等市场经济基础制度。这些方针政策的提出正说明,我国当前营商环境的优化正在推动企业守法预期确定性由环境依赖型向可持续型发展,由此进入良性发展型营商环境的新阶段。

# 家庭暴力认定难的实证研究*

## ——以Y市家暴型离婚案件为样本

宋晨翔** 葛茹双*** 王亚男****

**内容摘要:**家庭暴力已经摆脱家庭这一概念的禁锢,成为公众普遍关注的社会问题。近年来,层出不穷的家庭暴力事件通过互联网等渠道进入公众视野,表明越来越多的家暴受害方敢于寻求外界力量和司法救济的帮助摆脱家庭暴力,然而司法实践却普遍存在家暴认定难的困境,无法有效保护弱势群体的合法权益。本文以Y市2016~2020年涉家庭暴力的离婚案件为切入点进行实证分析发现,家暴认定难的原因除当事人举证不力之外,还存在家庭暴力法律认定标准不明确,错把损害结果作为认定标准,混淆家庭暴力与家庭纠纷,以及法官受家庭本位观念的影响。

**关键词:**家庭暴力 家暴认定 家庭纠纷 表见证明

我国古代的男尊女卑以及两性等级观念对当代的家庭夫妻相处模式仍有深远影响。当今社会伴随互联网的普及,家庭暴力事件逐渐走出家门,成为社会公众关注的话题。同时,随着我国法治水平的不断提升,家庭成员独立意识觉醒,公民维权意识提高,以及《反家庭暴力法》的问世,在遭受家暴后,越来越多的受害人选择通过司法途径摆脱家庭暴力。但是根据实证调研获取的数据

---

* 本文系陕西省教育厅一般专项科学研究计划项目“人民司法视野下的人民陪审员制度改革研究”(20JK0435)的研究成果。

** 延安大学政法与公共管理学院讲师,法学博士。

*** 延安大学政法与公共管理学院硕士研究生。

**** 延安大学政法与公共管理学院硕士研究生。

分析得出,地方各法院普遍存在家庭暴力案件认定率低的现状。家庭暴力往往发生于隐秘空间的特定主体之间,这使家庭暴力发生时,司法无法充分保护受害者的权利。对家庭暴力认定是使施暴者承担法律的基础,虽然我国《反家庭暴力法》《民法典》婚姻家庭编等规定了加害人实施家庭暴力应当承担的民事责任、行政责任、刑事责任,但只有解决司法实践中家庭暴力认定困境,才能更好地推进家庭暴力防治工作、切实保护受害者的权益。

目前学术界对家庭暴力认定难问题已达成共识,并致力于从当事人举证角度寻找突破困境的方法。本文采取实证分析的方法,从法官审理涉家暴型离婚案件的审理路径入手,试图寻找解决家庭暴力认定率低的新思路,从而突破当事人举证能力、证明标准、制度安排等方面的束缚,为法官审理此类案件提供科学指引,真正保护弱势群体的合法权益,维护家庭社会的和谐稳定,实现实质公平。

## 一、问题的提出

### (一)研究现状简述

学者林建军以及学者陈敏的文章中指出,"暴力"一词本质为强制力或武力,不同于纠纷这种非对抗式的争执或口角。暴力是基于控制的目的,针对人的肉体、精神、性等方面实施的行为,无须将是否造成一定的伤害后果纳入考虑范围。[1] 学者薛宁兰认为,《反家庭暴力法》的立法目的首先是处理家庭暴力,维护个体的合法权益;其次是实现家庭和谐与社会稳定,即将个体主义与家庭本位相结合。[2] 学者陈苇、段伟伟的文章中,则采用实证调研的方式,以当事人的年龄、性别、职业、暴力行为方式为出发点,总结该地区家暴型离婚案件的特征,归纳得出该地区家庭暴力发生率较高但认定率低,并分析了法官审理家

---

〔1〕 参见陈敏:《家庭暴力是暴力而不是纠纷》,载《人民司法》2014 年第 7 期。

〔2〕 参见薛宁兰:《反家庭暴力法若干规定的学理解读》,载《辽宁师范大学学报(社会科学版)》2017 年第 1 期。

暴型离婚案件的有益经验和现实困境。[1] 学者贺欣则以家暴型离婚案件审理中调解和判决这两个结案方式为切入点，分析得出法官不认定家庭暴力的行为一定程度上受制于调解制度及业绩考核。[2] 学者张剑源同样认为家庭暴力难以被认定这一现状，除了当事人举证不能的原因外，还受家庭暴力法定认定标准的模糊不统一，以及离婚案件调解优先、涉及子女抚养财产分割多方面，法官受到安全威胁等因素的影响。[3]

我国台湾地区采用特殊方法来界定家庭暴力，在认定亲属关系时不以当下存在为必要条件，只要在空间上具有紧密关联性即可，这有利于全面规范不同群体间的家庭暴力。具体到实践中解决家庭暴力认定率低的问题，我国台湾地区同样是设立审理家事案件的专门法庭，同时严格选拔具有长期的家事审判经验以及具有婚姻经历的法官，设立多重保障机制，解决家暴认定难题。

### （二）本文研究内容

首先，通过实证分析研究 2016 ~ 2020 年 Y 市家暴型离婚案件，从当事人的性别、年龄、职业、文化程度、暴力行为方式、发生原因、受害人心理态度等方面进行数据统计，分析 Y 市家暴型离婚案件的特点。其次，对 Y 市家庭暴力认定情况进行实证分析，判断该地区司法实践中是否存在家庭暴力认定率低的困境，同时结合具体的司法裁判文书，对法官审理家暴型离婚案件的裁判思路进行分析，总结出影响家庭暴力认定的因素。最后，结合实证分析的数据以及学者关于家庭暴力认定方面的文章，分析导致家庭暴力认定困境的立法、实践等方面的原因，并试图寻找解决方案。

## 二、现状：Y 市家暴型离婚案件的特点

### （一）家庭暴力案件资料统计

2016 年《反家庭暴力法》正式实施，这是我国颁布的首部反家庭暴力法，自

---

〔1〕 参见陈苇、段伟伟：《法院在防治家庭暴力中的作用实证研究——以重庆市某区人民法院审理涉及家庭暴力案件情况为对象》，载《河北法学》2012 年第 8 期。

〔2〕 参见贺欣、肖惠娜：《司法为何淡化家庭暴力》，载《中国法律评论》2019 年第 4 期。

〔3〕 参见张剑源：《家庭暴力为何难以被认定？——以涉家暴离婚案件为中心的实证研究》，载《山东大学学报（哲学社会科学版）》2018 年第 4 期。

此人民法院审理有关家庭暴力的案件有了明确的法律依据。同时根据《民法典》婚姻家庭编的规定,家庭暴力作为法定离婚原因之一,因此对家庭暴力的控诉往往附加于离婚诉讼中。通过查阅无讼检索网,对所有的裁判文书加以浏览汇总后,意图探究 Y 市家庭暴力案件呈现的特点以及背后的原因。

1. 家庭暴力案件中当事人状况统计

(1)性别

当事人的性别情况如表 1 所示。在家暴型离婚案件中,实施家庭暴力的大多为男性,约占 98%,只有 2% 左右的施暴者为女性。并且绝大多数为女方即受害方作为原告起诉离婚,只有个别案件是男方作为原告起诉离婚,女方作为被告在答辩中主张遭受男方的家庭暴力。

**表 1　家庭暴力案件中当事人性别情况**

| 主体 | 男性 | 女性 |
| --- | --- | --- |
| 施暴方 | 98% | 2% |
| 受害方 | 2% | 98% |

(2)年龄

当事人的年龄状况如表 2 所示。施暴者的年龄主要集中在 26 ~ 35 岁,约为 39%;年龄处于 18 ~ 25 岁的约为 9%;年龄处于 36 ~ 49 岁的约为 12%。而受害方的年龄依旧主要集中在 26 ~ 35 岁,约为 39%。年龄处于 36 ~ 49 岁的约为 15%。

**表 2　家庭暴力案件中当事人的年龄情况**

| 主体 | 18 ~ 25 岁 | 26 ~ 35 岁 | 36 ~ 49 岁 | 50 岁以上 | 未说明 |
| --- | --- | --- | --- | --- | --- |
| 施暴方 | 9% | 39% | 12% | 0.6% | 39.4% |
| 受害方 | 7% | 39% | 15% | 4% | 35% |

(3)职业

明确列明施暴者职业情况的裁判文书有 99 份,无业、农民以及无固定职业比例约为 19.9%,未说明职业情况的裁判文书有 232 份,占比达 70%。明确列明受害方职业情况的裁判文书有 89 份,受害方的职业情况大多为无业、农民以及无固定职业，占比约为23.8%，在裁判文书未说明受害方职业情况的有242份，占比达73%左右。反映出家庭暴力多发生在无业、无固定职业、农民群体之间（见表3）。

**表3　家庭暴力案件中当事人的职业情况**

| 主体 | 农民 | 服务员 | 老师 | 会计 | 包工头 | 经商 | 无业 | 无固定职业 | 其他 |
|---|---|---|---|---|---|---|---|---|---|
| 施暴方 | 5.8% | — | 0.6% | — | 2.6% | 0.6% | 8.4% | 5.7% | 6.3% |
| 受害方 | 3.8% | 0.6% | — | 0.6% | — | — | 15% | 5% | 2% |

（4）文化程度

当事人的文化程度如表4所示。通过分析得出施暴者的文化程度，初中以下（包括文盲及小学）的约为19%，未说明文化程度的为75%左右。受害者的文化程度初中以下（包括文盲及小学）的约为24%，反映出家庭暴力主要发生在低学历人群之间。

**表4　家庭暴力案件中当事人的文化程度**

| 主体 | 初中以下（包括文盲及小学） | 中专 | 高中 | 本科 | 大专 | 研究生 | 未说明 |
|---|---|---|---|---|---|---|---|
| 施暴方 | 19% | — | 1.3% | 0.6% | 3.5% | 0.6% | 75% |
| 受害方 | 24% | 1.3% | 0.6% | 1.5% | — | 0.6% | 72% |

（5）收入水平

家庭暴力案件中双方当事人的收入水平如表5所示。通过数据统计得出施暴方的收入水平处于无稳定收入或低收入状态的约为5.16%，受害方的收入水平处于无稳定收入或低收入的状态约为19.78%。

**表5　家庭暴力案件中当事人的收入水平**

| 主体 | 收入稳定 | 无稳定收入 | 未说明 |
|---|---|---|---|
| 施暴方 | 9.03% | 5.16% | 85.81% |
| 受害方 | 3.22% | 19.78% | 77% |

2. 家庭暴力的行为方式

Y 市家暴型离婚案件中家庭暴力的行为方式主要表现为传统的身体暴力，即采取殴打的形式，约为 55.5%，部分案件除殴打之外还叠加了辱骂、限制人身自由、威胁的形式，即表现为身体暴力与精神暴力混合实施的情形，约为 23.8%，此外裁判文书中未说明暴力形式，当事人仅说明遭受家庭暴力的占比约为 20.7%。家庭暴力行为严重侵害了受害方的生命权、健康权、人格尊严和心理健康，应加以预防和制止。

3. 家庭暴力的发生原因

家庭暴力的发生原因包括：婚前缺乏了解性格不合，男方酗酒、赌博，男方脾气暴躁、小肚鸡肠、控制欲强、对女方缺乏信任，具体如表 6 所示。其中约 27.1% 的家暴案件是由于双方婚前缺乏了解性格不合；其次是由于男方脾气暴躁以及酒后实施家暴，合计约占 28.6%。

**表 6　家庭暴力的发生原因**

| 性格不合 | 脾气暴躁 | 酗酒 | 好吃懒做 | 赌博 | 控制欲强 | 其他 | 未说明 |
|---|---|---|---|---|---|---|---|
| 27.1% | 17.4% | 11.2% | 1.3% | 0.6% | 1.7% | 4.5% | 36.2% |

4. 家暴型离婚案件的纠纷解决方式

在查阅 Y 市家暴型离婚案件法院裁判书的过程中发现，41% 的作为受害方的女性在遭受家庭暴力后第一时间选择的是分居或离家出走，而不是寻求居委会、妇联等社会组织和法院的帮助。在诉讼中有 67% 左右的男性被告不同意离婚，同时通过统计对女方控诉的家暴作出回应的男性数量发现，约 90% 的男性否认自己实施家庭暴力。同时法院审理此类案件适用的程序大多为简易程序，案件数量约为 87%，7% 左右的案件适用普通程序审理，5% 左右的案件因被告地址不明无法送达而裁定驳回起诉，这在一定程度上反映了大部分家暴型离婚案件的案件事实较为简单，以及法官对此类案件的态度是否未足够重视。

5. 家暴型离婚案件的审理结果

Y 市涉及家庭暴力的离婚案件，法院最终判决准许离婚的仅占全部案件数量的 36%，其余裁判结果为判决驳回原告诉讼请求、判决不准离婚或者裁定驳回起诉，约占 64%(见表 7)。

**表7　Y市家暴型离婚案件的审理结果**

| 准许离婚 | 判决驳回原告诉讼请求 | 判决不准离婚 | 裁定驳回起诉 |
|---|---|---|---|
| 36% | 43% | 16% | 5% |

(二)涉家庭暴力离婚案件的特征

1. 家庭暴力的发生率较高

Y市家暴型离婚案件2016年为215件,2017年为120件,而2018~2020年案件数量急速下降。这是因为2016年《反家庭暴力法》正式实施,家庭暴力这一家事制定国法,为常年遭受家庭暴力的受害人提供了明确的救济途径,受害方纷纷借助法律手段,诉诸法院以结束不健康不平等的婚姻状态,因此2016年Y市家暴型离婚案件的数量激增。而自2018年起,案件数量呈现递减态势,这在一定程度上说明《反家庭暴力法》的实施在预防、制止家庭暴力,以及保障妇女合法权益方面发挥了实效。

2. 夫妻间的家庭暴力主要发生在男性对女性

家庭暴力可以发生于男方对女方、女方对男方、父母对未成年子女、成年子女对父母、儿媳对公婆、女婿对岳父岳母等之间,本文主要谈及家庭暴力主要指的是夫妻之间实施的身体、精神等方面的侵害。根据中国司法大数据服务网发布的数据来看,有91.43%的案件是男性针对女性实施家庭暴力,同样在Y市家暴型离婚案件中,约有98%的案件是男性对女性实施家庭暴力。

3. 影响暴力行为的相关因素

从统计的数据分析得出,施暴方的职业情况大部分为无业、无固定职业或农民。首先,家庭暴力的发生与施暴方在日常社会经济生活中所处的地位有重大关联,37%的施暴方处于26~35岁,正值青壮年,处于上有老人需要赡养,下有孩子需要抚养的人生阶段,作为家庭经济来源的主心骨,肩负着一家老小的生活开支,生存压力苦不堪言。而在职场中,他们大多为底层员工,处理基础性工作,工资薪水待遇自然处于较低水平,也面临随时被企业裁员的风险。[1] 因此,在面对家庭生活中烦琐的纠纷时,其耐心程度大大降低,往往通过暴力解决问题。

〔1〕 参见陈敏:《家庭暴力是暴力而不是纠纷》,载《人民司法》2014年第7期。

其次,当男性的职业状况不佳,进而导致其收入水平不高或不稳定时,会影响其在社会生活中的地位,往往需要低三下四,看别人眼色行事。因此此类男性急需在家庭中树立威信,寻找尊严,维护其一家之主的地位。

最后,家庭暴力的发生与当事人受教育程度有关。就施暴方而言,其受教育程度大多为初中及以下,他们的思想观念仍然受制于传统男尊女卑文化之中,认为女性是男性的附属品,忽视妻子对家庭的付出,不尊重女性而随意打骂以发泄心中的不满。同时由于未接受过高等教育,他们大多无法控制自己的情绪,往往通过暴力冲动行事,难以通过平和沟通的方式解决夫妻之间发生的矛盾和摩擦。就受害方而言,她们的文化水平也大多为初中及以下,不懂得经济独立的重要性,只能依靠丈夫生活。同时当其遭受家庭暴力后,往往忍气吞声,选择离家出走或分居,法律意识淡薄,不知晓且不好意思寻求外界的帮助,反而助长了施暴者的嚣张气焰。

4. 家庭暴力双方的地位不平等

受传统男主外、女主内观念的影响,婚后女性往往被要求成为家庭主妇,在家相夫教子。这种家庭分工导致女性所获取的社会资源、接受的文化教育大大低于男性,久而久之在家庭中丧失话语权,社会经济地位变低。同时社会忽视女性自身价值的闪光点,认为"女性有好工作不如嫁得好",将女性作为男性的附属品,在经济和生活中完全依附于男性。此外,女性受暴者所遭受的家庭暴力通常呈现出持续时间较长的特征,她们大多为了家庭孩子一直隐忍家庭暴力,并受离婚这一负面评价的影响,一直被禁锢在不平等不健康的夫妻关系中。随着孩子成家立业,反家庭暴力的宣传普及,受暴者希望摆脱暴力,开启新生活。

## 三、家庭暴力司法认定情况实证分析

分析法院对于家暴型离婚案件中家庭暴力这一因素的认定情况的前提条件,在于明确"家庭暴力"这一概念的含义。广义的家庭暴力包括未达治安管理处罚标准的家暴、由《行政处罚法》处理的家暴、由《刑法》处理的家暴。本文我们讨论的是离婚案件中家庭暴力的认定情况,离婚案件属于民事纠纷,因此仅讨论狭义家暴的含义即未达治安管理处罚标准的家暴。根据《反家庭暴力法》的规定，家庭暴力指的是发生于家庭成员之间的，一方对另一方采取的殴打、捆绑、残害、限制人身自由的身体侵害以及经常性谩骂、恐吓等方式实施的精神侵害行为等。

(一)Y市家庭暴力认定现状

随着2016年《反家庭暴力法》的出台以及国家通过互联网等多种渠道大力宣传有关家庭暴力的预防、救济和惩治措施，家庭暴力这一词汇从家庭的大门走出，进入社会公众的视野。通过查阅中国司法大数据服务网中关于离婚纠纷的司法大数据专题报告得知，2017年，家庭暴力居离婚原因的第二位，14.86%的夫妻因家庭暴力向法院提起离婚诉讼。江苏省扬州市中级人民法院曾统计，在离婚纠纷中30%左右的当事人主张遭受家庭暴力。以上数据表明越来越多遭受家庭暴力的受害者敢于诉说自己遭受的不公平待遇，并积极寻求居委会、妇联、法院等的帮助。

根据北大法学院妇女法律中心发布的《看不见、听不到的家庭暴力——2017~2020年千份涉家暴离婚判决书研究》得出，2017年家暴认定率为5.56%，2018年家暴认定率为5.12%，2019年家暴认定率为4.43%，2020年家暴认定率为7.94%，以上数据表明家庭暴力在司法实践中存在认定困境。同时对搜集到的2016~2020年Y市家暴型离婚案件进行数据统计发现，331个有效样本中当事人均主张遭受家庭暴力，但是仅有4%左右的案件中家庭暴力被法院认定，其余案件法庭要么是未提及家庭暴力或直接归为因家庭琐事发生纠纷，要么是因当事人未举证或证据不足未认定，要么是提及家庭暴力但不知为何未认定，其中法庭未提及家庭暴力的案件数量约为62%。这一数据与北大法学院妇女法律中心统计的数据基本接近，再次证明了家庭暴力难以被认定。

(二)家庭暴力认定的司法实践

通过统计分析法院对于离婚纠纷中家庭暴力的认定情况，我们发现家庭暴力确实存在认定难的现状。笔者将搜集到的Y市家暴型离婚案件共计331个有效样本从以下三个方面为切入点：第一，当事人针对家庭暴力是否向法庭出示证据；第二，法庭在认定事实和裁判理由中是否对家庭暴力进行讨论和说明；第三，法庭是否认定存在家庭暴力，以了解法官审理此类案件时的裁判路径，进而深入探究家庭暴力认定难的原因。[1]

1. 认定家庭暴力的情形

在笔者搜集到的 Y 市 2016 ~ 2020 年家暴型离婚案件中只有 13 个案件中家庭暴力被人民法院认定并且最终判决双方当事人离婚,通过对这 13 个案件的当事人是否举证及证据类型、被告方态度、法官裁判路径进行分析,概括出法官认定家庭暴力的情形与理由,主要为以下几种:

第一,原告方主张遭受家庭暴力,并向法庭出示了相关证据加以证明,例如提供了门诊病历、照片、成年子女的证人证言、公安局"110"报警记录单、派出所出具的鉴定意见告知书、妇联证明等,证据与案件事实具有关联性,达到《民事诉讼法》规定的证明标准,因而被法庭采纳,成功认定家庭暴力。

第二,施暴者的态度对案件证据的采信及家庭暴力事实的认定产生重要影响。被告方对原告出示的证据无异议或者被告承认殴打,此时被告方属于自认。刑事诉讼是由公权力代表国家惩治犯罪分子,为了保障犯罪嫌疑人的合法权利,必须严格查明犯罪事实方可定罪量刑,而民事诉讼不同于刑事诉讼,只要一方承认另一方的主张,法庭就对案件事实加以认定。因此在被告对原告所举证据无异议或承认殴打的案件中,家庭暴力更容易被认定。

第三,法官所具备的民事案件审理技能对家庭暴力的认定以及案件的走向至关重要。当前我国制定了首部关于家庭暴力的法律,但是关于家庭暴力的认定标准尚未十分明确,需要法官借助审理技能,结合生活经验,对当事人主张的事实进行合理范围内的推定,从而最大可能查清事实,形成心证,维护实质公平正义。

2. 未认定家庭暴力的情形

根据统计的数据得知,在当事人主张遭受家庭暴力的离婚纠纷中,有 96% 左右的案件中家庭暴力未被法院认定。进一步对这些案件进行对比和汇总发现,未认定家暴的情形分为以下两种:在证据采信层面,当事人未出示证据或者法官认为当事人所出示的证据证明力弱,与案件事实不具有关联性,因此不予

---

〔1〕 参见张剑源:《家庭暴力为何难以被认定?——以涉家暴离婚案件为中心的实证研究》,载《山东大学学报(哲学社会科学版)》2018 年第 4 期。

采信,不认定家庭暴力;在事实认定层面,法官直接将当事人主张的家庭暴力认定为家庭纠纷,故而判定夫妻感情尚未破裂,判决不准离婚。

通过上述分析,我们发现法院未认定家庭暴力一方面受制于当事人的举证情况,另一方面受到法官个人的自由裁量和审理技能的影响。下面将结合以上两方面对法官审理家暴型离婚案件的裁判路径进行剖析。

(1)当事人举证不力

Y市家暴型离婚案件中,26%左右的案件当事人提供了遭受家庭暴力的证据,70%左右的案件中当事人对于家暴未举证,仅限于口头陈述。通过对比二者存在明显的数据差值,足以说明在Y市家暴型离婚案件中,依旧存在遭受家庭暴力的当事人举证不力的情况。

(2)当事人陈述不受重视

根据上述分析我们得知,Y市仍有70%左右的案件当事人对于家庭暴力未提供当事人陈述之外的其他形式的证据类型,在此情形下法官不认定家庭暴力符合法律规定,但这是否意味着法官在审理过程中可就当事人陈述的家暴情形避而不谈,[1]即使当事人在陈述中说明自己遭受了极为严重的家庭暴力,要知道根据《民事诉讼法》规定当事人陈述是法定的证据种类之一。纵然有些案件的当事人为了达到离婚的目的,将一般的家庭纠纷夸大为家庭暴力或单纯的捏造家暴事实,导致家暴这一表述被滥用,加重了法官审理的工作量,这并不代表着法官在裁判理由中可以丝毫不涉及家暴情形是否存在,导致真正的受害者认为自己只能默默承受家庭暴力,不存在实质有效的救济途径,最终导致涉家暴型命案的发生,也会影响司法的公信力。

(3)法官认定证据标准不统一的问题

即使有70%左右的案件当事人未提供证据,但仍有26%左右的案件当事人向法庭出示了除当事人陈述以外的证据类型,包括门诊病历、检查报告、照片、录音、施暴方保证书、证人证言、报警记录、妇联证明、鉴定意见告知书等证据类型,用以证明其遭受男方的家庭暴力。但是证据形式主要是门诊病历、检查报告和照片等书证,为间接证据,而妇联、公安机关等其他机关的证据形式微

---

〔1〕 参见陈敏:《家庭暴力是暴力而不是纠纷》,载《人民司法》2014年第7期。

乎其微。要想证明家庭暴力的存在,往往需要多种类型的证据相互印证,并达到法定的证明标准。然而在研读裁判文书的过程中发现,针对当事人提供的照片这一相同的案件情况,法官却作出了截然不同的认定。

司法实践中对于家庭暴力的认定存在同案不同判的现象,表明当前我国关于家庭暴力的法律认定标准不明确统一,急需明确家暴的构成要件,一定程度上规范法官自由裁量权的行使。法官在审理涉家暴型离婚案件中,往往受到男方态度的影响。当男方坚决否认家暴行为时,法官听信男方的辩解,关注女方做错了什么,这种做法完全忽视了家庭暴力的本质即施暴本身就是错误,没有理由,会给受害者带来二次伤害。而实践中,很少有施暴方主动承认实施家庭暴力,这就导致家暴认定难上加难。

综上所述,家庭暴力认定难,一方面受到当事人举证不能的影响,另一方面也受到法官对家暴型离婚案件消极处理的影响。

## 四、家庭暴力认定困难的原因

### (一)家暴事实难证明

自 2016 年《反家庭暴力法》出台以来,为了帮助受害人树立证据意识,依法维护自己的合法权益,全国妇联权益部组织编写了《家庭暴力受害人证据收集指引》,该指引中明确列举了可以用于证明发生过家庭暴力的证据。关于证据方面详尽完善的规定,有利于提高受害方收集证据的能力,正确全面地将案件事实呈现于法庭之上,维护自己的合法权益。

然而关于家暴的相关规定的实施效果并不尽如人意,当事人举证不力仍是离婚纠纷中家暴成功认定的首要障碍。根据收集到的 Y 市家暴型离婚案件关于当事人举证的数据分析得知,仅有 26% 左右的案件当事人提供了遭受家庭暴力的证据,70% 左右的案件中当事人对家暴未举证,仅限于口头陈述。这足以说明当事人的举证意识不够,举证能力不强。

1. 当事人举证不能

当事人提供的关于遭受家庭暴力的证据种类单一,在提供除当事人陈述之外的证据类型的 86 个案件中,提供门诊病历、检查报告、医疗费票据的占比为

46%,照片占比为46%,保证书占比为20%,录音占比为7%,证人证言占比为5%,报警记录单占比为7%,妇联证明占比为2%,行政处罚决定书占比为2%,一些案件中当事人出示多种证据种类,因此统计的数据之和大于案件数量。基于上述分析,可以得出受害方出示的证据类型主要为书证,证据主要源于医疗机构和受害人本人收集,这两类证据收集难度小,依靠自己的力量就可独立完成。而来自公安机关、妇联、鉴定机构、村委会居委会、工作单位的证据却少之又少,说明遭受家暴的受害方收集保留证据的意识有所增强,但公安机关、妇联等机关组织对家暴的介入依然远远不够,当事人举证难直接导致诉讼中证据不充分或无关联性,而法官基于裁判中的中立地位,无法过多主动介入调查取证,导致家暴事实无法被认定。

当事人自身举证能力存在短板。一方面,由于施暴方实施殴打、辱骂等行为时的主观控制意图难以识别,受害者无法与偶发性、小频次的家庭纠纷进行区分,故而当其遭受真正的家庭暴力,无法进行正确定性,并克服心理恐惧采取有效措施收集固定证据。另一方面,当事人对证据种类没有宏观概念,保留证据意识差,收集证据能力弱,导致无法在家暴的预备、进行、事后阶段采取有效措施固定证据。

2. 高度盖然性证明标准过高

通过分析Y市家暴型离婚案件的裁判文书发现,法官审理该类案件时当一方当事人声称遭受家庭暴力,法官主要依据当事人提供的证据,适用高度盖然性证明标准判断证据的关联性、证明力,审查当事人是否受伤以及是否由被告造成,进而判断当事人的主张是否成立。家庭暴力认定率仅达4%的原因除当事人自身举证不力之外,还有就是法院审理家暴型离婚案件适用的证明标准过高。《反家庭暴力法》并未对家庭暴力案件的证明标准作出特殊规定,应依据《最高人民法院关于适用〈中华人民共和国民事诉讼法〉的解释》的规定适用高度盖然性证明标准。

盖然性指的是可能性,即现有的证据对某一案件事实的证明尚不能达到事实清楚、证据充分的程度时,主张积极事实的一方当事人所提供的证据要比对方的更具有说服力和令人信服,证明待证事实存在的可能性远大于不存在的可能性。依据德国学者埃格罗夫、马森等提出的刻度盘理论,高度盖然性证明标准位于第四级,证明案件事实存在的可能性需达到 70% ~99% ,相关待证事实方可被法院认定。

然而家庭暴力案件不同于一般的民事案件,其隐蔽性强,多发生于家庭内部,不易被外人知晓,加之受家丑不可外扬观念的影响,受害方不愿寻求外界的帮助,因此很难获取来自证人、公安机关、妇联等方面的证据。另外,施暴方与受害方地位不平等,属于控制与被控制的关系,会进一步削弱受害方收集证据的能力,这些因素使受害方举证异常困难。

综上所述,受害方提供的证据种类单一多为书证等间接证据,此时过高的证明标准对于举证不能的她们而言更是雪上加霜,通过诉讼渠道制裁家暴行为几乎不可能。

(二)家庭暴力的法律认定标准不明确

通过分析 Y 市家暴型离婚案件的裁判文书发现,法官审理该类案件时当一方当事人声称遭受家庭暴力,大部分案件直接忽视当事人对于遭受家暴的陈述,同时在事实认定及裁判说理中丝毫不提及家庭暴力,直接将当事人指控的家庭暴力情形当作家庭纠纷来处理,进而认定夫妻感情尚未彻底破裂,不准予离婚,双方应互谅互让,共同维护家庭和谐。这一裁判路径反映出法官将家庭暴力等同于家庭纠纷来处理,然而二者存在本质的区别:

从词义上来看,纠纷指的是争执的事情,暴力指的是强制力或武力。在二者前面加上家庭二字,将纠纷或暴力的发生范围限定在家庭内,这并不意味着家庭暴力等同于家庭纠纷,二者仍然存在本质的区别。

从目的上来看,家庭纠纷是持不同观点的双方,通过交流或争执企图说服另一方接受己方想法。家庭暴力是企图通过向对方施加暴力或暴力威胁,使对方产生恐惧心理,不能反抗或不敢反抗进而屈服于自己,达到压制和控制的目的。[1]

从性质上来看,家庭纠纷属于家庭内部日常矛盾,而家庭暴力属于侵犯个人权利,已不属于个人隐私范畴。日常的家庭纠纷往往由于生活琐事引起,具

---

〔1〕 参见薛宁兰:《反家庭暴力法若干规定的学理解读》,载《辽宁师范大学学报(社会科学版)》2017 年第 1 期。

有偶然性，夫妻双方通常不会借助暴力解决争议，故而不涉及侵害另一方合法权益的问题。家庭暴力则是通过殴打、捆绑、经常性的辱骂、威胁等方式控制另一方，当施暴方心气不顺或觉得自己地位被挑战的情况下，就肆意殴打另一方，直至怒火发泄完毕，全然不顾另一方的死活，严重侵害了受害方的生命权、健康权、人格尊严权等权利，应依法承担民事侵权责任、行政责任、刑事责任等。

综观我国反家庭暴力立法防治体系，《民法典》婚姻家庭编中规定禁止家庭暴力，并将家庭暴力作为法定离婚理由之一，但并未明确指出家庭暴力的含义。《最高人民法院关于适用〈中华人民共和国民法典〉婚姻家庭编的解释（一）》借助列举加概括的方式对家庭暴力的概念进行界定，同时明确指出行为需造成一定的伤害后果才可成立家暴，并指出持续性、经常性的家庭暴力构成虐待。2016 年的《反家庭暴力法》在司法解释的基础上增加了针对心理情感方面的精神暴力，主体范围上增加了家庭成员以外共同生活的人，突破身份关联的限制，同时删除了对于家暴行为后果的规定。

《反家庭暴力法》对家庭暴力的认定删除了伤害后果，并且就人身安全保护令的申请与作出裁定的规定中指出家庭暴力达到现实危险的程度就可申请法院的公力救济。[1] 这些表述与民法典重视人格权保护的态度是一脉相承的，立法态度的转变说明造成伤害后果已被剔除出家暴认定的构成要件。《最高人民法院关于适用〈中华人民共和国婚姻法〉若干问题的解释（一）》长期存续，直至 2016 年《反家庭暴力法》的出台相关表述才被取代，但是其对司法实践的影响深远，审判人员已经形成固定的思维模式，依旧将损害后果作为家暴的认定条件。同时该法虽然明确列举了家庭暴力的行为方式及家暴类型，但是其界定依旧比较模糊。《反家庭暴力法》、《治安管理处罚法》和《刑法》的衔接在于，家暴行为构成虐待、遗弃、故意伤害罪等时，依法受到治安管理处罚或刑罚，而构成治安管理处罚的标准如轻微伤和构成犯罪的标准如轻伤相对都是比较明确的。然而，对于这种未达到治安管理处罚标准的侵权性质的家庭暴力应该如何界定，家庭暴力的次数、持续时间都处于模糊的状态，法院缺乏家庭暴力的

---

〔1〕 参见李瀚琰：《论家庭暴力案件中高度盖然性证明标准的实现》，载《北京化工大学学报（社会科学版）》2020 年第 4 期。

定性标准,这就带给了法官很大的自由裁量空间。

诚然单次的轻微殴打、口头的威胁等难以判定是否属于家庭暴力,但是法律明确规定虐待是持续性、经常性的家庭暴力,这就表明家庭暴力无须达到经常性、持续性的标准,也无须造成一定的损害后果。

(三)法官前见对案件的影响

通过对 Y 市家暴型离婚案件进行分析得出,法官的审理路径大致分为三类:第一类是当事人出示的证据仅限于照片、门诊病历、检查报告、当事人陈述等间接证据,证明力较弱,无法证明家暴行为的发生具有 70% 以上的可能性,因而法官依据证据不足不予认定家暴事实的存在。第二类是原告主张遭受家庭暴力,虽然只提供了当事人陈述,除此之外并无其他证据,而法官直接忽视当事人的主张,在事实认定和裁判说理中丝毫不提及家暴字眼,直接当做夫妻间日常的家庭纠纷来处理,判定夫妻感情尚未彻底破裂,不准予离婚。第三类是最终的诉讼结果为判决原被告离婚,但法官作出此判决往往受到被告同意离婚的态度、双方分居多年、女方第二次甚至第三次起诉离婚等因素的影响,并不是成功认定家庭暴力,依据该法定离婚理由判决二者离婚。

根据《民事诉讼法》规定离婚纠纷应当先行调解,这种规定表明法官除了要公正判决定分止争外,还起着维护家庭整体稳定,减少影响社会动荡的因素的作用。正如《民法典》婚姻家庭编中设立了离婚冷静期,是为了挽救危机婚姻关系而设立的除调解和好、调解离婚之外的第三种调解结案的方式,这一趋势足以说明调解在离婚案件中的重要地位。故而在处理家暴类离婚纠纷时依然遵循调解这一大原则,更多考虑家庭这一因素,更倾向于采取法院居中调解将夫妻间看似尖锐的矛盾柔化,修复夫妻关系,这其实也归因于法官采取的家庭本位的价值选择。进一步分析调解的本质是双方当事人各让一步,达成中庸、执行性高的调解协议,为实现这一目的,在调解过程中必然涉及对部分案件事实的忽略,放弃部分合法权益,甚至跳出法律的规定,进而以双方都可接受的方式达成调解协议。[1]

---

〔1〕 参见陈苇、段伟伟:《法院在防治家庭暴力中的作用实证研究——以重庆市某区人民法院审理涉及家庭暴力案件情况为对象》,载《河北法学》2012 年第 8 期。

而在家暴型离婚案件中采取调解的方式,严重忽视了家暴双方处于不平等地位的特征,同时根据受虐妇女综合征,很多遭受家暴的妇女对男方存在恐惧心理。同时,家庭暴力不同于一般的家庭纠纷,夫妻之间的矛盾不再停留于小打小闹,已经涉及对个人生命权、健康权、人格权等的侵犯,甚至涉及行政和刑事问题。有报道表明,女性遭到35次家暴后才会报警,那么由此可以推断起诉到法院的家暴型离婚案件当事人已经遭受长期、严重的家庭暴力。此时再强调对针锋相对的夫妻关系加以调解,让当事人无形中被迫放弃家暴这一事实,以达到调解离婚的目的,实属本末倒置。

此外,一旦法院判决离婚,解除的不仅是两个独立个体的夫妻关系,而是涉及整个家庭,必然还涉及财产分割和子女抚养问题。这两项问题更加追求公正和注重未成年人的健康成长。在Y市家暴型离婚案件的实证分析中发现,很多法官将孩子的健康成长作为重要考量因素,进而判决不准予离婚。同时大多数判决离婚的情形为女方曾一次或两次提起离婚诉讼,法官才会在这次诉讼中认定夫妻感情确已破裂,无和好的可能。以上分析表明,法官审理此类案件时,往往不是单纯地将目光聚焦于家暴的认定,会受到子女、财产、起诉次数等的束缚,将家暴这一事实忽略。

## 五、针对家庭暴力认定困境的完善思路

### (一)借鉴表见证明规则

由于家庭暴力案件的隐蔽性、周期性特点,若依旧适用《民事诉讼法》中的一般性规定,无法有效阻止并惩治家庭暴力行为,违背了保护弱势群体的社会本位性。因此应根据此类案件双方地位不平等、具有隐蔽性等特征制定独特规定和制度设计,回应社会对于家暴问题的关切。故而我们应选择既对现有的民事诉讼高度盖然性证明标准冲击调整最小,又贴合家暴案件的特征平衡双方当事人的证明能力的改进方法。对此有学者认为应将现有家暴案件的证明标准一分为二,以受害人的具体诉求为导向,当受害人诉求为结束婚姻关系时,人民法院可采取较为宽松的证明标准;当受害人诉求为结束婚姻关系并索要离婚损害赔偿时,人民法院可采取较为严格的证明标准。虽然二元标准的设定目的是

弥补受害方较弱的证明能力和规避道德风险,但是其实际可操作性不强,在家暴型离婚案件中,一方当事人存在家暴的过错程度往往影响着离婚损害赔偿的数额,无法将两种诉求完全清晰地区别开来,同时也加大了法官依据自由心证认定案件事实的难度。在此情形下我们可以借鉴德国的表见证明规则。

表见证明是发起于德国司法实践中的一种案件事实证明与认定理论,表见证明本质是在具有高度盖然性的经验法则的基础上进行的事实推定,是法院以相关事实在社会生活中反复出现为基础,进而推定某一事实的存在,以此来代替由举证方提供相应证据的方式。[1] 表见证明在原本的证明责任的分配与证明标准的基础上,很大程度上缓解了举证方的证明负担,破解了当事人因案件性质或客观制约而产生的证明困境,以确保最大可能地还原真实案件事实。

针对家庭暴力案件而言,其本质仍属于暴力,家庭暴力的责任承担方式分为民事方面离婚损害赔偿、行政方面行政处罚、刑事方面刑罚三种。家暴型离婚案件的性质为民事纠纷,此种类型中的家庭暴力行为通常归为民事侵权性质,根据“谁主张,谁举证”的证明责任分配方式,受害方不仅要证明损害事实,还要证明加害行为、因果关系、行为人有过错。然而基于家暴案件的特殊性,当事人大多只能通过照片、医疗票据等证明遭受家暴的损害事实,仅凭这些间接证据无法证明其受伤结果由施暴方造成,同时施暴方绝大多数否认家暴或以家庭纠纷辩解,导致家暴行为最终因证据不足或不具有关联性而不予认定。

在家暴型离婚纠纷中借鉴表见证明规则,依旧是由受害方当事人就损害事实提供证据,未改变证明责任,但无须具体证明施暴方的行为与损害事实之间有因果关系或过错,而根据法官的知识阅历、审判经验所形成的有关此类案件的具有高度盖然性的经验法则推定施暴方过错或因果关系的存在。针对借鉴表见证明对家暴事实进行认定的情形,被告可以通过提供具体证据证明自己没有过错或该案件与经验法则存在明显区别,来维护自己的主张。并且如若从已有的规则出发,对家暴案件中当事人的过错或因果关系进行事实认定,其本身就受到法官自身的价值选择与评价的影响,核心仍是形成自由心证的过程,与法官基于表见证明规则推定得出判决没有根本上的区别,因此借鉴表见证明规

[1] 参见胡学军:《表见证明理论批判》,载《法律科学(西北政法大学学报)》2014 年第 4 期。

则的内在逻辑具有合理性。

（二）明确损害后果及暴力程度

通过分析 Y 市家暴型离婚案件发现，法官在认定是否存在家庭暴力时错误地将行为发生次数、损害后果作为家庭暴力的必备要件，若当事人无法证明这两个因素，则将其归为家庭纠纷，进而认定夫妻感情尚未彻底破裂，判决不准离婚。

1. 确定损害后果的地位

首先针对是否需要将一定的损害后果作为家庭暴力的认定条件而言，家庭暴力的本质及现有法律都明确表明，应更加关注暴力行为而不是损害后果。家庭暴力的本质是暴力，"暴力"一词从词源本义上来看指的是通过武力侵害他人的人身、财产、精神的行为，是强制力或武力，暴力的核心在于采取一定方式使受害者恐惧进而服从屈服于施暴方的控制下。家庭暴力只是将暴力的发生范围限定在家庭成员之间，核心与暴力并无区别。

以法律明确规定的身体暴力、精神暴力为例，分析损害后果是否为家庭暴力的必备要件。身体暴力的行为方式包括殴打、捆绑、残害等有形的措施，这些方式施加于受害人时通常会造成明显的肉体伤害，如淤青、挫伤、骨折等。然而并不是所有的家庭暴力都会导致显性的肉体伤害。尤其是针对精神暴力，施暴方以言语或行为的方式对受害方进行直接或间接的恐吓，使其深陷恐惧之中，受害方担心施暴方将恐吓变为现实，通常被迫选择顺从，进而处于施暴方的控制之下。同时基于没有实际的伤害发生，公安机关往往仅向施暴方作出口头警告，无法采取进一步的惩罚措施，然而口头警告对于施暴方的警示阻止作用微乎其微，因此受害方只能依靠自己通过频繁搬家、换工作的方式躲避施暴方的监视，其作用并不显著，久而久之受害方产生无法逃脱施暴者控制的无力感，即使日后施暴者停止此类行为，受害人在此后长时间内依旧会处于高度精神压力中。针对此种严重妨碍受害方正常生活的精神暴力行为，若依旧要求一定的损害后果，将会无形中加重法律的滞后性。

2. 明确暴力程度标准

家庭暴力发生在家庭内部，但区别于偶发性的家庭纠纷，家庭环境的封闭性、传统家丑不可外扬的观念等使家庭暴力具有长期性、循环性的特征，该特征仅是家庭暴力这一特殊的暴力形式所具有的而不是司法实践中家暴的法定认定标准。司法实践中法庭往往将未达经常性、持续性程度作为不予认定的原因,而经常性、长期性是一个不确定的词汇,不同的人有不同的理解,在司法实践中很难把握。这些都是由于法官在认定家暴时缺乏明确统一的标准,自由裁量权过大,导致家暴难以被认定,因此应出台有关家庭暴力的司法解释进一步明确和细化家庭暴力关于次数、程度方面的认定标准。

对于当事人提出的定性为民事侵权的单次暴力行为而言,公权力机关无法突破家庭的隐蔽性,了解夫妻之间的实际地位,但对于偶发的暴力行为又不可简单当作家庭纠纷而置之不理,因此我们需要对单次暴力行为以明确的程度限定作为判断标准。我们可以将轻微伤作为程度界定标准,即对于家暴行为的认定整体划分为两大标准,第一种是单次暴力行为达到轻微伤标准,就认定为民事侵权承担民事责任外加行政责任,第二种是单次暴力行为达到轻伤程度,则适用《刑法》的规定承担具体的刑事责任,将治安管理处罚责任与民事责任合二为一。〔1〕

通过这两种模式对家暴行为划定清晰统一的认定标准,一方面有利于家庭暴力的受害者采取初步的自力救济措施,明确固定证据的方向,在遭受单次家暴行为时,只要能够收集证据证明自身的损害程度达到轻微伤,即可寻求妇联组织、公安机关、法院的救助。另一方面法官在审理家暴型离婚案件时有了清晰明确的家庭暴力认定标准,不可再因仅发生了单次暴力行为而不予认定家庭暴力,最大限度保障弱势受害者的地位,实现实质公平。

### (三)提升法官审理水平

通过分析法官当前主要的审理路径,法官在审理过程中表现出来的观念偏差、认定误区,以及离婚案件调解优先等制度设计在无形中影响了家庭暴力的认定,这是除证据问题之外家暴认定难的另一个重要原因。

首先,虽然当前社会个体意识觉醒,但不可否认的是个体与家庭过去、现在、将来必定会紧密交织在一起。《反家庭暴力法》顺应时代发展规律,将保护家庭成员的合法权益与促进家庭和谐一同作为立法目的,司法工作者更应更新

---

〔1〕 参见申腾:《家庭暴力的认定困境及对策研究》,甘肃政法学院 2019 年硕士学位论文。

观念,摒弃单纯的家庭本位或个体本位思想,明确家庭暴力是特殊的暴力,包含个体与家庭两个要素,以家庭作为处理家暴型案件的出发点,当家暴行为严重侵害当事人的合法权益,难以维持正常的家庭生活时,应转而追求对个体权益的保护,即将家庭本位与个体本位两大理念同时贯穿家暴型离婚案件的审理始终,不可厚此薄彼,避免陷入家庭本位的束缚。

其次,加强对法官进行心理学、受虐妇女综合征、暴力循环理论等方面的培训。结合家庭暴力行为自身的隐蔽性及对受害者的侵害性等,增强法官审理涉家暴型离婚案件的法律知识水平和审理技能,倒逼其正面回应家庭暴力,准确识别真实存在的家庭暴力与假借家暴而离婚的案件。可以借鉴美国成立众多家暴司法研究中心,根据家庭暴力的私密性和家庭暴力循环发生的特点,定期组织有关家庭暴力的学习专题,以受害方视角为出发点分析其遭受的暴力行为,积累审理家暴型离婚案件的经验和技能,以确保专注暴力行为侵害性本身,不受被告求和、子女抚养、财产分割等因素的干扰。同时可以成立独立的处理家暴类案件的合议庭,专门审理此类案件,以便快速积累相关的审理经验。在司法实践中存在大量的受害妇女走投无路,采取极端的方式结束不平等的婚姻关系,从民事案件演变为更严重的刑事案件。

家庭暴力的预防和救治是一项系统工程,它主要涉及公安机关、医院、妇联、社区、法院等多个部门,而解决家庭暴力这一超脱家庭但又无法完全脱离家庭的社会问题必然需要多部门的相互配合协作。

# 书评

# 打通史学研究与司法证明的底层逻辑

满运龙*

在我面前摆着两本书：一本是中国法律学者、中国政法大学张保生教授的最新专著《证据法的理念》(法律出版社2021年版)(以下简称《证据理念》)，另一本是美国历史学者、弗吉尼亚大学阿兰·梅吉尔教授的《历史知识与历史谬误：当代史学实践导论》(黄红霞、赵晗译，北京大学出版社2019年版；英文原著Allan Megill, Historical Knowledge, Historical Error: *A Contemporary Guide to Practice*, University of Chicago Press, 2007)(以下简称《历史知识》)。两本书的主题和内容大相异趣：一本是法学论著，另一本是历史学研究著作，但两者都从认识论角度探讨了各自领域理论与实践的前沿问题。这一共性，引起我极大兴趣。

## 一、认定既往事实：史学与证据法学的共同目标

除宗教、艺术之外的人类社会和文化活动，大多以求"真"为基础目的。除个别的极端怀疑论者之外，人们相信物质世界的真实存在，并试图通过人的思维能力把握或认知外在客观事物，包括业已发生、并不可重演的过往事件，即既往事实。历史研究和证据法学虽然分属不同的学科，为不同的社会目的展开研究，但都以准确认定既往事实为基础：建立在虚构"事实"之上的叙事不是历史，是神话或小说；以错误认定的"事实"为根据的司法判决是人间冤案。

证据法的应用领域是解决法律纠纷的司法审判，任何一个判定纠纷是非的司法裁决都由两个基本的要素组成：确认纠纷中涉及的既往事实，以及将法律

* 北京大学国际法学院实务教授，法学博士。

规则运用于该事实之中。在此意义上,司法审判可以说是“求真认识论”的社会实践,也称“法庭认识论”(《证据理念》第 12、52 页),其核心工具就是被称为“证据”的相关信息以及运用证据的规则,即证据法的研究对象。

历史,一方面指既往事实本身,另一方面指人们对既往事实进行探究和写作的活动——历史研究,或史学。无论史家对史学负有的社会功能如何理解,如实记录人类经历一直被视为历史写作的基本要求,因此,作为一个学科,史学“有组织地对知识进行探询”,也称“历史认识论”(《历史知识》第 6、107 页),依赖的是被史家们称为“史料”的各种信息载体,即证据。

故而,从探究、确认既往事实的角度,历史研究和司法审判都是“求真认识论”的社会实践。历史研究运用证据(史家称史料),发现人类过去经历的知识——历史;证据法学研究证据,目的是发现历史——特定历史,即审判涉及的既往案件事实。

## 二、司法证明的普遍理论与中国实践

《证据理念》分十章,都是已经单独发表的论文,由作者稍做修订,构成统一主题的有机组成部分,分别论述了证据法十大理念转变。前五章阐述了逻辑理念的五个转变:(1)事实认定从“实事求是”向“实证求是”的转变;(2)证据属性从“客观性”向“相关性”的转变;(3)法律推理研究从“法律适用”向“事实认定”的转变;(4)证据解释从“精确性”向“似真性”的转变;(5)人工智能法律系统从“量刑模拟”向“证据推理原理”的转变。后五章阐述了价值理念的五个转变:(1)刑事审判从“有罪推定”向“无罪推定”的转变;(2)证据合法性调查从“警察特权”向“控辩平等”的转变;(3)司法文明从“口供裁判”向“证据裁判”的转变;(4)证据制度从“义务本位”向“权利本位”的转变;(5)证据立法从“零打碎敲”向“体系化建设”的转变。

放在中国司法现实中间考察,“转变”一词至少包含三层含义:第一,已经发生,且基本接受的理念变化。比如“无罪推定”取代“有罪推定”业已成为学界共识,并体现在近几十年来刑事立法之中,剩余的任务是在司法实践中切实贯彻;与之类似的是从“口供裁判”向“证据裁判”的转变。第二,开始发生,但距离广泛接受尚无定望的理念变化。这一类包括十种"转变"中的大多数。例如，认识到"相关性"——而不是"客观性"——是证据的根本属性，在理论上应无巨大疑问，但在实践中由于"客观性"观念根深蒂固，一时难以被普遍接受为指导立法与实务的理念。又如，证据立法的"体系化建设"似乎从理念上不难被接受，可是囿于大陆法体系下的三大诉讼分立的立法传统，制定统一证据立法的呼吁迟迟难以实现。第三，尚未实际发生，主要反映作者超前认知的理念。这些理念包括作者阐发的"实证求是""权利本位""控辩平等"等观念，与现实存在、并被广泛接受的观念相距较远，需要更长时间的阐发，才有被实质接纳的可能。

结合对中外"法庭认识论"前沿成果的精确把握，《证据理念》提出"证据之镜"原理。根据这一原理，人们了解既往事实，只能通过证据（既往事实留下的痕迹）进行推论才能认识。如此，证据便成为连接认知活动主体（事实认定者）与客体（待认定既往事实）之间的唯一"桥梁"，或"折射"事实的"镜子"。一方面，认定既往事实，离不开证据；另一方面，证据推论有局限性，"即事实认定者通过证据所查明的事实真相，在某种程度上是'镜中花'，乃是证据推论的'思想产品'"（《证据理念》第11页）。"证据之镜"原理代表了中国学者在世界范围内"法庭认识论"领域的创见，奠定了作者对本书所讨论理念的认识论基础，形象生动，饱含智慧之光，不但能够解释司法证明的基本问题，对其他领域（包括历史学）也有借鉴作用，值得学界广泛关注。

## 三、历史知识论新释

与《证据理念》相似，《历史知识》包括作者业已发表的十篇论文，围绕历史知识论的主题对有关问题分别论述，包括记忆、认同、叙事、客观性等。在"前言"中，作者直截了当地表明，本书的目的是试图回答一个问题，即从大众角度"有什么依据接受历史学家和其他人提供给我们的关于过去的叙述？"从历史学家角度，同一个问题转化为：史家"如何能最有效地避免史学谬误？"对该问题的回答存在于历史认识论（或称"历史学家的认识论"）之中，探讨如何发现并避免"史学谬误"（前言第6页），而本书"提供的是一组针对历史认识论的理论思考——也就是说,关于历史知识的局限及条件的理论思考”(前言第 7 页)。

以“历史认识论的必要性”为题的“导论”简要阐述了作者的基本观点,这些观点在随后的章节中得到阐发:第一,史家对历史的研究不存在“唯一”或“绝对”的真理,任何史家如果宣称“能够确定地了解过去”,或者“号称自己的叙述是绝无仅有的”,那就“违背了历史认识论”(第 6 页),因为从宏观认知角度,“我们永远不会发现绝对真理”(第 108 页)。第二,历史研究不追求绝对真理,但应不遗余力致力于更大限度的真实和确定性。“就历史知识而言,我们更喜欢讨论的是不同程度的确定性”,而“一套有关过去的观点有多大程度的确定性,这要取决于这些观点能够在多大程度上服务于我们对全部历史记述的理解”(第 188 页)。第三,寻求更高程度的确定性(历史叙述和解释的准确度),要求史家“诚实”叙事(第 17 页),遵循逻辑思维准则,避免推理误区,而且“假定他的主张按常理说是有问题的”,所以“始终需要提供论证(不仅仅是论证综述)来证明其主张正确”(第 16 页)。

第四,也是最重要的,是如何运用证据达到对既往事实最大限度的证明。作者反复论证了“证据”和“证明”在历史认识论体系中的核心地位。《历史知识》从存在方式和可靠性角度,把历史研究的证据分为两大类:(1)以文字等方式的历史记录,称作“材料”;(2)人类活动留下的物理“痕迹”,并认为人们“有意”留下的“材料”记录,其可靠性不及人们“无意”留下的“痕迹”,因为“‘材料’永远是对事件的阐释,而痕迹并非如此”(第 37 页)。这种分类不无启发意义,但似乎过于粗疏,因为许多记录并非“有意”留下的“材料”,而是惯常记录(如各种表格式收支、访问记录),同时许多“痕迹”不是“无意”留下的印记(如罪犯在现场为误导警察故意遗弃的他人物品),所以并非“痕迹”总是比“材料”更可靠。

《历史知识》认为,运用证据证明史家论断的过程,就是尽可能利用所有可以得到的证据,考察每一条证据与假定论断的逻辑关系,然后从整体上审查“有利和不利的证据”,寻求“各个证据之间和各种不同形式的证据之间的一致”(第 106 ~ 107 页),最终选择能够对所有现有证据做出最好解释的论点,作为证明的结论。只有经过严格论证过程的历史研究,才符合认识论的标准,“历史学家有义务以清楚的方式论述自己的观点”,而“清楚论证包括将证据置于恰当之处,在需要的地方进行概念化以及反事实论证,始终将论点的有力之处建立在支持自己论点的基础之上"(第18页)。

下述文字集中表达了《历史知识》的核心论:

> 我们对历史过去的认知无法达到传统哲学意义上确定性的标准……我们应当永远拒绝把这种意义上的确定性作为历史知识的标准……尽管历史无法达到"直接经历"或"演绎确定"的确定性程度,我们仍然可以或多或少地评判历史解释是否真实,所用的依据就是,与其他解释相比,这些解释在多大程度上能够说明全部证据(第188~189页)。

## 四、当代认识论原则在司法证明和史学研究中的应用

在从人类认识论角度审视、分析自己各自领域理论与实践的主要问题方面,《证据理念》和《历史知识》分别代表证据法研究和历史学研究的前沿。两书秉承启蒙运动阐发的现代理性主义认识观,结合各自领域的当代理论探讨和实践总结的成果,以不尽相同的论证方式为各自领域指出了遵循共同认识论原则的发展路径,殊途同归。

两本书均强调人类对既往(历史)事实认定的局限性、不确定性,否认任何"唯一"或"绝对"真实的观点;此外,两书从既往事实可知论的理性主义立场出发,详尽论证了尽最大可能发现和认定既往事实的必要性、可行性和操作方法。

《历史知识》指出,"如果历史学家(或任何人)轻率而自信地宣称他们已经发现了事物的唯一真理,我们是不可能把其宣称当回事的"(第156页)。《证据理念》进一步提出,证据法的目标"不是追求事实认定的确定性,而是努力消除或减少事实认定的不确定性"(第59页)。

作为既往事实的历史,独一无二,不可重演,但留下各种各样的痕迹,将它们曾经的存在或发生告诉后人。这些痕迹包括物理遗迹、口头和书面记录、风俗习惯等,构成后世人们重构既往事实的根据,即广义上的"证据"。证据一方面构成后人认识历史的唯一"桥梁",作用重大,同时,由于后世人们不可能掌握

所有证据,证据有真有假,以及证据的收集、记忆、叙述、解释等各个环节不可避免会出现的有意或无意的错误,人们对既往事实的认知不可能达到完全确定。清醒认识到这一不确定性,是获得正确、客观历史知识的前提。无视这一前提,史学研究便丧失其基本价值,司法实践则会导致冤假错案。

“文化大革命”时期的中国史学研究充斥着“无可否认的事实”“颠扑不破的真理”等绝对化字眼,但随着理性、审慎的研究的展开,这些“事实”和“真理”很快被逐个证伪或否定。数千年来,“三皇五帝”被皇权时代的大多数历代文人视为不可怀疑的历史人物,禁锢了几十代人的历史视野,一直到近代,特别是 20 世纪初的古史辨学派那里,才受到严厉质疑,开启了利用新的证据和论证方法从神话中辨识事实的进程。在司法领域,“证据客观说”占据主导地位,认为既然事实和证据均为不以人们意志为转移的客观存在,是“绝对真理”,就必然能够“查证清楚”,结果指导了“命案必破”“不枉不纵”“有错必纠”“法官终身追责”等表面上看起来正当无比,但实践中显得荒谬的政策。《证据理念》花费巨大篇幅,从三个方面论证了“证据客观说”的理论缺陷与实践危害:(1)“证据客观说”“混淆证据与客观存在的区别,将证据法研究禁锢于存在论范围,阻碍了证据法的认识论研究”;(2)“证据客观说”“将证据混同于事实,误将现在时之事实当作证据法的研究对象,阻碍了对历史事实的证据推理研究”;(3)“以‘证据客观说’为基础形成的一套传统司法理念,不仅会酿成冤假错案,而且有碍法律职业化”(《证据理念》第 28 ~ 29 页)。本书关于这一问题的论述,理论根基深厚,实践例证翔实,理据清晰,令人信服,是本书最大亮点之一。

两本书的作者不但求“知”,而且践“行”。在揭示了绝对、唯一真实或真理的理论和逻辑谬误后,他们分别提出了在各自领域应该遵循的探究既往事实真相的原则和实践途径。

《历史知识》提出,史学寻求“真”历史,或曰“诚实”的叙事,其“真”和“诚实”不是指“任何绝对意义上的真实”,而是指“适合于史学的证成(justification)模式”(第 17 页)。这里,作者原文的核心词语是“justification”或“justified”,中文译文分别译为“论述”和“有依据的”,值得推敲。恰好,《证据理念》对 justification 的概念和翻译有较详尽的讨论(第 77、79 ~ 81 页):在知识论层面,justification 的含义与“被证成的真信念”(Justified True Belief,JTB)概念密不可分,符合真相的认知指人们头脑中形成的被证据充分证实(justified,“证成的”)的信念,亦即真知。“justification”包含“正当理由”和“证成”两层含义,表示事实认定之正当理由的来源和形成过程。根据这一理解,《历史知识》上述第 17 页译文中的“论述”和“有根据的”,应当为“证成”和“已证成的”。

以“证成”为目标和论证过程,《历史知识》(第 140 ~ 142 页)进而论述了历史写作的四项任务:(1)描述,即以叙事手法“讲述过去是什么样的”;(2)“对历史实在性的某些方面进行说明(explanation)”,集中于分析历史事件之间的因果关系;(3)证成,主要是使用证据,通过逻辑和经验推理,对历史事实的认定进行论证;(4)阐释(interpretation),指分析历史事实对于当下的意义。与此相符合,历史研究的成果——对具体事件或人物的解释,应当以四个标准予以衡量(第 194 ~ 202 页):(1)融通性,一个解释能够解释的资料越多越好;(2)简洁性,让解释发挥作用所需要的辅助假设越少越好;(3)类似性,一种解释与其他我们知道为真的解释越类似越好;(4)溯因推理(根据结果推断成因)优于演绎推理(在成因的基础上推断结果),原因在于溯因推理比任何其他推理方法能够更好地解释业已发现的所有证据。

《证据理念》认为,司法审判中的事实认定是一个经验推理过程,特点是运用证据进行推论。根据作者创立的“证据之镜”原理,司法审判中的事实认定者(法官或陪审团)无法直接感知案件的既定事实,但能够通过庭审过程中提交给法庭的证据,运用经验推理,在其头脑中重建案件事实。证据因为有能力说明待证事实有否发生的可能性(证据法界定的证据相关性),可以被事实认定者使用,但法律无力(也不应当)规定某件证据的证明力大小,只有依赖事实认定者根据“逻辑和一般经验”作出判断,“这决定了事实认定是一个归纳推理过程”(第 16、63 页),目的是“产生在弱信念意义上的知识”(第 52 页)。

司法事实认定的归纳推理性质,决定了其推理结论,即案件真相,是事实认定者对当事人双方主张之可能性,根据其证据力度做出的理性判断,不具有演绎推理结论的确定性,只具有盖然性。《证据理念》进一步论证了司法判决事实认定的不确定性的认识论根源:(1)事实认定者对所认定之事实没有亲身经验;(2)事实认定者进行归纳推理所依赖的常识性概括内容庞杂,无法保证其完全准确或正当;(3)事实与适用法律规范之间存在模糊张力(第 38 ~ 39 页)。因此,“证据法的目标不是追求事实认定的确定性,而是努力消除或减少事实认定的不确定性,它通过规制证据推理过程而促进对过去事实的观念重建,以查明事实真相”(第 59 页)。

《证据理念》通过对司法事实认定过程证据推理鞭辟入里的分析,有力揭示了“法庭认识论”的性质和特点,具有深刻的理论内涵和宝贵的实践价值。在强调归纳推理是司法事实认定的主导模式同时,该书也详尽讨论了演绎推理、溯因推理(也称“最佳解释推论”)等的作用。有趣的是,《证据理念》虽然提到胡适曾经在史学研究中提倡过“循果以推因”的溯因推理式理念(第 89 页),但经过对历史研究和司法证明的比较之后认为,“‘最佳解释推论’可能对历史学研究并不适用”(第 98 页)。与此相反,《历史知识》提出,溯因推理可以用于历史研究。举例来说,就拿破仑这位历史人物存在与否这个待定事实而言,史家无法通过演绎得出结论(不存在演绎需要的大前提和小前提),也不能通过归纳得出(因为无法用实证方法观察),只能用溯因推理做出判定,因为存在许多关于拿破仑的史料,或证据(文件、画像、实物、遗迹等),能够对这些证据做出的“最佳解释”,是有一位名叫拿破仑的人物在历史上存在过;这一解释优于任何其他该人物没有存在的解释(第 191 ~ 192 页)。当然,溯因推理的结论比演绎推理或归纳推理结论的确定性更弱,但就历史研究而言,这是对所有史料在目前能够做出的最佳解释。我倾向于同意《历史知识》的分析,认为溯因推理不但可以,而且应当适用于历史研究。由于司法证明业已接受溯因推理,从比较维度深入探讨溯因推理在史学研究和司法证明的作用,应该是非常有价值的课题。

## 五、史学与证据法学的方法论反思与重构

像很多专业领域一样,史学和证据法学的践行者——史家、律师、法官——大多对各自领域有了然于心的应用技能,不必对本领域理念和方法论问题有系统知识,也可以在各自领域生存,并取得不俗的成绩。一位不密切关注史学理论的历史研究者,可以写出具有相当水平的论著,对具体历史问题的考证或解释做出贡献;一位不了解证据法知识论原理的律师,可以称职地使用证据规则赢得官司。但是,任何学术领域要取得实质性进展,必然需要在理论和方法论

层面的反思和重构,才能突破固定范式的框架,引领学科走向新的高度。《证据理念》和《历史知识》就是这种反思,给各自领域带来重构的动力和思路。

另外,关于索引。《证据理念》书末包含“索引”一节,详尽地列出重要词语和概念(关键词)、案例、人名在书中出现的页码。虽然索引在西方学术著述中广泛采用(比如《历史知识》的索引,中文译本全部收录,方便读者),但在中文学术著作中采用者仍寥若晨星。本书在此方面从善如流,引领佳习,值得推崇。

# 法律论证和事实认定的基础

——评苏珊·哈克的《证据原理》

官正艳*

**内容摘要**:本文通过文献综述的方式回溯了苏珊·哈克的证据法思想在正式引荐到中国前,学者都将基础融贯论嫁接在自己原有的理论上,作出了基于中国法律实践的原创性贡献,但远未完全展示苏珊·哈克的证据法思想。刘静坤翻译的苏珊·哈克的经典著述《证据原理》正式将苏珊·哈克的证据法思想引入国内,她的证据法思想是基于认识论的判断而不是法律规则,既不同于威格摩尔的叙事法和图示法,亦不认同当下流行的通过概率、贝叶斯主义建构证据法数学模型的构想。基础融贯论的证据结构解释是通过与填字游戏的模拟得出的;相较于将合法证明程度的证据硬塞到各种更正式的模型中,苏珊·哈克强调人本主义的认识论,认为纯形式逻辑不能解决证据论证的各种问题。苏珊·哈克的《证据原理》对中国证据法学界将产生相当大的影响,它将改变目前在实务坚持原有证明责任二分式模式下的思维方式,直接将对事实主张简化为存在与不存在两种可能。基础融贯论的证据结构解释标准和担保标准贯穿三大诉讼法体系,在实践中将打破三大诉讼法体系壁垒。

**关键词**:基础融贯论　叙事法　图示法　概率　贝叶斯主义

## 一、引　言

刘静坤教授将苏珊·哈克的经典著述《证据原理》翻译成中文出版,给证据

* 岭南师范学院法政学院讲师,法学博士。

法研究者带来了更宽广的视野。当然,在这部书翻译之前,就有学者用苏珊·哈克的基础融贯论对证据进行法律论证。我们都知道在司法审判过程中最重要的前提就是认定事实,事实认定清楚后才能正确适用法律。而认定事实的关键在于对证据进行法律论证,所以法律论证和事实认定不仅是证据法的核心,更是整个司法审判的核心。苏珊·哈克理论的重要性不言自明。张继成在《"真"的保证性、核证性、有效性和合理的可接受性标准》[1]中认为"客观真实"证明标准只能是一种可望而不可即的神话,他采用基础融贯论作为真的标准之一,将其分解为"保证性标准"和"核证性标准"。保证性标准给出了"真"这个概念的定义,指出"真"是什么;核证性标准则给出了检验一个语句或命题是真还是假的程序和标准,在汲取了符合论、实效论、融贯论、语义论等真理理论的合理要素以及证据学中的客观真实论、法律真实论和科学的论证理论等理论精华的基础上建构起真。他提出(广义的)诉讼证明标准(核证性标准)是"真"的标准体系中的一部分。而"真"的标准体系应当由真的保证性标准、真的核证性标准、真的有效性标准和真的合理的可接受性标准四个部分构成。龙宗智将印证理论视为我国法律论证及法律事实认定的基本模式。刘静坤在《论刑事程序中的虚假印证及其制度防范》[2]中认为龙宗智的印证理论容易导致虚假印证,需要根据基础融贯论的真理进行适当的调整和优化。刘静坤认为,既考虑融贯论所关注的"证据之间的相互印证支持",又考虑基础论所关注的"证据对论证结论的相关性支持度"。龙宗智据此调整了自己的印证理论,他在《事实碎片都闪耀着同一事实之母的光芒——论"印证"的机理》中提出"融贯性之符合论":印证的机理,是印证作为一种证明方式和机制运行并发挥其功效的理由和道理。在证据法上,孤证,即单一证据的证明力通常是薄弱的,而两个以上不同源证据的指向一致相互印证,即可能证明案件事实真之符合论,才是印证发挥功效最深刻的原因。如何认定法律事实的真?他认为:"哈克的基础

---

〔1〕 参见张继成:《"真"的保证性、核证性、有效性和合理的可接受性标准》,载《法律方法》2006年第1期。

〔2〕 参见刘静坤:《论刑事程序中的虚假印证及其制度防范》,载《当代法学》2022年第1期。

融贯论允许以人的经验来证成基础信念,已经带有某些知识论中符合论的因素了。"[1]从某种程度上讲,龙宗智已经有意识地将"真的融贯论"和"真的符合论"统一起来。但是上述学者都只是将基础融贯论嫁接在自己原有的理论上,作出了基于中国法律实践的原创性贡献,但远未完全展示哈克的证据法思想。

## 二、苏珊 · 哈克的证据法思想

英国法学家威廉 · 特文宁给予了苏珊 · 哈克很高的评价,他认为苏珊 · 哈克在基础融贯论中优雅地穿梭于真的符合论与真的融贯论之间。苏珊 · 哈克认为:(1)她的方法既不属于"基于事实"(贝叶斯、概率、原子),也不属于"基于故事"(叙事、修正等)整体类别;(2)它可以提供对证明程度的更好理解。加拿大最高法院的法官卢瑟尔 · 布雷恩非常肯定苏珊 · 哈克的基础融贯论在法庭审判中的作用:"法律事实的探究与科学事实的探究相同吗?苏珊 · 哈克温和而坚定地,以一种引人入胜且深入跨学科的方式,从科学和法律哲学中汲取灵感,帮助我们厘清了我们法律人每天都必须努力解决的对认识论概念困惑的难题。她的著作 *Evidence Matters—Science, Proof and Truth in the Law*(本书的英文原版)出版后,我的法庭都会引用她的著作,以帮助我和我的同事理解和解释科学和民事证明标准之间的区别。"[2]

### (一)证明标准是认识论的范畴

苏珊 · 哈克认为现代证据程序(在英美法系和大陆法系司法管辖区)都假定证据在客观上可能更好或更差;一个主张越有证据证明,它就越有可能是真实的;并且这些或那些法律规则和程序足以确保判决在事实上是合理的。苏珊 · 哈克认为要求事实认定人做的正是确定被告人的罪行或责任是否成立取决于提供的证据是否达到法律要求的证明程度,这是做认识论的判断。

苏珊 · 哈克认为,法律"在认识论上已经被卡脖子了",因为即使对证据规

[1] 龙宗智:《事实碎片都闪耀着同一事实之母的光芒——论"印证"的机理》,载《当代法学》2022年第1期。

[2] Russell B., *An Immense and Enduring Contribution*, http://www.scc-csc.ca/judges-juges/bio-eng.aspx?id=russell-brown (last visited August 25, 2022).

则和程序的基本原理进行最简短的思考也会引发认识论者感兴趣的许多问题。是否最好将证明的程度和标准理解为事实发现者的可信度、数学概率或证据的保证程度？凭证据主张？证明程度与概率的数学演算有什么关系——如果有的话，演算在法律证明中的作用是什么？如果，正如我所相信的那样，证明的程度就是担保的程度，那么是什么决定了这个或那个证据有多好？我们必须在"基于事实的"和"基于故事的"或"叙述性的"证据之间作出选择，还是有其他可能性？综合证据比起它的任何一个单独证据可以做到的证明程度有时能达到更高的水平吗？

约翰·斯图尔特·密尔在他的《逻辑系统》(1843年)的导言中写道："地方法官、军事指挥官、航海家、医生和农学家的职责是判断证据并采取相应行动。"因为他们都"必须确定某些事实，以便他们适用某些规则……"[1]"认识论"这个词还没有流行起来；但约翰·斯图尔特·密尔那句令人愉快的老式短语"审判证据"确定了苏珊·哈克认为的核心认识论关注点：理解什么是证据，它是如何构成的，以及是什么使它变得更好或更糟、更强或更弱。并且，正如约翰·斯图尔特·密尔将"地方法官"放在他的名单顶部所表明的那样，正是认识论的这一方面与以下法律问题最相关：证明和证明程序。

苏珊·哈克集中关注证据的结构及其评估，它们与苏珊·哈克关于探究的性质和行为的想法相互关联[2]，以及苏珊·哈克对认识论特征的看法[3]。苏珊·哈克使它们的设计比平常更详细(尽管不可避免地仍然远非完美)，它们至少大致是真的。意即基础融贯论的证据结构解释。

---

〔1〕 John Stuart Mill, *A System of Logic*, *Ratiocinative and Inductive*: *Being a Connected View of the Principles of Evidence and the Methods of Scientific Investigation*, London: Longman Press, 1970, 8th ed., p. 7. 现在，我们可能会说，不是"判断证据"，而是"判断证据的分量(或价值)"；但密尔的措辞恰如其分——正如他的附录一样，"并采取相应的行动"：导航员必须评估证据，比如说，一场暴风雨即将来临，做必要的事——为了保护他的船，医生必须评估证据，例如，患者心脏病发作，要采取适当的医疗措施，等等。

〔2〕 See Susan Haack, *Manifesto of a Passionate Moderate*, *Unfashionable Essays*, Chicago: The University of Chicago Press, 1998, p. 188 - 204.

〔3〕 See Susan Haack, *Putting Philosophy to Work*: *Inquiry and Its Place in Culture*, New York: Prometheus Books, 2013, expanded ed., p. 209 - 220. 苏珊·哈克特别指出，诸如智力诚实之类的认知美德与一个人与证据的关系有关，例如，他愿意承认并调整他的信仰以回应相反的证据。

(二)基础融贯论的证据结构解释

相较于威廉·特文宁“基于故事”(叙事、修正等)整体类别的叙事法和辅助的基于归纳和演绎等逻辑推理的图标法,苏珊·哈克的基础融贯论更能撇开叙事和图标逻辑要相互协调的干扰,不是从法律规则的角度而是从认识论视角“优雅地”穿梭于证据的法律论证和事实认定之间,是一种全新的方法。

基础融贯论的证据结构解释是通过与填字游戏的模拟得出的:经验证据是线索的类似物,而原因(一个人的背景信念,从各个方向延伸)类似于已经完成的填字游戏条目。同样的模拟也为基础融贯论解释了证据质量的决定因素,以及是什么使证据更强或更弱、更好或更差。它具有三个维度:(1)证据对所讨论的信念的支持程度(模拟:填字游戏条目与线索和任何已完成的交叉条目的匹配程度);(2)与所讨论的信念无关,这些理由的安全性如何(模拟:那些与已完成的填字;游戏条目相交的合理程度,与所讨论的无关);(3)证据的全面程度(模拟:填字游戏完成了多少)。

关于事实的、经验的主张的证据是一个复杂的网格,其中经验证据(感官证据,要得到足够的担保)和原因(背景信念)一起工作,就像填字游戏中的线索和分支交叉条目一样。填字游戏条目的合理程度取决于线索和任何已完成的交叉条目对它的支持程度;合理的依据是,其他条目是否独立于相关条目;以及已经完成了多少填字游戏。同样,一个事实主张在多大程度上得到了证据的支持,取决于它在多大程度上得到了经验证据和背景信念的支持;独立于所讨论的主张,这些背景信念的安全性如何;证据包括多少相关证据。相关性不是逻辑问题,而是依赖于事实。

证据质量的决定因素,也是法律论证担保的决定因素,并不完全是形式上的,而是部分物质的。换言之,证据是否与诉讼请求相关,取决于有关世界的事实,例如,某种药对大鼠的作用是否与其对人的作用有关,取决于大鼠在显著的生理方面是否与人相似,是否给大鼠服用的物质与人类服用的药物完全相同,等等。

正如我们所看到的,一个证据与一个结论相关,如果它影响整个证据的支持程度,即如果添加它有助于或减损对证据加结论的解释性整合——正如苏珊·哈克所说,这可能取决于关于世界的事实。

事实上,大量的证据可以比单独的任何组成部分更能保证结论。简要粗略地讲述:结合证据将提高结论的担保程度,就是因为它使证据总体上更支持结论;和/或改进证据组成部分的独立安全性;和/或引入额外证据,与更受限制的证据相比,对结论的支持并不逊色。关键不在于组合的证据总是比它的任何组成部分更强大——这虽然不会总是发生,而有时确实如此。例如,疾病或病症风险增加的流行病学证据 D,有人接触物质 S,可能会或可能不会与其他研究交叉互锁。如果我们还知道在相关方面与人类生理相似的动物中,相同的物质 S 在可比较的剂量下会引起相同的损害 D,毒理学表明,与 S 非常相似的化合物也与 D 相关,那么综合的证据可能会给我们更好的理由来认为 S 导致了 D,而不是单独的这些证据中的任何一个。同样,被告人有强烈动机想要受害者死亡的证据可能会与以下证据交叉互锁:有证据证明他拥有一把口径合适的枪,证明他被看到逃离犯罪现场的证据。比起仅凭这些证据的任何一个,这些交叉互锁的证据给结论更多的担保。

(三)建立人本主义认识论

相较于熊明辉等人研究的《法律论证学研究》中的逻辑基础都是建立在法律与科学的交叉点上的,比如法律计量学、法律信息学,基于大数据基础上的法律人工智能建模推理。这种纯形式逻辑推理可以保证论证的融贯性,但不能保障认定的法律事实为"真"。苏珊·哈克在本书中用案例表明了,概率方法是如何失败的,或者具体来说,她的方法是如何成功的。苏珊·哈克首先表明卡丹和舒姆在臭名昭著的萨克和万泽蒂(两名意大利移民因 1920 年抢劫和谋杀罪名成立)审判中对证据的著名主观贝叶斯理论解释存在严重缺陷;而且她的基础融贯论可以做得更好。然后,为了明确一点,虽然它不是概率性的,但她的基础融贯论完全能够恰当地容纳统计和概率证据——她表明芬克尔斯坦和费尔利对珍妮特和马尔科姆柯林斯案件的著名主观贝叶斯分析(主要基于纯粹的统计证据被判犯有抢劫罪)也存在严重缺陷;并且以她的方法也做得更好。

如何最好地理解证明的法律程度本身并不是一个认识论问题。更确切地说,这是一个理解问题,例如,当陪审团的指示和给法官的指示中阐明了他们可能优先或推翻陪审团裁决的情况时,会发生什么情况;并且还需要反思我们为什么需要这样的标准。不同的标准表明法律证明必须被理解为程度,一个或多或少的问题;但是对于这些证明程度究竟是什么程度存在分歧。有些人(强调“说服力”这个词)认为它们是事实调查者的信念程度;有些人(强调“更有可能”这个词)认为它们是数学概率;一些主观贝叶斯主义者将两者结合起来:证明的程度被解释为数学概率,而数学概率又被解释为主观程度信仰。其他人,包括苏珊 · 哈克自己,将证明的程度视为认识论的可能性,[1]即一个主张被证据保证的程度。

否认证明程度是数学概率,并不是否认统计证据。例如,现在已成为 DNA 证词常规部分的随机匹配概率,或有毒侵权案件中常见的流行病学证据等——在许多情况下都起着重要作用。但是,统计证据如何更好地适应法律证明理论一直是长期争论的主题,其中如何达到贝叶斯方法的各种路径(客观和主观)一直占主导地位。所以你可能想知道苏珊 · 哈克的方法在处理这些证据时是否可以令人满意。

首先,要明确一点:我们无法辨别统计概率确定的被告人 DNA 与在犯罪现场发现的 DNA 之间的匹配不是随机的,所以统计概率不能有足够的证据担保被告人有罪。或者是某个人曾经被暴露在某种物质之下就有患上某种病的相对风险来判断一个接触过某种物质的人会患上某种疾病。所以统计概率不能有足够的证据担保,只要有原告接触过这种物质,那么他就会患上这种疾病。更一般地说,我们不能将作为证据呈现在案例中的统计概率与证据的担保程度等同起来。

许多人希望将合法证明程度的证据硬塞到这个更正式的模型中。例如,莱布尼茨将概率论称为“自然法理学”;[2]乔治 · 布尔希望将其应用于“判断概率

---

〔1〕 当然,在普通英语中,“概率”(probability)和“可能性”(likelihood)这两个词本质上是同一个意思。但苏珊 · 哈克专门为认识论的意义采用了“可能性”。

〔2〕 然而,约翰 · 洛克否认计算法律证明程度的精确规则是可能的。

的估计”。[1] 最近,法律概率一直是新证据奖学金从业者长期争论的主题。[2] 这一次,触发因素似乎是《美国联邦证据规则》第401条中给出的相关性解释:证据是相关的,以防它提高或降低某个有争议的事实的可能性。然而,应该已经很清楚了,我们不应该仅仅因为“大概”、“可能”和“概率”这些词出现在法律环境中,就假设我们正在处理数学而不是认识论的概率。

一些法律概率论的批评者对将数字分配给证明程度的可能性表示怀疑。“那……道德概率……可以用数字来表示……因此可以进行数值分析”,托马斯·斯塔基在1842年写道,“不能不被看成可视化的空想”[3]。其他人则认为,即使可行,精确计算概率通常也是不可取的:劳伦斯·泰博写道“精确的成本”,例如“软变数的绘制”,并建议在刑事审判中,贝叶斯这种方法可能会鼓励“有罪推定”[4]。苏珊·哈克同意:在证明程度上加上精确的数字是不可行的;即使我们可以这样做也不一定是可取的。但苏珊·哈克对法律概率论的反对更为根本:苏珊·哈克认为用数学概率来识别法律的证明程度(她认为是认知保证的程度)是一种模棱两可的做法。在这一点上,苏珊·哈克和理查德·冯·米塞斯一致,他很久以前就断言“概率论与诸如‘德国是否有可能在未来某个时间与利比里亚开战?’这样的问题无关。”[5]

苏珊·哈克的论点与其他法律概率论的批评者(如L.乔纳森·科恩)的论

---

〔1〕 George Boole, *The Laws of Thought*, Dover publications, 1854, p. 376 – 382. 然而,布尔承认:“从单纯的记录法院的决定……就其成员的个人判断的正确性而言,不可能得出任何确定的结论。”

〔2〕 See John Kaplan, *Decision Theory and the Factfinding Process*, in Stanford Law Review, 20 (1968), p. 1065 – 1092. See also Richard Lempert, *The New Evidence Scholarship: Analyzing the Process of Proof*, in Pter Tillers and Eric D. Green eds., Probability and Inference in the Law of Evidence: Uses and Limits of Bayesianism, the Netherlands: Kluwer Academic Publishers, 1988, p. 62 – 102; Roger Park and Michael Saks, *Evidence Scholarship Reconsidered: Results of the Interdisciplinary Turn*, in Boston College Law Review, 47(2005), p. 949 – 1031.

〔3〕 Thomas Starkie, *A Practical Treatise of the Law of Evidence volume* 1, New York: Arkose Press, 2015, p. 579.

〔4〕 Laurence Tribe, *Trial by Mathematics: Precision and Ritual in the Legal Process*, in Harvard Law Review, 84 (1971), p. 1329 – 1393, p. 1358 (the costs of precision), p. 1361 (the dwarfing of soft variables), and p. 1368 (presumption of guilt). 这篇文章有部分是回应 Michael O. Finkelstein and William B. Fairley, *A Bayesian Approach to Identification Evidence*, in Harvard Law Review, 83(1970), p. 489 – 517。

〔5〕 Richard von Mises, *Probability, Statistics and Truth*, London: Allen and Unwin, 1928, 2nd revised English ed.

点之间会有一些重叠[1](在哲学方面),包括伦纳德·贾菲[2]、罗纳德·艾伦[3](在法律方面)[4]。然而,苏珊·哈克不会像 L. 乔纳森·科恩一样,使用任何类型的归纳逻辑,无论是准培根逻辑还是其他逻辑。对于"蓝绿"悖论的寓意,[5]她相信,是不可能有形式归纳逻辑的。虽然解释性整合的概念之间存在一些遥远的相似性,这将在苏珊·哈克的研究中发挥作用。认识论的叙述和罗纳德·艾伦提出的"民事审判的重新概念化"中发挥作用的"解释性故事",这些是有些不同的概念,在两个叙述中扮演着不同的角色——而且,两个叙述的目的也不同。[6]

如果证据质量和保证程度的概念像本文所暗示的那样复杂、微妙、多维和世俗,那么概率的数学理论本身不可能构成担保理论。然而,这还不足以表明,如果我们手头有一个充分的担保理论,那么概率计算就不能作为一种计算方式担保的程度。但苏珊·哈克不相信它可以,至少有三个原因:(1)数学概率形成从 0 到 1 的连续体;但由于证据质量的几个决定因素,不能保证担保程度的线

---

[1] See L. Jonathan Cohen, *The Provable and the Probable*, Clarendon Press, 1977.

[2] See Leonard R. Jaffee, *Of Probativity and Probability: Statistics, Scientific Evidence, and the Calculus of Chances at Trial*, in University of Pittsburgh Law Review, 46(1985), p. 925 - 1082.

[3] See Ronald J. Allen, *A Reconceptualization of Civil Trials* (1986), in Peter Tillers and Eric D. Green eds., Probability and Inference in the Law of Evidence: The Uses and Limits of Bayesianism, the Netherlands: Kluwer Academic Publishers, 1988, p. 21 - 60.

[4] 然而,苏珊·哈克要记录在案,苏珊·哈克的认识论叙述早在她阅读 L. 乔纳森·科恩或罗纳德·艾伦之前就已经发展起来了。

[5] 关于"蓝绿"悖论, see Nelson Goodman, *The New Riddle of Induction* (1954), in Goodman, Fact, Fiction and Forecast, Indianapolis: Bobbs-Merrill, 1965, p. 59 - 83; 关于其对句法可表征的归纳逻辑可能性的影响, see Susan Haack, *Defending Science—Within Reason: Between Scientism and Cynicism*, Amherst: Prometheus Books, 2003, p. 84 - 86。然而,虽然 L. 乔纳森·科恩没有提到"蓝绿",他只提到古德曼与现在的观点无关——人们可能会发现,阅读在他对"相关变量"(133 ff.)的讨论的字里行间,隐含地承认支持性毕竟不是完全形式的,而是部分取决于材料事实。但不幸的是,L. 乔纳森·科恩没有追究这个关键点的后果,而是继续提供"归纳概率的逻辑句法",默认了相关变量的列表(第 17 章)。

[6] 总结罗纳德·艾伦的观点。正如他的标题所表明的那样,罗纳德·艾伦的方法只适用于民事审判——这本身就表明他的关注点比苏珊·哈克的认识论更合法。就像他没有说明是什么让故事变得更好或更糟的事实一样。此外,由于它依赖于对原告和被告解释故事的比较判断,罗纳德·艾伦的提议是——再次,正如他的标题所表明的那样——修正性的,显然对民事案件的被告施加了比他们目前承担的更大的负担。(罗纳德·艾伦承认可能的反对意见,即他的说明基于对原告案件的简单否认和对被告案件的肯定指控之间的区别;并回答说他认为这不是一个分类的区别,而是一个程度的问题。)

性排序。(2)(p & not-p)的数学概率必须加起来为1;但是,当没有证据,或者只有非常微弱的证据时,无论哪种方式,p & not-p在任何程度上都不是必要的。(3)(p & q)的数学概率是p的概率和q的概率的乘积——除非两者的概率都为1,否则它总是小于任何一个;但综合证据可能比单独的任何组成部分更能担保一个主张。第二点和第三点与法律中出现的问题有相当直接的关系。"证据优势"标准不能简单地从哪一方提供更多证据来充分理解;这不是计算每一方提供的证人的数量,也不是衡量所提供档的重量的问题。但是另外一种表述形式,"比没有的可能性更大",也需要小心处理。一方提供比另一方更好的证据是不够的;需要的是一方当事人在负有举证责任的情况下,提供足够好的证据以担保得出必要程度的结论。[1] 因此,正如上面的第二点将导致预期的那样,即使是优势标准——凭借"比没有的可能性更大"的表述,听起来最适合概率论的解释——实际上也抵制它。关于第三点,首先值得注意的是,如果法律上的证明程度是数学概率,那么陪审团指示案件的每个要素都应建立到所需的程度几乎不可能符合证明标准;很明显,当你意识到——为了论证(尽管只是为了论证),排除合理怀疑的证明需要0.95的数学概率——在这个程度上建立三个独立元素中的每一个的证据将有一个联合概率仅为0.85,远低于阈值,并且将三个独立元素中的每一个建立为0.51概率的证据将具有仅0.13的联合概率。

如果,正如苏珊·哈克所论证的,法律的证明程度最好被解释为理性可信度或担保的程度,理性可信度或担保的程度不能用数学概率来识别,那么法律概率论就被误导了。尽管如此,仅仅证明法律概率论被误导本身并不能让我们更好地掌握复杂的证据。俗话说,证明是布丁就是吃它。因此,下一步是将苏珊·哈克的认识论方法付诸实践,并在两个著名的或者可能是臭名昭著的案例

---

〔1〕 帕尔多教授建议,如果我们从概率上将"优势"标准解释为"在数学上更有可能",这将需要对原告作出判决,例如,他对所发生事情的理论的概率是0.4,而被告理论的概率仅为0.2。See Michael Pardo, *Estándares de prueba y teoría de la prueba*, in Carmen Vázquez ed. , Está ndares de prueba y preuba científica: Ensayos de epistemolog ía juridical, Barcelona: Marcial Pons, 2013, p. 99 – 118, 112. 但这并不是真的,正如帕尔多所建议的那样,反对法律概率论的论据;这是重建优势的论据标准(正如罗纳德·艾伦建议的那样,作为要求,而不是原告提出证据使他的主张更有可能,但只有他提供证据证明他的主张比被告的故事更有可能。在这种情况下,"可能"是否应该用数学概率或保证程度来理解是完全独立的问题)。

中展示其相对于公认的概率(主观贝叶斯)方法的优势:联邦诉萨科和万泽蒂[1]以及人民诉柯林斯[2]。

概率计算,最初设计用于表示机会游戏中的概率,是一种毫无争议的数学。和贝叶斯定理(以托马斯 · 贝叶斯牧师的名字命名,他证明了这一点)[3]是微积分的一个无可争议的定理。该定理通常用于计算"逆"概率:当 B 的概率给定 A,B 的概率给定 not-A 是已知的,计算 A 给定 B 的概率。借用马克斯 · 布莱克在 1967 年《麦克米伦哲学百科全书》中关于概率的文章中给出的非常简单的例子:假设我们知道某组男性中有 90% 拥有一辆汽车,10% 没有("先验"概率);也就是说,在拥有汽车的人中,有 10% 的人还拥有自行车,在没有汽车的人中,20% 拥有自行车("有条件的"概率);那么贝叶斯公式允许我们计算集合中拥有自行车的人也拥有汽车的("后验")概率。[4] 到目前为止,如此简单。

然而,对于主观贝叶斯理论,贝叶斯定理代表了一些在认识论上更加雄心勃勃的东西:一种方法暨给定证据 E 从 H 的先验概率计算假设 H 的后验概率,以及 E 给定 H 和 E 给定非 H 的条件概率。因此,在他看来,贝叶斯定理提供了一种根据新证据调整个人信念程度的精确方法。

卡丹和舒姆的分析方法相对于其启发性更令人困惑。一方面,他们的标题承诺对萨科和万泽蒂的证据进行"概率分析",这是误导性的。是的,他们将证据分解为组成部分(通过威格穆尔图示法)[5]但是他们这样做,可以说,完全是

---

〔1〕 有关审判和后续程序的记录,see Anonymous ed., *The Sacco and Vanzetti ase: Transcript of the Record of the Trial of Nicola Sacco and Bartolemeo Vanzetti in the Courts of assachusetts and Subsequent Proceedings*, Mamaroneck: Paul P. Appel, 1969, p. 1920 – 1927。

〔2〕 See People v. Collins, 438 P. 2d 33 (Cal. 1968).

〔3〕 然而,贝叶斯本人并没有发表证明,该证明在他去世后于 1763 年出现在《皇家学院哲学汇刊》中,这要感谢他的执行人理查德 · 普莱斯。是普莱斯而不是贝叶斯提出该定理可能具有更广泛的含义。See David Schum, *Evidential Foundations of Probabilistic Reasoning*, John Wiley and Sons, 1994, p. 48 – 49.

〔4〕 See Max Black, *Probability*, in Paul Edwards ed., The Encyclopedia of Philosophy volume 6, MacMillan, 1967, p. 464 – 479. 苏珊 · 哈克特意选择了这个较早的数据来说明在主观贝叶斯主义流行之前,贝叶斯定理是如何被常规使用的。

〔5〕 See John Henry Wigmore, *The Principles of Judicial Proof as Given by Logic, Psychology, and General Experience as Illustrated in Judicial Trials*, Littleton: Fred B. Rothman & Comany, 1981. 要看一个总结性的陈述,see Jean Godwin, *Wigmore's Chart Method*, in Informal Logic 20, 3(2000), p. 223 – 243。

手工完成的——概率论在他们对证据的分析中没有任何作用，只是在它的综合中发挥作用以得出结论。[1] 另一方面，尽管卡丹和舒姆很清楚 L. 乔纳森·科恩反对将证明程度解释为标准数学概率，但他们没有提供任何答复。[2] 相反，在注意到联邦规则定义了相关性证据之后，作为提高或降低某些有争议事实的可能性的证据，[3]他们只是理所当然地认为合法的证明程度是数学概率。此外，他们没有提供明确的结论，只提供了萨科参与犯罪或万泽蒂参与犯罪的各种后验概率，给了各种证据项目的先验概率和条件概率的各种分配。经过数百页的图表和计算，这至少可以说是令人失望的。

但还有更糟糕的问题。首先，卡丹和舒姆提供了一系列非常不同的结论，所有这些结论都在概率上是一致的，揭示出概率一致性不足以保证合理或合理的信念程度[4]——如果我们完全用这些术语说话，这肯定也需要合理的先验信念程度和合理的条件信念程度。

其次，卡丹和舒姆承认，他们在认识论中用到的概率既不能用机会主义学说也不能用统计术语来理解；相反，他们说，它们是"个人的、主观的或（哈克假设，'即'）认知概率"[5]。但"个人的"不等于"主观的"，也不等于"认识的"；这里的口头捏造是更深层次问题的征兆。假设为了论证（尽管只是为了论证），卡

---

〔1〕 舒姆早期的一本书中提到了缺失证据、相关性和可信度等概念，但据苏珊·哈克所知，它甚至没有接近于发展出任何类似保证理论的东西。See Schum, *Evidential Foundations of Probabilistic Reasoning*, New York: John Wiley and Sons, 1994, p. 15, p. 29 (on missing evidence), p. 69 (on relevance), and p. 207 (on credibility).

〔2〕 早些时候，舒姆详细讨论了 L. 乔纳森·科恩的方法，see David Schum, *A Review of the Case against Blaise Pascal and His Heirs*, in Michigan Law Review, 77 (1979), p. 446 – 463。并且有很多参考文献提到L. 乔纳森·科恩的著作 *Evidential Foundations of Probabilistic Reasoning*。但苏珊·哈克无法识别响应 L. 乔纳森·科恩的反对意见——只是一个建议，在 1979 年的作品中，贝叶斯主义的好处是如此显著，它们不知何故超过了否定、合取等"悖论"的问题。

〔3〕 舒姆认为人们对相关性的判断取决于他们的"立场"，但似乎将这种情况排除在外了，即在各自都有非常不同的主张时，相关性本身就是与立场相关的。

〔4〕 当然，作为基础融贯论的创始人，苏珊·哈克不相信任何形式的一致性或连贯性，就其本身而言，足以证明。See Susan Haack, *Evidence and Inquiry*, Amherst: Prometheus Books, 2009, chapter 3; *Coherence, Consistency, Cogency, Congruity, Cohesiveness, &c.: Remain Calm! Don't Go Overboard!*, in Susan Haack ed., Putting Philosophy to Work, Amherst: Prometheus Books, 2013, p. 69 – 82.

〔5〕 他们甚至写道："非独立性意味着对一项证据的了解可能会影响我们对另一项证据证明力的判断。"

丹和舒姆计算的概率是信念程度:它们是谁的信念程度? 他们自己的,他们回答说,还有其他一些学者。正如这所揭示的那样,卡丹和舒姆正在利用研究这个案子的人们的认识论判断。假设概率与这些人的(主观)信念程度相同是虚假的;我们真正处理的是专家对(客观)认知可能性的看法。

所以,最后,虽然卡丹和舒姆的许多页计算可能会让人产生一种印象,即概率计算正在肩负着严肃的认识论重担,但这是一种错觉。这里进行的唯一认识论工作是卡丹和舒姆将证据完全非正式地分解为组成要素,以及他们和其他专家对证据价值非正式的评估。

## 三、本书的价值

苏珊 · 哈克的《证据原理》将对中国的证据法产生深远的影响。我国目前的证据法还是法定证据制度,给法官自由心证的空间太小,法官也没有确立起认识论判断来探究证据进行充分的法律论证,所以在实务中仍然存在相当多的案件,继续坚持原有证明责任二分式模式下的思维方式,直接将对事实主张简化为存在与不存在两种可能。

比如,在 2019 年最高人民法院的一份再审判决书中,裁判理由在认定鉴定意见不足以认定《担保函》虚假和时任永华公司的法定代表人认可《担保函》的真实性之后,认为“从举证责任看,永华公司否认《担保函》的真实性,应当提供充分的反驳证据加以推翻”,并且随后基于《最高人民法院关于适用〈中华人民共和国民事诉讼法〉的解释》第 108 条第 2 款的规定,主张“仅依据鉴定意见并不足以认定待证事实即公章真伪问题,永华公司应当承担举证不能的不利法律后果”[1]。类似地,最高人民法院在 2017 年审结的一个二审案件中指出,“经审查赵某军、赵某伍提交的证据并结合相关事实,原审法院不能确信待证事实的存在具有高度可能性,原判决认定赵某军不能充分证明案涉《借款合同》系在 2014 年 3 月 22 日前签订,符合该第一百零八条的规定,并无不当”[2]。所以对

---

〔1〕 最高人民法院民事判决书,(2019)最高法民再 177 号。

〔2〕 最高人民法院民事判决书,(2017)最高法民终 24 号。

法律事实的认定普遍存在一种具有一种全有全否(all-or-nothing)性的刚性规则,在任何实践决策中都可能只是起到很小的作用,证据也不例外。

由这种思维所决定的最糟糕的例子莫过于2006年的彭宇案,2006年11月20日上午,原告在本市水西门公车站等候83路车,大约9时30分有2辆83路公交车同时进站。徐某兰准备乘坐后面的83路公交车,在行至前一辆公交车后门时,彭宇第一个从公交车后门下车,徐某兰摔倒致伤,彭宇发现后将徐某兰扶至旁边,在徐某兰的亲属到来后,彭宇便与徐某兰亲属等人将原告送往医院治疗,徐某兰后被诊断为左股骨颈骨折并住院治疗,施行髋关节置换术,产生了医疗费、护理费、营养费等损失。本案的争议焦点是彭宇和徐某兰之间是否发生了碰撞。法官在缺乏主要证据的情况下,用"日常生活经验分析","本案事发地点在人员较多的公车站,是公共场所,事发时间在视线较好的上午,事故发生的过程非常短促,故撞倒徐某兰的人不可能轻易逃逸。根据彭宇自认,其是第一个下车之人,从常理分析,其与原告相撞的可能性较大"。并且以"彭宇在本院庭审前及第一次庭审中均未提及其是见义勇为的情节,而是在二次庭审时方才陈述。如果真是见义勇为,在争议期间不可能不首先作为抗辩理由,陈述的时机不能令人信服。因此,对其自称是见义勇为的主张不予相信"。从而认定彭宇撞倒了徐某兰,应承担赔偿责任。[1]

## 四、结　论

证据法首先是认识论的问题,因此基础融贯论的证据结构解释标准和担保标准贯穿于三大诉讼法体系,基础融贯论的证明标准就是三大诉讼法的证明标准,不同的只是法律规则上的不同,比如具体案件举证责任的分配。这在实践中将打破三大诉讼法体系壁垒。

证明逻辑优先于证明规则(但是裁判者必须对他们的判决公开证成模式,将裁判者的恣意或纯粹主观作为一种制度性限制)。这一主题的基础性观念是建构一个既融贯又跨学科框架的一种模式化努力。

---

〔1〕 参见南京市鼓楼区人民法院民事判决书,(2007)鼓民一初字第212号。

我们有必要提高法官科学哲学素养,在基础融贯论的框架下制定法官自由心证的引导的弹性标准,引导法官去探究、评估证据:在证据法的原子主义倾向与举证证据的准整体主义之间;在科学探究的非正式,务实性质与法律的正式程序之间等。这些紧张关系将显示在通过可采性规则将证据驯化为法律的证据,这代表证据法的未来走向。基础融贯论在国外(包括大陆法系和英美法系)得到了充分的实践,我们可以借鉴。

# 案例分析与诉讼实务

# 反向抵押涉及“最后遗嘱”条款时继承主体的认定

——对李某、沈某遗嘱继承案的评析

田桂瑶[*]　王梦涵[**]

**内容摘要:**投保人提供自物担保,与保险人订立反向抵押养老协议,双方成立养老保险、房屋抵押、准债权债务多重法律关系。遗嘱继承开始前,投保人的不同继承处分,并未涤除案涉抵押房屋所涉担保物权,保险人有权通过行使抵押权,实现保险债权。抵押房屋剩余财产权益分配,应由投保人自主决定,保险人无须干涉。案涉“最后遗嘱”条款既非投保人对行使撤回遗嘱权的放弃,亦违反了《民法典》《保险法》的相关规定,不宜类推适用,无现实约定必要。本案作为遗嘱继承纠纷,人民法院虽无须直接认定“最后遗嘱”条款是否有效,但应根据遗嘱适用规则确定合格继承人,不受配套保险合同约束。

**关键词:**反向抵押　最后遗嘱　撤回遗嘱权　遗嘱适用规则

## 案情与裁判

本案原告为李某,两名被告分别为沈某、幸福人寿保险股份有限公司(以下简称幸福人寿)。

原、被告父母为再婚夫妻。2016 年 9 月 13 日,原、被告父母作为投保人,与幸福人寿签订案涉《反向抵押养老保险合同》及《房屋抵押合同》。同日,原、被告父母、沈某及幸福人寿签订《补充协议》并附《遗嘱》一份,约定沈某为案涉保

* 北京航空航天大学法学院博士研究生。

** 青海省高级人民法院民二庭审判员。

险受益人,附件《遗嘱》为投保人生前所立最终遗嘱,非经保险人同意,投保人不再就案涉房屋及相关权益作出不同处分。2016 年 11 月,前述四方主体至当地公证处,对案涉《反向抵押养老保险合同》、《补充协议》、《房屋抵押合同》及附件《遗嘱》进行公证。同年 11 月 14 日,幸福人寿对案涉房屋设定抵押。

2017 年 5 月 5 日,原、被告母亲死亡。同年 6 月 26 日、7 月 10 日,原、被告父亲先后向幸福人寿邮寄两份《身故保险金受益人变更函》。2017 年 9 月 4 日,原、被告父亲至当地公证处对《撤销遗嘱声明书》进行公证,在两位律师见证下,其于 9 月 14 日另立代书遗嘱一份。2018 年 3 月 4 日,原、被告父亲死亡。2019 年 8 月 5 日,继承人沈某及李某因遗嘱纠纷诉至一审法院,一审法院判决支持沈某诉请,李某不服一审判决,上诉至二审法院,现二审终结。

2020 年 6 月 2 日,一审法院认定《反向抵押养老保险合同》《补充协议》系各方当事人真实意思表示且不违反法律规定,当事人受其约束,不得擅自变更或解除合同。《补充协议》附有"最终遗嘱"条款及《遗嘱》附件,约定非经保险人同意,原、被告父母不得就案涉房屋另立不同遗嘱,二者签订《补充协议》时清楚并认可合同内容,由此表明放弃撤销最终遗嘱之权利。现原、被告父亲未经保险人同意,撤销"最后遗嘱"并另立代书遗嘱,违背《补充协议》约定,应属无效。一审法院判令沈某继承案涉房屋,在支付幸福人寿相关保险费用及赔偿金后,涤除房屋抵押权。〔1〕

二审法院审查本案,认定《反向抵押养老保险合同》《补充协议》《房屋抵押合同》系主副合同或配套合同,共同发生合同效力。"最终遗嘱"所涉房屋产权分配,受以上合同约束,如欲变更,应在同等条件下进行。原、被告父亲后续公证遗嘱不能对抗先前生效的配套合同,否则损害合同各方利益。二审法院判令驳回李某上诉请求,维持原审判决。〔2〕

## 一、反向抵押养老保险基础法律关系

反向抵押即拥有房屋完全产权的老年人,将房产抵押给保险人,继续拥有

〔1〕 参见上海市浦东新区人民法院民事判决书,(2019)沪 0115 民初 68327 号。

〔2〕 参见上海市第一中级人民法院民事判决书,(2020)沪 01 民终 8190 号。

房屋占有、使用、收益和经抵押权人同意的处置权，并按照约定条件领取养老金直至身故；老年人身故后，保险人获得抵押房产处置权，处置所得将优先用于偿付养老保险相关费用。[1]从形式上看，反向抵押养老保险是一种将住房抵押与终身养老相结合的创新型商业养老保险，老年人既为投保人，亦为案涉房屋抵押人。老年人以自己生存期限作为保险标的，要求保险人支付养老金，是为被保险人，二者形成养老保险及房屋抵押双重法律关系。从实质上讲，该合同系老年人在未确定的生存期间，借向保险人提供自物担保获得养老金，待老年人身故后，保险人因支出养老金而享有养老保险费用债权。是以，保险人通过行使抵押权实现保险费用债权，同投保人还构成准债权债务法律关系。

## 二、案涉《补充协议》“最后遗嘱”条款不无质疑

案涉《补充协议》第 4 条约定：“投保人保证并承诺，本协议经签订生效并公证后，相关附件《遗嘱》为其生前立下的最终遗嘱，除非事先通知并征得保险人同意，否则将不再就主险合同项下的抵押房屋及相关权益作出不同的遗嘱或赠与等处分行为。”该“最后遗嘱”条款明确限定，投保人身故后，不论保险受益抑或遗嘱继承，均按附件《遗嘱》进行，非经保险人同意，不得变更。因此，投保人变更抑或撤回先立遗嘱，应否受“最后遗嘱”条款及配套保险合同限制不无质疑。

### （一）“最后遗嘱”条款有无约定必要

《保险法》第 41 条规定：“被保险人或者投保人可以变更受益人并书面通知保险人。保险人收到变更受益人的书面通知后，应当在保险单或者其他保险凭证上批注或者附贴批单。投保人变更受益人时须经被保险人同意。”值得注意的是，本案《反向抵押养老保险合同》是以投保人的实际生存期间，为保险人的给付养老金时限，投保人作为被保险人，其欲变更受益人无须经保险人同意。

2013 年国务院发布《关于加快发展养老服务业的若干意见》，随后原中国

---

〔1〕《中国保险监督管理委员会关于开展老年人住房反向抵押养老保险试点的指导意见》（保监发〔2014〕53 号）。（中国保险监督管理委员会，现为中国银行保险监督管理委员会）

保险监督管理委员会(以下简称原中国保监会)决定开展老年人住房反向抵押养老保险试点,并于 2015 年批复首个"以房养老"保险合同——幸福人寿《幸福房来宝老年人住房反向抵押养老保险(A 款)》(以下简称《反向抵押养老保险(A 款)》),案涉《反向抵押养老保险合同》由此而来。《反向抵押养老保险(A 款)》第 4.3 条规定:"身故保险金受益人由投保人在投保时指定,若变更受益人,应书面通知保险人,收到通知后的保险人须在保险单或其他保险凭证上批注或附批贴单。"根据此审批合同条款,投保人欲变更身故保险金受益人,仅需向保险人履行书面通知义务即可,保险人应在保险凭证上附加批准或附批贴单,并不享有同意抑或否定之权利。

回归本案,"最后遗嘱"条款旨在限制抵押期间老年人未经抵押权人(保险人)同意,将房产全部或部分转移,导致届期抵押权行使受阻的实质处分行为。但是,根据《民法典》第 1161 条的规定[1],继承人继承遗产前,无论法定抑或遗嘱继承,均应清偿被继承人依法欠付的债务。因此,案涉老年人身故,其继承人继承抵押房屋前,或需:(1)缴清养老保险相关费用、涤除房屋抵押;(2)或不予缴清,由抵押权人采出售、拍卖抑或其他方式处置抵押房屋;(3)或放弃继承,由抵押权人自由处分抵押房产。老年人对抵押物的不同继承处分,并未涤除该继承财产上的担保物权,相应保险债权届继承程序开始之前,通过行使抵押权已能获得足额清偿。因此,至于保险债权获偿后的其他继承财产权益,老年人有权自主分配,保险人不应干涉或限制。

综上所述,案涉保险债权在未受损害的前提下,保险人设置"最后遗嘱"条款,限制投保人变更受益人及另立遗嘱之权利,违背《保险法》规定以及审批合同条款,不符合一般商业惯例,无现实约定必要。

(二)"最后遗嘱"条款能否视为投保人放弃"撤回遗嘱权"

在民法理论上,撤销权属于形成权,行为人可以通过自己的行为直接行使权利,实现权利目的。遗嘱作为民事主体自由处分个人财产的一种方式,遗嘱

---

[1] 《民法典》第 1161 条规定:"继承人以所得遗产实际价值为限清偿被继承人依法应当缴纳的税款和债务。超过遗产实际价值部分,继承人自愿偿还的不在此限。继承人放弃继承的,对被继承人依法应当缴纳的税款和债务可以不负清偿责任。"

人可以通过设立遗嘱,自由处分其财产和安排身后事务。[1] 根据原《继承法》第20条第1款规定,遗嘱人可以撤销、变更自己所立的遗嘱。2021年施行的《民法典》第1142条第1款将“撤销”改为“撤回”,因为撤销一般指对已生效法律行为的废除,对于未生效遗嘱则不存在撤销的问题。[2] 本案投保人与保险人约定“最后遗嘱”条款时,继承程序未开始,附件《遗嘱》未生效。投保人于遗嘱生效前,依法使其归于无效的民事法律行为,宜被称为“遗嘱的撤回”而非撤销。

根据《民法典》第1142条、原《继承法》第20条的规定,遗嘱人不仅可以自由撤回、变更所立遗嘱,若其实施与遗嘱内容相反的民事法律行为,亦视为对遗嘱相关内容的撤回。因此,对于遗嘱人而言,其既可自由撤回所立遗嘱使其归于无效,亦可不予撤回直至遗嘱生效,不存在书面撤回之法定要求。

本案“最后遗嘱”条款载明:“附件《遗嘱》为投保人生前所立最终遗嘱,非经保险人同意,不得再新立遗嘱抑或作出不同继承处分。”该条款体现的是对民事主体预期从事某一民事法律行为的消极禁止,本质为限制性约定。然而,对于遗嘱撤回权来说,是指民事主体对在先遗嘱享有的意定撤回、并使之归于无效的权利,案涉“最后遗嘱”条款与“放弃撤回权”能否作同性质意思表示不无争议。

首先,“最后遗嘱”条款旨在限制投保人的新立遗嘱等行为,但就放弃撤回遗嘱权而言,是指对先立遗嘱不再撤回、使其直至生效的意思表示,二者并非同一法律概念;其次,“最后遗嘱”与“放弃行权”之间,不存在互为因果的逻辑关系,本案民事主体的受限制行为,系对预期可从事行为进行的自束或他束,无法得出其放弃原有实体权利之结论,二者不存在反推适用的理论基础;最后,若投保人不予撤回先立遗嘱,但新立合法遗嘱,先立遗嘱仍有可能失效。然而,“最后遗嘱”条款虽对新立遗嘱进行限制,投保人仍有可能撤回先立遗嘱,使所有遗嘱均失效,二者不具有相同的法律功能。

综上所述,案涉“最后遗嘱”条款,不同于投保人对“撤回遗嘱权”的放弃,不宜类推适用。

---

〔1〕 参见陈甦、谢鸿飞主编:《民法典评注·继承编》,中国法制出版社2020年版,第178页。

〔2〕 参见江必新主编:《民法典重点修改及条文解读》,中国法制出版社2020年版,第576页。

### (三)"最后遗嘱"条款是否涉及法定无效情形

根据《民法典》第496条的规定,格式条款系当事人为重复使用而预先拟定,并在合同订立时未与对方协商的条款。格式条款所在合同为格式合同。案涉《反向抵押养老保险合同》《补充协议》属保险人为销售保险产品,预先拟定、重复使用的合同类别,体现了典型的格式合同特征。但其是否涉及法定无效情形,还需根据现有立法规定进行具体分析。

首先,根据《民法典》第1142条、原《继承法》第20条第1款的规定,遗嘱人可以撤销、变更自己所立的遗嘱。然而,保险人能否在保险合同中,对投保人设立抑或变更遗嘱的权利进行限制疑窦丛生。对于反向抵押养老保险而言,其与投保人是否对案涉房屋作出遗嘱分配,分属不同法律性质问题,二者仅在投保人身故且保险人实现保险债权后,才在剩余财产权益的分配层面产生交集。因此,本案保险债权的实现,与投保人设立遗嘱之间,并不存在法律上的直接因果关系,保险人不应以合同条款,抑或其他补充条款,变相地限制投保人变更抑或撤销所立遗嘱之权利。

其次,按照《保险法》第19条第2款的规定:排除投保人、被保险人或者受益人依法享有的权利的,格式条款无效。本案老年人既是《反向抵押养老保险合同》的投保人,也是对案涉房屋进行遗嘱分配的立遗嘱人,同时还是以该房屋设立抵押的抵押人。《补充协议》中的"最后遗嘱"条款,限定投保人不得另立其他遗嘱,非经保险人同意不得变更合同受益人。此"最后遗嘱"加"未经同意"条款设置,实际限制的是在保险债权未受损的情况下,投保人对保险受益、遗产继承的自由处分权利,违反《保险法》第19条、《民法典》第1142条、原《继承法》第20条第1款的规定。

最后,案涉《反向抵押养老保险合同》《补充协议》作为系列格式合同,若格式合同提供方不合理地排除、限制对方主要权利,该限制条款无效。即便投保人签字署名,并不当然具有法律效力。本案系遗嘱继承纠纷案件,如何判定真正的有效遗嘱及合格继承人,应准用遗嘱适用规则,不受配套保险合同约束。

### (四)法院裁判能否直接认定"最后遗嘱"条款无效

值得注意的是,本案一审及二审期间,《反向抵押养老保险合同》的投保主体均已身故,合同效力即行终止。本案李某及沈某作为继承人,针对案涉房产的剩余财产权益分配产生争议，各持不同遗嘱为证。本案既为遗嘱继承纠纷，人民法院在审判时，应以继承规则为准，判定哪一遗嘱是为有效并予适用，当事人应着力证明其主张适用遗嘱的合法性及有效性，不受配套保险合同约束。如前文所述，本案“最后遗嘱”条款既违反《保险法》规定，不符合一般商业惯例，亦涉及法定无效情形。保险人在规范营业方面存在一定过错，容易对投保人产生不合理的权利限制。甚至若是保险人与受益人借养老保障之名，损害投保人养老权益和其他合法继承人的利益，反而导致与保险保障的目的背道而驰。因此，综合本案基本事实，鉴于李某作为继承人起诉时，并未针对“最后遗嘱”条款的效力问题进行主张，人民法院审理过程中需遵循“不告不理”原则，并无必要在裁判文书中直接认定该条款是否无效，仅围绕当事人诉请及所提交证据审查即可。

## 三、案涉公证及代书遗嘱的法律准用问题

本案涉及两份遗嘱：(1)2016 年 11 月 3 日，原、被告父母生前共同至当地公证处确立的公证遗嘱，指定沈某继承案涉房屋；(2)2017 年 9 月 14 日，在两位律师见证下，原、被告父亲立下代书遗嘱一份，重新安排案涉房屋继承，除支付保险、丧葬等费用外，剩余价值 20% 由沈某继承，30% 由李某继承，50% 赠与第三人。经一审、二审查明事实，案涉公证、代书遗嘱，均为遗嘱人的真实意思表示，因此，采公证遗嘱优先抑或后位遗嘱优先，将产生不同的法律后果。

### (一)遗嘱人有权撤回、变更所立遗嘱

遗嘱之目的在于尊重与实现遗嘱人的遗愿，在遗嘱作成至遗嘱人死亡之时，通常经过较长时间，其间诸多情势不免发生变化，遗嘱人可能因个人主观情况抑或社会客观现实，产生变更或撤回遗嘱的意愿。如不允许遗嘱人自由变更或撤回，有损遗嘱人的最终遗愿之实现。因此，本案原被告父亲设立公证遗嘱后，其后续公证《撤销遗嘱声明书》行为，体现遗嘱自由精神，符合立法倡导的尊重个人自由之价值取向。

值得注意的是，遗嘱人固然享有遗嘱设立或撤回之自由，但公证遗嘱谓依公证方法作成之遗嘱，乃依法定要式而成。其变更或撤回不仅需审查遗嘱人是

否表意真实,还应符合法定公证程序,以遗嘱形式撤回。〔1〕因此,原、被告父亲后续公证行为,是被认定为新立公证遗嘱抑或一般公证行为,其能否达到撤回原公证遗嘱的法律效果,属不同法律问题,应区别对待。

(二)案涉公证遗嘱未被撤回,自始有效

如前文所述,原、被告父亲公证《撤销遗嘱声明书》行为,系遗嘱人自由表示对在先遗产分配的撤回意思表示,体现遗嘱自由。但是,案涉公证遗嘱之设立,需符合《遗嘱公证细则》第 13 条规定,涵盖遗嘱人的个人信息、处分财产状况以及对财产和其他事务的具体处理意见,现遗嘱人对此撤回,亦需满足同等程序要件。〔2〕因此,根据程序撤回原则,自书、代书、录音、口头遗嘱并不产生撤回原公证遗嘱的法律效力,原、被告父亲后续公证行为,既未涉及案涉房屋及其他财产的具体安排,亦未说明撤回遗嘱所涉财产的处分情况,应视作依法定程序,由公证机构对《撤销遗嘱声明书》的真实性、合法性予以肯定、证明的一般公证活动,并非新立公证遗嘱。根据案涉当地公证处的办事规则,原、被告父亲欲撤回所立公证遗嘱,由本人携带身份证明、原公证遗嘱证书至原公证机构办理即可,无须自书撤销声明书,对撤销书进行公证。因此,案涉公证遗嘱在法律层面未被撤回,处有效状态。

综上所述,原、被告父亲后续公证《撤销遗嘱声明书》行为,并未达到撤回原公证遗嘱的法律效果,其后立代书遗嘱与公证遗嘱形式迥异、内容抵触,存在准用争议。根据《民法典》第 1142 条第 1 款、第 3 款的规定:遗嘱人可以撤回、变更自己所立的遗嘱;立有数份遗嘱,内容相抵触的,以最后的遗嘱为准。然而,根据《最高人民法院关于贯彻执行〈中华人民共和国继承法〉若干问题的意见》(以下简称原《继承法意见》)第 42 条的规定:遗嘱人以不同形式立有数份内容相抵触的遗嘱,其中有公证遗嘱的,以最后所立公证遗嘱为准。由此观之,《民法典》颁布前,对遗嘱人所立数份不同遗嘱,采公证遗嘱优先规则,《民法典》颁布后,则删除该优先适用规定,以最后所立遗嘱为准。遗嘱设立在后效力原则

〔1〕 参见杨立新、郭明瑞主编,孙毅、刘耀东编著:《中华人民共和国民法典 · 继承编释义》,人民出版社 2020 年版,第 71 页。

〔2〕 《遗嘱公证细则》第 22 条规定,公证遗嘱生效前,遗嘱人欲变更或撤销,得申请并履行公证程序。

成为判断遗嘱效力的最高、最终原则。[1]

本案一审期间,《民法典》未颁布,一审法院如根据原《继承法意见》,以公证遗嘱确立沈某为最终继承人,案件事实清楚,法律适用准确,并无不当。但本案二审期间,《民法典》已颁布还未生效,法院裁判时究竟适用原《继承法意见》抑或《民法典》规定,产生迥然不同之法律后果,宜进一步探讨。

## 四、《民法典》规定趋近保障遗嘱人的真实终意

如前文所述,本案现存两份内容相抵触的公证及代书遗嘱,一审裁判不再赘述,二审期间《民法典》已颁布但未生效,人民法院是适用《民法典》抑或原《继承法意见》进行裁判存在争议。因此,需要解决的是:(1)若法院适用原《继承法意见》,该公证遗嘱优先指向的是遗嘱适用效力位阶优先,还是遗嘱之公证力优先;(2)现采哪一遗嘱确定继承人,注重的是优先保障公证遗嘱之证明力,还是遗嘱人之真实终意。

### (一)公证遗嘱体现的是民事证据层面的公证力

根据原《继承法》第 20 条第 3 款、原《继承法意见》第 42 条之规定,若将公证遗嘱优先,理解为适用效力位阶优先,遗嘱人一旦订立公证遗嘱,必须经公证程序撤回或变更,才发生撤回原公证遗嘱的法律效力。遗嘱人自设立遗嘱至身故前,具有一定生存期限,若其在设立公证遗嘱后,因疾病、失能、意外事故等突发情况,无法作出满足原公证程序要求的撤回行为,其后续所立遗嘱存在被认定为无效的可能,不符合立法保障实现遗嘱人真实终意的精神。究其本质,公证遗嘱主要在记载方式、审核程序、表现形式等方面,与其他遗嘱相区别。每类遗嘱形式均有自身优势及不足,不能仅以形式不同断定遗嘱孰优孰劣,应等量齐观。[2]从世界范围立法例来看,亦没有公证遗嘱优先效力的规定。[3]是故,

---

[1] 参见杨立新:《我国继承制度的完善与规则适用》,载《中国法学》2020 年第 4 期。

[2] 参见中国审判理论研究会民事审判理论专业委员会编著:《民法典继承编条文理解与司法适用》,法律出版社 2020 年版,第 144 页。

[3] 参见刘敏、王丹:《〈关于适用民法典继承编的解释(一)〉若干重点问题的理解与适用》,载《人民司法》2021 年第 16 期。

将公证遗嘱优先理解为效力适用位阶优先,失之偏颇,宜在证明力方面加以讨论。

公证遗嘱经公权力机关审查并认定,公信力较强。公证机构通过严格的公证程序,肯定遗嘱之合法性、真实性、权威性以及证明力,最大限度地保护了遗嘱人的真实遗产分配意愿。公证遗嘱在民事诉讼中,免除举证责任。根据《最高人民法院关于民事诉讼证据的若干规定》第 10 条的规定,有效公证文书所证明的事实,无须提供证据证明,除非当事人有相反证据足以推翻。就公证文书而言,规定其高于其他证据的证明力,若无相反证据足以推翻公证文书所证事项,人民法院径行采信公证文书所证事实,不必做实质审查。〔1〕公证遗嘱真实性的举证责任,分配给对方当事人。〔2〕

由此得出,公证遗嘱更多体现的是在民事证据层面,对公证文书之证明力与权威性的公权力肯定,不宜另行赋予其适用位阶方面的优先效力。

(二)遗嘱继承规则保障的是遗嘱人之真实终意

遗嘱在概念上谓死后发生效力之秘密且在死亡前有撤回自由的要式之书面的处分。〔3〕遗嘱继承保护的是遗嘱人对其私有财产权的要式处分,国家法律并无必要对此过度干预,遗嘱人不违反现行法规,其所立遗嘱理应受到尊重。在遗嘱继承中,遗嘱人有权通过设立遗嘱,自由处分其个人财产,根据自身意愿对遗嘱继承人、继承份额、继承顺序、遗嘱执行、遗产管理等事项逐一作出安排。尊重遗嘱,就是尊重遗嘱人的真实终意。〔4〕若继续保留原《继承法意见》中,对公证遗嘱在适用方面的优先地位,即便遗嘱人身故前改变遗愿,重新另立遗嘱,同样会因变更内容与原公证遗嘱抵触,最终不予适用,进而肇使遗嘱人的真实终意不能实现,有悖遗嘱继承宗旨。因此,《民法典》继承编删除原《继承法》关于自书、代书等形式的遗嘱不得撤销、变更公证遗嘱之规定,保留遗嘱人数份遗

〔1〕 参见杨立新、郭明瑞主编,孙毅、刘耀东编著:《中华人民共和国民法典·继承编释义》,人民出版社 2020 年版,第 73 页。

〔2〕 参见江必新、夏道虎主编:《中华人民共和国民法典重点条文实务详解》(下),人民法院出版社 2020 年版,第 1170 页。

〔3〕 参见史尚宽:《继承法论》,中国政法大学出版社 2000 年版,第 393 页。

〔4〕 参见杨立新:《中国民法典释评·继承编》,中国人民大学出版社 2020 年版,第 119 页。

嘱内容相抵触的,以最后遗嘱为准之规定,趋近保障遗嘱人的终意真实。[1]

(三)人民法院裁判应有利于保护遗嘱人合法权益

本案二审期间,《民法典》已颁布但未生效,原《继承法》、原《继承法意见》均属当时有效的法律抑或司法解释规定。根据《最高人民法院关于适用〈中华人民共和国民法典〉时间效力的若干规定》(以下简称《民法典时效规定》)第2、23条规定[2],因案涉公证、代书遗嘱是《民法典》施行前确立的有效遗嘱,人民法院无法直接根据《民法典》第1142条规定审理本案,法官需通过自由心证,裁量哪一法规更有利于保护遗嘱人的合法权益。

如前文所述,案涉“最后遗嘱”条款既无现实约定必要,亦涉及法定无效情形,本案继承人之确定,应按继承规则进行。遗嘱人身故前,其最后所立遗嘱更趋近临终前的真实遗愿,应确保遗嘱人的真实终意得到尊重和执行。人民法院若根据原《继承法》及原《继承法意见》裁判,仍系秉承公证遗嘱适用效力位阶优先,忽略遗嘱人身故前,可能存在无法及时公证撤回的现实困境;若适用《民法典》规定,以最后所立遗嘱确立继承人,则可避免出现紧急情况时,遗嘱人无法及时撤回的情形。因此,本案从有利于保障遗嘱人的真实终意角度出发,宜适用《民法典》规定进行裁判。

## 五、遗嘱纠纷案中数份抵触遗嘱的效力规则比较研究

我国遗嘱继承制度以遗嘱自由原则为基石,肇始于公元前18世纪的《汉穆拉比法典》第165条规定[3]。通说认为,遗嘱继承从罗马《十二铜表法》开始创

---

[1] 参见黄薇主编:《中华人民共和国民法典解读(婚姻家庭编·继承编)》,中国法制出版社2020年版,第416页。

[2] 《民法典时效规定》第2条规定:“民法典施行前的法律事实引起的民事纠纷案件,当时的法律、司法解释有规定,适用当时的法律、司法解释的规定,但是适用民法典的规定更有利于保护民事主体合法权益,更有利于维护社会和经济秩序,更有利于弘扬社会主义核心价值观的除外。”第23条规定:“被继承人在民法典施行前立有公证遗嘱,民法典施行后又立有新遗嘱,其死亡后,因该数份遗嘱内容相抵触发生争议的,适用民法典第一千一百四十二条第三款的规定。”

[3] 《汉穆拉比法典》第165条规定:“倘自由民以田园、房屋赠与其所喜爱之继承人(爱子),且给他以盖章之文书,则父死之后,兄弟分产之时,此子应取其父之赠物,此外诸兄弟仍应均分父之家产。”参见刘文编著:《继承法比较研究》,中国人民公安大学出版社2004年版,第168页。

设〔1〕,后至《学说汇纂》时期,遗嘱定义更为明确。〔2〕到 19 世纪末,遗嘱继承在统一民法典的编纂中达到顶峰。〔3〕根据现代继承法,立遗嘱人可以是对自己财产权利的处分,也可以是对某种行为的处理,抑或除此之外的其他事情,只要是合法表示,即视为遗嘱有效。〔4〕因此,经遗嘱人合法表意,有权设立数份内容相抵触的不同遗嘱,但效力规则如何判定,各国做法不一。通过比较研究不同国家的继承制度,完善我国的遗嘱继承裁判规则,可进一步满足司法实践需求。

(一)《德国民法典》《日本民法典》推定撤回遗嘱制

遗嘱纠纷案中,遗嘱人立有数份内容抵触遗嘱,1900 年《德国民法典》第五编第 2258 条规定:"前后遗嘱发生抵触者,其抵触部分,前遗嘱视为废弃。"〔5〕1896 年公布的《日本民法典》,其家族法部分第 1023 条第 1 款规定:"在先遗嘱与在后遗嘱相抵触,视为在后遗嘱撤回在先遗嘱的相抵触部分。"〔6〕由此观之,《德国民法典》《日本民法典》对数份抵触遗嘱,采推定撤回、抵触废止的效力规则。遗嘱人在后所立遗嘱,一方面体现其财产分配遗愿之变更,另一方面原遗嘱与之抵触部分即行废止,即便遗嘱人未经遗嘱撤回程序,仍可实现撤回之法律效果,最大限度地保障了遗嘱人的终意处分。

(二)《瑞士民法典》反推替代遗嘱制

1904 年《瑞士民法典》作出不同于《德国民法典》《日本民法典》之规定,其中第三编第 511 条规定:"被继承人订立遗嘱,未明示废止在先遗嘱者,如不能肯定新遗嘱系对原遗嘱的补充,新遗嘱替代原遗嘱。"〔7〕换言之,该反推替代遗

---

〔1〕《十二铜表法》第 5 表第 3 条规定:"凡以遗嘱处分自己的财产,或对其家属指定监护人的,具有法律上的效力。"

〔2〕《学说汇纂》第 2 篇定义遗嘱:"遗嘱是我们对希望在自己死后做的事情的意愿之合法表示。"

〔3〕参见[德]安雅 · 阿门特 – 特劳特:《德国继承法》,李大雪、龙柯宇、龚倩倩译,法律出版社 2015 年版,第 3 页。

〔4〕参见[意]桑德罗 · 斯奇巴尼选编:《婚姻 · 家庭和遗产继承》,费安玲译,中国政法大学出版社 2001 年版,第 251 页。

〔5〕台湾大学法律学院、台大法学基金会编译:《德国民法典》,北京大学出版社 2017 年版,第 1558 页。

〔6〕[日]池田真朗:《民法的精义》(第 5 版),朱大明、陈宇、金安妮、王梓译,清华大学出版社 2020 年版,第 112 页。

〔7〕《瑞士民法典》,戴永盛译,中国政法大学出版社 2016 年版,第 182 页。

嘱制，旨在强调，遗嘱人未明示废除先立遗嘱时，其嗣后新立遗嘱，如果被证明是对原遗嘱的补充，新遗嘱内容可被归入原遗嘱之中，反推原遗嘱继续存在且有效，新遗嘱并不产生替代原遗嘱的法律效果。由此，《瑞士民法典》赋予的是法院有权依据民事主体所提交的证据，以举证不利之法律后果，判定新遗嘱与原遗嘱是否互为补充，由此产生反向补充替代的法律效果。

（三）英美法系法官解释制

及至近代，不同于德国、日本、瑞士等民法典立法体例，英美法系国家普遍采单行立法抑或判例法制度，保障遗嘱人的遗嘱自由得以实现。早期英美等国奉行“绝对遗嘱自由主义”，遗嘱人可通过遗嘱取消任何法定继承人的应继份额，不受“特留份”限制。[1]在英美法判例中，对数份内容抵触遗嘱，审判原则是尽可能使存在的不同遗嘱都能成立。因此，遗嘱人后立遗嘱，能否产生撤回、替代原遗嘱抑或其他法律后果，需审判法官详细说明。英美法系国家结合德日等国的继承法体例，在实践中区分遗嘱内容之不同抵触情形，对除推定撤回、补充替代等以外的其他有效遗嘱条款，在裁判中肯定其有效性，极大限度地平衡了对继承人、受遗赠人和遗嘱人之间的权益保护。

综上所述，德日推定遗嘱撤回制，主要强调新旧遗嘱内容抵触时，产生遗嘱撤回、抵触废止的双重法律后果；瑞士反推替代遗嘱制，则以新旧遗嘱是否互为补充，反推以新代旧的法律效果得以成立；英美法系则更侧重通过判例肯定抵触、补充遗嘱条款之外的其他条款之有效性。我国遗嘱继承纠纷案中，面对数份抵触遗嘱，除依据《民法典》规定的最后所立遗嘱规则外，还应审查新旧遗嘱的抵触及非抵触部分内容。值得注意的是，新旧遗嘱不仅具有不同的确立时间，其基本内容亦参差不齐，人民法院对新旧遗嘱中的非抵触条款，若随原遗嘱一并废止，同样容易忽略遗嘱人在身故前分配其私财产的意思表示。因此，《民法典》规定的最后遗嘱适用规则，并不当然否定其与在先遗嘱未抵触部分的遗嘱条款效力，该未抵触条款属于遗嘱人未撤回，且未作出新继承处分的有效条款，宜肯定其有效性。

---

〔1〕 参见梁书文、黄赤东主编：《继承法及配套规定新释新解》，人民法院出版社 2001 年版，第 731 页。

## 六、本案遗嘱纠纷当事人的权利救济途径

如前文所述,本案一审及二审判决内容主要包括:案涉《反向抵押养老保险合同》《补充协议》系当事人真实意思表示,具有合同约束力,原、被告父亲作为投保人及遗嘱人,其后续公证《撤销遗嘱声明书》及另立代书遗嘱行为,不得对抗先前成立的配套保险合同,所为行为无效。现二审判决生效,对于继承人而言,如何进行权利救济值得探讨。

### (一)不得以《民法典》规定适用再审程序抑或提起遗嘱确认之诉

首先,根据《民法典时效规定》第 5 条的规定:"民法典施行前已经终审的案件,当事人申请再审或者按照审判监督程序决定再审的,不适用民法典的规定。"现二审终结,继承人李某未提供新证据时,其若以《民法典》第 1142 条规定主张二审判决法律适用错误,存在较高驳回风险。其次,李某如以《民法典》第 1142 条规定提起遗嘱确认之诉,即便确认之诉与遗嘱纠纷属不同案由,但两案实际上系同一当事人,就同一法律关系,而为同一诉讼请求的案件,[1]易被认定为重复起诉。综上所述,根据现行法律规定及本案基本事实,《民法典》规定除不适用二审终结后的再审程序外,亦不适用于继承人后续提起的遗嘱确认之诉,当事人无必要重复起诉,徒增诉累,浪费司法资源。

### (二)以新证据提出再审诉请

根据本案查明事实,原、被告父亲后续公证《撤销遗嘱声明书》行为,系本人亲自办理,并作出的撤销先立遗嘱之意思表示。若继承人李某能提供证据证明,经案涉当地公证处审核,遗嘱人在后公证行为,在事实层面已撤回原公证遗嘱,产生使原公证遗嘱无效的法律后果,案涉代书遗嘱为唯一有效遗嘱。由此,根据《民事诉讼法》第 199、200 条的规定,继承人李某认为已生效判决存在错误,并且能够提供新证据证明原判决适用法律确有错误的,人民法院应当再审。鉴于再审程序并不影响二审生效判决的执行,李某是否需申请遗产保全视情况而定。

---

〔1〕 参见最高人民法院民事审判第一庭编:《民事审判指导与参考》,人民法院出版社 2015 年版,第 561 页。

## 七、结　语

总体而言，本案当事人所提诉讼为法定继承纠纷，双方对于案涉房屋均持有效遗嘱为证。人民法院对此类案件进行审理时，既需重视法条更迭给当事人所带来的实体法律效力影响，亦需在结合遗嘱继承事实的基础上，对享有多重主体身份的老年人之真实遗愿予以充分且合理的保护。若是老年人在《反向抵押养老保险合同》中，通过设立遗嘱对相关抵押房屋进行了在先分配，然而老年人后续还作出其他分配行为的，在未损害保险债权实现的前提下，保险人不宜过度干涉抑或限制老年人的剩余财产权益分配。就审理角度而言，当继承纠纷案中涉及反向抵押养老协议时，法院在裁判过程中宜从老年人对抵押房屋作出的真实意思表示以及具体行为出发，以继承规则合理的判定该抵押房屋之剩余财产权主体，不受配套保险合同所约束。

# 生态环境损害赔偿数额的证明

孔令南*　孔　萍**

**内容摘要**：生态环境损害赔偿诉讼的特殊性导致法官对赔偿数额难以认定。针对赔偿数额认定难的问题，法官应在举证证明责任语境下对该问题做技术性处理。首先要对赔偿数额进行归属论证，以明确其证明责任的分配；其次在明确证明责任负担前提下，将与赔偿数额相关事实查明的具体举证责任由当事人交替承担；最后法官综合全案信息对赔偿数额予以最终认定。

**关键词**：生态环境损害赔偿诉讼　损害赔偿数额　举证证明责任　证明责任减轻

生态环境损害赔偿制度是生态文明体制改革的重要组成部分。围绕该制度的建设，国家发布了一系列政策文件予以支持："对于一个国家的长治兴衰而言，政策性因素更像是一个'药引子'，而真正能够让国家养成'健康体魄'的还是制度性的因素。"[1]《民法典》明确将损害赔偿作为生态环境侵权责任的承担方式，但赔偿数额的认定困境已成为制约案件审理的瓶颈。[2] 不论是将损害赔偿数额作为事实认定层面的问题，还是作为法律适用层面的"相当损害

---

* 安徽省阜南县人民检察院检察官助理。

** 安徽工程大学人文学院硕士研究生。

〔1〕 季卫东：《通往法治的道路——社会多元化与权威体系》，法律出版社2014年版，第2页。

〔2〕 参见《人民检察院公益诉讼办案规则》第98条和《最高人民法院关于审理环境民事公益诉讼案件适用法律若干问题的解释》第18、19条，均将赔偿损失作为救济方式予以规定；《民法典》第1234、1235条。

额”,〔1〕均无法解决当下生态环境损害赔偿数额的认定难题。对此,本文尝试在我国举证证明责任语境下:以明确赔偿数额的证明责任负担并借助当事人具体举证责任转换,实现赔偿数额的认定。

“规范出发型诉讼”〔2〕要求,“每一个损害赔偿之诉,不管是基于合同还是基于侵权行为,均要求对致害行为、因果关系以及损害的发生和损害数额加以证明”〔3〕。生态环境损害赔偿制度的实际运行状况如何,不能仅分析规范本身,还须考察司法实践运行。最高人民法院发布的第 135 号指导性案例为我们提供了极佳样本。

## 一、生态环境损害赔偿数额证明理论与实践的背离

### (一)指导案例 135 号基本案情与裁判理由

2015 年 5 ~ 6 月,其安公司将生产活动中产生的 83 桶硫酸废液交由黄某峰、何某义、王某义等人处置,其中 12 桶被丢弃在工地上、3 桶倾倒农田、剩余 68 桶下落不明。经鉴定,该硫酸废液系危险废物并被依法处置,花费 116, 740.08 元。

裁判理由:关于损害赔偿数额,根据《虚拟治理成本法说明》,该项损害的具体情况不明确,其产生的生态环境修复费用,也可适用“虚拟治理成本法”予以确定。如前文所述,68 桶硫酸废液的重量以每桶 1.426 吨计算,共计 96.96 吨;单位治理成本应确定为 6822.92 元。

关于受损害环境敏感系数。本案非法处置 68 桶硫酸废液实际损害的环境介质及环境功能区类别不明,可能损害的环境介质包括土壤、地表水或地下水

〔1〕 [日]朝见佳男:《作为法官裁量问题的“相当损害额”——以日本〈日本民事诉讼法〉第 248 条的适用为中心》,姜荣吉译,载《北方法学》2014 年第 5 期。

〔2〕 在民事诉讼中存在“事实”与“规范(法)”两个要素,对这两个要素适用顺序的不同,产生不同诉讼模式。成文实体法体系的大陆法系民事诉讼从规范出发把握诉讼(规范出发型诉讼);奉行判例法主义的英美法系从事实出发构造诉讼(事实出发型诉讼)。参见[日]中村宗雄、中村英郎:《诉讼法学方法论——中村民事诉讼理论精要》,陈刚国、段文波译,中国法制出版社 2009 年版,第 220 页。

〔3〕 [德]莱奥·罗森贝克:《证明责任论》,庄敬华译,中国法制出版社 2018 年版,第 188 页。

中的一种或多种。不同的环境介质、不同的环境功能区类别,所对应的环境功能区敏感系数不同,存在 2 ~ 11 种可能。公益诉讼起诉人主张适用系数 7,处于环境敏感系数中位,而已查明的 3 桶硫酸废液实际污染的环境介质即为Ⅱ类土壤。同时,被告未能举证证明 68 桶硫酸废液实际污染了敏感系数更低的环境介质。因此,公益诉讼起诉人的主张具有合理性,应予采纳。综上所述,公益诉讼起诉人主张非法处置 68 桶硫酸废液产生的生态环境修复费用为 4,630,852 元(96.96 ×6822.92 ×7),予以支持。

(二)案例揭示证明责任理论与实务的背离

证明责任作为民事诉讼的脊梁贯穿诉讼始终,“个案中证明责任的分配取决于待裁决案件中所涉及实体法律关系的结构”〔1〕。诉讼伊始进行证明责任分配给当事人后续具体举证行为产生内在压力,决定何方当事人首先举证;诉讼进行中对案件事实的证明则由具体举证责任接管,二者共同推动证明程序前行。在法庭辩论终结时,当拟适用实体规范的要件事实陷入真伪不明时,法官则作出“证明责任裁判”——判决证明责任承担方败诉。通说将“规范说”作为证明责任分配的依据,〔2〕当事人主张对其有利的规范要件承担证明责任,而《最高人民法院关于适用〈中华人民共和国民事诉讼法〉的解释》第 91 条被认为是“规范说”在我国的落实。证明责任作为法律适用组成部分,为了诉讼目的,法律有意识地利用败诉风险给当事人的证明行为带来压力,借此将由法官收集判决材料的义务转移至当事人。〔3〕 在此方法下,诉讼伊始产生的内生压力则转化为当事人举证证明的内在动力;负证明责任当事人首先对其请求规范基础事实进行举证,包括在举证困难时提供初步证据;接下来,法官对当事人所举证据进行证明评价。在证据不足时,法官结合具体诉讼情境及辩论旨趣,必要时

---

〔1〕 [德]莱奥 · 罗森贝克:《证明责任论》,庄敬华译,中国法制出版社 2018 年版,第 5 页。

〔2〕 参见任重:《罗森贝克证明责任论的再认识——兼论〈民诉法解释〉第 90 条、第 91 条和第 108 条》,载《法律适用》2017 年第 15 期;李浩:《民事证明责任本质的再认识——以〈民事诉讼法〉第 112 条为分析对象》,载《法律科学(西北政法大学学报)》2018 年第 4 期;胡学军:《证明责任制度本质重述》,载《法学研究》2020 年第 5 期。

〔3〕 参见胡学军:《论证明责任作为民事裁判的基本方法——兼就“人狗猫大战”案裁判与杨立新教授商榷》,载《政法论坛》2017 年第 3 期;[德]莱奥 · 罗森贝克:《证明责任论》,庄敬华译,中国法制出版社 2018 年版,第 27 页。

可要求对方当事人就特定事实进行举证,并根据具体举证情境作出相应证明评价。在所有举证方法与自由心证用尽仍无法对诉争要件事实真伪作出判断时,法官则依据证明责任规则做出裁判。

就上述案例而言,首先,不清楚法官是否有意识对赔偿数额要件的证明责任进行分配。其次,法官在面临无法查明全部损害是否发生的情况下以"其安公司、黄某峰等人违反规定非法转移危险废物,不能说明68桶硫酸废液的处置情况"为由要求当事人进一步提供证据,是否与"规范说"存在冲突?最后,在其安公司、黄某峰等人无法继续提供证据且公益诉讼起诉人亦无法证明赔偿数额的情况下,法官依据"虚拟治理成本法"予以认定的理性何在?

## 二、生态环境损害赔偿数额证明难的原因分析

### (一)现代型诉讼下主体间事案信息的举证能力存在落差

作为现代型诉讼典型代表的生态环境侵权诉讼,[1]因"现代权利侵害和纠纷往往产生于'结构'立场缺乏互换性"[2],造成诉讼参与者之间地位固定,当事人之间信息收集、资源调动和举证能力存在较大差别。霍普斯指出"规范说"形式分配在面对现代型诉讼未能提出令人信服的解决方案,进而主张以"危险领域说"作为民事证明责任分配原则。[3] 不可否认,当事人之间举证能力的差异致使直接采用"规范说"作为证明责任分配依据难免造成实质判决的不公。赔偿数额的特殊性使其既可从权利形成角度解释,由数额主张方承担证明责任;也可从权利消灭(阻碍)方解释,由否认方承担证明责任。另外,赔偿数额的

---

〔1〕 关于现代型诉讼的性质、特征和功能,参见[日]小岛武司:《现代型诉讼的意义、性质和特点》,载《西南政法大学学报》1999年第1期;肖建国:《现代型民事诉讼的结构和功能》,载《政法论坛》2008年第1期。

〔2〕 [日]田中明成:《现代社会与审判——民事诉讼的地位和作用》,郝振江译,北京大学出版社2016年版,第222页。

〔3〕 参见[德]汉斯·约阿希姆·穆谢拉克:《危险领域分配证明责任——对联邦最高法院危险范围理论的批判考察》,载[德]米夏埃尔·施蒂尔纳编:《德国民事诉讼法学文萃》,赵秀菊译,中国政法大学出版社2005年版,第271~290页。

认定现实中往往很难直接证明,容易滑向事实真伪不明地带,更加剧了该要件事实形式与实质正义之间的争议。

作为民法组成部分的证明责任,它与争议事实的前提条件属同一法律领域。从本质上看,证明责任是对实体法律构成要件事实证明风险的分配,因而应归属于实体法范畴,并以此辅助性地包含当事人的行为规范。因此,证明责任分配是法律规定的,不依赖于具体的诉讼状况。[1] 随着信息社会的逐步建立,信息传播与获取的便捷增强了人们对事物认识的准确性,对事物之间的因果联系有更好的理解与把握。但信息获取的便捷并不等同于具体纠纷事实能在诉讼中呈现得比过去更加清晰。神示裁判时期,人们基于对神明的崇拜使判决被人信服;现代社会背景下的彭宇案却争议不断,完全印证了信息多寡与事案查明之间并不等同。生态环境赔偿诉讼中对损害额的证明往往囿于各种原因在具体案件中无法确定致使案件无法顺利办理。在此类涉及不特定主体利益的案件办理过程中,即便由检察机关提起公益诉讼,人们的满意程度并未比前期有明显提高,典型表现在法院判决的赔偿数额并不被诉讼参加人所接受。

以辩论为原则建构的民事诉讼,对争议事实的查明是建立在利益对抗的基础之上。法律赋予检察机关提起公益诉讼的资格,仍未脱离"对抗 · 判定"的诉讼构造。[2] 检察机关参与具体诉讼必然受到平等、自愿、诚实信用等原则限制。[3] 从查明事实真相的角度来看,赋予检察机关办理公益诉讼案件中的强制调查权可能比辩论主义更具优势,但这需要建立在国家检察权过度介入民事主体生产经营领域,对被告方的经济自由与商业秘密等现代经济主体所珍视的价值造成伤害。众所周知,"同一个法律适用过程是由两个'玩家'来完成

〔1〕 参见[德]罗森贝克、施瓦布、戈特瓦尔德:《德国民事诉讼法》(下),李大雪译,中国法制出版社 2007 年版,第 855 ~ 856 页。

〔2〕 参见张卫平:《民事公益诉讼原则的制度化及实施研究》,载《清华法学》2013 年第 4 期;李浩:《生态损害赔偿诉讼的本质及相关问题研究——以环境民事公益诉讼为视角的分析》,载《行政法学研究》2019 年第 4 期。

〔3〕 参见最高人民法院环境资源审判庭编著:《最高人民法院、最高人民检察院检察公益诉讼司法解释理解与适用》,人民法院出版社 2021 年版,第 149 ~ 151 页。

的"[1],"两造对抗,法官判定"使主体间基于利益考量而隐藏证据信息的心理抵消了信息增长带来的益处。不可否认,在生态损害赔偿诉讼中"大多数的问题正是因为当事人支配着证据的收集和出示才出现的,当事人或其律师倾向于仅揭示对其有利的信息,这一倾向使无争议或者不偏向任何一方的资料被忽视"[2]。因当事人拒不提交相关证据资料导致案件陷入真伪不明,进而判决当事人一方败诉与大众公平正义感之间存在冲突。另外,具体承办案件的检察机关囿于财政压力不敢轻易启动鉴定程序,更加剧了事实查明与规范适用的冲突。[3]

因"当事人之间缺乏相互性和对等性,证据在双方当事人之间的分布是极为偏颇的,而且处于加害方控制领域内"[4],易使事实查明机制卡壳。检察机关提起公益诉讼的事后救济虽在一定程度上弥补了信息鸿沟,但并未从根本上扭转这一不利局面。如何在现行诉讼制度框架克服因当事人的实质不平等所产生的信息鸿沟,并非证明责任本身所能胜任。

(二)证明制度的设计与实务的背离

不适用特定法律规范则其诉讼请求就不可能得到支持的当事人承担法律规范特征在实际发生的事件中已实现的证明责任。[5] 这就要求欲通过法院裁判获取利益者必须向法院提出主张,否则,他的诉讼请求就会失去依据。[6] 当事人主张的请求规范或抗辩规范一旦明确,耦合于基础规范的证明责任分配即告完成。损害包括损害事实和损害数额两个方面,损害数额内嵌于损害之中,对两者的证明具有同一性,对损害事实进行证明的同时也将实现对损害数额的证明。[7] 检察机关作为公益诉讼起诉人要求被告承担损害赔偿责任不仅应就

---

〔1〕 [德]普维庭:《现代证明责任问题》,吴越译,法律出版社2006年版,第217页。

〔2〕 [美]米尔建·R.达马斯卡:《漂移的证据法》,李学军、刘晓丹等译,中国政法大学出版社2003年版,第203页。

〔3〕 参见江必新:《中国环境公益诉讼的实践发展及制度完善》,载《法律适用》2019年第1期。

〔4〕 陈刚、林剑锋:《论现代型诉讼对传统民事诉讼理论的冲击》,载《云南法学》2000年第4期。

〔5〕 参见[德]莱奥·罗森贝克:《证明责任论》,庄敬华译,中国法制出版社2018年版,第14页。

〔6〕 参见肖建国、包建华:《证明责任——事实判断的辅助方法》,北京大学出版社2012年版,第67页。

〔7〕 参见王刚:《论民事诉讼中的损害赔偿酌定》,载王利明主编:《判解研究》(第94辑),人民法院出版社2021年版,第47~48页。

损害事实承担证明责任,而且还必须就损害结果而产生的赔偿金额承担证明责任。

传统演绎推理下证明责任的适用忽略了关键一步,就是从对证据方法本身真实性、合法性与关联性审查活动,如何过渡到对待证事实存在与否的判断。〔1〕 因为抽象的法律规范与具象的事实并非天然契合,所以需要法官在具体案件中对案件事实进行归属论证。法官在处理具体案件时将拟适用的法律规范分解为不同构成要件与已查明的事实交互分析处理,借助"个案解释"成为具体化的要件事实。在论证过程中正确的做法是将法律规范作为大前提,从拟适用法律条文中分析出构成要件作为中项,已查明的案件事实作为小前提,法官的任务就是将已知事实与构成要件之间契合与否进行判断,继而做出裁判。Scheurele 称之为"事实认定行为与其法律定性之间相互渗透"〔2〕,使之成为"对于本案裁判有法律意义的事实"〔3〕。

当事人若能证明待决的案件事实与法律要件指陈的要件事实特征相符合,则应当把案件事实归属在构成要件之下判决其胜诉;反之,则判决其败诉。〔4〕具体到个案就需要法官对损害赔偿事实依据构成要件进行归属论证,而该事实构成往往由系列子要素组成。这些事实构成要素是否都已经实现,需要按照顺序逐项考察(在辩论主义下存在对其中某些要素的考察变得没有必要,如自认)。若经过考察判定这些事实构成要素都已经实现,即发生相应的法律后果;反之,只要有一项实施构成要素不成立,则相应的法律后果也不存在,〔5〕因为在侵权案件审理过程中"只要有一个侵权构成要件不成立,侵权责任就不成立,就能够免除其全部赔偿责任"〔6〕。

就指导案例而言,在公益诉讼起诉人证明其安公司、黄某峰等人非法处置硫酸废液的情况下并未直接证明具体赔偿数额,而是以"被告未能举证证明 68

---

〔1〕 参见段厚省、张峰:《证明评价原理:兼及对民事诉讼方法论的探讨》,法律出版社 2011 年版,第 167 页。

〔2〕 王泽鉴:《民法思维——请求权基础理论体系》,北京大学出版社 2009 年版,第 30 页。

〔3〕 梁慧星:《裁判的方法》(第 4 版),法律出版社 2021 年版,第 44 页。

〔4〕 参见黄泽敏:《案件事实的归属论证》,载《法学研究》2017 年第 5 期。

〔5〕 参见[德]齐佩利乌斯:《法学方法论》,金振豹译,法律出版社 2009 年版,第 43 页。

〔6〕 肖建华主编:《民事证据法理念与实践》,法律出版社 2005 年版,第 72 页。

桶硫酸废液实际污染了敏感系数更低的环境介质”,结合“环境敏感系数”推定出具体单位治理成本,进而得出赔偿总额。该指导案例并未明确回答生态环境修复费这一要件事实的证明责任是如何分配,相反仅从现有证据中存在的“多种可能”予以推定,而这与证明责任内逻辑相悖。

## 三、证明责任适用下赔偿数额的认定逻辑

证明责任分配仅作用于要件事实幽暗下诉讼风险的负担,其作为法律适用问题并不直接作用于生活事实的查明。[1] 作为法律适用组成部分的证明责任,在法律中是帮助法官克服无法对当事人之间争议的生活事实进行预知的危机。[2] 所以在要件事实陷入真伪不明时不论证明责任在当事人之间如何分配,仅能实现“国王的和平”,无法实现“庶民的胜利”。

囿于不得拒绝裁判的限制,不论案件事实查明与否,法院必须对具体争议作出裁决。当构成个案裁判的要件事实陷入真伪不明,此时事实性与规范有效性之间的张力应在法律媒介本身之内加以缓和,法官只能依据证明责任裁判。具体表现在法庭辩论终结时,应适用规范的要件事实无法查明下的无奈判决。证明责任机制的存在不是要鼓励法官作出证明责任裁判,而是要为法官寻求在事实真伪不明情形下仍能做出裁判的“避难所”。[3] 这就决定了证明责任的负担无法直接解决个案事实认定困境本身,也无法解决规范的抽象性问题。而在我国司法实践中却将证明责任降格为诉讼证明过程中的遇到证明困境时的化解手段,[4]这种仅从当事人提供证据责任的角度出发将证明责任视为对当事人举证不能时承担不利后果的做法,完全忽略了证明责任的规范属性。

传统“要件审判”模式下将生态环境侵权分解为损害后果、违法行为和因果

---

〔1〕 参见胡学军:《在“生活事实”与“法律要件”之间:证明责任分配对象的误识与回归》,载《中国法学》2019 年第 2 期。

〔2〕 参见[美]罗纳德·德沃金:《法律帝国》,李常青译,中国大百科全书出版社 1996 年版,第 361 ~362 页。

〔3〕 参见霍海红:《论证明责任机制的限度》,载《当代法学》2008 年第 3 期。

〔4〕 将所谓举证责任转移作为法院查明案件事实的做法,参见梁慧星:《裁判的方法》,法律出版社 2021 年版,第 85 页。

关系要件,而赔偿数额又被视为损害后果要件的要素组成部分,所以损害赔偿数额的认定应归属于损害事实的认定要件之中。[1] 产生于实体请求(或抗辩)规范的要件事实,目的"在明确要件事实具有法律性质的基础上,对民法的内容、结构以及民事诉讼的审理判断"[2]。建立在要件分类基础上的证明责任分配决定了损害赔偿数额的证明责任始终由主张适用损害赔偿法律规范方承担,若最终的赔偿数额无法查明时法官只能驳回主张方的诉讼请求。这表现在具体案件过程中因生态损害赔偿数额的证据信息由当事人一方掌控,基于利益对抗信息掌控者利用信息优势致使对方当事人的诉讼主张得不到证据支持而败诉。

为克服赔偿数额无法认定的困境,应借鉴德日经验,由法官自由裁量认定损害数额。[3] 法官对事实的"自由裁量恰如面包圈中间的那个洞,如果没有周围一圈的限制,它只是一片空白,本身就不会存在"[4]。首先,在法律适用逻辑上难以自洽。自由裁量认定赔偿数额等于承认法官放弃对损害事实所依附规范的归属论证。其次,与现行证明规则相悖。最高人民法院明确将"规范说"作为证明责任分配依据运用于案件审理,[5] 并指出该分配标准仅具有指引性,只有在当事人选择由法院确认争议事实,即发生诉讼系属时证明责任的各自承担才具有现实意义,才能产生因要件事实真伪不明而承担败诉风险的诉讼必要性。[6] 通过梳理发现,《民法典》明确将损害赔偿的构成要件事实交由主张方承担,并未赋予法官任何自由裁量的空间。最后,与司法实践不符。在当今社

---

[1] 参见最高人民法院民法典贯彻实施工作领导小组主编:《中华人民共和国民法典侵权责任编的理解与适用》,人民法院出版社 2020 年版,第 508 ~ 516 页、第 548 ~ 576 页。

[2] [日]伊藤滋夫:《要件事实的基础》,[日]小林正弘、许可译,法律出版社 2022 年版,第 8 ~ 9 页。

[3] 参见段文波:《事实证明抑或法官裁量:民事损害赔偿数额认定的德日经验》,载《法学家》2012 年第 6 期。

[4] [美]罗纳德 · 德沃金:《认真对待权利》,信春鹰等译,中国大百科全书出版社 1998 年版,第 51 ~ 52 页。

[5] 参见最高人民法院修改后民事诉讼法贯彻实施工作领导小组编著:《最高人民法院民事诉讼法解释的理解与适用》(上),人民法院出版社 2015 年版,第 313 ~ 317 页。

[6] 参见肖建国、包建华:《证明责任——事实判断的辅助方法》,北京大学出版社 2012 年版,第 77 页。

会环境下人们对司法存在一定程度的不信任,这严重削弱了法官自由裁量的社会说服力。在强调法官依法审判的社会压力下诞生所谓"判决型"诉讼,其"把法官的裁量权限缩到最小限度,同时把法官的责任限缩到最小限度"〔1〕。又因每个人对公正都有不同的理解,这种建立在公正性基础上的自由裁量其实质是根据法官的情感而不是规则来判定损害数额,诉讼参与者必然陷入不安与困惑之中,"唯有经过数百年的努力由立法者塑造的公正,唯有法律本身才是法官裁判的准绳和指南"〔2〕。

证明责任的法律属性决定其存在不依赖具体诉讼场合的个别评价,〔3〕但法官在面对复杂多变个案事实必须在法定期限内对具体纠纷作出裁决。受制于提起诉讼的滞后性、证据收集专业性等原因,"即使由检察机关提起公益诉讼,囿于其不掌握有关环境违法调查处理材料,亦无环境监测的专业能力,在举证层面同样处于结构性的相对弱势地位"〔4〕。为消弭因当事人举证能力的差异造成的实质不公,主张将证明责任减轻作为环境民事公益诉讼证明责任分配的基点。〔5〕 受限于学界对结果意义上证明责任的热衷,而相对忽略了行为意义上的举证责任对证明责任的补充与配合的限制。所谓证明责任减轻,是指依证明责任分配的一般规则下负客观证明责任的一方当事人遇有不可归责自身原因出现证明困难时,若判决由其负担败诉后果则显失公平,而采取一定方法缓解证明困难,最大限度查明事实真相,避免作出证明责任裁判,最终实现个案裁判结果的实体正义。〔6〕 证明责任减轻似乎解释了指导案例中"在认定其安公司等违法处置污染物的情况下,法院参照已查明的部分事实径直认定全案的损害赔偿数额",但并未从具体举证责任层面回答为何由被告(其安公司等)承担赔偿数额。

---

〔1〕 王亚新:《社会变革中的民事诉讼》,北京大学出版社 2014 年版,第 14 页。

〔2〕 [德]莱奥·罗森贝克:《证明责任论》,庄敬华译,中国法制出版社 2018 年版,第 114 页。

〔3〕 参见[德]普维庭:《现代证明责任问题》,吴越译,法律出版社 2006 年版,第 87 页。

〔4〕 吴一冉:《生态环境损害赔偿诉讼举证责任相关问题探析》,载《法律适用》2020 年第 7 期。

〔5〕 参见刘显鹏:《环境民事公益诉讼证明责任分配研究》,中国社会科学出版社 2019 年版,第 106 页。

〔6〕 参见[日]高桥宏志:《民事诉讼法:制度与理论的深层分析》,林剑锋译,法律出版社 2003 年版,第 456 页。

## 四、证明责任减轻下的损害赔偿数额的证明

证明责任负担由法律明文规定,其分配方法由立法者根据实体法的目的决定特定要件事实真伪不明时败诉风险由哪一方当事人承担的归属状态,而不是在具体"生活事实"认定陷入疑问时的裁量问题。[1] 证明责任之于个案的意义在于"每次法律规定的必要条件(要件)真伪不明时对利益对立双方的偏向性选择,都是对实体法既定价值取向在特定类型案件中的司法确认,也是对实体法目的与宗旨的具体落实"[2],但在指导案例中却被异化为当法官遇到案件事实(其余 68 桶废液无法说明去向)模糊时根据现有证据信息结合心证程度对赔偿数额予以确定,该认定模式完全忽略了法官对个案事实所属规范的"归属论证"。

具体个案中证明责任负担不考虑当事人具体举证能力、证据距离等实质考量。罗森贝克认为证明责任研究是"从具体的主观主义的考察方法上转移到实体法的客观领域,从诉讼这种充满竞技的场所转移到法秩序的纯洁的天地"[3],而将当事人之间举证能力差异、证据偏在等问题的解决留给具体举证责任解决。因证明责任只解决要件事实真伪不明情况下的法律适用问题,对如何避免"真伪不明"却无能为力。[4]

为克服证明责任的形式性而造成的实质不公,学界"要求法官根据证明的具体情境在出现证明困难时选择的替代性制度安排"[5]。证明责任减轻作为替代性安排,该制度虽缓和了证明责任裁判所面临的困境,但其本身内涵较为混乱。作为民事诉讼脊梁的证明责任固定由当事人承担并不因证明困境而有所缓和或减轻,只是针对要件事实真伪不明时败诉风险的承担。从证明责任与

---

〔1〕 参见胡学军:《论证明责任作为民事裁判的基本方法——兼就"人狗猫大战"案裁判与杨立新教授商榷》,载《政法论坛》2017 年第 3 期。

〔2〕 胡学军:《中国式举证责任制度的内在逻辑——以最高人民法院指导案例为中心的分析》,载《法学家》2018 年第 5 期。

〔3〕 [德]莱奥 · 罗森贝克:《证明责任论》,庄敬华译,中国法制出版社 2018 年版,第 143 页。

〔4〕 参见王刚:《证明责任减轻制度研究》,载《比较法研究》2021 年第 6 期。

〔5〕 胡学军:《具体举证责任论》,法律出版社 2014 年版,第 100 页。

证明评价分别统治的领域[1]可见:证明责任作为诉讼内在压力所产生的驱动力无法深入细致地具体证明过程中的具体环节,而将其留给由当事人承担的"具体举证责任"领域。[2]

"春江水暖鸭先知",诞生于德国的"规范说"在本土化过程中衍生出所谓"中国式举证责任"。法官基于求稳心态[3]遇到案件事实真伪不明时并不将案件事实归入具体构成要件规则之下,而是以当事人举证不能为由将证明责任作为法官解决事实证明困境的"最后一招"。这种因当事人举证不能而衍生的败诉后果并不符合证明责任规范适用的逻辑,其实质是法官在证明评价上的个案裁量。在此模式下证明责任并未发挥"民事诉讼脊梁"的功能价值,而被异化为证据评价的"尾骨"。

在生态环境侵权诉讼中将赔偿数额的证明责任由适用规范方负担,实务界认为规范分配方法会加重主张方的证明负担,不利于公益的保护,属法律僵化适用的体现。该观点的问题在于将证明责任负担看作调整诉讼证明的唯一途径。这种单一思维实践中往往产生矫枉过正的副作用,例如,医疗侵权过错和因果关系要件证明责任的几经反复无不证明:证明责任只不过是为证明的逻辑起点,其存在并非为作出最终的证明责任裁判;相反,很大程度上是为了防止证明责任裁判的出现。[4] 具体表现为抽象证明责任作为诉讼内在动力机制的体现是启动案件事实发现的原动力,具体的举证责任才是推动案件事实查明的中继推力推动诉讼前行。所谓具体举证责任是将案件事实查明责任交由当事人交替承担,具体转换取决于法官个案事实的证明评价。所以当事人具体举证能力的强弱与证明责任的负担无关,即便在举证成本为零的情况下证明责任如何分配对案件事实查明也没有丝毫不利影响。[5] 换言之,不依赖具体场合评价

---

〔1〕 关于证明评价与证明责任之间的界限,参见[德]莱奥·罗森贝克:《证明责任论》,庄敬华译,法律出版社2018年版,第75~95页。

〔2〕 参见胡学军:《具体举证责任论》,法律出版社2014年版,第28~73页。

〔3〕 参见陈幸欢:《司法改革背景下法官竞争格局与求稳心理分析——以A市首例环境污染罪案件为例》,载《江西社会科学》2018年第3期。

〔4〕 参见胡学军:《解读无人领会的语言——医疗侵权诉讼举证责任分配规则评析》,载《法律科学(西北政法大学学报)》2011年第3期。

〔5〕 参见孔令南:《主观要件证明责任规则探析》,载《南昌大学法律评论》2018年第00期。

的损害赔偿证明责任的负担永远无法帮助法官形成对具体赔偿数额的心证。

对于现实中存在一方当事人的举证优势并不妨碍弱势方的举证行为和纠纷的商谈解决。基于此现代法治国家化解诉讼证明困境不再是固守单一证明责任,而是在此基础上转而寻求具体举证责任制度。[1]

作为"不完善程序正义"[2]的制度安排,"司法裁判不可避免会有不确定的危险,这是必须接受的"[3]。证明责任采用非此即彼的处理方式,不仅会造成实质不公而且会将公益保护拒于法院大门之外。囿于传统民事诉讼机制确立时无法预测当事人之间的信息落差,若恪守"请求—抗辩"的举证模式,当事人双方均会陷入举证困难或举证不能的窘境进而败诉,这显然与司法公正相悖。正确的做法是,坚持在证明责任分配下运用具体举证责任制度查明案件事实减少真伪不明情形的出现。针对现实中存在的生态损害赔偿数额证明难题,破解的关键在于,应坚持证明责任负担前提下建构相应具体举证制度,以减轻诉讼当事人的具体举证负担。生态损害赔偿诉讼中表现在由主张损害赔偿的主体承担证明责任,在此基础上苛加相对方以具体举证责任。以损害赔偿数额为争点的案件当事人在诉讼控制力上存在差异,易形成证据偏在。对证据偏在情形的处理不涉及证明风险的分配问题,仅对具体举证责任构成影响。为消弭因证据偏在而形成的信息落差,法官应采取主动收集、保全证据材料等措施;当事人应寻求具体举证方法,以确保最大化查明事实真相;作为公益诉讼起诉人的检察机关在具体案件过程中应积极调查取证予以固定,以便协助法官查明案件事实。

实践证明,生态环境损害赔偿诉讼的特殊性易导致当事人之间对相对方所掌握证据材料具有依赖性。事案信息的公共性要求证据应在当事人之间共享,具体表现在通过当事人交替证明行为促成案件信息交换和事实披露,借此弱化事实查证领域对抗性,以查明案件事实真相。美国为平衡诉讼当事人之间举证能力差异确立证据开示制度,规定当事人应将己方掌控与案件相关信息材料主

---

〔1〕 参见胡学军:《具体举证责任论》,法律出版社 2014 年版,第 28 ~ 73 页;王亚新:《对抗与判定——日本民事诉讼的基本结构》,清华大学出版社 2010 年版,第 128 ~ 163 页。

〔2〕 [美]约翰·罗尔斯:《正义论》,何怀宏等译,中国社会科学出版社 1988 年版,第 80 ~ 86 页。

〔3〕 [德]卡尔·拉伦茨:《法学方法论》,陈爱娥译,商务印书馆 2003 年版,第 174 页。

动向对方开示或书面要求对方向己方开示;若不遵守证据开示规定,则导致该证据材料丧失证据能力。

德国为缓和当事人的证明困境创设表见证明和损害评估方法。所谓表见证明,是指法官依据典型经验法则形成某案件事实初步为真的心证,相对方产生就该事实存在的相反事由或与生活经验不符的进行举证。[1] 若相对方不举证或举证未能动摇法官对该事实形成的心证,法官可径直认定事实存在;反之,则不予认定。所谓损失评估,是指当事人对是否产生了损失以及损失有多大发生争议,则法院在考虑所有情形的情况下根据自由确信对此进行裁判,但没有赋予法院对损害事件的裁量认定。[2] 结合以上论述可知公益诉讼起诉人在证明损害后果初步成立(3 桶倾倒农地、12 桶丢弃工地)的情况下进而主张剩余污染物(68 桶废液)也被非法处置;此时其安公司等被告应剩余 68 桶污染物未被非法处置进行举证或举证证明公益诉讼起诉人所依据的生活经验与实际不符,其怠于举证或举证不能的行为导致法官心证的最终形成。

事物存在本身就具有招致失败的可能时主张方就没必要对该事实证明达到高度盖然性的标准,此时想对方若不对之加以反驳就会成为法官发动经验照此认定的根据。因为“一般的事实认定过程好比乘坐各站点都停靠的列车,而大致推定则是通过特快列车直接达到终点站来进行特殊的事实认定”[3]。污染物(硫酸废液)被倾倒在农田和丢弃结果自身足可证明污染事实的存在,结合被告其安公司等未举证以证明剩余污染物去向,法官可直接认定该污染物被非法处置。借此,参照每桶重量结合单位治理成本确定赔偿总额。

间接反证概念的迷失是导致对其功能认识偏差的根本原因。罗森贝克仅从规范构成要件效力视角将间接反证视为其理论的补充,同时承认“间接反证不是想直接反驳被视为已经得到证实的主张,而是借助其他的事实得出那个已经被证明的主张是不真实的结论,或者得出不具备法定构成要件特征的结

[1] 参见[德]普维庭:《现代证明责任问题》,吴越译,法律出版社 2006 年版,第 138 页。

[2] 参见[德]罗森贝克、施瓦布、戈特瓦尔德:《德国民事诉讼法》(下),李大雪译,中国法制出版社 2007 年版,第 843 ~ 847 页。

[3] [日]高桥宏志:《民事诉讼法——制度与理论的深层分析》,林剑锋译,法律出版社 2003 年版,第 460 页。

论”[1]。论证的前后矛盾成为“规范说”的攻击点,之所以产生论证逻辑的混乱“原因之一是人们没有在同一个层面上讨论同一问题”[2]。胡学军教授指出:罗森贝克未能清楚区分客观证明责任与具体举证责任的弊端是产生混乱的关键。[3] 建立在要件事实分类基础上的证明责任“先于具体的诉讼而规定在实体法中的规范,从诉讼开始到结束一直由固定的一方当事人在观念上承担,只有当诉讼的结果陷入真伪不明状态时才真正实现”[4];建立在经验法则上的间接事实无法直接作用于要件事实的证明,还需借助法官的“隐性知识论纲”[5]最终作出要件事实存在与否的判断。

依证明标准裁判与依证明责任裁判是逻辑上互斥、实务上互补的关系。[6]通过对“真伪不明”命题的质疑进而否定证明责任的司法实践意义的做法,[7]是对证明标准功能的误识。因此,在个案中采用具体举证方法压缩真伪不明的范围,实际上是压缩了证明责任的范围。证明标准的主观属性决定司法实践中永远“不存在一个用于法官发现真实的介于证明尺度与确定证明责任之间的可以浮动的刻度盘”[8]。证明标准的内容只能是法官主观视为真、伪或真伪不明的思想、自然或经验规则的统一,并没有所谓升高或降低的问题。由此决定同一纠纷中的不同事实认定不存在统一模式,强行适用统一证明标准无异于削足适履。忽略具体案情谈论抽象意义上的证明标准仅具指导作用,但这并不意味着法官可以随意地裁量案件事实认定。作为以限制法官恣意的制度设置,运用是否得当取决于配套制度的运行。在心证开示等相关制度保障下,法官依据案件事实的特殊性在诉讼当事人之间适当采用不同的证明标准,“正是对当事人

[1] [德]莱奥·罗森贝克:《证明责任论》,庄敬华译,中国法制出版社2018年版,第234页。

[2] 张卫平:《民事诉讼:关键词展开》,中国人民大学出版社2005年版,第209页。

[3] 参见胡学军:《具体举证责任论》,法律出版社2014年版,第95页。

[4] 王亚新:《对抗与判定——日本民事诉讼的基本结构》,清华大学出版社2002年版,第221页。

[5] 涂书田、胡学军:《司法裁判中的隐性知识论纲》,载《现代法学》2010年第5期。

[6] 参见胡学军:《中国式举证责任制度的内在逻辑——以最高人民法院指导案例为中心的分析》,载《法学家》2018年第5期。

[7] 关于对“真伪不明”情形的质疑,参见曹志勋:《真伪不明在我国民事证明制度中确实存在么?》,载《法学家》2013年第2期;许尚豪:《证明责任理论的证据语境批判》,载《政治与法律》2016年第11期。

[8] [德]普维庭:《现代证明责任问题》,吴越译,法律出版社2006年版,第97页。

收集与提供证据资源不平等的部分补偿”〔1〕。

具体举证责任在当事人之间转换关键是法官对待证事实心证程度。在程序进行中,法官通过释明义务的履行随时公开其临时心证,以使当事人能够根据法官临时心证程度调整诉讼策略,更加积极地进行攻击与防御。〔2〕针对实务中证据持有方拒不提供证据材料致使案件事实认定陷入困境时,法官可依据前期事实认定结合具体证明情势将该事实的具体举证责任由证据持有者承担。所谓摸索证明的引入就是为了克服具体事实认定的困境,当事人为实现证明目的而进行准备性的案件信息或证据摸索,以卸除己方的举证负担。在赔偿诉讼中主张方利用摸索证明促使法官心证朝着有利于己方的发展迫使对方将其所持有的证据向法庭出示,进而实现案件信息共享。作为污染行为实施者全程参与对污染物的处置,其负有提供具体证据证明污染物(68 桶硫酸废液)去向的责任。被告王某等人拒不提供证据的行为是促使法官形成对其不利心证的关键,进而作出对其不利的事实认定。

## 五、结语:举证证明责任语境下损害赔偿数额的证明

在证明责任概念分立论〔3〕的语境下,证明责任的负担仅指在要件事实真伪不明时败诉风险的负担是“写给法官看的”〔4〕;将举证责任限定在当事人为说服法官而负担提供责任的范畴是“说给当事人听的”。“欲消除将举证责任纳入证明责任概念所生成的形式和内容相抵牾的现象,唯有将举证责任从证明责任中分离出来,使之成为同证明责任并驾齐驱的独立概念”〔5〕。将“行为责任”与“败诉风险”糅合在一起的“举证证明责任”概念已经构成我国诉讼法上的

〔1〕[美]理查德·A. 波斯纳:《证据法的经济分析》,徐昕、徐昀译,中国法制出版社 2004 年版,第 83 页。

〔2〕参见段厚省、张峰:《证明评价原理:兼及对民事诉讼方法论的探讨》,法律出版社 2011 年版,第 92 页。

〔3〕参见霍海红:《证明责任概念的分立论——基于中国语境的考察》,载《社会科学》2009 年第 6 期。

〔4〕李浩:《〈民事诉讼法〉修订中的举证责任问题》,载《清华法学》2011 年第 3 期。

〔5〕汤维建:《英美法上的证明责任概念》,载《环球法律评论》1993 年第 2 期。

"现代证明责任",[1]应尊重其实践逻辑与理论惯性。在《民事诉讼法》及"举证证明责任"概念的各自功能中,也应注意到不同语境下的侧重区分。

首先,主张方应就赔偿数额进行具体主张。按照证明责任内在逻辑,主张方应就其权利构成要件主张具体数额并进行初步举证。在具体案件中为了给接下来对方的反驳和法院调查树立一个标靶,主张方应就生态环境损害范围、计算方法等进行举证以支持其主张赔偿数额的具体事实。

其次,相对方应对主张方所主张的事实进行具体化否认。在个案事实证明过程中的否认与主张相对应,但事件经过处于不负证明责任当事人控制时可以适当提高当事人具体化的否认义务。[2] 德国司法实务中由此发展出不负证明责任当事人个案事实阐明义务,即不负证明责任的当事人有义务阐释和陈述自己了解的事实,包括提交其掌握的文书等证据材料。[3] 生态环境赔偿诉讼中发生的经过往往处于侵权人控制之下,于是法官可要求侵权人提供更多与损失相关的证据信息。如果侵权人有能力提供而拒不提供时,法官可以在充分释明的情况下直接认定主张方的数额为真。

再次,主张方可就相对方的证明进行反证。在证据法上,反证无须达到高度盖然性证明标准,而只要能动摇法官对事实的心证即可。在损害赔偿案件中因相对方具体举证以否定主张方的事实,此时主张方可对相对方所证明之事实进行反证,将法官的心证重新拉回对其有利状态。

最后,法官结合全案信息对损害赔偿数额作出认定。对于法官来说,唯一重要的是本案当事人主张适用规范的构成要件是否成立。在生态环境损害诉讼中,即赔偿数额的认定是否与构成要件相符并形成最终判项。根据自由心证原则,法官应综合本案全部证据、事实以及审判期间得到的信息,依据法定证明标准对赔偿的具体数额进行认定。

---

〔1〕 参见任重:《论中国"现代"证明责任问题——兼评德国理论新进展》,载《当代法学》2017 年第 5 期。

〔2〕 参见占善刚:《附理由的否认及其义务化研究》,载《中国法学》2013 年第 1 期。

〔3〕 参见[德]罗尔夫 · 施蒂尔纳:《民事诉讼中的案件事实阐明时的当事人义务——兼论证明妨碍理论》,载[德]米夏埃尔 · 施蒂尔纳编:《德国民事诉讼法学文萃》,赵秀菊译,中国政法大学出版社 2005 年版,第 340 ~ 358 页。